纪念中国媒介素养研究20年系列著作

彭少健　主编　王天德　副主编

中国媒介素养研究人物史

王天德　主编

中国广播影视出版社

图书在版编目（CIP）数据

中国媒介素养研究人物史 / 王天德主编. --北京：中国广播影视出版社，2017.7

（纪念中国媒介素养研究20年系列著作 / 彭少健主编）

ISBN 978-7-5043-7891-0

Ⅰ.①中… Ⅱ.①王… Ⅲ.①传播媒介—名人—生平事迹—中国—现代 Ⅳ.①K825.42

中国版本图书馆CIP数据核字（2017）第066631号

中国媒介素养研究人物史

王天德　主编

策　　划： 庞　强　刘　媛
责任编辑： 周　玲
封面设计： 宋晓璐 · 贝壳悦读

出版发行： 中国广播影视出版社
电　　话： 010-86093580　010-86093583
社　　址： 北京市西城区真武庙二条9号
邮　　编： 100045
网　　址： www.crtp.com.cn
电子信箱： crtp8@sina.com

经　　销： 全国各地新华书店
印　　刷： 北京市金星印务有限公司

开　　本： 710毫米×1000毫米　1/16
字　　数： 347（千）字
印　　张： 18.75
版　　次： 2017年7月第1版　2017年7月第1次印刷

书　　号： ISBN 978-7-5043-7891-0
定　　价： 56.00元

目　录

目 录

总 序

彭少健
王天德

今年是我国媒介素养研究20周年。2017年5月5日中国广播电影电视社会组织联合会媒介素养研究基地联合浙江传媒学院媒介素养研究所召开了“纪念中国媒介素养研究20周年座谈会”。来自中国内地各省、市和香港地区，日本等众多专家学者济济一堂，共同回顾20年来我国媒介素养研究的起源与发展、著名人物和他（她）们的学术思想、理论升华和实践经验，以及我国媒介素养研究之路，并出版《纪念中国媒介素养研究20周年系列专著》。为此，作此总序，纪念之。

我国媒介素养的研究，追溯到1997年中国社会科学院新闻与传播研究所卜卫研究员发表在《现代传播》第一期上的《论媒介教育的意义，内容和方法》一文，至今已整整20周年了。20年来，对媒介、媒介素养、媒介素养教育的研究，成为大学传播学界的重要内容，同时也引起了党政部门、传播领域以及中小学界的极大关注，成为传播学研究的一个重要分支。人民日报也相继发表《媒介素养是门基本功》、《领导干部要提高“新媒体素养”》、《假新闻泛滥，信息时代更考验媒体素养》、《新闻发布会上看媒体素养》、《传统媒体人的新媒体素养》、《公务员应有新媒体素养》、《涵养媒介素养，才有最美和声》等评论文章。以突出的内容和篇幅引导人们对媒介素养研究的关注和对媒介素养实践的关注。实际上，媒介素养研究领域的专家、学者发表了浩如烟海的文章，出版了众多著作，基本形成了对媒介素养研究的框架。如卜卫的《论媒体素养教育的意义、内容和方法》、《学会解读大众广播——国外媒介素养教育概论》、《对媒介素养教育及其研究的反思》，张开的《媒介素养教育在信息时代》、《媒介素养概论》，闫欢与白传之的《媒介教育论》，王天德的《我国网民网络素养现状与开展普及性教育研究》、《大学生媒介素养读本》，张舒予的《视觉文化概论》，宋红岩的《农民工新媒介参与和利益表达》和《新媒体视域下“沉默的螺旋”理论的检视与研究》等专著与重要论文，以及彭少健、王天德主编的《中国媒介素养研究报告》已出版2008、2010、2012、2014、2016五本和年度报告4本书。除这些专著与论文外，还有卜卫的国家社会科学基金课题《传播媒介素养在社会主义精神文明建设中的作用》，王天德的国家社会科学基金后期资助项目《中国网民网络媒介教育实证研究》和国家网信办的《中国网民网络素养现状与开展公民网络素养普及性教育研究》，彭少健的国家广电总局《媒介素养研究》，宋红岩的教育部规划课题《长三角新生代农民工媒介使用与社会认同研究》，张海波的中国教育学会“十二五”重点规划课题《儿童媒介素养教育研究中心专项调研》。所有的专著，论文和课题，影响和引领了我国媒介素养研究的方向和进程。

2003年，在没有官方背景支持下，张开率先在中国传媒大学召开了首届中国媒介素养教育国际研讨会，而后又相继在2009年、2012年、2015年召开了三届国际研讨会。彭少健紧随其后，于2007年在浙江传媒学院召开了第一届中国（西湖）媒介素养高峰论坛，并于2008年，2010年，2012年，2014年，2016年相继召开了六届高峰论坛。这两个全国性会议，搭建起了我国媒介素养研究交流的平台，有力地推动了我国媒介素养研究的互动、合作与共赢。张洁的黑芝麻胡同小学和王天德的夏衍中学的媒介素养教育实验首开了中国的媒介素养教育进校园活动。王天德还相继在长坑小学、夏衍中学等全国14所中小学开展各种形式的支教活动，把媒介素养知识普及到中国西部和东部的中小学。高科的媒介素养师资培训，张海波的儿童媒介素养教育，闫欢、何村的小学媒介素养教育，邱小云的中小学媒介素养教育，臧海群的贫困山区媒介素养教育，南山的受灾群众媒介素养教育，都象一面面红旗，插遍了祖国的大江南北，山山水水。

我国媒介素养研究与实践经过20年的努力，已经开始接近世界先进水平。

在这样的背景下，我们迎来了中国媒介素养研究20周年。我们有必要、有责任对20年的研究成果作一疏理、作一展示、作一检阅，有必要、有责任对其经验进行总结、进行推广、进行扬弃，有必要、有责任对这些研究者进行褒奖、进行研究、进行挖掘。因此，2016年，中国广播电影电视社会组织联合会媒介素养学术委员会决定出版一套系列专著，以纪念之。这套系列专著，今天付铮出版了。系列专著前期共4本，分别是《中国媒介素养研究人物史》、《视觉文化与媒介素养研究手册》，《中学媒介素养读本》，《小学媒介素养教育课堂实录》。籍此机会，我们将这套系列专著作一概要介绍，以期读者总摄其纲。

《中国媒介素养研究人物史》是我国首部研究我国媒介素养研究史的专著。它从对人物的研究切入，全景式、概略性地展示了我国媒介素养研究的历史，为我国的媒介素养研究史的深入研究奠定了基础。本书共分列了我国当代媒介素养研究领域的13位学者与专家，他们分别是：卜卫、张开、王天德、张舒予、闫欢、何村、南山、高科、张海波、宋红岩、骆中成、刘勇武、杜军。他们分别在不同的专业，不同的岗位上对我国媒介素养或作学术研究，或作实践研究，都对我国媒介素养研究作出了卓越贡献，是我国媒介素养研究领域的翘楚。

卜卫，中国社会科学院新闻与传播研究所研究员。是她最早引进媒介素养概念，并对西方的媒介素养教育开展解读性的研究，是我国早期媒介素养研究的领军人物，20年的研究成果靡然，成为中国媒介素养研究的奠基式人物，奠定了她在我国媒介素养研究领域的地位。卜卫1997年就发表了《论媒介教育的意义、内容和方法》，至今仍孜孜不倦地活跃在媒介素养研究的舞台上。她的学术思想深刻影响了我国媒介素养研究的方向，她的生动的社会实践活动是建构她学术思想的树之根、水之源。她是目前为止我国媒介素养研究领域学术研究与实践推广相结合的典型代表，在我国媒介素养研究领域产生了广泛的影响。她的学术思想为广大研究者所引用、追随和研究，她的以“权利”和“实践”为核心的媒介素养研究思想影响了我国媒介素养研究的方向。

张开，中国传媒大学教授。是我国又一位值得尊敬的媒介素养研究的先驱者。她从2000年开始接触并研究媒介素养，是我国较早开展媒介素养研究、具有较大影响力的学者。她的诸多文章和专著对我国媒介素养研究产生了很大影响，她从2004年开始组织召开国际媒介素养研讨会，一开就是四届，而且开到了西部兰州和境外香港。是我国第一个最具影响力的全国性交流平台，她的学术思想和学术传播影响和推动了我国的媒介素养研究，是我国不可多得的媒介素养研究的标杆式人物，为我国媒介素养研究的融合以及与世界的接轨作出了重要贡献。

王天德，浙江传媒学院媒介素养研究所研究员。研究重点青少年的媒介素养。他在彭少健的支持下，在全国14所中小学开展了媒介素养教育试验，组织了众多大学生开展了媒介素养支教和科普活动，建立了中国广播电影电视社会组织联合会媒介素养研究基地和学术委员会，浙江省媒介素养教育研究会，具体组织了“中国（西湖）媒介素养高峰议坛”六届，成为我国又一个媒介素养研究最具影响力的平台。他在我国媒介素养学术研究和实践研究的结合中有着自己的独到见解和成果，为我国媒介素养实践推广提供了重要样本。

张舒予，南京师范大学教授。她从2001年开始思考“视觉文化与信息技术”，并开设了课程。她出版的专著“视觉文化概论”，举起了视觉素养大旗，引起了社会极大关注和各大媒体转载，文汇报为此曾发表书评。之后她又在研究生中开设“视觉文化与媒介素养”课程，该课程相继被评为南京师范大学精品课程、江苏省精品课程和国家精品课程。该项目也是我国最早进入课堂、最早开展推广和实践的媒介素养教育课程。张舒予在媒介素养研究中治学严谨、论证严密、标准严格。在我国视觉素养与媒介素养融合研究中作出了重要贡献。

闫欢，东北师范大学教授。她的媒介素养研究，从对领导干部的研究开始，是我国较早开展媒介素养研究的学者之一，也是我国少有的把媒介素养研究作为自己研究重心的研究者之一。她从美学的视觉出发，把正向心理学中的积极因子融入到媒介素养研究之中，开创了我国媒介素养中的积极素养研究先河，强调个体对媒介积极影响的主动寻求，增添了媒介素养研究的内涵。

何村，黄山学院教援。是我国比较早地从事农村小学媒介素养研究的大学教授，他不辞辛劳奔波在农村推广媒介素养常识。在渤海大学从事媒介素养研究，组建了《媒介素养研究中心》。曾组织大学生宣讲团在锦州市新民乡中心小学，八家子小学等小学开展了媒介素养的宣讲，并在徽州农村开展了“我的可爱家乡”办报活动。同时在休宁临溪中心小学指导小学生创办《小学生报》，通过社会实践提升小学生的媒介素养意识。

南山，四川省社会科学院研究员。他的媒介素养研究，源于上世纪80年代中期的四川省青少年犯罪调查的结论：媒介传播的某些信息与引起犯罪的原因相关联，这些信息可以归纳为娱乐，生活和消费的媒介意识范畴。他认为，传播色情、暴力影像信息而诱发犯罪的结论是可以成立的。尔后他又把重点放在突发性事件传播中的媒介素养研究上，撰写了大量文章，推介媒介素养概念，引导正确媒介传播观。是我国媒介素养研究的重要力量之一。

高科，广东省中山市委党校副校长、教师进修学院院长。2010年在一次媒介素养座谈会上，高科笔下出现了“学生——媒介素养——教师——培训”一组相关联的词组，从此开启了他的媒介素养师资培训之路。他利用教师进修学院培训教师的有利条件，在全市范围内开展了媒介素养师资培训，开发出了第一个媒介素养教育培训课程体系，是国内教师媒介素养培训的先驱，开拓了媒介素养教育新领域。

张海波，广东省广州市少年宫副主任。他连续六年开展《儿童与媒介》的研究，是苹果世代研究第一人。他系统描述作为“苹果时代”的中国90后儿童的数字化成长和轨迹及媒介素养状况，在对儿童在线风险和家庭教育现状研究基础上，提出了一整套基于我国儿童数字化成长规律以及教育实践基础上的“三位一体”对策，以及符合我国国情的儿童媒介素养教育的目标，方法和路程。

宋红岩，浙江传媒学院马克思主义学院副教授。她10年来，钟情于媒介素养研究，在社会化问题凸现的背景下，她从媒介，媒介素养、媒介素养教育的研究入手，勾勒出我国公民媒介社会的媒介素养现状，特别是对农民工的媒介素养现状的研究、新煤介生成机理和学校德育主体间的耦合现状研究、网络社会中的网络媒介素养现状研究。她的《长三角新生代农民工媒介使用与社会认同》的教育部课题，填补我国新生代农民工的媒介素养研究空白，其成果发表在《新闻传播研究》国内传播类顶尖刊物上。

骆中成，杭州建筑职业学校党支部书记。骆中成原系杭州市夏衍中学副校长，他在夏衍中学任上，2008年就开展了学校的媒介素养课程教育，10年来，他领导的中学媒介素养教育成为我国中学媒介素养教育的开山鼻祖，到目前为止，在中学开展媒介素养教育仍不多见。他的中学媒介素养教育经验先后在多届“中国（西湖）媒介素养高峰论坛”上介绍，外去广东介绍和本市教育系统介绍，他的媒介素养教育课程，成为“浙江省第二届精品课程,”他本人也因此成为浙江省媒介素养教育研究会副会长。

刘勇武，浙江省缙云县长坑小学校长，小学正高级教师（教授级）。他20年来默默地耕耘在山区小学。十年来，又默默地耕耘在媒介素养教育的田野里，成为我国山区小学媒介素养教育的典范。长坑小学的生活德育驰名全国小学界，媒介素养教育，尤其近年来媒介德育课程开创了我国小学德育教育和媒介素养教育相结合的新格局，既为德育教育课程打开了新的局面，又为媒介素养课程找到了新的突破口，他的学校因此成为全国教育系统先进集体。他本人也成为小学正高级教师、省特级教师和省劳动模范。

杜军，北京市黑芝麻胡同小学原校长。2008年杜军首次把媒介素养课程引进学校，成为城市小学最早开展媒介素养教育的开拓者。她通过制定课程纲要、确定实验对象、明确参与教师、调整上课方式、加强阶段研调、鼓励共同成长、提供制度保障、给予资金支持、搭建研究平台等环节，使黑芝麻胡同小学的媒介素养教育进入全国视野。

《视觉文化与媒介素养研究手册》是张舒予教授率领南京师范大学视觉文化研究所的年轻教师、访问学者、博士后、博士生和硕士生历经8年时间持续坚持编写并不断补充更新完善的资料性作品。

当前视觉文化与媒介素养的研究日新月异。越来越多的研究者开始关注这个新兴研究领域及其发展，对相关资料信息的需要也日益迫切。《研究手册》将现有“视觉文化与媒介素养”相关研究成果进行了尽可能多角度的有效收集与分类梳理，从基础理论、研究学者、出版书籍、国内外期刊、在线课程、网站平台及软件工具等方面做了目录归类，试图涵盖国内外重要研究概况与成果，进行视觉文化与媒介素养的阶段性资料汇总，以期为该研究领域不同研究志趣的研究者和广大爱好者提供宝贵丰富的原始资料、信息来源、研究参照与方法启示。

《视觉文化与媒介素养研究手册》旨在追溯“视觉文化与媒介素养”的起源与发展，围绕“视觉文化与媒介素养”的成果，以理论研究、分国别的研究概况、研究机构、研究人物、研究著作、期刊杂志、学校课程、在线课程、专题网站、资源平台、软件工具等为维度，进行归类与分析，以此形成对“视觉文化与媒介素养”研究发展的现状梳理与阶段总结的系统全面信息资源，真正成为方便研究者查询使用的研究手册。

研究手册包含的主要内容为：

1.“视觉文化与媒介素养”的理论研究资料，梳理与“视觉文化与媒介素养”直接相关的理论基础与研究主题；2.“视觉文化与媒介素养”在世界部分国家研究的概况、发展历史与现状；3.“视觉文化与媒介素养”研究的资源建设概览，围绕“硬件”资源与“软件”资源建设成果进行梳理，“硬件”资源以人、事、物等为主线，分析当前在“视觉文化与媒介素养”研究领域内影响较大的研究学者、研究项目、研究机构、出版著作、期刊杂志等；“软件”资源围绕课程、网站、平台、工具与软件等，梳理与“视觉文化与媒介素养”研究相关的部分国家成熟的在线开放课程、专题网站、资源平台与软件工具等。

《视觉文化与媒介素养研究手册》的编撰不仅是资料的详尽收集和细致梳理，同时也是一种深入系统的研究工作。编撰人员主要采用了：1. 文献研究法：对国内外收录论文、书籍与论文集等数据库，以“视觉文化”、“视觉素养”、“媒介素养”等为主要关键词进行文献搜索。在各大搜索引擎网站、图书馆的数字资源和CSSCI以及全国博硕士学位论文库等，进行上述关键词的网站搜索，获取一手的文献资料素材加以解读、分析与归类。2. 调查研究法：制定调查问卷与访谈提纲，使用面对面或电子邮件的方式对“视觉文化与媒介素养”研究方面的重要人物进行访谈，并开展必要的实地调研方式，获取更多研究资料。3. 内容分析法：对获取的资料进行逐一的内容分析，圈定有价值的资源进行深度研究。对已被筛选的研究成果进行价值论证，考察是否涵盖了现有的大部分研究成果，并能够在一定程度上代表现有“视觉文化与媒介素养”的发展阶段。如若没有价值，则需要继续搜索有价值的研究成果完善研究内容。4. 社会网络分析法：利用 citespace、ucinet 等社会网络分析工具进行对“视觉文化与媒介素养”相关研究进行可视化分析与梳理归类。

《视觉文化与媒介素养研究手册》主编张舒予，南京师范大学教育科学学院教授，博士生导师，视觉文化研究所所长。长期耕耘于视觉文化与媒介素养研究领域，创新开发的“视觉文化与媒介素养”课程产生良好影响，评为国家精品课程和国家精品资源共享课程。主持多项国家和省部级科研项目，发表多篇学术论文，在教学科研实践中培养一批优秀的博士生和硕士生，多次获得科研与教学成果奖励。

《视觉文化与媒介素养研究手册》编撰工作起始于2008年，一直延续至2016年底，经历了三个阶段三次更名：从百科全书、百科辞典、最后定名为研究手册。副主编卢锋、肖婉和吴文涛是2007级、2014级和2015级博士生，分别担当了三个阶段期间的负责人角色。前后共有10届50余名博士生、硕士生、博士后和访问学者参与了研究手册的创意设计研讨、资料的收集梳理、内容分类和文字编写工作。

《中学生媒介素养读本》是我国又一本提供给中学生阅读和教师教学参阅的教材。自从1992年联合国教科文组织出版了《全球传媒教育的新趋势》以后，媒介素养教育已成为世界潮流。为了顺应这一潮流，将媒介素养教育纳入学校课程体系是我国实施素质教育的重要途径。在中小学开设合理的媒介素养教育课程，对青少年进行系统的媒介素养教育，对提高青少年的综合素质无疑起着很重要的作用。

因此，加大中学生媒介素养课程开发的力度，因地制宜，编写适合中学生知识结构和心理特点的教材读本成为教育工作者的重要使命。本册读本即秉承这一理念，从着眼于系统提高中学生媒介素养入手，帮助中学生形成对媒介信息的批判意识、创造意识、道德意识、法律意识，提高对不良信息的免疫力，培养健全阳光的媒介心理，实现中学生全面健康成长。

当今社会，信息化飞速发展，我们接触的媒介越来越多，如何正确认识、理解和使用媒介对于我们中学生而言既具有必要性，又具有紧迫性；既是一份义不容辞的责任，更是时代所赋予大家的一种使命。

媒介与政治算是一对孪生兄弟，一方面媒介与政治都具有强烈的社会性，任何人都会或多或少地受到二者的影响；另一方面媒介与政治又都具有鲜明的时代性，会随着社会的发展而不断进步，一定程度上代表时代发展的标杆。在信息技术飞速发展的今天，媒介的多样性与便捷性前所未有，它对人们的影响也超乎想象，深入到生活的方方面面，尤其是对人们参与政治生活的影响不可小视。为了顺应这一时代发展，需要认真剖析媒介与政治的关系，需要提高全民在政治领域中的媒介素养，特别是中学生的政治媒介素养。

媒介作为经济营销的重要载体，经过时代的变迁，从古时的飞鸽传书到现在电商时代，媒介在发展、在变化，呈现出越来越丰富、越来越现代化的趋势。媒介为经济发展助力，起着非常重要的作用，但在媒介的发展中也暴露出一些不可小觑的问题，需要同学们具有基本的辨别能力。

媒介与教育关系密切，媒介的变革推动教育手段的多样化与生动化。特别是进入互联网时代以来，自媒体下的移动学习、在线学习的兴起、大数据与智慧课堂等在课堂教育中的应用，深深影响着教育与学习方式的转变。在教育教学活动中可供选择的媒介越来越多，每一种媒介都有其自身的优势与不足，无论现代教育媒介还是传统教育媒介，与教育都可以做到有机结合。媒介在教育中能否发挥好作用，关键是看媒介使用与教育内容、教育组织形式、受教育者的个性特征是否吻合。

在全媒时代的今天，以网络为首的媒介作为人类社会进步的标志和科技发展的产物，给我们的生活带来翻天覆地的改变。我们清楚的看到各类媒介已经完全融入到我们生活中，与我们的生活密不可分，特别是网络媒介也已经成为青少年学习知识、获取信息、交流思想、开发潜能、休闲娱乐的重要平台。我们的生活依赖各类媒介，享受着媒介带来的诸多便利。但是与此同时，各种媒介所带来的负面影响也冲击着现代文明。如何有效地利用媒介，趋利避害，需要我们每一位青少年朋友正确了解媒介和运用媒介，提高媒介素养。

科技的发展引领着媒介技术的革新，媒介技术的革新又推动着社会信息传递的多样化和便捷化。在媒介传递信息的历程中，科技又总是一个重要话题。

传播媒介的变化对文学形态的影响是十分明显的。不同时期，我们的媒介传播方式不同，文学的流行程度和流行形态也都呈现出不同的特点。新媒介的出现使得传统的阅读方式受到挑战，我们开始更多的进行网络阅读，于是便有了网络小说的兴盛。媒介的发展让更多年轻人成为流行语言的创造者，让我们的语言打破常规，以更包容和灵活的方式呈现在大众面前，出现了各种新奇的甚至是怪诞的语言形式。同时我们原本“高冷”的文学，尤其是古典文学，在新媒介和新的阅读方式带动下，开始与流行文化相结合，打破藩篱，变得更加的亲切和活泼，获得了新的生命力。所以，新媒介的发展对于文学而言既是机遇也是挑战，关键在于我们要在顺应时代发展的前提下，用好新媒介，提升自我的文学素养。

媒介的更新推动着艺术的发展，使艺术的表现力更加生动，更加丰富多彩。同时，艺术作品借助媒介的力量，传播更为广泛，更为持久，产生更为深远的影响。随着艺术的传播方式与渠道的多样化与便捷化，媒介传播中的一些负面因素也会渗透到艺术中来，作为青少年应树立正确的审美观，才能分辨出美丑，拥有一双慧眼，才能去甄别真伪。

媒介与历史是一对孪生兄弟。自媒介问世以来，不论是文字符号、报刊杂志，还是广播电视、互联网，都与历史结下了不解之缘，它们以不同的方式去记录所处时代的历史、报道评论所处时代的历史，为后世了解历史、探索历史真相提供了重要佐证。但不同媒介由于政治立场与价值观的不同、时局变迁的影响、媒体自身的社会资源条件与媒介素养的差异，对历史事实的报道却不尽相同，有些甚至大相径庭。青少年需要对媒介所报道的历史进行正确解读和甄别。

体育是一种有目的、有意识、有组织的社会活动，伴随人类社会的演进而逐步发展，其与媒介的关系也随之日益密切。在现代社会，体育需要媒介，媒介也离不开体育。社会越发达，体育与媒介的关系就越密切。媒介影响着人们的体育意识与行为，缩短了体育活动与人们之间的距离，丰富了社会娱乐内容，改变了人们的生活方式，使体育的社会覆盖面加大。媒介通过体育运动吸引社会注意力，刺激消费，促进了体育产业和体育市场的发展，进而波及到政治领域，在许多重大赛事上插入了不少政治元素。与此同时，媒介宣传也存在着推崇锦标主义，塑造明星功利化，报道娱乐化、庸俗化和虚假化的现象，值得我们警惕。

随着学校条件的改善，现代教育技术设备的更新，各种媒介纷纷涌入校园，丰富了同学们的生活。媒介信息的制作与创造是新时代中学生们必不可少的一个重要能力，而学校开展与媒介相关的社团活动，无疑为莘莘学子提供了展示能力的舞台。与此同时，新媒介的滥用与无序化，也冲击了校园正常教学活动。因此，强化新媒介的管理，构建文明有序的校园通讯网络秩序，成为许多学校面临的重要课题。

着眼于通过典型的媒介案例解读训练来提升青少年的媒介素养也是本书的特点。媒介案例选择具有一定的代表性，地域上有国外和国内；层次上有以传统报刊业为主的的第一媒介时代案例、也有以互联网为主的第二媒介时代案例；内容领域上包括政治类、经济类，意识形态价值观类案例。这些案例涉及到媒介素养中的认知与使用、辨析与批判、制作与创造、道德与审美等内容。

《小学媒介德育课程教学活动实录》是我国山村小学媒介素养教育的第一本课程教学活动实录。他把媒介素养教育和德育教育结合在一起、融合在一起，形成了一门符合学校教育现状和规律的新型课程。主编刘勇武参加工作22年，一直扎根山区农村学校，致力于生活化德育的实践，在这过程中，他们取得了一些成绩，当然也碰到了不少的困惑与难题。比如：很多孩子放学在家，他们的课余生活大多都是和电视相伴，而且随着社会进步，电脑网络手机等占据了孩子们课余生活的大部分，不可否认，不管是电视、电脑还是手机，包括通过其他媒介接触到的信息，在一定程度上对学校教育可以起到极正面的作用。但同时，由于孩子们的自制力、辨析力等发展的限制，使用不好，更多是带来一些负面的效应，对学校教育起到反面作用，这些现象出现冲击了学校的德育工作。而他们也清楚地知道，在信息社会，这些问题是他们学校教育者所必须面对的。如何使用媒介和运用信息培养青少年独立思考能力，研究根植于中国传统道德文化的现代性表达范式，把媒介素养教育与传统德育相结合，形成媒介德育的建构，培养青少年在媒介领域正确进行道德选择和评价的能力与水平，培养青少年在媒介领域正确进行道德自我培育与自我实践的能力与水平，是他们从2008年开始致力研究与实践的。

在这个过程中，他们认真探索构建课程化、活动化的小学媒介德育体系，在提升小学生对媒介信息的使用以及辨析方面，对媒介德育功能的开发和利用方面，对媒介生活的正向养成和渗透方面进行深入地实践，形成了学校“生活德育教育”“劳动德育教育”、“艺术德育教育”、媒介素养教育发展出的“媒介德育教育”、农村留守儿童“幸福生活能力教育”相互融合，相互渗透的三位一体新型德育教育模式，开发了新的德育学科课程体系和课程链条，使学校的德育教育走出了一条德育教育内容网络化、德育教育管理网格化的新路子。

如何在课堂上可以深入实施媒介德育，他们也一直在探索，本课程是长坑小学与浙江省媒介素养研究会共同开发的旨在创设和推广小学生媒介德育的课程。本课程以小学生为授课对象，根据他们的身心发展特点，提供其掌握资讯训练，了解媒介所造成的个人、团体社会化的影响、媒介在自己积累知识中所扮演的角色，掌握熟练使用及思辨媒介内容的能力，以适应未来的“传媒社会”。

他们确定的课程教学目标是：

1. 认识生活中一些常见的媒介，了解一些常见媒介制作技巧与技术，了解不同媒介的表现系统与传播方式，了解日常生活中常见媒介类型与叙事如何产生意义。了解各媒介艺术手段的差异及由此带来的优缺。以自己特有的方式品味各媒介独特的美学形式

2. 初步形成能动使用媒介的概念，认识到媒介内容不等于现实内容，媒介塑造的虚拟现实不等于客观现实，初步了解媒介背后隐藏的传播目的。初步认识媒介讯息背后隐有价值观念，思考自身对媒介的认识，媒介的喜好。对自己媒介使用行为（如电视观看、上网等）有所了解并给予评估，养成良好的媒介使用习惯；能够制作简单的媒介文本等。

3. 初步具备正确解读媒介作品的能力，正确认知媒介内容的再现性，对社会、对他们生活产生的影响，能简单解读媒介再现所潜藏的价值内涵与意识型态，学会区分媒介现实与社会现实，区别事实与虚构。反思自己媒介行为，学会以批判质疑的应对媒介所传播的信息与热点问题。学以致用，指导自己在现实生活中具体行动，多引领传播正能量的信息。

本课程研究的最终实效，将会达到学校、学生、家长和社会的四方共赢，在整体和谐发展中实现“生命教育”的远景。

因为媒介德育课程没有现行具体的教学内容，所以在设定主要教学内容，他们重点参考现行有的媒介素养教育的内容，依托大的媒介教育内容，分年段，分微观、中观、宏观三方面，确定他们媒介德育课程大的内容要点及核心内容，再从中确定媒介德育课程的教育主题，具体内容。具体课程操作中，必须基于小学生对媒介的直观经验，在基础级水平时介绍些概念的简单形式，然后随着学生的成熟和生长逐级探究、发展和延伸的方式来教授。

他们主要探索实践的媒介德育课程具体教学专题：

主题	课时内容要点
媒介德育与影视文化	1. 初识电影电视 2. 为文明观影点赞 3. 从影视认识青春 4. 与诚信牵手同行 5. 我说“身边好人”故事会
媒介德育与动画欣赏	1. 初识 3D 动画 2. 我说动画世界 3. 结缘动画片 4. 小小动画师 5. 我演动画实践活动
媒介德育与网络使用	1. 从微信看自媒体 2. 亲情呼唤“低头族” 3. 绿色网络生活 4. 安全健康网上行 5. 演 e 自媒体的精彩
媒介德育与流行文化	1. 认识流行文化 2. 从“跑男”看真人秀节目 3. 我谈流行歌曲 4. 乐享流行游戏 5. 品品身边的流行文化
图片的德育功效	1. 不一样的世界 2. 你的爱，我知道 3. 感悟幸福，快乐成长 4. 认识关爱，心怀感恩 5. 用照片传播最美人物
媒介德育与戏曲赏析	1. 初识传统戏曲 2. 认识脸谱与行当 3. 欣赏戏曲行头 4. 由梅兰芳看角色 5. 画脸谱，唱大戏
媒介德育与广告辨析	1. 初识缤纷的广告 2. 广告里的含金量 3. 辨析真假广告 4. 广告里的爱意——从公益广告 FAMILY 说起 5. 我爱我校公益行
媒介德育与传统阅读	1. 品味网络语言 2. 体味语言传承 3. 妙用表情包 4. 看影视与原著 5. 小绘本，大道理
媒介德育与新闻写读	1. 初识新闻媒体 2. 新闻大比拼 3. 新闻真假辨 4. 新闻里的社会 5. 新闻采写实践活动

续表

主题	课时内容要点
媒介德育与报刊分析	1. 走近报纸媒介 2. 报纸的成长史 3. 学会选报读报 4. 我的报纸缘 5. 我的电子报

今天，他们在媒介德育课程化方面的一些做法，汇编成《小学媒介德育课程教学活动实录》这本小册子。在整理这本册子的过程中，他们对他们在媒介德育课程化研究实践的思路做法，又重新梳理了一遍，也发现了下一阶段他们需要改进的很多方面，并对他们总体的实践思路、实践方向、实践路径进行了系统的反思小结，对许多方面重新进行了设计，这可能是他们编写这本册子自己最大的收获。

上述四本书，是20年我国媒介素养研究的重要成果，有从人物的视角研究我国媒介素养研究历史进程的，有从知识性的角度解读媒介、媒介素养、媒介素养教育使之成为随身可带的知识性的词典性质的手册的，也有从中小学的角度研究媒介素养教育课程目标、课程内容、课程方法的。总之，这些著作都是我国媒介素养研究的精品力作，对于促进我国媒介素养研究将越来越显示出历史性的作用。同时，将会在我国媒介素养研究中不断创新实践，不断推陈出新，不断修订完善。也希望全国媒介素养研究学者、专家、广大师生、业界人士不吝赐教，以便使这套系列专著更加符合我国媒介素养研究和实践的真谛，更好地为广大研究者和实践者服务。

彭少健

中国广播电影电视社会组织联合会媒介素养研究基地主任、学术委员会副会长，浙江省媒介素养教育研究会会长，浙江传媒学院媒介素养研究所所长，教授。

王天德

中国广播电影电视社会组织联合会媒介素养研究基地副主任、学术委员会委员兼秘书长，浙江省媒介素养教育研究会副会长兼秘书长，研究员。

2017年5月15日于杭州

导 论

王天德

《中国媒介素养研究人物史》的出版是在2015年的中国广播电影电视社会组织联合会媒介素养研究基地学术指导委员会会议上确定的。其目的是纪念我国媒介素养研究20周年，同时为那些耕耘在媒介素养研究领域的人们的研究成果和研究历程做个历史性的展示，以褒奖和激励他（她）们以及其他研究爱好者的辛勤汗水和继续前行。确定的原则是长期（一般十年以上）从事媒介素养研究的专家。由于这一人群无法全面收罗又由于有的专家工作繁忙，有更重要的事要做，没有闲暇来关注这件事，因此本书反映的人物带有不完整性和局限性的，还有一些长期从事媒介素养研究的人物未能入书，只能敬请谅解了。

这篇导论讲是论，其实是引、是言、是读，是把这些年这些专家的这些主要学术观点做个梳理，把他们的研究经历按时间顺序做个归整，但仅限于目前他们对自身的发掘。这是因为限于笔者的能力和水平以及时间的限制，目前还无法做到全面地收集整理和研究分析他们的研究轨迹。期盼着以后能做得更全面更深刻些。

自从1997年，中国社会科学院新闻与传播研究所卜卫研究员在《现代传播》第1期上发表论文《论媒介教育的意义、内容和方法》到今年已经整整20周年了。

20年在我国5000年的历史长河里似乎没有提起的必要，但对我国媒介素养的研究却是经过20年的努力接近了世界先进水平，这是很不容易的，因为我们毕竟是在落后它们66年的情势下追赶的。

对我国20年的媒介素养研究应当有个分期。从查阅到的资料看也有一些文章对此有所论及，大多数局限在对前十几年的分期，有二段论者，有三段论者。我感到分期应当从历史的高度、全局的视野和长远的思维来审视，也应当从研究成果的表现形态和表现成果来界定。从这样的思维出发，笔者认为这20年只能分为两个阶段，即1997年到2005年的第一阶段：理论研究引进和学术研究发端阶段和2006年到2016年的第二阶段：理论性学术研究深入发展与经验性实践研究异军突起，并相互融合、并驾齐驱阶段。

第一阶段（1997～2005）

理论研究引进，学术研究发端

卜卫是我国早期媒介素养研究的领军人物，1997年她就发表了《论媒介教育的意义、内容和方法》，至今仍孜孜不倦地活跃在媒介素养研究的舞台上。她的《论媒介教育的意义、内容和方法》奠定了我国媒介素养研究的基础，她的学术思想深刻影响了我国媒介素养研究的方向，她的生动的社会实践活动是建构她学术思想的树之根、水之源。她是目前为止我国媒介素养研究领域学术研究与实践推广相结合的典型代表，在我国媒介素养研究领域产生了广泛的影响。《对媒介素养教育及其研究的反思》是她2008年发表在《2008中国媒介素养研究》上的重要文章，文章讨论了她的媒介素养研究的过程和演变，是她对以前研究的否定之否定的过程，是对她自身学术思想的解剖与反思，也是对我国媒介素养研究的解剖与反思。卜卫的另外一篇论文《西方学者论媒介素养教育》发表在同年的《国际新闻界》第4期上。这些论述当时并未引起传播学界的关注，但当媒介素养教育议题在2004年前后逐渐成为研究热点时，这些论述开始被频繁引用。一方面，卜卫为传播学界学者在进入一个领域时，能够注重研究规范而感到欣慰；另一方面，卜卫也发现，在引用以及引进的过程中，这一领域对媒介素养教育的观点、理论和实践存在着不少误解。卜卫自己也是在十年的经验研究、特别是行动研究的影响下，逐渐地深入理解媒介素养教育作为一种行动的知识的性质、对民主社会建设的意义、核心理论的建构以及教育的方法论等一系列问题。这篇论文试图通过反思卜卫十年来对媒介素养教育及其研究的观点和实践，重新讨论有关媒介素养教育的重要议题，包括：（1）反思媒介素养教育的背景、基础；（2）对媒介素养教育学及其目标、核心内容的建构以及方法的反思；（3）在中国开展媒介素养教育及其研究需要应对的挑战。

媒介素养教育议题的提出，可以追溯于卜卫1991～1994年承担的国家社会科学基金课题《传播媒介在社会主义精神文明建设中的作用》。这一课题后来以《媒介·人·现代化》的题目正式出版①。其研究的基本问题是人的大众媒介接触是否对其现代观念和行为产生影响。在研究过程中，卜卫发

① 陈崇山，孙五三主编：《媒介·人·现代化》，中国社会科学出版社1997年版。

现，各种受众如市民、农民、干部、妇女、青少年等，不是被动地进行媒介接触，而是根据自己的情况“使用”大众媒介。这样，从受众研究的角度，卜卫开始调查受众的媒介观念、媒介使用动机、媒介功能评价和媒介参与，并分析了不同年龄、性别、地区、职业和文化程度等人口统计学因素在上述方面的差异。主要的研究结果为1994年的研究报告《理想的受众——1992年北京受众调查报告》①、《受众媒介观念》② 和1996年的论文《受众的媒介观念研究》③。这些报告和论文探讨了受众的媒介观念及其与受众媒介接触的关系，并尝试发展一个量表对受众的媒介观念进行测量。其中，以是否应该开放信息、表达不同声音以及受众的权力三项指标区分了受众媒介观念中的“限制性观念”和“开放性观念”等④。与此同时，联合国教科文组织的《世界交流报告1989》中的“媒介教育与青年”⑤ 进入卜卫的视野，联系以往的受众调查结果，卜卫认为受众有“不够理想”之处，比如：受众使用大众媒介不够积极，对新闻与广告等知识了解不多，较少能听取不同的观点，对受众权益也知之甚少，于是，“媒介教育”和“媒介扫盲”被提出来进行讨论。

讨论的过程是向世界其他国家学习的过程。《世界交流报告1989》提供了关于亚太地区（澳大利亚、新南威尔士、印度、日本和新西兰等）、欧洲（奥地利、丹麦、芬兰、德国、法国、意大利、荷兰、挪威、瑞典、瑞士、英国、苏格兰等）、拉丁美洲（巴西、玻利维亚、哥伦比亚、多米尼加、巴拉圭、秘鲁、乌拉圭、智利等）、北美（加拿大、美国）等地的媒介教育的情况，包括课程名称、课程设置以及课程特点等。由此开始，阅读了一些有关国外媒介素养教育的学术资料。卜卫特别注意的是拉美的经验，主要来自巴西教育学家 Paulo Freire 的参与式传播的思想⑥。在他看来，媒介教育不仅被认为是培养如何批判性地观看，也要培养如何进行传播。他将教育重点

---

① 宋小卫，闵大洪：《理想的受众——1992年北京受众调查报告》，载《新闻研究资料》1993年第61期。

② 卜卫：《受众媒介观念》，选自陈崇山，孙五三主编：《媒介·人·现代化》，中国社会科学出版社1997年版，第142—175页。

③ 卜卫：《受众的媒介观念研究》，载《新闻与传播研究》1996年第2期，第47—56页。

④ 卜卫：《受众的媒介观念研究》，载《新闻与传播研究》1996年第2期，第49页。

⑤ 联合国教科文组织编，新华社新闻研究所外国新闻研究室译：《世界交流报告》，中国华侨出版社1992年版，第460—472页。

⑥ 之所以特别注意，主要是因为从1996年开始从事UNDP的参与式培训项目，对参与式传播比较敏感，但还没有现在这样比较深入的认识。

放在参与媒介过程和地方创办的“小型媒介”上①。这一点随着时间的推移，对卜卫有愈来愈深刻的影响，更加深入地体会到参与式方法可以作为一种解放参与者或学生的手段。这种解放不是一种自上而下的恩赐，也不是一种自我实现，而是一个互动的过程。通过这种互动，参与者有可能获得自我认同、知识发展和行使自己权利的能力。

“媒介意识”是四川社会科学院南山研究员早期对媒介素养朦胧的认识。1985 年，四川省社会科学院青少年研究所与中国社会科学院青少年研究所、国家统计局、中国青少年犯罪研究会共同开展四川省青少年犯罪调查，以随机抽样的方法在四川全省监狱 25 岁以下服刑人员中进行 8000 份问卷调查。这一课题项目下的南山课题组成员赴四川省新康监狱协助监狱管教干警完成对于服刑人员的问卷调查工作，新康监狱的管教工作具有非常好的理论分析和理论研究基础。课题组在新康监狱的调查分析中发现一个明显存在的问题，即媒介传播的某些信息确实与引起犯罪的原因相关联，而这些信息却是可以集中归纳为属于娱乐、生活和消费类的“媒介意识”范畴（当然也存在着有色情、暴力等不良影像信息的因素）。传播色情、暴力影像信息而诱发犯罪的结论是可以成立的，但是如何论证除此之外的“媒介意识”也与诱发犯罪有关则需要做出有说服力的解释。当社会的发展再也不能回到集中统一的计划经济时代，权威媒介单一的信息发布同样也会扭曲人们的社会生活。那么“媒介意识”与青少年犯罪原因的关联如何解释、如何解决，则成为南山课题组的讨论重点。

课题组当时关注到“媒介意识”与青少年犯罪的关系，而这时关于“媒介意识”传播的社会效应尚属国内学术研究的空白领域。课题组成员陈琦回忆 1979 年边境自卫反击作战，战斗打响前，战友们十分渴望从收音机中听到来自祖国内地的建设、生活、娱乐的各类信息，就是这些“媒介意识”发挥了与战前政治动员同样重要的作用。例如当时唱响全国的歌曲《再见吧，妈妈》，虽然有人持“渲染儿女情长”的异议，但确实更能为改革开放时代的青年士兵所接受，具有更大地鼓舞参战士气的动员力量。在陈琦的提示下，青少年犯罪问题中的“媒介意识”进入南山课题组的研究视线。如果将违法犯罪青年和为国冲锋陷阵的青年作为两极，在媒介信息供给不可控的情况下，接受者的媒介意识起着主导作用。是个体在与情境的长期互动中逐渐生成的，显示了情感、态度、价值观的重要性，强调的是人的反省思考以及行动与学

① 联合国教科文组织编，新华社新闻研究所外国新闻研究室译：《世界交流报告》，中国华侨出版社 1992 年版，第 470—471 页。

习的能力与指向。因此课题组假设个人接受以及对于媒介信息进行取舍的基本素养（行动与学习的能力），取决于所处其中的社会关系，社会结构、组织形式以及组织目标等因素都会对于个体所具有“媒介意识”产生影响。

通过课题组在调研中设定的基本论点，南山研究员开始系统探讨“媒介意识”与青少年犯罪的关系。对犯罪现象的解释，南山研究员认为从社会运行模式、经济结构、管理机制、分配方式以及价值观念等方面发生全面变化的大背景出发，分析未成年人作为绝对依附于社会管理、家庭变迁的群体，对于来自社会的深层次变化，必然具有最直接的反应体验。特别是当接受信息和传播信息的媒介以前所未有速度、规模和形式全面介入人们的社会生活和改变着人们的社会心理环境时，要考虑到传播媒介的影响作用，但又不能简单地把某一类传播媒介或媒介信息列为“病毒”。

1993 年，卜卫开始为北京的一本杂志《父母必读》撰写专栏，其主要内容是与父母讨论他们的孩子的媒体使用的问题①。一开始，基本上自己设计主题来讨论，其实是告诉家长，在这个领域，什么是“真理”，大多数情况下忽略了家长的经验。1995 年以后，以民间组织“妇女传媒监测网络”为中心，一些社会活动家开展在媒体中开展了社会性别与媒介的参与式培训，主要讨论大众媒介的性别议题如何公平再现，以及新闻编辑室里的性别文化如何对新闻产制发生影响等议题。

针对儿童青少年的媒介素养教育的研究和实践，更能体现从“家长制到赋权制”的探索过程，卜卫主要有以下三个方面的项目：

（1）1996 年为《青少年读书指南》杂志撰写专栏，试图“引导”青少年警惕媒介中的性别主义。在这个过程中，基本上听不到青少年的声音和反馈。

（2）为儿童发展媒介素养教育系列教材。这些教材包括《电视》、《广告》和《新闻》三本，已于暨南大学出版社 1998 年出版，并于 2000 年上传到“中青网”上。这套教材针对 10～15 岁的青少年，讲述电视、广告和新闻“好的一面”和“不好的一面”，“以使青少年成为媒介的主人而不是奴隶”。当时的想法是，先尝试出版一套教材，然后到中小学去做实验，再发展更好的教材。现在看来，这套教材没有建立在儿童的媒介使用的经验的基础上，基本上采用了传统的灌输教育方法。

---

① 见《父母必读》杂志，1993 年第 7 期、1994 年第 1 期、1994 年第 7、8、9、10、11、12 期、1995 年第 1、3、4、5、6、7、9、10 期、1996 年 1、2、3、4、5、6、7、8、9、10 期、1998 年 3、5、6、7、8、9、10、11、12 期和 1999 年第 1 期。

(3) 2000 年在“中青网”发展“儿童表达中心”试验项目。这一项目深受联合国儿童基金会推荐项目 Children's Express[①] 的影响。在这个项目中，卜卫开始采用参与式方法与青少年讨论有关新闻报道的问题。

2000 年之前，中国传媒大学张开教授一直从事英语语言和国际新闻教学和研究工作，她说道：“2000 年，我被新华社借调在非洲工作，闲暇时，我常在网上‘冲浪’，了解全球新闻媒介的动态。一天当我又在‘冲浪’时，‘media literacy’突然跳入我的眼帘。”通过一段时间搜索、阅读和了解，张开对媒介素养产生了浓厚的兴趣，于是便给加拿大媒介素养之父约翰·庞杰特（John J. Pungente）发去请教邮件。“我给他发了一封邮件，表示想了解媒介素养的愿望，John Pungente 非常热心，很快给我回了邮件，并对媒介素养做了初步的介绍，非常耐心地给我推荐了一些书和网站。此后的三年间，我们一直保持联系，这位老先生就这样将我一路引进媒介素养的大门。”

为了让媒介素养更好地满足健康社会的需求，张开也带头走出校门，把服务送到社会上需要它的地方。2012 到 2015 年间，她走南闯北，接受不少地方和部门的邀请，做与媒介素养相关方面的讲座，比如：到甘肃行政学院给那里领导干部培训班做“提高领导干部与媒介打交道能力”主题讲座；到甘肃广播电视总局给从业人员做“媒介从业人员的媒介素养”讲座；到中国驻新加坡大使馆做“国际舆论环境与中国稳健发展”主题讲座；到中石化新加坡总部给那里的工作人员做题为“新媒体环境下企业如何与媒体打交道”的讲座；到扬州市外事办公室给工作人员讲外交工作人员如何利用媒体做好本职工作；到江苏省常州市龙腾汽车有限公司讲“民营企业如何与媒介打交道”；到北京对外友协做“如何在对外交往工作中讲好中国故事”的讲座；到北京电视台以“组织建设与传播中的我”为题讲解如何运用媒介素养做好行政工作，多次去北京黑芝麻胡同小学给北京市东城区联盟、校际项目组做媒介素养教育方面的讲座；到中国儿童中心给青少年和家长们做有关媒介素养专题公益性讲座；多次去广东省佛山实验中学给学生和家长做普及媒介素养相关知识的讲座；到北京外国语大学给那里的本科生开设媒介素养课程。

---

① CE 是英文 Children's Express 的缩写。简单地说，CE 是由 8 岁至 18 岁的儿童组成的新闻报道组织。1975 年成立于美国纽约，以后发展到美国其他地区和英国、日本等国。CE 类似于一个小通讯社，完全由儿童自己管理，包括确立新闻选题、组织采访、写稿以及编辑，然后由大众媒体来播发他们的新闻。CE 的口号是：by children for everybody（儿童为所有人制作新闻）。注意：它不是通常的 by children for children（儿童为儿童制作新闻）。CE 解释说，CE 的目的不仅让儿童了解自己的生活，也要让成人或全社会听到儿童的声音，通过大众媒体而不是儿童媒体让儿童的声音进入主流社会和决策层。

2001 年是新世纪元年，这一年南京师范大学教授张舒予在面向教育技术学专业、新闻学专业、传播学专业和广播电视专业研究生开设了一门新课程“视觉文化与信息技术”。当时就有研究生提问：从传统学术研究角度来看，“视觉文化”与“信息技术”应当分属不同的“文”与“理”学科领域，为什么将它们连接在一起构成新课程的核心术语？这两个术语概念存在内在关联吗？张舒予认为这是一个非常好的问题。她的回答是：这主要源自于客观与主观两方面的原因。客观上，当时“信息技术”因互联网的应用而迅速普及，由曾经深奥的专业技术向流行时尚的大众技术转化，“信息素养”一跃成为大众素养，这引起张舒予的深思主观上，她在持续思考的基础上产生了这样的新认识：“视觉文化”与“信息技术”一样将突破学科局限而具有普及的推广力量和普适的教育价值，“视觉素养”也必将会成为重要的大众素养。作为教育工作者有责任进行理论探究与实践探索。这其实正是她在教学实践中将“信息素养”教育与“视觉素养”教育打通连接的初步尝试，形成“视觉—信息素养”（VIL：Visual-Information Literacy）概念的创新提出。

2004 年中国传媒大学“首届中国媒介素养国际研讨会”的召开标志着我国媒介素养的研究开创了合作、交流、共通的新局面。在张开的努力下，中国传媒大学举办了首届中国媒介素养国际研讨会，主题为“信息社会中的媒介素养教育：沟通交流合作”。研讨会本着“向国际先行者学习的宗旨”给与会者提供了一个难得的学习交流机会。学者们通过多角度、多层次的研讨，迸发出令人兴奋和激动的智慧火花，点燃了中国媒介素养教育的希望之火。2004 年的这届媒介素养教育国际研讨会在一定意义上为中国和世界媒介素养教育的发展做出了不可磨灭的贡献。张开与蔡国芬、刘笑盈一起，从收集到的近 40 多篇大会论文中选出 28 篇，精心编辑后出版了一本名为《媒介素养》的书籍。

张开还努力与媒体打交道，希望通过媒体来传播媒介素养，帮助老百姓提高媒介素养，从而让每个人生活得更幸福。她曾通过江苏卫视的《万家灯火》栏目，向观众介绍如何科学运用信息，提高信息运用能力，过上健康幸福的老人生活。

东北师范大学闫欢教授对媒介素养教育这个领域感兴趣起始于 2003 年年底，那一年对中国传播学者而言，是尤为难忘的一年。先是非典事件带来学界与政策方面关于公共卫生事件危机传播的广泛讨论，又有木子美身体写作所引发的传播学界的热点关注，而不论哪一视角的研究都不得不最终指向公众媒介素养、危机应对的议题。当时，正在中国传媒大学攻读传播心理方向的博士的她，刚刚决定终止第一份博士课题研究计划，那是基于人本主义心理学视角对党报人文思想的历史轨迹变迁的研究，因当时请教专家的过程中受到质疑而没能继续。尽管至今仍对其搁浅而颇感遗憾，但她很快就基于传播心理学的理论基础与一位母亲的生活感悟而捕捉到媒介素养这一议题，由此开始了每每想起都会为之兴奋的一段研究历程。

每一位媒介素养教育领域的研究者都有各自介入媒介素养研究的理论起点。诸如，对于政府领导干部媒介素养的研究，多将基于政治传播、危机公关与舆论引导的视角而展开。闫欢 2015 年在上海参加中国首届舆论学论坛的时候，上海浦东干部管理学院的老师提及他们对领导干部媒介素养课程的需求；农民工媒介素养、留守儿童媒介素养的研究多基于城镇化的社会发展语境而加以透视；涉及新闻传媒专业人员新媒体素养的研究又不得不将从媒介技术到内容形态的巨大变迁作为考量其素养内涵的必要角度。因时代的变迁，媒介素养教育领域的新课题不断出现，学者们研究的角度也各有不同。而就媒介素养教育的历史脉络看，这一领域得以出现是起始于多学科理论视角下对儿童与青少年媒介素养的关注的。闫欢的媒介素养研究的理论起点就从这里开始。

张舒予研究团队于 2004 年年初出版了专著《视觉文化概论》。书中对“视觉文化”概念做出了区别于其他学者的新定义，对视觉语言之所以能够成为跨越一切语言障碍而成为世界普适性语言的内在结构与功能机制进行了阐释，鲜明地举起了“视觉素养”培养的大旗。《视觉文化概论》责任编辑李谌在《文汇报》(2004 年 9 月 22 日）发表书评，题为《你有视觉素养吗——〈视觉文化概论〉简评》，很快便被中国网、人民网、光明网、新华网、美术人才网、文新传媒、和讯传媒等各大媒体转载，之后，“视觉素养”一词成为一个新的热词引起社会关注并得到普及。同年，开发初建了视觉文化专题网站，域名为 http：//www. fromeyes. cn/，并设计出“从眼睛到心灵”的网站图示 LOGO。视觉文化专题网站 2005 年即获得了中国教育技术协会年会颁发的教育主题网站（高校类）一等奖。

2005 年浙江传媒学院王天德研究员在研究媒介个体素养提升时首次提出了“媒介文化素养”的概念，这时他还不知道世界上有那么一些先知先觉的人们在研究媒介素养。他认为“媒介个体的素养是由多方面的因素构成的。由于广播、电视、网络等视听媒介的普及，传统的以阅读、理解、表达为核心的文化素养概念应当增添新的内容，形成媒介文化素养。亦即作为媒介个体的素养构成，不但包括对以阅读、理解、观看、表达为主的文字、戏曲素养，而更应对视听方面拥有欣赏和判断的素养、发展和抵制的素养、人文和科学的素养”。这时他的想法是，在媒介社会里媒体人应当在文化层面上自我加大媒介因素，形成“媒介文化素养”。（《广电媒介个体素养提高的境遇研究》）这其实就是媒介人的媒介素养，或者说是媒介人的媒介素养在文化层面上的体现。

他认为，新闻人培养的目标是，“提高他们的政治素质和业务素质，包括对社会的思辨能力以及获取知识的能力、创造思维能力、社会交往能力和承受压力能力。主要任务是培养新闻从业人员具有良好的思想道德素质、高雅的审美素质、健康的心理素质，诸方面相互渗透，协调发展”。（《人的全面发展理论：新闻从业人员素质教育的理论基石》）这时的他，还没有能够理解媒介素养是所有受众都应具备的素养，而仅仅把它局限在媒介人作为传播者应有的素养。

2005～2009 年，张舒予团队课程通过积极探索与不懈努力，从有到优，专题网站影响拓展，提出“视觉—媒介素养”（VML：Visual Media Litera cy）概念，在研究生课程“视觉文化与信息技术”的基础上进一步修订充实教学内容开发出更名为“视觉文化与媒介素养”的课程。之所以由“视觉文化与信息技术”更名为“视觉文化与媒介素养”，源自于“视觉—媒介素养”（VML：Visual-Media Literacy）概念的提出。课程开发基于这样的认识：在当今信息时代影响人们接受信息的重要相关因素中，视觉化的表征形式和传播媒介的支撑作用非常突出。视觉素养与媒介素养成为当代青年的必备素养。“观看”不再是简单的行为，对“美”的“解蔽”，需要“明亮”的眼睛，更需要“敏感”的心灵。视觉素养教育在媒介时代被赋予了新的更加丰富的内涵，与媒介素养教育产生了不可分割的关联。解析新媒体环境下人类“观看”行为的新特征、影响“观看”行为的媒介动因以及可能产生的正反效应等角度，透析当下人类“观看”行为的丰富多样性与深刻复杂性，突破仅在艺术领域研究视觉文化与视觉素养的局限，站在信息社会发展需求的高度思考与实践大学生的视觉素养与媒介素养培养。

2006 年，张舒予出版两年的专著《视觉文化概论》得到专家认可获得了教育部第三届全国教育科学研究优秀成果三等奖。同年“视觉文化与媒介素养”课程被南京师范大学遴选为博雅课程向全校本科生开放。“视觉文化与媒介素养”课程设计以“博雅”理念为指导，以现代教育技术为支撑，以中国优秀传统文化与现代媒介文化为素材资源，从“视觉观看”与“媒介理解”这个独到的角度切入，构建课程内容，探讨教学方法。课程教学实践中将素养培养与民族文化传承结合，努力体现文化素质教育的中国特色。指导学生从“看”出发，应用丰富的视觉文化与媒介实例，剖析媒介传播的特征与深层次的影响，以达到“从眼睛到心灵”的传播与交流效果，掌握“看”的方法和实质。通过此课程能使学生得到与众不同的视听体验，获得更丰富的文化知识熏陶，培养大学生的视觉素养和媒介素养，即对视觉信息和媒介信息的选择、理解、批判和应用等能力，提高学生的博雅气质。

有耕耘，就有收获。2007 年至 2009 年，“视觉文化与媒介素养”课程一步一个台阶，相继被评选为南京师范大学校级精品课程、江苏省精品课程和国家级精品课程。支持课程教学与研究的视觉文化专题网站 http://www.fromeyes.cn/也得到越来越多的读者关注，网站访问点击量不断提升，突破百万人次。

张舒予在研究生中开设的“视觉文化与媒介素养”课程是我国最早在研究中推广媒介素养的。

第二阶段（2006～2016）

理论性的学术研究向纵深发展，经验性的实践研究异军突起，两者相互融合、互相辉映，并驾齐驱

张开是我国又一位值得尊敬的媒介素养研究的先驱者。她从 2000 年开始接触并研究媒介素养，从 2004 年开始组织召开国际媒介素养研讨会，一开就是四届，而且开到了西部兰州和境外香港。她的学术思想和学术传播影响和推动了我国的媒介素养研究，是我国不可多得的媒介素养研究的标杆式人物。

2006 年，张开在英国伦敦大学一边大量读书学习和投入到课程学习中，一边参加各种学术活动和媒介素养教师培训活动，另外，她还大胆地走出去，参加由其他学校和机构举办的学术活动，如：Cambridge Parkside Community College 举办的电子游戏进入课堂教学的研究会，British Film Institute 举办的媒介研究教师培训活动，English and Media Centre 举办的媒介素养教师培训班，BFI 组织的英国 BBC 和全英主要学校的媒介素养教育者之间的对话会，国王学院组织的“批判理论”研究会，Westminster University举办的中国媒介的学术讲座。为了充分掌握英国媒介素养发展的第一手资料和广泛了解实情，也为了理论联系实际，张开走访了不少与媒介素养教育相关的单位和机构，比如：Cambridge Parkside Community College，Charles Edward Brooks School，British Film Institute，Film Education，English and Media Centre，Ofcom，WAC，Weekend Arts College 等。这一年张开写了 6 篇论文，并均得以发表。论文题目为：《一堂媒介素养教育课给我带来的启发》、《英美报刊是这样报道的》、《媒介素养理论框架中受众研究》、《聚焦英国报纸2006世界杯报道》、《中国青少年新闻消费调查与研究》、《媒介素养教育在英国——访谈与思考》。

2006年，由张开撰写的中国媒介素养领域第一本专著《媒介素养概论》面世。本书针对全球媒介发展改变了人们思维方式、交流方式、学习方式以及生活方式的现实，对媒介素养这一新兴学科进行理论构架。书中从媒介素养的主要理念、定义和核心内涵到信息社会对媒介素养的诉求，分别进行了理论梳理、分析、论述和界定。张开采用了马克思主义辩证唯物主义的科学研究方法，从出版物、行业报告、网络资源中收集大量数据和资料，以及她自己采集的第一手数据和资料，对中国媒介环境、教育现状和青少年受众之特点进行了理性分析和论述，对媒介传播中的问题、媒介的多元影响以及未成年人和成年人面对复杂媒介环境表现出的盲目和无助进行一一分析和研究，提出了媒介素养知识观和建立具有中国特色的媒介素养教育理论的观点。本书的主旨既在于理论探索，更在于实际运用，它既可以视为理论研究的入门书，也可以作为高等院校媒介素养课程的教材。

闫欢在2006年9月正式回到东师任教之后，就将工作的重心转向了媒介素养课程研究方面。当时她新任硕士生导师，所指导的三位硕士生同她一起开始了新媒介素养及其教育内涵的讨论之中。那时她有两个方面的思考，其一，结合东北师范大学的特色，研究并开发学校以及社会范畴的适合各年龄段的媒介素养课程；其二，理论研究与课程设计相结合，持续进行新媒介素养的理论探索。

就第一个方面而言，东北师范大学有很好的教育学、心理学学术基础，这对以心理学为重要理论渊源的媒介素养研究来说提供了非常有利的条件，而且教育学理论系统中的教育学原理、课程原理等又成为媒介素养教育及其课程转化研究的重要理论依托；同时，所在的传媒科学学院当时尚有教育技术学专业，信息素养在教育技术学研究中更不是陌生的领域。因而，当闫欢在2006年年底将要成立媒介素养课程研究中心的申请提交给学院教授委员会的时候，得到了学院领导的支持。

在第二个方面，闫欢对传统媒介素养的内涵及其教育理念下媒介教育课程的核心概念的适用性是有一定的困惑的，我们都知道，在2003年博客兴起之后，传统媒介素养教育中的“媒介近用”、“赋权”的概念在一定程度上实现了“破窗”（当然，我们也逐步意识到，媒介技术与媒介形态的实现并不等于影响力与资源动员能力的实现），她和硕士们一直在讨论如何以传统媒介素养的核心概念来对自己成为传播主体的博主加以批判性识读，与传统媒介时代下个体对媒介的批判所不同的是，主体与批判的客体往往是同一的，那是不是就将转化为对自我的道德与审美的审视。为此，她申请到东师文艺学美学方向的博士后，试图从美学的角度来解答心中的困惑。

2006 年香港浸会大学召开国际学术会议，闫欢提交了题为《新媒体视阈中的大学美育与媒介素养教育研究》（发表于《现代传播》2008（4））的论文，文中呈现了她从美学视角对媒介素养教育的内涵到教学策略的一些思考与实证结论。

2006 年，张海波带领报社记者编辑申报了广州大学“青少年成长教育研究基金”首批研究课题“广州市未成年人媒介素养教育行动研究”，这也是国内最早的关于青少年媒介素养教育的行动研究案例之一。

2007 年 4 月，在东师社科处的批准下，东北师范大学媒介素养课程研究中心正式成立。人民网传媒频道以“中国首家媒介素养课程研究中心在东北师范大学揭牌”为题给予报道。这一中心的成立得到了时任东师副校长张绍杰、长春市教育局局长王树彬、吉林广播电影电视局北方传媒研究中心主任李伦、长春电视台副台长王志强以及东师社科处、研究生院、传媒科学学院领导的高度重视，东师附中、附小的老师们也参加了揭牌仪式。

在 2007 年下半年，在闫欢的带领下，东师媒介素养课程研究中心的师生们就投入到了理论研究、教程编写等一系列工作中。初步的成果，发表于 2007 年年底复旦大学以陆晔老师所承担的教育部重大攻关项目“媒介素养理论与实践研究”为依托，召开的“媒介素养与公民素养”研讨会上，中心的于冬副教授、袁磊博士、霍美辰老师以及硕士研究生王颖、汝晓红、赵青和闫欢一起参加了会议，一同做了中国媒介素养教育课程研究的 panel；闫欢发表了论文《关于传媒教育学的学科性质与地位的思考》，这是她第一次对媒介素养教育学（当时采用的是“传媒教育学”这一用法）的学科性质和其在传播学科领域的地位的讨论，“认为传媒教育学是一门社会科学，是传播学的应用学科，也是教育学的新理念；传媒教育学将成为“人—媒”共生这一生态环境系统中必不可少的一门学科，其教育实施将使人在媒介中和谐生存，并为人类社会的和谐发展作出贡献”。

2007 年起，原渤海大学转任黄山学院的何村教授便带领他的学生们利用业余时间深入农村开展农村中小学生的媒介素养教育活动。

何村带领宣讲小组来到了锦州市新民乡中心小学的课堂，为三至六年级的学生讲授媒介素养教育课，为小学生们普及新闻理论、报纸、广播等媒体以及卡通、广告、摄影等媒介知识，每 4 名宣讲团的成员共同完成一节 40 分钟的媒介素养教育课，开始了小学讲台上每人 10 分钟的授课体验。

2007 年以后，王天德将研究的重点放在了媒介素养的教育上，特别是青少年的媒介素养教育。2007 年 5 月王天德在《当代青年研究》杂志上发表《当代青年媒介素养教育及回归》一文。针对在高考指挥棒下的媒介“信任危机”和“道德恐慌”，指出，许多教师对于媒体内容甚至会有不适的感觉，因为他们对那些隐藏在其后的暴力、族群、性别与其他压迫形式的意识形态感到不安。这种不安表现在几个方面：一是由媒介内容的刺激性所可能引发的青年对于课堂教学的漠视，特别在中考和高考前夕尤为明显。那个时候在高、中考指挥棒的指挥下，别说学生被绝于媒介之外，连家长也甘愿与子女“连坐”。电视机被尘封了。二是媒介所传播的信息令人们普遍担心，特别是暴力和性。三是对媒介信息传播的不信任和对“狗仔队”的厌恶，出现了对媒介的信任危机和“道德恐慌”。他提醒我们的教育工作者和家长要想到，网络媒体和传统大众媒体一道正以滔滔江河奔流不息的姿态一日千里地发展着，这是一个不可逆的潮流，我们的作为只能“疏”，不能“堵”。

王天德认为，在这样的媒介形势下，关注青年媒介素养培养的道德规范和责任意识尤为重要。他说，当前一场声势浩大的大众文化，或称之为通俗文化正在席卷全国的现实，着实让人深思，使人在感到巨大快乐的同时隐藏的不安。这种“电视秀”已经越来越出格，越来越匪夷所思，审美意识逐渐边缘化。这对青年的负面影响是不可避免的。因此，媒介道德遇到了媒介应当忠实地为观众服务，观众需要什么就播什么和媒介承担引导社会，特别要引导青年健康成长的重任的问题。这两者博弈的结果是由媒介自律的觉度和力度来决定的。媒介一旦出现定位偏移、价值观迷失，它伤害的绝不仅仅是媒介本身，它伤害的根本群体是受众，是青年受众。

因此，他认为，对青年的媒介道德教育，仍有许多必须解决的问题：（1）青年媒介道德教育与成年人媒介素养教育的轻重缓急问题，也就是说，要解决对青年媒介道德教育重要性的认识。（2）青年媒介道德教育的定位是否应当在教育中预设预期目标，实行教育目标引导。（3）青年媒介道德教育的途径，是通过学校课程教育，还是通过媒介自身道德的传播教育，还是社区化的精神教育，或者兼而有之的综合教育。（4）青年媒介教育以“人”的何时开始，即从哪个年龄段开始，是从小学开始，中学开始，大学开始，还是进入社会开始。（《当代青年媒介素养教育及回归》）

浙江省缙云县长坑小学刘勇武校长，2004 年开始任校长，对农村学校教育，有着自己独到的认识，他认为基础教育的核心是提高国民素质，他不以一时一地为念，不盲目跟随城区学校的“风向”，不被办学条件困住发展的步伐，从平凡的小事入手，大力倡导生活即德育，德育即生活的理念，关注学生的生活态度、生活方式和生活情趣。倾力构建农村小学生活德育办学模式，实践农村特色的素质教育。在他带领下，为孩子们提供富足的精神食粮逐渐成为全校教师的共同工作信条，他严格控制学习时间，严格控制学生的作业量，在抓好常规教学活动的同时，组织大力开展丰富多彩的校园文化活动、强化学校各类学生体验基地建设、努力拓宽校外教育资源。他狠抓学生良好习惯的养成教育，狠抓每个细节对学生进行教育，进行精神的模塑。积极开展艺术特长教育、生活自理教育、劳动体验教育，社会实践教育等。多年探索实践，学校形成了一套“生活化的德育目标，人格化的环境建设，象征化的校园活动，亲情化的教育方法，因地制宜的实施途径，全员参与的德育管理”，有鲜明长坑小学特点的生活德育模式，开创了极具长坑特色的农村素质教育范式，把一所乡村小学建设成全国教育先进集体。

在实践生活化德育教育，致力于建设具有缙云乡村特色的教育的过程中，他发现一个问题，很多孩子放学在家，他们的课余生活大多都是和电视相伴，而且随着社会进步，电脑网络手机等占据了孩子们课余生活的大部分，周末放假回家，祖父母很难对孩子的媒介使用（包括内容和时间）进行约束。孩子在家里只有看电视、玩电脑。

这些现象让刘勇武陷入沉思，随着社会进步，电视、电脑、手机网络等，肯定是避免不了的。怎样扬长避短，教会孩子正确对待，接受一些正能量的信息，并且让现代媒介能为学校教育服务，能为学校德育服务。

2007 年 10 月，刘校长经人介绍认识了浙江传媒学院的王天德教授。

2008 年 3 月，刘勇武把自己对媒介素养教育工作的想法与王教授交流，期望能够得到王教授持续地指导与支持，探索在乡村学校上好媒介素养课。王教授不仅热情指导，而且答应从 9 月份开始，组织浙江传媒大学学生到长坑小学开展媒介教育课堂教学支教活动，让传媒专业的知识进入学生课堂，引领长坑小学老师提升媒介素养。为在学校扎实开展媒介素养课堂教学活动，刘勇武开始广泛阅读有关媒介相关的教育教学论著，订阅许多报刊，用理论指导实践，及时了解媒介素养的动态，博采众长。针对学生实际因材施教形成自己对媒介素养的独到见解，形成自己的特色。为了更好地在学校实施和推进媒介德育，2008 年 5 月，刘勇武计划以课题研究的方式整体推进这项工作，于是他组织教师们一起，在学校对全校学生进行了一次媒介素养现状调查研究。他决定自己率先垂范，主动将媒介素养教育融入自己日常的教学中去，探索乡村小学的媒介德育之路，开辟德育新天地。

2007 年自浙江传媒学院媒介信息素养研究所与继之中国广播电视协会媒介素养研究基地成立时，浙江传媒学院宋红岩副教授就加入了媒介素养科研队伍，在对这过程中全面了解学习了媒介素养的内涵与发展源流，与国内外媒介素养研究专家学者交流学习中，特别是，在第一、第二届中国西湖媒介素养大会上，聆听香港浸会大学的李月连教授、张志俭博士、中国社会院的卜卫教授、中国传媒大学张开、北京师范大学于翠玲等专家的专题报告，让宋红岩老师大大开拓了自己的研究视角与领域同时，也倍受启发与感染，开始大胆突破自己的研究范围与主题，由思想政治教育研究逐渐跨界到媒介素养的研究上来。

宋红岩对网络社群、青少年媒介涵化、网络权力等问题进行了研究，分别主持了 2011 年中国广播电视协会媒介素养专项重点课题“网络对青年女性社会化的影响与引导”、2012 年中国广播电视协会媒介素养专项重点课题“大学生网络信息素养准社会交往研究”、2013 年浙江省教科规划课题“大学生微博准社会交往与引导机制研究”等课题的研究工作。先后在《中国广播电视学刊》、《江淮论坛》等期刊上发表了《网络社群生成与群体性媒介信息素养教育》(2011)、《网络发展对青少年女性社会化的影响研究》(2012)、《网络权力的生成、冲突与道义》(2013)、《中国大学生微博准社会交往研究——以东部沿海地区 X 市和全国网络公测样本为例》(2014) 等论文，其中论文《大学生微博准社会交往调研》获浙江省媒介素养教育研究会第二届优秀论文二等奖。

从 2007 年起宋红岩每年暑假都带学生奔赴全国各地开展农民工生存与社会融合方面的调研与研究工作，在长期跟踪研究中，宋红岩开始注意媒介素养对农民工等社会弱势群体的影响。在 2011 年 6～8 月宋红岩老师带领学生团队在杭州、武汉、广东三个我国农民工聚居具有代表性的地区，分别选取杭州下沙地铁建设工地、武汉汽车站、广东服装和小五金工厂为样本对农民工的媒介使用与媒介素养状况做了专项调研。考察的内容主要包括：(1) 农民工对媒介功能的认知、理解、应用与评价等，农二代与农一代对于新媒体的认知与运用的差别；(2) 农民工对手机、网络等新媒体，如微博、QQ、人人网等使用平台的偏好程度；(3) 农民工在新媒介参与过程中主动介入媒介信息生产与再生产的程度，通过什么渠道实现自己的话语表达和意愿诉求，他们利益表达与维权的程度与效力；(4) 农民工新媒介评价状况，包含两个指向，一是农民工对媒介是否真实准确地反映了客观世界这一问题进行评价，即媒介的可信度评价；二是考察农民工是否以及在多大程度上对接收到的信息进行积极、主动的解读、处理与加工，农民工通过新媒体载体接受信息的状况和辨识信息真伪的能力，即对媒介报道内容的评价，等等。其主要研究成果撰写成论文，并在《中国广播电视学刊》上发表了《农民工新媒介参与和利益表达》等论文，引起很大的社会反响。

自2008年起宋红岩就开始参与中国广播电视协会媒介素养研究所的建设与科研工作，先后共参与五届中国西湖媒介素养高峰论坛组织工作，参与历届《中国媒介素养研究报告》、《中国媒介素养研究年度报告》等书籍的撰写与编辑工作。2011年以中国广播电视协会媒介素养研究基地与浙江传媒学院媒介素养研究所为依托的全国唯一个省级（浙江省）媒介素养教育研究会也落地我校，宋红岩任副秘书长，负责研究工作兼学术管理工作。这更坚定了宋红岩对媒介信息素养研究工作的信心与能力，并快速成长，除了积极参加历届中国西湖媒介素养高峰论坛外，宋红岩还以会会友，不断学习取经，广泛了解学习国内外学者的研究与实践。2012年8月参加了中国传媒大学与甘肃省广电局联手在兰州举办的“中国第三届媒介素养教育国际研讨会”，了解研讨会主要围绕等四个相关议题展开。与臧海群博士与中国传媒大学张开就“媒介素质与包容性社会，媒介素养与学科建设，媒介素养与媒体的社会责任，媒介素养与政府执政能力”等议题进行了深入地交流。

卜卫2008年发表在《2008中国媒介素养研究报告》的《对媒介素养教育及其研究的反思》一文中指出，在1997年的文章里，她提到媒介素养教育的四项目标，包括：(1) 建立对信息批判的反应模式；(2) 发展关于大众媒介的思想，帮助青少年形成对媒介性质和功能的正确认识；(3) 提高对负面信息的醒觉能力；(4) 培养建设性地使用大众传媒的能力。这些目标在当时的文章里是以“意义”的面目出现的，其基本逻辑是：对受众来说，大众媒介意味着知识、信息、主流文化甚至是权力。在这种情形下，有必要通过媒介教育来发展受众认识和利用大众媒介的能力。对其中的第二项，当时的解释为：“在信息社会里，认识媒介将会成为生存的必要条件之一。所谓‘正确’意味着较完整和较客观的评价媒介的性质、功能和局限。媒介提供的所有信息是一定的媒介传播体制运转的结果，是政治、经济、文化等多种因素相互作用的结果。它不是为某一个受众特别设置的。因此，青少年要在对媒介认识的基础上，发现信息对自己或对社会的意义。”后来在讨论网络素养教育时，考虑到网络媒体的互动特征，又加上了第五个目标，即(5)

"提高青少年创造和传播信息的能力"。其中"批判"一词英文原文为"critical",意为"探索"、"思辨"和"理性分析"的意思。当然有时也包含批评,但主要不是批评。其批评主要体现在第三项目标里。

她认为这些论述缺乏对媒介素养教育学的深入思考。任何一种教育,其背后都隐含着一种教育学观点或教育哲学。这种教育学观点或教育哲学帮助形成特定的教育目标。

她认为,"赋权"其实是需要媒介素养教育的最重要的理由,同时也是现代媒介素养教育的最根本的特征,它涉及如下方面:(1)通过反思个人获得批判能力,用以质疑或挑战现有的主流文化,而不是适应。在这个层面上,个人批判能力是与社会相联系的;(2)知识不是孤立地存在的,将知识与权力联系起来;(3)检视差异如何表现以及被主动获得、内化、挑战或改变的,并通过反思差异建构个人的主体性。在这个基础上,就不难看到,如果将媒介素养教育的目标仅仅看作1997年提出的五个目标比较简单化。媒介素养教育的目标应该包含个人的层面,即发展对媒体批判性自主权,以及社会层面的,即提高发声的能力,这最终将有利于发展一个更为民主的社会。

卜卫在文章中提出,反思媒介素养教育学及其目标实际上是反思为什么教的问题,反思媒介素养教育核心内容则是要反思教什么以及为什么要教什么或者不教什么的问题。以往对核心内容的建构,缺少如下反思:

第一,媒介素养的学术基础,即教师用什么来教?换句话说,教师需要什么样的能力和素养?

第二,媒介素养知识的建构过程:卜卫发展的是谁的知识?谁参与了建构?为什么建构?发展这种知识对谁有利?谁能更好地学习这种知识?谁更能利用它获得更多的权力?这种知识对促进社会公平有什么好处(与改造社会有什么联系)?等等。

第三,媒介素养教育内容是否来自并尊重了不同参与者的媒体使用经验,是在尊重其经验的基础上共同发展知识,以促进发出多元声音,还是否定或忽略了他们的经验,另外建构了一套更适应主流社会的知识体系,阻碍了多元声音的传播?

在媒介素养教育内容建构的方法上,卜卫认为,反思行动是一种以学习推动社会变革的方法,它关键在于创造一种空间以使人们乐于见面、讨论生活及其他相关议题。反思行动的目标是通过强化人们传播交流的能力,以促进人民更有意义地参与到可能影响日常生活的各种决策中。它有如下特点:

特点一：强调以最贴近、最适合受众的方式进行传播交流，不仅是学习传播交流技能，重点是用一种更有意义的方法来使用这些技能，是一种为当地的社会运动服务的、为增加媒介使用者权力的媒介教育。

特点二：因为有“最贴近”和“最适合”，就不强调某种技术或新技术，如果当地人不需要的话。有时甚至是反技术的。打破了媒介只有大众媒介的框架，尊重民众的媒介使用经验，促进他们考察在自己的日常生活中如何进行交流，什么是最好的交流手段等。

特点三：重视权力。其项目的名称就称为“传播与权力”。因为没有一种传播是中立的，人的沟通的能力与意见是否被重视是由权力决定的，反思行动要对这种权力进行分析。比如写字与权力，“反思行动”要问的问题是：你会在什么情况下碰到写字的事情，谁来写这些东西，写给谁看，在什么情况下需要排除什么样的人参与，为什么要写字，是否还有其他方式可以交流。在做社会运动时，需要签名就要写名字，这就与权力有关，同时它也是一种身份认同。

特点四：反思行动不是依赖外来材料，而是由参与者自己形成的课文和图解。可以用口述，通过讨论形成课文。比如通过口述整理地方知识和历史，这就形成了文化。参与者可以收集旧报纸，讨论什么是头版内容，体现了谁的观点，忽略了谁的意见，还可模仿报纸编一份自己的报纸。参与者也用录音带制作广播节目，学习使用油印机印刷宣传品等。他们也画画、发展参与式摄像活动或分析电视。比如智利的研究发现，最穷的人最喜欢看连续剧，这似乎与其中的物质生活似乎没有什么关系。但通过讨论发现，电视连续剧表现的是妇女的生活，包括被遗弃孩子、乱伦的父亲、爱情的障碍等等。这样，他们就可以利用电视剧可以讨论性别问题。还可以讨论自己的生活中有什么东西没有在这个剧本里出现，结果发现，电视剧几乎全是家庭冲突，没有经济冲突。当地妇女就经济冲突可以编写一个剧本。结果他们从消极观看别人的生活到自己主动地选择生活，对生活有了新的要求[①]。

如上所述，媒介素养教育的内容是具有一定学术基础、并具有反省意识和能力的教育者与参与者共同建构的。

卜卫在反思媒介素养教育的方法方面，提出一定要采用参与式方法，而

---

① David Archer & Sara Cottingham, *Communication and Power: Reflect Practical Resource Materials*, and *The Reflect Mother Manual: a New Approach to Literacy*, 2003. Published by Actionaid and UNISCO.

不是以往的灌输式教育。她说提问式教育（problem-posing education）“打破了灌输式教育的纵向模式特征，建立了新型的师生关系”。

王天德在2008年秋季，首次将媒介素养课程教育进入夏衍中学，开设了12门课。2009年缙云县长坑小学校长刘勇武力邀王天德团队以大学生支教形式，对该校的四年级、五年级小学生开展媒介素养教育。当年秋季开始，到2014年，支教6年，没有间断。2015年春季始，由长坑小学自己培养的12名教师承担授课任务。与此同时，王天德团队还在杭州市景华中学（初中）、杭州市夏衍小学、永康市大司巷小学、临海市大田小学、余姚市第三中学、杭州市下沙中学、杭州市安吉路小学分校、青田县汤洋小学、甘肃省康县一中、康县城关中学、康县第二小学等12所学校开展了时间不等的课程支教活动。

为了做好媒介素养教育的社会教育，王天德带领团队主动联系学校，给他们传播媒介素养基本概念和常识，邀请并鼓励他们作为媒介素养社会教育的实践单位，共同开展媒介素养教育。虽然遭到了一些学校的婉拒，但在王天德的坚持不懈努力下，也有上述14所学校的校长接受了他的意见，安排班级、提供基础性的教学保障。最为典型的、合作最长久的就是杭州夏衍中学和丽水缙云的长坑小学，合作至今已经有8年的时间，并且形成了一套较为成熟的媒介素养教育实践的授课模式，培养了自己的教师，编制了自己的教材。开发出了“沟通从媒介开始，媒介素养从认知开始”；“学会在看新闻中了解国家大事”；“流行文化和偶像崇拜”；“每个人都是自己生活的编剧”；“编制真实世界、聚焦大千视野”；“神奇的电视剧制作”；“奇妙的三维动画影视”；“来学说话，让自己更可爱”；“今夜灯光灿烂与天籁之音争相辉映”；“广告传播的信息，你信吗?”；“网络，神奇的故事”；“学会辨析和批评媒介了吗?”等12门课程，并制作了PPT。这12门课程囊括了平面媒体等报纸、杂志，电子媒体等广播、电视，网络媒体等网络、手机。每门课基本上分为“是什么”、“容易出现什么”、“怎么去做”三部分，从每种媒体形态的基本概念、内涵，这种媒介形态可能对学生带来对负面影响，以及我们应当如何防范，在防范过程中应当注意什么等方面进行授课，基本上达到了媒介素养教育的目的。

根据形势的发展和变化，王天德又针对网络媒介德育的要求开发出了新的课程。这就是“网络媒介德育的网络使用”、“网络媒介德育的读书享受”、“网络媒介德育的新闻写读”、“网络媒介德育的报刊分析”、“网络媒介德育的动画欣赏”、“网络媒介德育的摄制视角”、“网络媒介德育的生态意识”、

“网络媒介德育的广告这样辨析”、“网络媒介德育的流行情感”、“网络媒介德育的视频文化”、“网络媒介德育的礼仪操守”、“网络媒介德育的健康理念”。这一课程正在长坑小学试验教学。

为了在全国推广和总结媒介素养教育的经验，王天德的足迹遍布大半个中国，如果将他所到的地方绘制成一副地图，他走过的地方“插上一面媒介素养的红旗的话”，整个地图将会是“星星之火可以燎原”的态势，他曾四进甘肃康县、三进广东中山，他调研过东北长春、华北北京、西北兰州、西南成都、中南许昌、华南广州、华东浙江。

媒介素养教育的实践之路不是一帆风顺的，路途中有许多的坎坷。王天德带领的团队带着真诚和真心去推广。

在中国传媒大学召开的第二届媒介素养国际研讨会会上，王天德结识了当时挂职甘肃康县主管救灾的副县长臧海群，当时康县还处在灾后重建阶段。臧海群在会上介绍了当地的艰苦条件，并邀请王天德合作开展康县的媒介素养教育实践项目，王天德当即答应了这一合作。臧海群以为王天德也跟其他学者一样，可能就是会上说说而已。没想到会后一个多月的冬天，当年61岁的王天德坐车赶到甘肃康县进行实地考察，当时虽然已经是地震过后，但是地震导致的地质结构的变化使得当地余震不断，而且当时通往康县的只有一条狭窄的山路，路途当中不时有滚石滑落。虽然这些危险王天德已经有所了解，但他仍然非常坚定地赶往山区，去看看那里的孩子们究竟怎么样。去的时候，天正下着大雪，他们的车在山路上行驶，突然前面的车在冰雪中打滑，像跳“芭蕾舞”一样，掉转车头在冰上转了几圈后，一头撞到了离他们车辆不远的护栏，如果再离近一点点后果不堪设想。当时的情况之恶劣和危险，直到现在回想起来都让人觉得后怕，但是王天德不顾这些，花了12个小时赶到了陇南康县。

中国（西湖）媒介素养高峰论坛，是全国两大媒介素养高端峰会平台之一。2007年召开第一届，参会代表只有36人。当时王天德毫无经验，想请两位专家作学术报告．他找到了《中国广播电视学刊》的李宝萍老师，李老师给他推荐了卜卫，并通过时任中国传媒大学胡正荣副校长推荐了张开。在这次论坛上王天德结识了中国媒介素养研究第一人卜卫和至今孜孜不倦地研究媒介素养的张开，成了好朋友。第二届论坛上他通过张开邀请到了香港传媒教育副主席、浸会大学新闻系主任李月莲。以后又相继结识了臧海群、南山、何村、张舒予、于翠玲、张雪黎、闫欢等我国媒介素养研究大咖。还与年轻的一直奋战在媒介素养教育推广第一线的张海波、张洁、高科、廖峰、丘小云等媒介素养教育者成了好朋友。王天德协助浙江传媒学院党委书记彭少健具体组织实施的中国（西湖）媒介素养高峰论坛，从 2007 年第一届的 36 人、第二届的 58 人、第三届的 84 人、第四届的 97 人、第五届的 122 人，到 2016 年第六届的 173 人参会，标志着这个论坛已经成熟，已经成为全国媒介素养研究交流和推广的重要平台、高地和旗帜，形成了广泛的影响力和专业认可度，吸引了国内外媒介素养领域的专家。联合国教科文组织驻中国代表处主任欧敏行博士、联合国教科文组织驻中国代表处新闻传播处主管曾庆怡女士，出席了论坛并发表了讲话。联合国媒介信息素养研究顾问、墨西哥韦拉克鲁斯大学媒介信息素养专家耶苏刘教授连续三届参加论坛，发表研究成果，并派出了自己的博士罗伯特到王天德具体主镇的浙江传媒学院媒介素养研究所访学。

王天德具体负责《中国媒介素养研究报告》和《中国媒介素养年度研究报告》的编纂工作。从 2008 年开始，他开始着手协助主编彭少健编纂《中国媒介素养研究报告》，将媒介素养领域内有建设性的、代表性的研究文章和媒介素养领域内专家观点的汇编成书，在对每一篇文章都进行了细致深入的分析研究后，根据每篇文章的内容，将他们分类编纂。在王天德的努力下，《中国媒介素养研究报告》分别出了 2008 年版、2010 年版、2012 年版、2014 年版、2016 年版 5 本书。《中国媒介素养研究年度报告》分别出了 2012、2013、2014、2015 年版 4 本书。所以王天德需要海量阅读整理，经常是工作到后半夜才休息。在他的协调和努力下，集全国媒介素养研究专家智慧的《大学生媒介素养读本》于 2016 年正式出版。

王天德还协助中国广播电影电视社会组织联合会（简称中广联），承办了媒介素养研究专项课题，从 2008 年开始到 2016 年，9 年时间王天德具体协助中广联立项 100 多个项目，为媒介素养研究人员提供了宝贵的科研平台。

除了中广联媒介素养研究基地这一全国性的平台之外，王天德又协助彭少健组建起了浙江省媒介素养教育研究会，组织浙江省的媒介素养研究爱好者和专家学者开展媒介素养教育研究、经验交流、实践推广、课题申报、优秀论文的评奖等活动，召开学术年会，开展学术研究和社会推广。

王天德连续两届应邀出席联合国教科文组织文明联盟召开的“媒介信息素养与跨文化对话大会”，并发表演讲。

刘勇武把媒介德育纳入学校工作计划，2008 年 9 月，学校专门成立“媒介德育”工作领导小组，校长亲自担任组长，以教导主任、政教主任、班主任为组员。制定切合学校实际的“媒介德育方案”，有组织有计划开展宣传教育，每学期第一周就组织全体教师学习“媒介德育”方案，使师生都知道媒介德育的重要性；定期研究学生媒介德育工作，协调解决工作中存在的问题，及时总结推广班级“媒介德育”经验。

2008 年 10 月，刘勇武积极主动邀请浙江传媒学院教授、媒介素养研究所所长王天德、原缙云中学副校长，现浙大附中施永忠老师为学校的全体教师开设媒介德育专题讲座，通过概念讲解和案例分析，使老师们明白媒介素养的作用和如何研究媒介素养、开展媒介德育的方法与意义。在此基础上，他主动把自己对媒介德育的一些看法和理解结合课堂教学实际，与学校的老师们一起探讨，共同分享媒介德育带来的快乐，感受媒介德育之美。让老师们明白媒介德育是依托于学生现实的媒介生活，关注媒介活动体验的德育；也了解媒介德育是融合思品、语文、音乐、美术、地理、历史、常识等不同类别学科知识的小学阶段最有魅力的综合性德育形式之一，从而让从事媒介德育的老师们为自己能任教媒介德育课程而感到骄傲和自豪。

同时，学校每年拿出三千多元，开展了“你读书，我买单”活动，鼓励学校教师多读书、读好书。教师们自行到新华书店去购买媒介素养的相关书籍，然后凭发票到学校报销。要求教师在读书之后写上一篇读书心得在每月一次的教师读书心得交流会上交流。一个学期，老师至少阅读了二十多万字的内容。

2008 年 6 月，联合国儿童基金会“媒介与儿童”专项活动在北京黑麻胡同小学开展，在五年级学生中开展培训，校长杜军和学校部分干部旁听了这次《悠游媒介间》讲座。主讲教师通过精心的设计和深入浅出的讲解，引导孩子们思考广播、电视、网络……这些充斥现代生活的媒体，究竟对他们的思维方式和日常生活产生了哪些影响。这些内容不仅引起了孩子们的巨大兴趣，也让杜军们这些常年从事基础教育的教师耳目一新。学生们兴奋的表现、课程内容的时代感深深打动了杜军的“媒介素养教育”梦，杜军坚持做了几件事。

一是坚持与高校双方“合作”。

小学教育是国家基础教育的重要阵地，作为校长，必须有政治意识，为保证课程探索的严肃性和可行性。通过张洁博士，杜军进一步与中国传媒大学传媒教育研究中心的张玲研究员与相关大学领导取得了联系，希望能够开展媒介素养教育的校际“合作”，最后，传媒大学为杜军开具了媒介素养教育国家课题的子课题研究书，明确了研究的性质。

杜军从教育管理者的角度出发，一直坚持深度参与。从课程管理、人员配备、制度建设、软硬件投入等多方面，对整个实验进行了全方位的规划与实施：

给予资金支持	提供制度保障	课程	搭建研究平台	实验	鼓励共同成长	调整授课方式	加强阶段研讨

首先，制定课程纲要。在实验开始前，杜军和张洁博士的团队共同探讨，共同开发出符合教育规律与政策的《媒介素养教育实验课课程纲要》，对课程目标、课程内容、课程实施计划及课程评价方法等内容进行了明确界定和说明 。

其次，确定实验对象。从授课对象来说，因为六年级学生面临较大的毕业。经过双方反复协商，杜军确定授课对象为五年级全体同学，分为对比组和实验组；授课形式为班级授课制；课时安排为每周一课时。

第三，确定参与教师。在实验进行过程中，杜军们要求实验班的数学课任课教师全程参与，除记录授课过程、提供反馈意见外，还要协助课程实施人员维持课堂纪律，辅导学生完成课后作业。

第四，调整授课方式。研发团队的成员包括媒介素养教育专业的人员及学校教师共同研讨根据儿童的年龄特点进行及时调整，加大了学生的课堂参与量，极大地调动了学生的积极性。课堂结构发生了积极的变化。

第五，加强阶段研讨。在实验进程过程时，作为教学管理者，杜军及时建议并协助课程开发人员进行课程回顾和总结。围绕此次实验举行了多次由学生代表、家长代表、专家学者共同参与的座谈会，及时展示教学成果，以激励学生、教师和研发人员的参与热情；研究解决课程中出现的问题，以确保和不断提高实验课的教学质量。

第六，鼓励共同成长。在整个实验过程当中，杜军们借助实验的契机，请老师参与到课程研究中来，撰写教学案例，鼓励参与课程研发的教师撰写论文，参加相关学术会议。2009 年 5 月，杜军的教师参加了由香港浸会大学主办的“传媒与青少年的健康成长”。又相继参加了第二届国际媒介素养大会，第二届中国（西湖）媒介素养高峰论坛……特别是 2011 年 7 月，杜军的教师团队赴美国费城，参加世界媒介素养教育论坛，并在中国分论坛作专题发言。

第七，提供制度保障。此次实验以杜军校本课程研发领导小组为龙头，专门成立媒介素养教育实验参与小组，所有实验参与人员定期与中国传媒大学的研发人员举行会议，交换意见；学校领导不定期进班听课。

第八，给予资金支持。对参与课程研发的教师给予课时补贴，虽然数额非常有限，但也是对教师劳动的一种肯定。学校积极申报区级、市级相关课题，为学校留下成果，获得更多支持资金。

第九，搭建研究平台。学校坚持开门办学，构建合力校园。学校每年都有不少科学工作者和国际友人走进学校，同时需要面对上级管理部门的各方面检查。杜军团队利用这些机会，展示学校课程改革的结果，让专家学者走进课堂评议媒介素养教育实验课。

截至 2010 年 7 月，实验共开发 30 讲课例，由中国传媒大学传媒教育研究中心的研发团队和杜军团队教师一同编写的《小学生媒介素养教育教学手册》由中国少年儿童新闻出版总社正式出版发行。杜军参与撰写的媒介素养教育管理的论文《如何将媒介素养教育融入小学日常教学——教育管理者的视角》在《少年儿童研究（理论版）》2009 年第 10 期发表。学校先后有 10 余位老师撰写的相关课程、论文在学术期刊著作中发表、在学科征文中获奖。

2009 年 7 月 26 日（星期日），中国教育报第三版以《媒介素养教育的本土实验》为题，报道了中国传媒大学传媒教育研究中心张洁博士的团队与黑芝麻小学合作共同开发教材进行课程实验的过程。该课题是北京市教育科学“十一五”规划重点课题“媒介素养教育课程研究”的一个重要子课题。

从 2008 年 3 月开始，张海波带领青年社的记者编辑和少年宫的青年教师在少年宫成长空间，正式开设了小记者媒介素养实验课程。经过三年多的招生、培训，少年宫小记者媒介素养班从不为人知，慢慢成为少年宫里颇受家长和学生的欢迎的热门课程，逐渐形成了面对从小学低年级到高年级的初、中、高级班课程。在少年宫开班的同时，他也把小记者媒介素养教育课程带到之前报社建立的校园小记者站中。

“全面认识，合理使用，理性表达，社会参与”，在新媒介赋权“人人皆可成为记者”的自媒体时代，张海波鲜明地提出了新时期儿童媒介素养的教育目标。

2009 年开始，每学年，刘勇武都会组织三次以上的家长媒介素养学习会，通过开展一系列的家教讲座活动，提高了家长对媒介的认识。让家长认识到大众媒介对心智尚未发育成熟的儿童的社会化、学习及娱乐等的积极影响，更认识到其对儿童的消极影响与危害，重视培养儿童的媒介素养，抽出足够的时间，同儿童一起并指导儿童接受书刊、网络、影视等媒介信息。经过成年人尤其是家长指导的儿童比未经过其指导的儿童更有自觉性，更能熟练地获得和理解媒介信息，更经常主动地利用媒介解决现实问题。

2009 年 3 月，在刘勇武引领下，课题《农村小学中高年级实施媒介素养教育探索与实践》在中国广播电视协会立项成功，学校以小学中高年级学生的媒介素养状况调查（主要是对他们看电视和上网情况进行调查研究以及分析），家长对于媒介素养教育的认知和想法，探索一套行之有效的对小学中高年级学生实施媒介素养教育的内容、途径为研究主要内容，让学生能选择适合自己的多种媒体接受信息，让学生初步掌握对信息进行正确判断、吸收的方法，养成定期使用媒介接受信息的习惯。2010 年，课题按时结题获中国广播电视协会年度结题奖，课题论文《农村寄宿制学校的媒介素养教育探索》发表于《中国广播电视学刊》2010 年第 08 期。

2009 年春季学期，东师媒介素养课程研究中心在长春市西五小学（后面又在东北师范大学净月实验学校小学部），闫欢通过先期对小学班主任（以语文老师为主）进行了媒介素养课程的师资培训，之后进行了实践教学。人民网传媒频道（2009 年 4 月 15 日）以“媒介素养课程走入长春市小学课堂”为题给予报道，借长春市小学媒介教育教学实验课题启动仪式之机，中心举办了小学媒介素养课程研讨会。应东北师范大学媒介素养课程中心的邀请，来自北京、锦州及长春等地的专家、学者与企业人士以及教育主管部门、教学实践单位的教师、小学生们参加了本次活动，并针对小学媒介教育这一议题展开了深入的讨论。启动仪式在长春市南关区教育局副局长徐彤的宣布中正式开始，来自清华大学的陈昌凤教授对小学媒介素养教育教学实验课题的意义给予了高度的肯定，认为：“媒介素养教育是一个全民的教育，终身的教育，东北师范大学媒介素养课程中心是从孩子的教育开始的，这正是一项关涉到公益，关涉到未来的事业，是一项前瞻性的事业，中心的这项实践课题是能够引领中国的一项事业的一个起点。”

2009 年第二届中国（西湖）媒介素养高峰论坛上，作为高中阶段的唯一发言人，杭州市时任夏衍中学副校长的骆中成主要谈了“高中开展媒介素养教育的初浅思考”，从学校开展媒介素养教育的背景、中学生开展媒介素养教育的实践和中学生开展媒介素养教育的建议和思考等三个方面，汇报了他们实践的历程；2010 年西湖媒介素养论坛上，他作的报告题目是“认识·甄别·应用”，主要从普通中学的层面讲开展媒介素养教育的目的，在中学阶段通过媒介素养教育，让中学生对媒介有初步的认识，在认识媒介的基础上能够简单地甄别信息，也就是批判性获取信息，在前面两个步骤的基础上如果学生还有兴趣就可以将学到的知识运用到具体的实践中去；2012 年在第四届西湖媒介素养高峰论坛上，他作了报告“中学媒介素养教育课程开发和教师培养”，介绍如何将分散的媒介素养整合成一门选修课，以及在中学阶段没有专业师资的情况下传帮带培养自己的兼职教师；2014 年第五届西湖媒介素养高峰论坛上，他作了报告“浙江省第二届精品课——媒介素养教育”，重点介绍将媒介素养教育课程打造成省级精品课，满足高中走班选修课和评特色示范高中的需要。2016 年第六届西湖媒介素养高峰论坛上，他代表学校着重谈了媒介素养教育的精品化和专业化问题，学校的媒介素养教育发展的一定程度就应向专业化发展，这样才能满足更深层次教育的需要。

在广东省教师进修学院院长高科领导下，媒介素养教育项目组充分准备，2010 年 10 月 20 日至 22 日，中山市中小学第一期媒介素养师资专项培训班在中山市委党校顺利起航，来自中山市东区、石岐区和黄圃镇的 80 位老师参加了此次培训。为了更好地保证培训质量和提升培训影响，项目组按照前期确定的方案，更多地借助了专家组成员的智慧：中国社会科学院新闻与传播研究所媒介传播与青少年发展研究中心主任卜卫教授的开场讲座“媒介素养教育概述及其反思”——帮助教师构建起了媒介素养教育的知识体系；项目组朱鹏博士“媒介素养提升策略与方法”、项目组陈松生“媒介信息的传播与创作”、项目组刘欢桐“教师媒介素养与教学媒介设计”等课程为学员们带来了更为基础而具体的操作方法培训。

10 月 28 日至 29 日，培训进入第二阶段的实践应用阶段。浙江传媒学院媒介素养研究所的王天德所带领的教学团队做了题为“中小学媒介素养教育课程研发方法”的讲座。浙江传媒学院的张怡楠老师、浙江缙云县长坑小学的工敏老师分别为中学组和小学组的老师奉献了现场观摩课。浙江夏衍中学骆中成副校长根据夏衍中学开展媒介素养教育的情况，与大家一起分享了“普通中学开展媒介素养教育的探索与反思”。这些报告和课程为推动中山媒介素养在学校的实践提供了非常好的范本。

培训第三阶段进入网络学习阶段。第一期培训结束后，项目组特别重视学员的评价，特别渴望他们提出宝贵建议和反馈，这将对培训课程的设置、管理、运作的改进起到很大的作用。网络学习既是解疑答惑，交流反思，也是学院收集教师反馈意见最好的方式。

当时，全国范围内将教师媒介素养教育纳入教师继续教育的范畴当中，并付诸实践的，中山市教师进修学院尚属首例。

2011 年 4 月 2 日，中山市中小学第二期媒介素养师资专项培训班在西区中心小学如约开班。来自中山市西区中小学的 91 名教师（包括教育行政、学科教师）参加了培训。与首期培训不同，项目组重新调整课程设计的逻辑思路，精简了课程内容，相应地缩短了面授时间。除正式启用教师媒介素养教育在线学习平台外，第二期培训的授课教师全部由项目组教师担任。

2011 年 5 月，在朱鹏博士和焉南的筹划下，项目组以“中山市教师媒介素养的理论与实践研究——基于教师继续教育的视角”为题，成功申报中国广播电视协会媒介素养专项研究项目课题。课题研究基于教师继续教育的视角，试图从理论与实践两个层面，论证将媒介素养教育纳入中小学教师专业发展的可能性与可行性，为中小学媒介素养教育的师资培养提供经验和参考。

依照以研促训的工作思路，项目组成员还加强了对先前试点的三所实验学校关于媒介素养教育的市级科研课题的指导。中山市东区雍景园小学的“中山市小学媒介素养教育家校课程的开发与利用”、中山市黄圃镇对甫小学的“媒介素养支撑下教师专业能力发展理论与实践研究”、中山市石岐区杨仙逸中学的“中学媒介素养教育校本课程建设研究”。三个课题的研究周期为三年，在这三年中，项目组成员经常到实验学校开展听课和研讨活动，从培训课程的选题、教学设计，教学方法、教学评价以及课题进展等方面给予建议。其中，雍景园小学的课题立题角度新颖，研究进展良好，取得了较为丰富的研究成果，被推荐并成功申报成为 2012 年中国广播电视协会媒介素养专项研究项目。

2010 年至 2016 年，张舒予课程建设从优到精，专题网站历久弥新，提出“视觉—媒介—信息素养”（VMIL：Visual-Media-Information Literacy）概念。

内容上，既有基本素养的知识阐述，又有优秀民族文化的实践体验。信息时代下，媒介素养和视觉素养逐渐成为大众必备的素养，将民族文化的体验与素养的培养相结合，不仅使优秀的民族文化得到传承和发扬，还为素养的培养提供支撑。教材分为上、中、下三篇，三篇之间有着密切的联系并不断进行交融，体现了从理论到实践的应用。上篇阐述视觉文化与媒介素养的基本概念，使学生了解相关知识，奠定基础。中篇介绍生活中不同类别视觉文化对象特征与价值，根据学生已有的经验和知识，感悟生活中的建筑、雕塑、陶瓷、服饰等视觉对象包含的内涵，透过现象看本质，了解先人的生活情趣品位和历史的来龙去脉，提升视觉素养。下篇讲述了通过各种媒介所传递的视觉文化对象的特征与价值，使学生了解书法、绘画、摄影、电影等视觉信息所传达的内涵，帮助学生掌握不同媒体的特点和作用，通过感受精神家园，唤醒文化自觉意识，了解媒介与文化的内在联系，提高媒介信息的接受、评估和创造能力，从而提高媒介素养。

结构上，将内容进行合理分类，通过不同的模块，体现循序渐进的引导。教材的组织根据内容进行合理安排，按照教学设计的方法，主要分为五大模块。模块一以先行组织者的形式出现，利用引导性的文字或图示引人入胜，引导注意，促进有意义的学习。模块二是主要的学习内容，此模块内的知识分为三个层次："知识模式 knowledge of Fact"、"理解模式 understanding of Interpretation" 和 "能力模式 ability of Evaluation and action"。知识模式主要突出知识与史实的讲解，理解模式主要突出对知识的应用与提升，能力模式则突出对内容的欣赏与联想。三个层次层层递进，不断提高能力的发展。模块三主要是问题的提出，通过提出不同的问题促进学生对知识的思考和掌握，问题也主要分三种类型：知识型、理解型和评价型。知识型问题主要考察对知识的记忆、了解，理解型和评价型问题则体现对知识的理解应用与欣赏、联想等能力，体现了主观价值的判断。模块四主要是课堂交互活动与实践训练，使教师和学生之间能进行较好的互动，从而提高学生学习的积极性，激发学习的兴趣。模块五主要是提供资料卡、课外阅读参考书目以及网络资源，为学生的进一步学习提供参考。

形式上，除了文字教材，另有附加光盘，包含丰富的多媒体教学课件。教材的形式设计在依据教育理念，遵循教学设计的基础上，充分体现应用现代教育技术的特色，将历史传统资源与现代传媒资源相结合，开发成有益于当代青年成长的优秀教学资源。教材内容不仅以文字的形式加以描述，而且利用多种媒介呈现教学内容，图文并茂，充分激发眼睛与心灵的共振。教材的附加光盘中，具备多种媒介形式的内容，既有静态的又有动态的。有形象具体的图片，也有含蓄但意义深刻的示意图。图文并茂、动静结合的表现形式可以激发学生学习的兴趣，并提高对知识习得的效果，使学生在接受知识的同时通过对图像的观看更好地去品味其中的含义，通过多种媒介传递信息可以促进更好的理解媒介与文化的关系，从而为媒介素养和视觉素养的提高奠定扎实基础。

2011 年骆中成代表学校参加浙江省媒介素养教育研究会成立大会，夏衍中学作为五个发起单位之一，参与筹备工作。

2011 年开始，少年宫的课程相对成熟。张海波开始思考如何把媒介素养课程从少年宫全面推广到学校，如何把之前校园小记者站中的小记者媒介素养活动和课程，从只在小记者站学员中开展，扩大到面向学校的各学科教学和全体学生。这时，他想到了用科研课题的形式。

2011 年，广州市少年宫副主任张海波组建了由报社记者编辑、少年宫各学科老师和辅导员等联合组成的媒介素养教育课题组，立项申报了广东省社科院青少年成长教育研究中心重点课题。在少年宫设立中心课题组，然后通过市教育局和市少工委发动，在广州 12 个区，按照区域分布、学校办学特色，本着重点学校和一般学校结合、城市中心区和郊区相结合、公办和民办相结合，多层次、分区域选出了 13 间学校进行子课题教研。从点到面，立足少年宫，面向学校，张海波团队在国内率先在一个城市范围内，有计划、分层次地开展大面积的媒介素养教育学校推广工作。

为了保证这项大范围的科研活动的顺利进行，张海波积极推动党政部门大力支持。在他的多次呼吁、沟通下，终于获得领导的关注。2012 年，广州团委市和市教育局正式发文成立了广州市青少年媒介素养教育领导小组，由两个单位的主要负责人担任组长，他自己担任办公室主任，在报社和少年宫都成立了媒介素养教育中心，形成了“一办两中心”的团教共抓的市级媒介素养教育领导体系。促成团市委、市少工委、市教育局，多次为开展媒介素养教育发文。这些顶层设计，在广州的学校掀起了一股重视媒介素养教育的小高潮。

与此同时，他利用自己的专业学科背景，以及长期在媒体工作的资源，聘请了暨南大学、武汉大学、中山大学、广州大学、羊城晚报、南方日报等一批资深的新闻传播学者，以及媒体业界精英，作为课题组的顾问。

在少年宫，他们定期开展教研活动，在学校他们精心按照课题设计安排结学校特点开展了扎实的子课题研究。一开始，为了让学校老师迅速了解媒介素养教育的基本理念和教学方法，他们一方面在少年宫举行定期讲座、培训，另一方面派出少年宫老师和报社编辑记者，到各校做示范课。

2011 年始宋红岩每年暑假带学生分赴在杭州、湖南等地做“农民工媒介素养调查”、“走长征路，探访老革命家”的社会实践活动，并已经取得了优异成绩，其中学生团队获得省级“三下乡”社会实践优秀团队、校暑期实践优秀团队、论文获得优秀论文，本人获得了省级“三下乡”社会实践活动先进个人称号，校级社会实践先进个人称号；2012 年暑假带李今婧等同学到浙江丽水开展“微尘一传递爱，爱心支教山区行”媒介素养支教活动，学生获省、校先进个人称号。2014 年暑期带领文学院、新闻学院 40 多名同学分赴浙江省宁波、温州、上海市、江苏省苏州、无锡等 15 个城市进行了近两个月的“新生代农民工手机使用与社会融合”大型社会实践调研活动，2015 年获得校“优秀团队”及校大学生暑期社会实践活动“优秀指导老师”荣誉称号。另还获得校大学生学科竞赛和科技创新工作“优秀指导老师”的荣誉称号等。此外，还通过组织学科竞赛、专业大赛、社会实践等活动进行了多层面、多领域的实践，现已初步收集并摸索出一套大学生媒介素养育人教育体系。

宋红岩积极参与推进建立中国广播电视协会媒介素养研究基地、浙江省媒介素养研究会的系列媒介信息素养科普活动，从 2010 年开始至今，在大中小学及有关单位开展媒介知识的传播、信息知识的传播、多媒体和媒介素养知识的传播，充分运用浙江省媒介素养教育科普示范基地这一平台。其中，组织参加省级媒介信息素养专项培训 6 期，培训一线教学教师 186 名，同时在省内外大中小学校做多场关于网络媒介素养专题示范性教学，有效地发挥了高校服务社会功能。而除了在全国每年度都开展针对于农民工社会认同与媒介素养状况的跟踪研究与教育工作外，宋红岩还在浙江省杭州九堡格畈小区的“草根之家”建立了农民工媒介素养教育示范基地，将自己指导的浙江传媒学院大学生社团与“草根之家”结对子，定期给农民工及农民工子弟传授一些媒介使用与媒介素养的知识、技能，为民工朋友提供网上交流、学习平台，以及法律、社会公益帮助活动等，到目前为止，已累计培训与帮助农民工 1000 多人次。

2012 年，张海波在广州 12 个区开始发放问卷，2012 年“六·一”，他的团队发布第一份广州儿童媒介素养状况报告，立即引起新闻媒体的广泛关注，人民日报、中国青年报、联合国儿童媒介素养官网等都纷纷报道。在这个报告里，他开始提出“苹果世代”的概念。

2013 年，他将之前少年宫的部分课程整理，主编了国内首套同时面向学生、家长和教师的“三合一”的系列教材，并为每个子课题学校每个年级设立了实验班，人手一册配发教材。

与少年宫教育自主性强、灵活性强不同，在目前中小学的教育体制，有严格的教学大纲和教学计划。因此，在学校全面实施媒介素养教育，采取像少年宫那样独立设课的模式并不可行。张海波团队经过反复研讨尝试，采取了融入式发展的模式。他提出了“全面融入、专题教育、家校互动、校内外衔接”的学校媒介素养实施路径：将媒介素养教育与学校的各学科融合、与校园媒体阵地和社团活动融合、与实践活动融合、与少先队活动融合、与家校互动融合等，目标明确，路径多样，教材有标板，课程有示范，广州校园中的媒介素养教育通过各校课题组带动呈现出“百花齐放”的生动景象。

每年，他都主持全市及各区的少先队辅导员的媒介素养专题培训班。他还和教育部门一起，进行教师的互联网思维的网络课程，为全市的中小学骨干老师进行媒介素养教育专题讲座。

张海波关于媒介素养教育的课程开发、课题研究和实践，进一步引起了教育部门的关注、重视，2014 年 10 月，他主编的媒介素养教材经过广东省教育厅初审，被列入地方课程实验教材，成为国内首套进入政府公共教育体系的儿童媒介素养教材。

2013 年他联合全国 15 个主要城市的青少年宫开展了儿童媒介素养状况大调研，随后又扩展到 18 个城市。2014 年 3 月，他通过争取，将中国青少年宫协会儿童媒介素养教育研究中心成立起来。他在各地青少年宫聘请有丰富一线经验的业务骨干成为中心的调研员，大家定期进行培训，一起做问卷、做访谈，开展网络安全和媒介素养公益活动。一个立足少年宫，面向全国的儿童媒介素养科研体 2011 年，在他的广东省社科院课题研究中，为了形象直观地描述像自己女儿这样的一代数字土著，他提出了“苹果世代”的概念。“我实在找不出像苹果智能手机和平板电脑这样，在 21 世纪头十年这样深刻影响人们生活方式的新媒介工具，当然这里的苹果不仅仅是指苹果品牌，还指那咬了一口的苹果图标本身，这个充满了魔力的新媒介工具从此开始施展他的魔法，带动着数字时代原住民和他们的大人们一起进入了移动互联网时代。”

苹果世代作为数字时代的原住民有什么特点？他通过数据和访谈提出了：滑一代、搜一代、微一代、游一代、秀一代。苹果世代处于数字化的成长之中，这样数字化成长有什么规律？在全国城市 3～14 岁儿童分了五个年龄段的调研和访谈后，通过数据对比分析和研究，张海波提出“三级跳”的儿童数字化成长关键期模型，总结了“低龄化”、“加速”、“反超”这成长的三大特点。通过 00 后儿童和家长的数据分析对比，他提出家庭中的“数字代沟”，提醒作为数字时代移民的家长，要重视和作为原住民的孩子们之间的差异。在分析了家长的担忧以及儿童在网上遭遇的在线风险，他提出了家长要注意儿童数字化成长过程中出现的：不健康、不安全和不文明三大风险，注意儿童在线风险出现的下移、扩张、失控这三大特点。

结合自己这些年的工作经历和媒介素养教育的推广之路，张海波感叹，一个新的教育理念要推广，大众有个接受的过程；一种新的理念要变成可行的操作方法和思路，需要不断调整改变，适应时代和儿童需要。有三点体会他很深刻：

一个是坚守与变通。媒介素养如何从一种教育理念变为一种政府公共教育政策和行动，要引起政府学校领导的关注，要协调各种政府资源，制定各种政策。从思路到实践，从理念到政策，离不开理想的坚守。但是在实际操作中，又要注意操作方式和路径的变通，既坚持理念，又要一切从实际出发。

他说，一开始时，他和学校老师、领导讲媒介素养，大家都不太了解和接受。一位在教育界颇有声望的老教育专家参加他的课题研讨会时，就直言不讳：现在那么多素养，你们又搞出个媒介素养，有必要吗？于是他就思考，媒介素养教育的本质是什么，怎样才能够为政府部门、教育部门接受，这就要给学校、老师提供一些帮助，如果好的东西不能给别人提供帮助，仅有概念没有用。所以张海波很重视将媒介素养教育与实践工作相结合，比如媒介素养如何成为政府宣传部门在自媒体时代的一个新的治理手段；如何为教育部门在新媒介时代提供教育创新的载体；如何为学校的品牌建设、校园文化建设提供新的亮点；如何为教师自身能力提升提供新的内容；如何帮助新一代年轻父母解决屏幕前孩子的育儿难题。

十年来，张海波就这样面对政府、学校、教师、家长不停地去宣讲、去解说。就这样，一步步利用更种方式将儿童媒介素养的理念传播开，让大家了解它，并懂得它的重要性。这样媒介素养讲座成为少年宫、学校家长学校里最受欢迎的课程，政府部门也在他们的推动下，开始成立相关机构、下发文件，最终使儿童媒介素养教育课程成为广东省的地方课程。这些年，在张海波团队的不断宣传推广下，媒介素养教育在广东不断获得相关部门和社会媒体的重视。近年来，他参与撰写、设计的相关政府部门协会的文件、通知就有十多项。那位最开始质疑他的教育老专家，后来成了他多项课题最有力的支持者。

二是事业与团队。推广媒介素养教育是一项长期的事业。好的事业绝不是一个人可以完成的，如何去组建一个团队去推动一项事业？在整个媒介素养教育推广的过程中，既要做研究，又要做实践，既要面对政府、学校，又要面对教师、家长和孩子。既要与高校科研机构合作搞课题研究，又要在少年宫、学校、社区做培训、活动，这就要各方面的人才，形成一个团队。

在组建团队中，张海波十分看重多科学、多领域人才的加入。团队中的每个人都依据自己的特长，各司其职。在他少年宫的课题团队里，有艺术、科技老师，有长期在学校做语文、外语、思想课的学科老师，也有少先队辅导员，他还十分注重外围团队的组建，比如北京师范大学、中国传媒大学、武汉大学的一些这方面专业的研究生、博士也加入他的研究中来，他自己也在高校当校外硕士生导师，指导学生写这方面的论文。各学科的老师，各方面的人才，大家分工合作，联合研究。广州少年宫儿童媒介素养教育中心，中国青少年宫协会儿童媒介素养教育研究中心，聘请了一大批来自国内外的业界专家、学者作为顾问，还把青少年宫和学校一线的老师作为调研员，构建了一个学术研究的平台。

三是深度与广度。张海波团队在媒介素养方面的成功很大一部分归功于他们很好地把握了深度与广度的有效结合。张海波说，一项事业没有一定的广泛参与度和社会影响力，是没有办法推动的。从一开始，他就很注意通过整合资源，扩大媒介素养教育的广泛参与度。从点到面，这是一个飞跃。一个教育理念从一个点做一个面，只有有 定的覆盖面，才有说服力，才会引起政府和社会的重视，才能被纳入政府的工作议程和公共教育体系。

为此，他从 2011 年开始，在少年宫这个点取得成功的基础上，迅速向全市学校推广。通过课题，把不同类型、不同层面的学校的都纳入进来，同进据此也组建了一个涉及各学校学科老师的科研团队。在每个学校都分年级建立实验班，再通过评课、观摩、示范交流，形成声势 。他还利用自己在媒体工作过的优势 ，在社会媒体上广泛宣传，增强社会影响力。

张开组织的第三届中国媒介素养国际学术会议于 2012 年 8 月 27 日至 29 日在兰州隆重举行。主题是“媒介素养教育与包容性社会发展”。社会建设承载着人民幸福安康，关系到社会和谐稳定与国家长治久安。“包容性”社会是要消除任何形式的社会排斥，是要将所有的人包容到社会经济发展进程中，共享社会经济发展的成果。当今信息社会中，国民对媒介信息资源的了解、掌控和使用，是实现包容性社会发展的重要因素之一。媒介素养教育的宗旨之一是提高民众的社会参与和缩小数字鸿沟，这应该是作为实现“包容性发展”的重要内容。在中国媒介素养教育史上，这次研讨会是中国高校与地方政府职能部门的首次携手，也是东部经济发达地区与西部经济欠发达地区的首次携手。这次会议凝聚各方研究精英，为国内外学者提供了交流和智慧碰撞的平台，会议的成功深入推动了我国媒介素养教育研究。这次大会吸引了 50 多位国内学者和 10 多位境外学者。国内学者来自于中国传媒大学、北京师范大学、南京师范大学、香港中文大学、大连理工大学、四川省社科院、浙江传媒学院、兰州大学、西北师范大学、兰州理工大学、兰州交通大学等近20所著名高校和科研机构，外国的专家学者主要来自于联合国文明联盟、日本、韩国、新加坡、加拿大、澳大利亚等国家和地区。会议就媒介素养教育在中国社会转型阶段和新媒介环境下如何发展、如何让媒介素养教育成为包容性社会发展的助推剂进行了讨论。与会者就媒介素养教育与包容性社会发展这一主题提出了以下呼吁：包容性社会急需提升公民媒介素养，社会转型挑战政府的执政能力，新媒介环境考验媒介的社会责任，提升公民媒介素养亟待媒介素养教育学科建设。会议论文最终编纂成《媒介素养与包容性社会发展》一书由中国传媒大学出版社正式出版。

2012年，张开发表了《从草根运动到政策推动——全球媒介素养教育正走向理性化的发展道路》。这篇力作从历史脉络对全球媒介素养的发展进行了梳理，张开认为：早期媒介素养教育的特点，是草根性和自发性。二十世纪五六十年代，它的主要特点是借助批判性提高实用性。七八十年代它不仅是扩大学生知识储备和灵活运用知识的手段，也是培养和提高学生技能的工序。九十年代，它不仅在发达国家相对规范化，而且在向许多发展中国家扩散，它的思想理念也从认识媒介、能力培养、赋权民众向健康社会和包容性社会转变。张开认为媒介素养发展宗旨是通过提高人使用媒介和有效利用媒介的能力，加强人们的学习能力、生存能力和发展能力，缩小数字鸿沟，让社会良性发展，实现建设包容性社会的理想。

2012年8月，张舒予教授在“第三届媒介素养教育国际学术研讨会”上作了题为《大学生媒介素养博雅教育探析》的主题报告。出席会议的联合国文明联盟官员Torrent先生对张舒予教授的报告产生了浓烈的兴趣，热情肯定将媒介素养和视觉素养相融合的教育探索。Torrent先生邀请张舒予教授赴美国，参与联合国文明联盟在世界推广媒介信息素养教育的创新活动。2012年10月在Torrent先生的引荐下，联合国文明联盟网站（http：//mil. unaoc. org/）上添加“视觉文化网站”（http：//www. fromeyes. cn）的链接，南京师范大学视觉文化所开始将其丰富的教学资源上传至联合国文明联盟网站。于是，南京师范大学“视觉文化与媒介素养”课程的教学课件与学生课程作业“中华传统节日的LOGO设计”、“中国易经思想的视觉表征”、“我们的视觉文化之旅”等充满中国特色的形象生动视觉作品开始在联合国文明联盟网站上不断亮相，精彩纷呈。南京师范大学视觉文化研究所与联合国文明联盟的合作，使中国视觉文化研究成果跨出国门，走向世界，弘扬了中国传统文化，开辟中国文化与世界对话的“新丝路”。

美国教育传播与技术协会（Association for Education Communications

and Technology，简称 AECT)，是国际教育媒体和教育技术领域核心学术组织，对引领世界教育技术的发展，对中国教育技术学的理论和专业建设等方面起到了非常重要的指导和推动作用。2015 年 11 月 3 日至 7 日，AECT 在美国印第安纳州最大城市、首府——印第安纳波利斯开展主题为“Accelerate Learning：Racing into the Future”的会议，张舒予教授应邀参加并作为主要演讲学者（Keynote Speaker）发表主旨演讲，进一步传播了南京师范大学“视觉文化与媒介素养”研究与课程建设成果。

张舒予教授，主持申报的 2012 年教育部人文社会科学规划基金项目“从共享到共生：基于专题学习网站的知识建构转型研究”（12YJA880161）获得立项。

该课题是在本研究所十年来的“视觉文化与媒介素养”相关课程建设及“视觉文化与信息技术”专题学习网站建设的实践经验基础之上，总结提炼出的“从共享到共生”学习新理念，并在此理念之下研究“知识建构转型”的条件、过程机制与要素分析，以及共生系统下知识建构的模型构建、支撑环境（网站建设）与组织记忆，以及基于专题学习网站的知识建构策略与方法等。

通过本课题的研究，在本研究所课程与网站建设多年经验的基础之上，力求探索信息化创新型人才培养的方略，同时，也为本研究所的研究拓展新的研究空间，为国内教育技术学界在探索“信息技术与课程有效整合”方面提供新的思考方向。

主持了全国教育科学“十五规划”重点项目“普及信息技术教育之宏观机制的建构与完善”(2002)、江苏省教育科学“十五规划”滚动重点“信息技术教育的人文关怀与本土研究”（2003）和“十一五规划”重点“基于博雅理念的高校视觉素养教育研究”（2008）等多项国家级与省级科研课题。出版学术著作和教材《现代教育技术学》(2003)、《视觉文化概论》(2004)、《中外信息技术教育比较研究》（2004）和《视觉文化与媒介素养》（2011）等；在《比较教育研究》、《电化教育研究》、《中国电化教育》、《当代传播》上发表学术论文《视觉文化研究与教育技术创新》、《信息技术支撑下的视觉素养培养》、《信息文化概念辨析与信息技术教育逻辑体系》、《网络时代的民族文化发展与传播》、《视觉素养培养与民族文化传承》、《运用“元影像”解析人类的影像创造活动》、《摄影的分类》等。

《关于媒介素养教育的相关问题的思考》是渤海大学教授何村在第四届西湖媒介素养高峰论坛会上做的学术报告。何村更多地探讨了媒介素养本身的问题。他指出，媒介素养不是一个大箩筐，不是什么东西都可以往里面放。媒介素养是个人的教育，这些媒介素养理论不是万能的标签。不应当人为地夸大媒介素养的能力，不管怎么变，媒介素养的核心不变，不能把其当作万能的良药。在会上，他呼吁，应当发动大众媒介，发起社会的力量，不要停留在理论表面，坐而论道，而应该行动起来，转化为实践的力量。

2013 年张开从包容性社会发展角度对中国政府网站的使用现状进行了深入研究，针对问题发现，张开从媒介素养角度提出解决问题的方法，该论文标题为“E-governance and Social Inclusion in China”。

2013 年 9 月开始，因高中新课程改革的需要，每个学校必须开设多种选修课，每位老师都要在知识拓展、兴趣特长、职业技能和社会实践等四大类中至少选择一类开发开设选修课，满足学生多样化选择的需要，这次课程改革的理念就是选择。趁这个机会骆中成直接进入第一线，参与高中学生的媒介素养教育课程的开发，运用已经具有的媒介素养的知识开发了《媒介素养与新闻》的选修课程，在高一年级开设，每周一课时，分十八周完成，让学生通过选修该课程，能够较正确、客观地了解新闻产生的过程，新闻传播的媒介都有哪些方式，传统媒介与新媒体的主要区别；通过了解新闻事件背后的新闻，认识传播人的价值观不同，对同一事件的报道角度也会较大的差异，会有选择性报道甚至于可能出现不同的报道结果。会上他被选为研究会的常务理事，并兼任副秘书长。

面对新的媒介环境和传播现象，2014 年张开《媒介赋权与媒介素养在新媒体时代》一文刊登在《北京广播电视学刊》上。文中提到，通过媒介素养实现媒介赋权实际上是一个从个人能力的培养到传播环境的维护，从内容共享到思想共生的心灵共同体的构建，从个体自主意识的构建到国民责任意识以及参与公共事务能力培育的漫长过程。张开说经过多年的学习和研究，她发现媒介素养可视为是赋权的有效途径，通过推行媒介素养教育，赋权于广大媒介使用者，从而使民众通过新媒体（作为当代媒介化社会最重要的产物之一）合理表达利益和权益的诉求，提升自己的权力和能力，完成媒介素养从个人能力的培养到传播环境的维护、从内容共享到思想共生的共同体构建这个时代赋予媒介素养的历史性任务。

2014 年 9 月宋红岩参加了在清华大学举办的“2014 联合国教科文组织—联合国文明联盟媒介信息素养与跨文化对话大会”（MILID WEEK），来自美国、英国、加拿大、日本、瑞典、芬兰、巴西、埃及、摩洛哥、牙买加等多国专家学者以及中国专家学者参加大会。在会议上做了“长三角农民工媒介使用与社会认同研究”的主题发言，受到专家学者的好评，并被联合国教科文组织（UNESCO）及联合国文明联盟聘为媒介信息素养教席网络成员。2015年6月25日至28日，王天德研究员和副秘书长宋红岩受邀参加了在美国费城举办的2015年全球媒介信息素养联盟（GAPMIL）暨媒介信息素养与跨文化交流（MILID）学术周会议，由联合国教科文组织与联合国文化联盟召开，来自全球40多个国家近200名专家、学者、教育家、政治制定者以及非政治组织代表参加了本次会议。宋红岩做了“媒介素养教育与农民工社会融入”的演讲。并与联合国教科文组织，主要通过实证与理论相结合的方法，在近几年深入调查与实践推广研究的基础上，介绍了我国农民工等弱势群体在城镇化建设与信息化强国进程中，媒介接触使用、媒介素养状况以及媒介素养教育对农民工社会融入的作用；探讨了农民工信息格差、话语表达与社会认同等问题，并同现场专家学者共同讨论了对农民工等弱势群体。

宋红岩在接下来的几年内不断深化农民工媒介信息素养与社会融合等方面的研究，在2014年成功申请到了教育部规划课题“长三角新生代农民工媒介使用与社会认同”，2014年4至8月在中国长三角地区上海、杭州、无锡、绍兴等共15市对农民工媒介使用与社会融入情况做了专项深入访谈与问卷调研。本次调研先后共发放4000多份问卷，在此基础上，开展了系列研究，现已在《新闻与传播研究》、《现代传播》等期刊上发表了《新媒体视域下“沉默的螺旋”理论的检视与研究——以长三角农民工的QQ表达为例》、《数字鸿沟抑或信息赋权？——基于长三角农民工手机使用的实证研究》等论文。在媒介使用与沉默的螺旋方面，研究发现沉默的螺旋在长三角农民工QQ社交平台中仍然存在，并具有以下主要特征：第一，长三角农民工的个体差异与社会经济地位差别对其QQ表达造成社会孤立压力，沉默的螺旋在性别、年龄、社会地位认知上存在着统计学显著，其中在性别中，女性对QQ群更有认同感，男性更倾向听从优势群体或意见领袖的意见。年轻的农民工虽然参与表达能力强，但却悖论地更容易“沉默的螺旋”，其中前三位的分别是“18岁以下”，占66.0%；“18～24岁（90后）”，占62.7%；35～39岁（75后），占61.3%。而社会地位认知与沉默的螺旋具有统计强显著，并且随着社会地位认知的增强其沉默的螺旋越弱。第二，长三角农民工的现实社会孤立压力与QQ的“个人表达”、长三角农民工QQ个体表达（少数人）与意见气候（多数人）并不同步，存在着一定的意见气候隔离。第三，在意见气候情境下，长三角农民工反应策略比较多元、相互杂糅，其中“坚持自己的观点”（中坚分子）与“沉默的螺旋”的力量对比出现背离，沉默的螺旋中“迎合式沉默的螺旋”与“回避式沉默的螺旋”并存，同时，长三角农民工QQ群中虚拟拼凑QQ群（如交友群、爱好群）半虚拟拼凑群（如老乡群）、熟人群（如同事群）以及QQ群中不同话题的“沉默的螺旋”的形态与程度存在着差异。第四，沉默的螺旋不仅影响长三角农民工的虚拟QQ空间的表达，也影响着其现实行动取向与能力，其中“坚持自己的观点”（中坚分子）更趋于积极主动。从总体上来讲，手机媒介在一定程度上为长三角农民工底层抗争的意识提升与能量释放提供了平台与途径。而在媒介使用与信息知沟方面，研究显示长三角农民工在手机拥有与使用上和户籍、工作性质并不相关，这说明他们没有明显出现手机数字鸿沟脱嵌现象，也没出现身份鸿沟与数字鸿沟重叠问题。但研究也发现，在农民工群体内部存在着一定的代际鸿沟，无论在手机上网频度（时间）、深度（流量）、使用内容以及应用更新上都存在着一定的差距。因此，如何通过手机加强农民工的媒介素养，如何提升农民工的手机数字应用的内部融合，以及如何加强农民工市民化转型中移动媒体的作用，都是我们必须面对的任务与课题。

2014年7月，在何村的指导下正式成立黄山学院文化与传播学院新媒介素养教育的实践和推广研究小组。作为国家级大学生创新项目——新媒介素养小组成员本着学习知识服务社会的理念，在徽州农村小学开展了一系列的媒介素养宣讲以及徽州农村“我的可爱家乡”主题办报活动。何村团队中以徐文强为代表的7名文化与传播学院新闻专业的学生组成新媒体素养宣讲小组，该小组分别在休宁县临溪中心小学、休宁县汊口中心小学和休宁县榆村中心小学开展了系列新媒介素养专项宣讲活动。在持续一年的新媒介素养宣讲时间内共开展媒介认知教育、新媒介使用教育、“我的可爱家乡”主题手抄报制作等多项活动，取得了良好的社会反响。

通过这次新媒介素养教育的实践活动，小组成员把所学习到的新媒介知识运用到实践教学中去，在开展系列宣讲中他们与这些农村小学的孩子交流新媒介的知识，并指导和鼓励他们用新媒介去介绍和宣传家乡。在本次项目小组的新媒介素养教育活动取得的成果中看到，这些农村地区的孩子渴望接触新媒介，也在项目小组的教学指导下学会了使用新媒介。如休宁县榆村中心小学的孩子们手抄报的制作，就把有着四百多年的榆村老街作为手抄报主题。休宁县汊口中心小学的孩子们就通过微博把自己的家乡安徽省美好乡村——大阜宣传出去，让更多的人认识到这些徽州乡村的魅力。

此外，他们还与这些农村的学校签订合作建设“大学生媒介及信息素养教育基地”的服务协议。2015年12月1日，何村带领下的黄山学院文化与传播学院与休宁县临溪中心小学和汊口中心小学分别签署建设“大学生媒介及信息素养教育基地”的合作协议。

根据协议要求，文化与传播学院组建大学生社会服务团队和大学生媒介素养宣讲辅导团队，定期到合作小学开展社会实践活动，在艺术教育、文艺活动、媒介及信息素养等方面开展课程讲授和活动指导，提升农村小学生的综合素质。同时，文化与传播学院在科研和教学等方面为合作小学提供支持。重点建设媒介及信息素养基地，力争建设成为省和国家的媒介及信息素养教育示范基地。

临溪中心小学校长伍劲标和汉口中心小学校长倪进生等对合作共建实践基地表示热烈欢迎，认为有利于支持和帮扶当地乡村教育，也有利于锻炼和提升大学生的实践能力，合作双方互惠互利共同发展。

2014 年 5 月，在高科的筹划下，项目组况亮以“新媒体环境下中小学班主任媒介素养教育的实践研究”为题，再次成功申报了中国广播电视协会媒介素养专项研究项目。可以说，以研促训的方式真正得到了运用。经历过近二年缓慢而深入研究，项目组迎来了全面推广的喷薄期。2014 年 3 月，基于项目组在媒介素养培训上累积的经验，以及前期工作所取得的培训效果和持续不断的社会影响，中山市教师进修学院媒介素养项目开始受到政府相关部门的高度重视。中山市委宣传部根据《关于广泛开展倡导网络文明的意见》工作安排，拨出专项经费支持教师媒介素养教育培训。同时，在下发通知、报名安排等方面，也得到了市教体局教研室的大力支持。在中山市委常委、宣传部部长唐颖的亲自推动下，中山市委宣传部、中山市教体局、共青团中山市委员会分别与项目组合作，计划 2014 年在全市范围内分四期完成 240 名中小学班主任的媒介素养教育专项培训。

在 2014 年中国广播电视协会上媒介素养研究基地学术指导委员会筹委会上，闫欢首次提出了积极媒介素养的概念。随后，在由中广协会媒介素养研究基地组织下，该基地学术指导委员们编写的《大学生媒介素养读本》一书的写作中，她提出并承担了“积极素养：带来情感升华与美德优势”一章的编著（该著作由中国高等教育出版社出版）。

在该书中，闫欢对积极素养给予了相应的阐释。她认为，首先，作为积极传播主体的大学生，将更多追求与自身的内在目标和价值观相契合的媒介内容，也就是对个体美德发展有意义的媒介内容，与批判性的媒介素养有所不同的是，这种契合是主动的内驱力作用的顺应结果，而不是经过批判性认知下的刚性选择。积极媒介素养对发展个体的积极心理品质及其美德具有促进的作用。其次，积极媒介素养也体现为媒介实践方式上，具有积极媒介素养的个体将通过其媒介实践实现对自主性、能力和归属感的满足，其行动方式以自主和相互协调的方式表现出来，行为方式谨慎而有仪式性，批判性媒介素养关注的是个体对媒介的影响的意志辨别，而积极媒介素养的关键在于个体对媒介积极影响的主动寻求。第三，积极媒介素养既是个体素养，也是群体素养，具有高实现水平的个体不仅在媒体实践中更能发展自我、实现自我，而且能够加强个体同家庭和社会的联系，尤其是在社交媒介实践中，积极媒介素养将更多地体现与群体之间的积极关系，更有利于和谐的媒介生态的形成。

在 2015 年中国社会心理学会学术年会的传播心理学分论坛上，闫欢发表了题为"基于国家与市民社会良性互动理论的公民媒介素养作用探析"的论文，提出将媒介素养作为一种促进国家与市民社会良性互动的积极素养，认为积极媒介素养与我们一直以来所熟悉的基于传播学批判理论的媒介素养内涵是有一定不同的。诸如，阿尔诸塞的意识形态理论认为意识形态在人不自觉的情况下，将个体召唤为主体，使他臣服于意识形态的模塑力之下，个人因此误读，接受了虚假的完满感，不知不觉成为国家强权机构或国家机器的臣民，因而基于意识形态理论的媒介素养观就包涵了对媒介在传播意识形态上的角色和功能的批判性理解，其逻辑起点将国家与市民社会的关系视为是对峙的，而非良性互动的，媒介素养在此成为国家与市民社会良性互动关系的某种"相逆"的变量，难以起到积极的作用。再如，基于威廉斯和霍加特等人的英国文化研究理论鼓励分析品味取向的媒介素养观，而我国主流媒体中所传播的内容是以正能量为主的媒介内容，在某种意义上暗合了文化研究理论所倡导的高品位，沿袭品味区辨的媒介素养观的有效性也将受到质疑。

与积极媒介素养相对应的是我国主流媒介中以及社交媒介中所再现的大多是有意义的媒介内容。Mary Beth Oliver 教授对有意义的娱乐媒介的概念给予了 5 个基本指标：卓尔不凡、让人超越自我；强调联结性，能与人分享；能聚焦美德；能激发丰富的情绪反应；能激励人更好。诸如，由快乐驱动的、让人享受的、浪漫的内容，社交媒介有可能成为有意义的娱乐媒介，社交媒介要能创造鼓舞人心的内容。这个概念指标的提出在很大程度上受到 21 世纪以来，西方积极心理学所经历的从关注负面心理现象转而对人的积极心理品质、积极情绪乃至积极社会制度研究的影响，积极心理学提倡通过对人的与生俱来的正向心理的提升来实现幸福人生，那么一个具有积极媒介素养的公民就可能积极地进行媒介选择、积极地参与到正向媒介信息的传播中来，进而成为促进主流媒体传播的主流价值与个体为代表的公民美德之间的良性互动的重要参数，公民对正能量的媒介内容的选择、评价与分享的能力就成为积极媒介素养教育内涵的基本内容。

2015 年 10 月，刘勇武率领老师们在连续 7 年浙江传媒学院媒介素养支教基础上有了新的创新，把媒介德育纳入拓展性课程，构建形成媒介德育课程系列，并与学校拓展性课程结合在一起。由自身的老师开展以媒介德育为核心的媒介素养课程教育。

学校的课程目前分为两个部分，国家课程、拓展性课程两大块。媒介德育在长坑小学被刘勇武列为拓展性课程。课时计入老师的工作课时，这一点，对课程的可持续性非常重要。这门课既有视频又有音频，小孩子很喜欢，也觉得压力不大。这些都保证了媒介德育长效推广的可能。通过媒介德育课程化、活动化，努力实现和充分利用媒介这个平台和原有传统文化蕴含的道德内涵的结合。

现在，刘勇武主导下，长坑小学开展青少年媒介道德教育课程，主要探索的内容有：

第一课	媒介德育中的网络文化
探索 内容 要点	认识网络 网络在当代社会中的地位 网络与我们的生活 如何正确对待网络 调查实践：用正向的积极的态度操作网络与手机
第二课	媒介德育中的阅读习惯
探索 内容 要点	电子书籍作为网络媒介德育工具对传统道德文化的影响 视频中的电视、电影片段与原著的不同之处 如何用表情表达文字 校园文学、网络文学与传统文学的对比 调查实践：组织网络作品评析
第三课	媒介德育中的新闻观念
探索 内容 要点	1. 网络新闻种类 2. 辨别网络新闻真实性 3. 网络新闻中的道德与价值观 4. 典型网络新闻案例分析（新闻娱乐化、儿童如何自我保护） 调查实践：组织开展网络新闻写作比赛
第四课	媒介德育中的报刊运用
探索 内容 要点	1. 报刊的形式、内容、特点 2. 报刊的功能和发展阶段 3. 报刊与传统报刊的异同 4. 报刊的优缺点 5. 办报、读报中的道德修养 调查实践：寻找报刊并讲述特点

续表

第五课	媒介德育中的动画欣赏
探索 内容 要点	视频动画 ABC 各国动画比较异同 在动画片中传递的不同道德观与价值观 故事会：我最喜欢的动画 调查实践：组织欣赏动画作品沙龙
第六课	媒介德育中的摄制能力
探索 内容 要点	走进摄影摄像世界 照片里的故事 摄影摄像的诞生 数码影像 镜头选取 选取主题（题材：新闻、生活） 突出主题（角度、自拍） 后期制作 剪接、PS（综艺片、艺术照） 特效、配音（武侠片、恐怖片） 小小摄影家在拍摄实践中的道德体悟 1. 抓拍中的道德 2. 自制 pv 视频中的道德 调查实践：拍摄身边的人和事（作品展出）
第七课	媒介德育中的生态文明
探索 内容 要点	媒介德育眼里的生态和生态意识 媒介生态德育中的生活道德 媒介生态德育中的生命道德 媒介生态德育中的环境道德 调查实践：开展“我为家乡生态出点力”活动
第八课	媒介德育中的广告辨析
探索 内容 要点	认知广告（历史、概念、分类、用途） 辨析广告 公益广告德育中的美育 广告语中的诚信 调查实践：调查并简单制作广告
第九课	媒介德育中的流行文化
探索 内容 要点	认识流行文化 流行文化中的思想道德建设 寻找身边的流行文化 调查实践：依托本校流行文化，让学生享受快乐德育
第十课	媒介德育中的的视频文化
探索 内容 要点	视频中的价值观（正、负） 视频中的科学与道德（判断能力） 视频的传播功能 视频作品的来源（视频中的生活） 调查实践：结合社会调查，讲述视频中的故事

续表

第十一课	媒介德育的礼仪文化
探索 内容 要点	1. 中国是礼仪之邦 2. 网络传播中的礼仪语言 3. 网络礼仪重要的是诚信 4. 线下的礼仪行为 调查实践：寻找网络礼仪语言和行为
第十二课	媒介德育的健康理念
探索 内容 要点	1. 用健康的心理上网 2. 网上活动要有时间上的节制 3. 抵制网上不良信息 4. 坚持锻炼用健康的身体保证网络活动 调查实践：制定上网时间表和学会分辨信息

在具体实践中，刘勇武带领老师通过梳理媒介素养与媒介德育活动课程体系、媒介素养与传统道德的关系，探索媒介德育活动课程的教学活动体系，具体为：(1) 媒介素养及媒介德育概念；(2) 媒介素养与传统道德的关系；(3) 网络媒介德育活动课程探索与实践，在当今媒介生存环境里，怎样努力实现和充分利用媒介这个平台和原有传统文化蕴含的道德内涵的结合；他寄希望通过实验，为同行提供媒介德育活动课的有效范本。

在课时时间安排上，刘勇武巧妙地从三年级开始，整合国家课程中的品德与生活（社会）课程，每班每周拿出一节课，用作媒介德育活动课程，每学期大约有 18 课时，计划用 9 课时时间作课堂教学，9 课时时间做媒介德育调查实践类的活动。

学校选择 12 位老师，分 12 个主题备课，采用老师就准备一个主题，轮流上课的方法，减轻老师的工作量，确保老师的积极参与。从 2015 年 3 月 26 日，老师们开始了媒介德育课的“首秀”。

牵手媒介素养教育，成就了长坑小学的辉煌。长坑小学先后获得了全国教育系统先进集体、全国和谐校园、全国德育工作先进集体、浙江省文明学校、浙江省首批和谐校园、浙江省艺术教育特色学校、浙江省廉政文化进校园示范校等诸多荣誉。原省长吕祖善、省政协副主席盛昌黎等省市县领导多次到校调研指导，各级领导高度评价了长坑小学的浓厚办学特色和独特的“媒介德育模式”。刘勇武个人也获得了全国希望工程优秀园丁奖，浙江省第二届新农村建设优秀带头人金牛奖、丽水市农村教师突出贡献奖，丽水市十大优秀青年、丽水市优秀教育工作者、丽水市师德标兵、丽水市少先队事业功臣，缙云县先进工作者、缙云县首届道德模范等诸多的荣誉。

2015 年，张开再次把中国媒介素养研究的氛围推向了高峰。2015 年 11

月，由中国传媒大学新闻传播学部传播研究院发起并与香港浸会大学传理学院联合举办的中国第四届媒介素养国际研讨会在香港浸会大学召开。媒介素养在中国走过了15年之后，走向了一个新的阶段，张开认为在这个阶段需要在学术理念上要对它进行一个挖掘，这也是此次会议以“媒介素养跨学科研究与实践”为主题的原因。

会上，来自英国、美国、加拿大、澳大利亚、瑞典、俄罗斯、新加坡、日本、印度、泰国、中国内地及港台地区的80多名专家学者围绕“媒介素养跨学科研究与实践”的大会主题，对全球传播背景下媒介素养教育跨学科研究发展的现状和未来展开了深入探讨和交流。国内外专家学者分别就“新闻语境下的媒介素养”、“新媒体环境下的媒介素养”、“媒介素养教育中的视觉文化与语言艺术”、“中国社会背景下的媒介素养”、“健康传播与媒介素养”等议题，从多学科角度对媒介素养理论发展和实践模式构建进行了交流和碰撞。作为中国传媒大学的传媒教育研究中心主任，张开参加了媒介素养学科发展研讨以及《全球媒介与信息素养评估框架》一书的专题讨论和两场论坛。

从2011～2015年，张开每年都应邀撰写各年度的媒介素养评述，《中国媒介素养研究的重点、局限和未来的期待——2011年中国媒介素养研究综述》、《2012年中国媒介素养发展观察》、《2013年中国媒介素养研究回顾》、《2014年中国媒介素养研究回顾》。每年的梳理和评述对张开来说就是一个反思的过程，也是寻找突破点新的起点。

2015年7月，宋红岩还参加了王天德主持的国家互联网信息办公室研究课题“我国网民网络素养现状与开展公民网络素养普及性教育研究”，已结题。2016年参加了王天德的国家社科基金后期资助项目“中国网民网络媒介素养实证研究”，主要负责《我国外出务工人员网络素养现状及普及性教育研究报告》分卷的调研研究工作。对调研过程中，按我国外来务工网民的人口社会学特征、使用网络偏好、网络素养特征创建专项研究量表，并开展有普适性、有针对性的中国网民网络素养现状与提升策略调研与访谈工作，此外，还对研究领域中的行业专家学者、主管部门、相关机构与业务单位进行访谈、座谈等工作，积累大量的一手资料。

高科创立了国内首家媒介素养师资培训基地，取得的经验成果包括：（1）根据教师职业特点和专业特征，提出教师媒介素养教育的内涵和意义，创新和丰富了媒介素养的理论研究；（2）创立了以本土教师培训机构为主体，借助高校专家指导、企业技术辅助和课题延伸支持的“四位一体”运行机制；(3) 充分利用国内外高校的资源和专家引领，依托本土媒介素养培训师资，创立了国内首家媒介素养师资培训基地；(4) 根据成人学习规律和媒介素养知识特点，设计了本土化的立体多元的教师媒介素养教育课程体系；(5) 发挥网络学习的优势，突破时空限制，创建了内容丰富、人性化的在线学习平台，巩固培训效果；(6) 借助专家力量，依托本土化师资，采用丰富多样的课程形式，实施了国内首次成规模的媒介素养师资教育；(7) 辐射课堂，促进教师专业发展；联动教研，激发学校发展能量；借助媒体，提高社会关注度。

高科研制出了国内第一份成体系的教师媒介素养教育培训课程；成为国内第一家参与媒介素养教育的教师进修学院；成为国内第一家大规模开展媒介素养师资专项培训的机构；成为国内第一家教师媒介素养教育实践基地。

2015 年张开在第四届中国媒介素养国际学术会议上发表了题为“Why News Literacy Matters?”一文，该文从新闻素养教育实践角度，剖析当下新闻消费者在面对信息繁杂时产生迷离和迷失现象的原因，并基于实例从提升民众新闻素养的重要性以及如何提升新闻素养阐述了自己的观点。

2015 年王天德受国家互联网信息办公室的委托，承接了《我国网民网络素养现状与开展普及性教育研究》，课题组根据国家网信办的要求，对国家公职人员、个私企业主、进城务工人员、电子商务从业人员和青少年等我国目标群体进行了大范围的数据收集分析和对策研究，并已结题。

2016 年王天德在前期研究的基础上又成功斩获国家社科基金后期资助项目《中国网民网络媒介素养实证研究》，该课题的开题研讨会得到了卜卫、张开、张舒予教授的指导。该课题目前已基本完成对各目标人群的访谈工作，正在进行学术上的梳理和学术与数据的理论对接。

2016 年 4 月，何村分别组织学生前往休宁临溪中心小学、汉口中心小学，指导小学生创办《小学生报》，开展媒介素养教育。这是该院服务社会和大学生社会实践的一项重要内容。活动中，文传学院的同学们对小学生开展了媒介素养教育，通过 PPT 给小学生讲授办报如何选题和怎样创办媒体。小学生们热情高涨，大家争相申报选题，积极参与办报。新闻专业学生李科说，用学到的知识服务社会，感觉很有意义。

2016 年 4 月 14 日、15 日下午，何村的文化与传播学院组织学生前往休宁县临溪、汉口中心小学进行媒介素养教育实践活动。此次活动以培养农村小学生媒介素养意识为主要目的，由文传院 14 级广播电视编导班学生进行指导教学。

实践活动分为摄影理论讲座和游戏互动拍摄两个部分，来自 14 级广编班的徐庆文和舒特健同学将自己学到的摄影知识以 PPT 讲解的形式和临溪、汉口中心小学的小摄影兴趣爱好者进行了分享。随后文传学院的大学生们和小学生们进行了“双凤戏珠”、“不倒森林”、“一分钟集体跳绳”等趣味游戏，孩子们们拿起照相机捕捉游戏中的画面，摄影小组的成员一对一对小学生进行摄影示范和指导。在“妈妈，我想对你说”摄像环节中，小学生们把平时羞于表达的话，通过镜头真情地向妈妈倾诉，来自临溪中心小学 5 年级 1 班的游小蝶说，平时父母不在身边，自己很少有机会和妈妈交流，今天通过摄像机的镜头想对妈妈说：“妈妈，辛苦了，女儿爱您！”

何村还在这两所小学分别建设了媒介素养教育图书展览橱窗，捐赠了图书和书架。

为帮助中小学生全面、直观地了解大学的学习生活及环境，开展农村中小学生媒介素养教育，2016 年 4 月 21 日下午，休宁县临溪小学与汉口中心小学共 32 名学生，应邀来到黄山学院文化与传播学院参观体验媒介。孩子们上了一次生动的媒介素养教育课。

在虚拟演播厅里，小学生们带着新奇的目光盯着演播厅里的摄影机、摄像机看个不停。在大学生们的指引下同学们坐在主播台上，体验小小主播的乐趣；录音室里，小学生们放声高歌。随后，同学们还参观了微电影基地、摄影中心、形体房、多功能演播厅、微格教室等实践平台。在 4 楼展厅内，同学们还观看了文传学院大学生创办的各类报纸、杂志等。临溪中心小学的游小蝶同学说：以前只在电视里看到主播播报新闻，今天自己在黄山学院虚拟演播厅当了一次小小主播，心情十分激动。

何村在论坛单元主持时高度评价中山市教师进修学院在教师媒介素养方面所做的开拓性的工作。他说：中山市开展教师媒介素养教育工作的探索回答了几个重要问题，一是媒介素养教育的切入点在于教师媒介素养的培训；二是在媒介素养教育工作的推进过程中，专家们要建立一批像中山这样的研究、实践基地，实现理论和实践的结合；三是教师媒介素养教育的制约瓶颈是什么值得好好研究。他特别提出，中山的探索告诉我们，媒介素养教育不应该是一项急功近利的事情，它是一个需要奉献、值得奉献的、需要持之以恒长期坚持的工作。

针对目前农村中小学生因信息繁杂而导致媒介素养知识缺乏的现状，渤海大学于 2006 年成立了大学生农村中小学生媒介素养教育宣讲团。宣讲团成员利用业余时间和节假日，先后到锦州市郊的八家子小学、大围子小学和大连半岛欣座希望小学、普兰店市城子坦中心小学开展了20余次媒介素养教育主题教学活动。还与学校签订服务协议，帮助学校成立小记者团、校园电视台等，受到农村孩子的欢迎。2007年12月，宣讲团四名学生代表应邀参加了由复旦大学举办的“传播中国——复旦论坛”，作为参会的唯一本科生代表，他们的实践经验和成果，受到与会专家学者的高度评价和关注。前不久，宣讲团的4名学生代表又来到东北师范大学，应邀参加了“小学媒介素养课程研讨会”，并在大会做了经验介绍和宣读了科研成果《小学媒介素养教育实证研究》，再次受到了专家学者的好评。渤海大学大学生农村中小学生媒介素养教育宣讲团是目前国内高校中第一个面向农村中小学生、开展媒介素养教育的大学生社团。

2016年，经过16年的潜心研究，张开认为是为建立媒介素养学科做些推动的时候了。《现代传播》2016年第1期刊登了张开的又一力作《媒介素养学科建立刍议》，在文中张开从不同学科的角度对媒介素养进行的阐释，她认为，从认知心理学角度来看，媒介素养是一种能力，即通过对信息的加工将外部世界进行内化的能力；从传播学视角来看，媒介素养是一种使用传播工具的技能，是信息时代和知识社会的生存能力；从社会学视角来看，媒介素养是一种权益，即通过媒介素养教育活动赋权于广大民众，提高其权利意识，维护其媒介使用的权益；从教育学角度来看，媒介素养是一种培养过程的收获和成效，是“着眼于人的素质、能力”教育的预期效果和所期待的成效；从政治传播学视角来看，媒介素养是一种意识形态。基于上述的认识，文中主要从学科建立的普遍规律出发，对媒介素养学科建立的必要性、存在的问题和急需努力重点做了较为深入的探索。

20年来，卜卫、张开、张舒予、王天德、闫欢、何村、南山、张海波、高科、宋红岩、骆中成、刘勇武、杜军等专家学者，还有许多其他的专家学者以及媒介素养研究爱好者孜孜不倦地耕耘在媒介素养研究和实践的土地上，为我国的媒介素养研究做出了巨大的贡献，取得了丰硕的成果。借此机会，我们对他们表示由衷地感谢！

（作者单位为浙江传媒学院媒介素养研究所）

反思媒介素养教育及其研究

——卜卫访谈录

熊　颖　任　娟

熊颖、任娟（以下简称熊、任）：卜卫老师，1997年，您在《现代传播》第一期上发表了《论媒介教育的意义、内容和方法》，被学界看作是开启了中国大陆媒介素养教育的研究。请问您当时为什么开始这项研究？您做媒介素养教育研究的缘起和背景是什么？

卜卫：通常学界会以在这个领域发表的第一篇文章作为开启研究的标志。但其实，开启这个领域研究的是我们一个群体，也不是从1997年开始。媒介素养的提出，可追溯到我们1991～1994年承担的国家社会科学基金课题《传播媒介在社会主义精神文明建设中的作用》。这一课题后来以《媒介·人·现代化》的题目正式出版[①]。其研究的基本问题是人的大众媒介接触是否对其现代观念和行为产生影响。从受众研究的角度，我们开始调查受众的媒介观念、媒介使用动机、媒介功能评价和媒介参与行为，并分析了不同年龄、性别、地区、职业和文化程度等人口统计学因素在上述方面的差异。主要的研究结果为1994年的研究报告《理想的受众——1992年北京受众调查报告》[②]、《受众媒介观念》[③] 和1996年的论文《受众的媒介观念研究》[④]。这些报告和论文探讨了受众的媒介观念及其与受众媒介接触的关系，并尝试发展一个量表对受众的媒介观念进行测量。其中，以是否应该开放信息、表达不同声音以及受众的权力三项指标区分了受众媒介观念中“限制性观念”和“开放性观念”等[⑤]。与此同时，联合国教科文组织的《世界交流

---

① 陈崇山，孙五三主编：《媒介·人·现代化》，中国社会科学出版社1997年版。

② 宋小卫，闵大洪：《理想的受众——1992年北京受众调查报告》，载《新闻研究资料》1993年第61期。

③ 卜卫：《受众媒介观念》，选自陈崇山，孙五三主编：《媒介·人·现代化》，中国社会科学出版社1997年版，第142—175页。

④ 卜卫：《受众的媒介观念研究》，载《新闻与传播研究》1996年第2期，第47—56页。

⑤ 卜卫：《受众的媒介观念研究》，载《新闻与传播研究》1996年第2期，第49页。

报告 1989》中的“媒介教育与青年”① 进入我们的视野，联系以往的受众调查结果，我们认为受众有“不够理想”之处，比如：受众使用大众媒介不够积极，对新闻与广告等知识了解不多，较少能听取不同的观点，对受众权益也知之甚少，于是，“媒介教育”和“媒介扫盲”被提出来进行讨论。不仅是我，我的同事宋小卫也在 2000 年《当代传播》的第 2 期和第 3 期上连载了他的文章《学会解读大众传播——国外媒介素养教育概述》。1992 年至 1996 年间，在我们研究受众媒介观念时，就调查数据的因子分析及其命名等问题，当时《新闻与传播研究》的副主编孙五三也做出了贡献。加上当时我的专业领域之一是儿童青少年研究，我就对这个问题特别关注。其实这里面暗含着一个研究转型，以往研究焦点是大众媒介对受众的影响，但是，自从进入媒介素养教育领域，就转入了受众或公民如何利用媒介改善自身和社会。

熊、任：您说的这个研究转型是如何体现在媒介素养教育研究上的？

卜卫：所谓转型，更明确地说，开始步入大众传播学研究领域，焦点是大众传播的影响或效果。学界对此前提假设有过诸多批评。如果做媒介素养教育研究，你必须面对这些批评才能进行研究，不仅因为你的研究要建立在以往的学术积累之上，更因为在媒介素养教育过程中你一定会遇到属于不同群体的受众或公民个人如何使用媒介信息的问题。顺着这样的思路，很快就自然转到“公众如何利用媒介改善自身或社会”的焦点，这就引发后来的何为“教育”、何为“媒介素养”以及如何进行媒介素养教育、如何进行媒介素养教育研究的讨论。当然，回答这些问题不能靠舶来品，主要靠中国的在地经验。所以我非常重视教育实践，也做了很多媒介素养教育工作坊，通过这些工作坊的参与式观察和讨论进行研究。

熊、任：您提到的媒介素养教育的实践活动都是什么样的活动？您现在如何评价这些实践活动？对您的研究有什么启发？

卜卫：我在 1997 年发表的论文中提到“从家长制到赋权制”，但当时的理解非常浅薄和模糊。主要认为，家长制是将教师的价值观和所谓的正确知识强加给学生，赋权制则是通过教育使学生重新获得被剥夺的权利，因而可能自主地对媒介进行思辨。现在看来，这些认识的局限在于：第一，没有在“赋权”和“解放”的概念框架下反省教育本身。传统教育方式难以培养学生建立批判的自主权；第二，没有将知识与权力联系在一起，以反省媒介素

① 联合国教科文组织编，新华社新闻研究所外国新闻研究室译：《世界交流报告》，中国华侨出版社 1992 年版，第 460—472 页。

养教育的知识建构，诸如这些知识是为谁建构的、谁来建构的、对谁更有利等等；第三，没有将个人的权利与社会参与联系在一起。在这种情况下，从“理想的受众”到媒介素养教育的提出，我自己的研究以及实践活动实际上是一种“家长制”和“赋权制”的相互交叉的混合体。起初这些研究与实践主要有两个目标群体，一个是儿童的父母，另一个群体是青少年。

1993 年，我开始为北京的一本杂志《父母必读》撰写专栏，其主要内容是与父母讨论他们的孩子的媒体使用的问题[①]。一开始，基本上自己设计主题来讨论，其实是告诉家长，在这个领域，什么是“真理”，基本上忽略了家长和儿童的媒介经验。到 1997 年以后，我开始反思有关媒介素养教育的概念，提出以家长来信的方式来讨论儿童媒介使用问题。这一讨论方式建立在家长观察到的儿童的媒介使用经验和思考上，结果受到了家长们的欢迎。虽然没有完全抛开“专家讲述真理”的灌输模式，但已有肯定儿童经验的趋向。2004 年，我为《父母必读》杂志主持了一个“亲子关系促进参与式工作坊”。在与家长和孩子们的互动中，我看到了儿童青少年的文化如何使他们更具自信以主动发出自己的声音，而不是顺从主流文化对他们价值观的要求或以沉默文化相抵抗。在这个活动中，孩子们组织起来，为家长做了一个关于“F4”[②] 的小讲座，讨论什么是 F4 以及为什么喜欢 F4。关键不在于孩子或家长如何认识 F4，而在于这个过程促进了孩子与家长的平等交流以及对电视剧特征的反省。这真的是一个从“家长制到赋权制”的探索过程。

针对儿童青少年的媒介素养教育的研究和实践，在 20 世纪 90 年代，主要有以下三个项目或实践活动：

(1) 1996 年为《青少年读书指南》杂志撰写专栏文章，试图“引导”青少年警惕媒介中的性别刻板印象及性别歧视。在这个过程中，基本上听不到青少年的声音和反馈。

(2) 为儿童撰写媒介素养教育系列教材。这些教材包括《电视》、《广告》和《新闻》三本，暨南大学出版社 1998 出版，并于 2000 年上传到团中央“中青网”上。这套教材针对 10～15 岁的青少年，讲述电视、广告和新闻“好的一面”和“不好的一面”，“以使青少年成为媒介的主人而不是奴隶”。当时的想法是，先尝试出版一套教材，然后到中小学去做实验，再发

---

① 见《父母必读》杂志，1993 年 7 期、1994 年第 1 期、1994 年第 7、8、9、10、11、12 期、1995 年第 1、3、4、5、6、7、9、10 期、1996 年 1、2、3、4、5、6、7、8、9、10 期、1998 年 3、5、6、7、8、9、10、11、12 期和 1999 年第 1 期。

② 台湾偶像剧《流星花园》的四个男主角，简称 F4。

展更好的教材。现在看来，这套教材没有建立在儿童的媒介使用的经验的基础上，基本上采用了传统的灌输教育方法。

(3) 2000年在“中青网”发展“儿童表达中心”试验项目。这一项目深受联合国儿童基金会推荐项目 Children's Express[①] 的影响，是我所的“研究转型”的体现。在这个项目中，我们开始采用参与式方法与青少年讨论有关新闻报道的问题。这一过程包括：儿童权利参与式培训、儿童表达的参与式培训、儿童记者参与式培训、儿童青少年新闻论坛、儿童记者采访与报告等。在儿童新闻论坛上，儿童曾自豪地说，“我们是世界上最诚实的记者”。但是，当他们在采访流动人口子女学校时，就遇到了“是否诚实”的大难题，即学校采用树立假典型来试图影响媒体，使学校能够从“非法”变为合法。儿童记者讨论的结果是，不能参与这个“欺骗”，但也不能揭露这个“欺骗”，因为“揭露”会影响流动人口子女上学的权利，因此，他们选择了放弃这个新闻……结果，不少儿童记者认识到，所发表的新闻其实是记者或媒体选择的结果。以后，在联合国儿童基金会“倾听农村儿童的声音”项目中，我们还一起讨论了“谁来报告有关流动人口子女或农村儿童”、“谁通过采访得到了更多的权力”等问题。也就是通过这个项目，我们提出了“通过媒介参与赋权儿童青少年”的想法。这一想法和相关实践在2001年希腊“媒介与儿童世界峰会”的全体会议上做了介绍。

2003年至2004年，受吴翠珍教授《别小看我们》的影响，我们与儿童杂志《动动》合作，试图尝试制作媒介素养教育电视系列片，其制作过程期望是一个儿童参与的过程，比如问题收集的过程应该是儿童采访和讨论的结果等，其成品《包装》等也在2003年的巴塞罗那国际儿童电视节上展示。

20世纪90年代，对我转型最有影响的是发展项目中的参与式培训工作坊。一开始，我们在联合国开发署一起学习、研讨工作坊的思想方法，然后开始实施这种工作坊。从1996年至今，我和我的团队已完成了超过300场参与式培训工作坊。培训的参与者是农村妇女、农村“女能手”、农村女村官、农村女性HIV感染者、农村基层妇联干部、全国妇联干部、党校干部、

① CE是英文 Children's Express 的缩写。简单地说，CE是由8岁至18岁的儿童组成的新闻报道组织。1975年成立于美国纽约，以后发展到美国其他地区和英国、日本等国。CE类似于一个小通讯社，完全由儿童自己管理，包括确立新闻选题、组织采访、写稿以及编辑，然后由大众媒体来播发他们的新闻。CE的口号是：by children for everybody（儿童为所有人制作新闻）。注意：它不是通常的 by children for children（儿童为儿童制作新闻）。CE解释说，CE的目的不仅让儿童了解自己的生活，也要让成人或全社会听到儿童的声音，通过大众媒体而不是儿童媒体让儿童的声音进入主流社会和决策层。

流浪儿童、受到艾滋病影响的儿童、城市儿童记者、城市高中生、农村参与社区项目的儿童、中央及地方媒体记者、中央媒体领导人、促进边缘群体权利的民间社会组织、高校学生、流动人口学校教师和志愿者、少数民族村民、少数民族儿童以及预防艾滋病青少年志愿者等。主要内容涉及社会性别平等、媒介公平报道、反对针对妇女或儿童的暴力、传播倡导、儿童权利、儿童参与与表达、抗击艾滋病等。我们也有机会帮助一位到北京的上访者如何应对媒体采访。参与式培训的经验，促使我的媒介素养教育研究发生了根本的变化。它使我们从课堂教学走出来，进入社会变革运动中，与社会变革者一起讨论媒介的作用与角色。我们主要涉及三个主题，第一是促进性别平等的媒介再现。1995 年联合国第四次世界妇女大会以后，以民间组织“妇女传媒监测网络”为中心，一些社会活动家在媒体中开展了社会性别与媒介的参与式培训，主要讨论大众媒介的性别议题如何公平再现，以及新闻编辑室里的性别文化如何对新闻产制发生影响等议题。第二是促进儿童青少年通过媒介参与影响社会。特别是脆弱群体如流动/留守儿童、农村辍学青少年、受到艾滋病感染的儿童和青少年、流浪儿童、少数民族青少年等。通过戏剧创作、图画讨论和自办杂志和广播等促进脆弱群体青少年参与社区规划和社会变革项目。第三是促进民间社会组织和脆弱群体开发可利用的传播倡导战略。这更是为特定的社会运动量身而做。比如反对针对妇女的暴力运动、反对针对儿童的暴力运动、全球儿童青少年抗击艾滋病运动等。

作为培训的协作者（facilitator），我自己经历了从表面的参与到实质的参与的变化过程。表面的参与是指在表面上，我们采用了参与式的方法，但实际上认为只有自己掌握着唯一正确的答案，不能有效地促进平等讨论和共同创造新的知识。后来，随着不断地深入基层、与民众交流和反省参与式方法，就越来越能倾听不同的意见。其实，人家都有受压迫和反压迫的经验，只不过是不会用一定的词来表达。当参与者的经验被交流出来后，他们可以发展一定的词汇来界定他们的经验，这就成为一种权力或声音政治，而不是费劲地理解我们翻译过来的词语以及策略。我当初认为的只有协作者的书本知识可以代表参与者的经验，其实这本身也是一种压迫。

这种参与式工作坊促使我们的研究形成了一些新的观念：

第一，我们越来越深刻认识到媒介素养教育的目的是让我们对解读信息拥有更多的控制权，对利用媒介发出自己的声音有更多的控制权，这本身就是一种赋权的过程。比如说在北京一些青年打工者，他们主要通过劳动者的歌声来表达他们的社会诉求，进而影响社会。媒介素养教育不是要教一种正确的价值观和所谓的精英品味，而是要帮助参与者发展形成和表达自己意见的能力。

第二，媒介素养是关于行动的知识，必须在行动中学习。媒介素养并不是教师可以教出来，它一定要有实践，一定要有参与者的参与。媒介素养教育不是要让大家学会多少“专家”认为应该学习的媒介知识，而是一个促进所有参与者主动学习和使用媒介的过程。参与者通过这种活动获得的是关于行动的知识。而要达到这个目的，就要使用参与式学习方法。没有参与就没有媒介素养教育。

第三，应该特别尊重参与者的本土经验和地方知识，媒介素养教育不是自上而下的，应该是自下而上的，应该看参与者他本来的知识和经验是什么，应该以参与者为中心，根据参与者需要来讨论要达到的目的。对参与者来说，媒介素养不应该是一种外来的知识。

1997 年以来，不少媒介素养教育的研究者引用了我的文章。我应该说明，十年过去了，我的观点、研究取向和实践都有了很大的变化，特别是有关灌输式的教育学观点和实践已经完全放弃了。现在很难想象我会再自以为是地为青少年写书，以“引导”青少年。2007 年，我们与 30 多个青少年一起撰写了《青少年爱心大使传播活动手册》[①]，其中第三部分近 50 种传播活动方案几乎全部由青少年撰写，无论是利用大众媒介、传统媒介、人际传播、新传播技术（如网站、博客、flash、电子游戏等）还是创新的传播活动（如艺术工作坊、笔友俱乐部等），他们对媒介的使用、利用和理解堪称是专家，至少目前的各种媒介素养教育课本不能教会他们这些知识，特别是他们拥有了关于行动的知识和如何创造性地进行传播的经验。因此，现在我们更重视的是如何与参与者一起发展信息和小型媒体，讨论如何运用媒介达到增强青少年行使权利的能力的目的。

熊、任：媒介素养教育有不同的研究路径和学术资源，我们看到您比较重视拉美的经验，比如巴西 Paulo Freire 的观点和经验，您也引用过台湾的研究结果。我们想问，哪些人或研究或“最佳实践”[②] 对您产生了较大的影响？

卜卫：20 世纪 90 年代初，我们就读到了联合国教科文的《世界交流报告 1989》。这本书由新华出版社翻译出版。这是我做媒介素养教育研究的启蒙书。它提供了关于亚太地区（澳大利亚、印度、日本和新西兰等）、欧洲

---

① 卜卫，许文清主编：《青少年爱心大使传播活动手册》，联合国儿童基金会，2007 年出版。

② 在发展项目中，人们常说的 best practice，通常被翻译成“最佳实践”。

(奥地利、丹麦、芬兰、德国、法国、意大利、荷兰、挪威、瑞典、瑞士、英国等)、拉丁美洲（巴西、玻利维亚、哥伦比亚、多米尼加、巴拉圭、秘鲁、乌拉圭、智利等)、北美（加拿大、美国）等地的媒介教育的情况，包括课程名称、课程设置以及课程特点等。从这里开始，我阅读了一些有关国外媒介素养教育的学术资料。

2004 年，台湾政治大学的吴翠珍老师来北京做访问交流。其实我们从 20 世纪 90 年代初就开始通信，讨论有关儿童与媒介研究的问题。1994 年，我们的论文分别发表在台湾政治大学《新闻学研究》上，互引为学术知己。吴翠珍老师不仅是一个严谨和执着的学者，也是媒介素养教育的行动家和推动者。她的论文《媒体教育中的电视素养》以及 2002 年出版《媒介素养行动派：别小看我——九年一贯互动教学手册》和 2004 年出版的《公众近用媒体之完全攻略手册》等，影响了我的研究和实践。特别是 2007 年，吴翠珍老师与陈世敏老师一起出版了重要著作《媒介素养教育》，依据他们多年的实践经验，对媒介素养教育学、媒介素养教育的学术资源、媒介素养教育的教学策略等进行了深入的探讨。可以说，我早年开始的媒介素养教育研究的主要理念、知识框架和行动模式大都来自吴翠珍教授的启发。另一个深刻影响我的台湾学者是世新大学的陈露茜教授。2005 年，陈露茜教授等就出版了《批判的媒体识读》，这本书更强调对媒介产制和意识形态的批判，也更强调行动。我们知道，台湾不会称呼广播电视观众和报纸读者为“受众”，台湾学者会觉得“受众”这个词似乎太被动，尽管英文都是 audience，他们称之为“阅听人”。在这本书的最后一章，他们专门教给学生如何做一个“行动阅听人”。陈露茜老师还亲自率领学生办报，即台湾的《立报》，为学生提供了实践用新闻影响社会的机会。

你们说我特别重视拉美的经验，其实就是深受巴西教育学家 Paulo Freire 的影响。他的《被压迫者教育学》我读了很多遍，同时也读了 Henry A. Giroux 的书《跨越边界——文化工作者与教育政治学》，他不是巴西人，他是美国人，是激进教育学派的代表人物。你们知道，从吴翠珍老师开始就强调媒介素养教育学，这是一门学问。教育学有那么多流派，有那么多分支，到底什么是媒介素养教育或媒介素养教育学的根基？这需要我们做研究。研究媒介素养教育的起源及其发展，比如从保守主义到批判性识读，到媒介工业批判，到社区参与行动等，就可以发现，我们面临着理论的选择。

选择批判的媒介素养教育或选择 Paulo Freire，其实与我的研究领域有关。我的研究焦点是传播与社会发展，现在我是我们研究所创新工程“传播与社会发展研究”的首席研究员。这个领域的研究焦点不在媒体发展，而在社会发展，即研究社会中最少资源的、最少权力的人群如何通过传播改善自身状况（如互联网＋电商扶贫等）和推动社会变革（如推动反家暴立法等）。在这个领域，我们不关注是否是新媒介，只关注对这些群体来说，什么是他们的适宜媒介，可以做什么用。所以我们打破了所谓的媒介的界限，通常关注来自底层的跨媒介传播（cross media communication）。我不会说我是研究电视的或是研究新媒体的，我会说，我是研究脆弱群体如何利用传播做出改变的。在这样的情境下，你们就会明白，我为什么会重视 Paulo Freire，他的参与式传播的思想特别适合用在传播与社会发展的研究领域。在他看来，媒介教育不仅被认为是培养如何批判性地观看，也要培养如何进行传播。他将教育重点放在参与媒介过程和地方创办的“小型媒介”上 。这一点随着时间的推移，对我有愈来愈深刻的影响。1997 年发表第一篇有关媒介教育的文章时，已提出媒介教育的方法应是“参与式”。现在再读 Paulo Freire 的《被压迫者教育学》，结合我们自己 20 多年来的在基层做参与式培训和教学的经验，更加深入地体会到参与式方法可以作为一种解放参与者（注：以往被称为“学生”）的手段。这种解放不是一种自上而下的恩赐，也不是一种自我实现，而是一个互动的过程。通过这种互动，参与者有可能获得自我们认同、知识发展和行使自己的权利的能力。

这也可以理解我与民间社会组织或一些媒体合作的开展的实践活动。我实际上很少做或研究课堂教学，更多的精力放在课堂以外的媒介素养教育活动，因为这些活动与社会发展密切相关。

回顾这 20 年，我们也应该反思，为什么我们借鉴的媒介素养教育经验通常来自西方发达国家，比如美国、加拿大、英国等，这些媒介素养教育方案建立在参与者大都有一定文化水平的基础上，并且其社会几乎是一个“公民社会”的“范本”。在第三世界国家，如拉美、非洲和南亚地区的一些国家，其社会情境完全不同，也发展了媒介素养教育的实践活动，其实这些活动所体现的思想价值和独特方法特别值得重视。

我自己觉得，这种经验最重要的特征就是教育者与参与者一起反思，反思主流的和当地的文化和知识，比如由国际民间组织“ACTION AID”发展的项目“反思行动”。

1993 年至 1995 年，乌干达、孟加拉、萨尔瓦多等国开始试验反思行动，目前已有 60 个国家的 350 多个组织认可并接受了这种理念。2003 年 UNISCO 授予国际反思行动网络“国际扫盲奖”。反思行动是一种以学习推动社会变革的方法，它关键在于创造一种空间以使人们乐于见面、讨论生活及其他相关议题。反思行动的目标是通过强化人们传播交流的能力，以促进人民更有意义地参与到可能影响日常生活的各种决策中。它有如下特点：

（1）强调以最贴近、最适合受众的方式进行传播交流，不仅是学习传播交流技能，重点是用一种更有意义的方法来使用这些技能，是一种为当地的社会运动服务的、为增加媒介使用者权力的媒介教育。

（2）因为有“最贴近”和“最适合”，如果当地人不需要的话，就不强调某种技术或新技术打破了媒介只有大众媒介的框架，尊重民众的媒介使用经验，促进他们考察在自己的日常生活中如何进行交流，什么是最好的交流手段等。

（3）重视权力。其项目的名称就称为“传播与权力”。因为没有一种传播是中立的，人的沟通的能力与意见是否被重视是由权力决定的，反思行动要对这种权力进行分析。比如写字与权力，“反思行动”要问的问题是：你会在什么情况下碰到写字的事情，谁来写这些东西，写给谁看，在什么情况下需要排除什么样的人参与，为什么要写字，是否还有其他方式可以交流。在做社会运动时，需要签名就要写名字，这就与权力有关，同时它也是一种身份认同。

（4）反思行动不是依赖外来材料，而是由参与者自己形成的课文和图解。可以用口述，通过讨论形成课文。比如通过口述整理地方知识和历史，这就形成了文化。参与者可以收集旧报纸，讨论什么是头版内容，体现了谁的观点，忽略了谁的意见，还可模仿报纸编一份自己的报纸。参与者也用录音带制作广播节目，学习使用油印机印刷宣传品等。他们也画画、发展参与式摄像活动或分析电视。比如智利的研究发现，最穷的人最喜欢看连续剧，这似乎与其中的物质生活没有什么关系。但通过讨论发现，电视连续剧表现的是妇女的生活，包括被遗弃孩子、乱伦的父亲、爱情的障碍等等。这样，他们就可以利用电视剧讨论性别问题。还可以讨论自己的生活中有什么东西没有在这个剧本里出现，结果发现，电视剧几乎全是家庭冲突，没有经济冲突。当地妇女就经济冲突可以编写一个剧本。结果他们从消极观看别人的生活到自己主动地选择生活，对生活有了新的要求①。

在为农村留守儿童、流动人口聚居区的流动儿童、工业区女工、艾滋病感染者等所做的工作坊中，我们都借鉴了这些经验。这种思考和行动在

---

① 参见 edited by David Archer & Sara Cottingham, *Communication and Power: Reflect Practical Resource Materials*, and *The Reflect Mother Manual: a New Approach to Literacy*, 2003. Published by Actionaid and UNISCO.

2000年就开始了。直接原因是与联合国儿童基金会、团中央中青网合作，实施“儿童表达中心”（children's express）的项目，在儿童工作坊和采访实践中我们发展了“口头新闻学”、“攀登新闻山”等方法，使之成为媒介素养教育的重要组成部分。

熊、任：您经常提到“批判”，您怎么理解“批判”？“批判”与媒介素养教育的目标有什么关系？

卜卫：在1997年的文章里，我提到媒介素养教育的四项目标，包括：（1）建立对信息批判的反应模式；（2）发展关于大众媒介的思想，帮助青少年形成对媒介性质和功能的正确认识；（3）提高对负面信息的醒觉能力；（4）培养建设性地使用大众传媒的能力。这些目标在当时的文章里是以“意义”的面目出现的，其基本逻辑是：对受众来说，大众媒介意味着知识、信息、主流文化甚至是权力。在这种情形下，有必要通过媒介教育来发展受众认识和利用大众媒介的能力。对其中的第二项，当时的解释为：“在信息社会里，认识媒介将会成为生存的必要条件之一。所谓‘正确’意味着较完整和较客观的评价媒介的性质、功能和局限。媒介提供的所有信息是一定的媒介传播体制运转的结果，是政治、经济、文化等多种因素相互作用的结果。它不是为某一个受众特别设置的。因此，青少年要在对媒介认识的基础上，发现信息对自己或对社会的意义。”后来在讨论网络素养教育时，考虑到网络媒体的互动特征，又加上了第五个目标，即（5）“提高青少年创造和传播信息的能力”。其中“批判”一词英文原文为“critical”，意为“探索”、“思辨”和“理性分析”的意思。当然有时也包含批评，但主要不是批评。其批评主要体现在第三项目标里。

这五项目标其实是对美国、加拿大和英国的媒介素养教育的目标的一个简单概括，但缺乏对媒介素养教育学的深入思考。任何一种教育，其背后都隐含着一种教育学观点或教育哲学。这种教育学观点或教育哲学帮助形成特定的教育目标。

从媒介素养教育发展的历史看，其教育学逐渐从“灌输”（如教给青少年抵抗大众媒体或什么是精英品位等）发展成为“赋权”（empowerment）的教育学。这在英国学者 Len Masterman 的媒介教育的18项基本原则中第一项原则[①]得到陈述：即媒介教育是要增加个人（特别是少数群体）的赋权

---

① http：//www. media－awareness. ca/english/resources/educational/teaching _ backgrounders/media _ literacy/18 _ principles. cfm.

和增强社会民主结构。媒介教育的目标不是培养简单的批判技能，而是建立人的批判自主权。这应该是对个人解放的过程。媒介教育具有研究（探讨）性质，探讨、研究就需要每个参与者有批判的自主权。

如何理解“赋权”？Henry A. Giroux 认为：“它是一种批判性的思维和行动的能力。这个概念具有双重指向，既对个人而言，也对社会而言。个人的自由和天赋能力必须得到最大限度的发展，但个人的能力又必须与民主紧密相连，这是因为社会改善一定是个人充分发展的必然结果。激进教育家把学校看作是社会形式，这些形式应当培养人们具有思考、行动、成为主体和能够理解其思想所承担义务的限制的能力。激进教育家相信，社会形式与人的社会能力是这样一种关系，人的能力在社会形式中逐步受到培养，反过来又向这种形式本身提出疑问。而当今主流的教育哲学想要的却是教育人们去适应那些社会形式，而不是批判地质疑它们。”（Henry A. Giroux，1992，p. 11）他进一步指出，在教育领域中占据着统治地位的理论表述，一般都将学校教育的目的功利化了，它们要么主张给予那些成为主要社会管理者的精英阶层以受教育的特权，要么大大缩小教育的外延，使学校仅仅成为培训劳动力的工厂。传统主义者缺少一种有关学校如何在塑造公共生活中发挥主要作用的理论表述（Henry A. Giroux，1992，p. 11 —12），这是当今教育最需要反省的问题之一。对学生个人来说，教育学应该考虑的问题是：我们怎样既成为自我塑造的主体，又能在任何时候为社会做贡献？一个人怎样才能认识自我，怎样在历史长河中为自己定位？我们怎样将知识的问题与权力联系起来，我们怎样认识现有教育机构甚或我们这个时代所具有的局限性？（Henry A. Giroux，1992，p. 13）。在这个意义上，教育是一种包括权力、历史、自我认同、集体能动性和斗争的可能性的问题领域（Henry A. Giroux，1992，p. 88）。

批判教育学提出要培养具有批判精神的公民，即为学生提供发展批判能力的机会，以挑战和改造不合理的现存秩序，而不仅是适应它们。它也意味着，向学生提供他们所需要的技能，使他们能在历史中为自己定位，发现自己的声音，提供运用公民勇气、冒险、扩大民主的公共生活需要的习惯、惯例和社会关系所必需的信心和“共情”（Henry A. Giroux，1992，p. 88）。

“赋权”其实是需要媒介素养教育的最重要的理由，同时也是现代媒介素养教育的最根本的特征，它涉及如下方面：（1）通过反思个人获得批判能力，用以质疑或挑战现有的主流文化，而不是适应。在这个层面上，个人批判能力是与社会相联系的；（2）知识不是孤立地存在的，将知识与权力联系起来；(3) 检视差异如何表现以及被主动获得、内化、挑战或改变的，并通过反思差异建构个人的主体性。在这个基础上，就不难看到，如果将媒介素养教育的目标仅仅看作1997年提出的五个目标比较简单化。媒介素养教育的目标应该包含个人的层面，即发展对媒体批判性自主权，以及社会层面的，即提高发声的能力，这最终将有利于发展一个更为公正民主的社会。

值得注意的是：Len Masterman的媒介教育的18项基本原则从2000年起被国内学者广泛引用，但英文原文“empowerment”，始终没有被翻译出来。因此，在中文版中，没有“赋权”或“增权”一词[①]。除此之外，“critical autonomy”和“participatory”，也未能得到应有的重视。追溯其原因，18项原则的首译者宋小卫从来对学术都采取比较严肃的态度，说明当时“不太理解这个词，因而未能翻译”[②]。而采用与此相同的译法的学者大都直接使用了宋小卫的翻译，有的甚至没有注释。在引进过程中，如果不在特定情境下理解这个词，如果不去深究的话，就可能出现这种误传。我曾经在一篇论文[③]中讨论麦克卢汉的媒介理论，简单地使用了“热媒介”和“冷媒介”的翻译，但直到1996年，看到学者潘忠党的文章，才知道“麦氏意识到对媒介的‘冷’、‘热’之分造成了很多理解混乱，在他再版《理解媒介》一书时，他就此特意做了说明，声称‘冷’在此借用的是俗语中的‘酷’的意思”[④]。

总之，“批判”不是一味地批评媒介，批判是一种对媒介再现以及媒介制度反思的过程，目的是获得批判自主权。批判也一定意味着“自我批判”。在陈露茜老师及她的同事们看来，批判还意味着行动。

熊、任：在您看来，媒介素养教育的学术资源有哪些？或者说，用什么理论来分析媒体运作和媒介再现，也可以说，老师用什么理论来指导教学？

卜卫：我觉得可以参看吴翠珍和陈世敏编著的《媒体素养教育》一书。

---

① 参见刘勇，江海霞编著：《当代媒介素养教程》，合肥工业大学出版社2007年版，第11 13页；邵瑞：《中国媒介教育》，中国传媒大学出版社2006年版，第41—43页；段京肃，杜骏飞：《媒介素养导论》，福建人民出版社2007年版。这本书似乎采用另一种译法（引自《媒介研究》2004年第3期），出现了“批判的自主权”，但仍然没有赋权的概念；张开：《媒介素养概论》，中国传媒大学出版社2006年版，第248—249页等。

② 引自2008年4月与同事宋小卫的讨论。

③ 卜卫：《媒介与社会文化变迁——试论麦克卢汉的媒介理论》，载《中加传播研究》1993年12月13日，第8—13页。

④ 潘忠党：《电视与流行现象形成中的时空构筑》，载《新闻与传播研究》1996年第4期，第44页。

在这本书中，文化研究、意识形态理论、霸权理论、符号学、传播政治经济学和媒介生态学等均被列为媒介素养的学术基础。我的理解是，讨论媒介素养的学术基础，是为了回答教师用什么来教的问题。学术基础指的是教师与学生一起思辨媒体、使用媒体和创造信息的基本分析框架或学术背景。在传播学领域，究竟什么样的学说最能促使我们挑战现行的媒体运作及其制度，促使我们能发展新的媒体或信息进入传播流通，使社会变得更为公正？从这个视角出发，我们可能发现的就是文化研究、意识形态理论、霸权理论、符号学、传播政治经济学和媒介生态学，还应该包括女权主义媒介研究、失语群体研究、替代性媒介或激进媒介研究、参与式传播学、话语与权力研究等。

英国文化研究（British cultural studies）可以看作是一种理论视角，或者是一种强调公众及其所属社会阶级的学术理论框架，它关注的是文化如何受到掌权的和处于主流地位的群体的影响。由于媒体是精英手中有力的工具，媒体的作用就是传播占统治地位的思维方式——无论其是否有效。媒体使掌握权力者具有控制能力，而无权者只能接受传递给他们的东西。值得注意的是，文化研究具有多种话语和不同的理论，是一个开放的学科。

在英国文化研究中，一个重要概念是意识形态。霍尔认为，意识形态包括不同群体为了使自己的环境具有意义而使用的语言、概念和分类系统。意识形态是我们用来对社会存在的意义做出解释的框架。意识形态无所不在，个人在不自觉情况下，臣服于意识形态，而传播媒体是意识形态的国家机器之一。

霸权（hegemony，作者注：这是一个中性词，也可翻译成文化主导权）是文化研究的一个重要概念，一般可以定义为一个社会群体对其他群体的影响、权力或统治。通常后者是弱小群体。霸权来自马克思的虚假意识（false consciousness）的概念。所谓虚假意识是个体无意识地处于受人控制的状态。同意（consent）是霸权的基本要素。在霸权统治的社会中，人们受到的影响来自同意而不是压迫。人们会习惯地支持占主导地位的文化意识形态。霸权不一定是压制性的，霸权起作用是因为掌权的人成功地把自身的利益说成是大多数人的利益，从而获得了同意。霸权就是这样一种过程——是统治阶级积极为其诠释寻求共识的过程。当然这一个过程非常复杂。媒体则是霸权的主要的协商者和中介者。这时，大众文化被看作一个文化领导权的生产和再生产的核心场所，一种统治集团利益和从属集团利益之间的斗争和谈判的场所。

我们生活在霸权争斗的场域之中。反霸权（counter－hegemony）成为文化研究一个重要组成部分，受众并不必然心甘情愿地接受统治和服从。反霸权的一个目标是从其他的视角来理解历史，特别是从妇女、工人和少数民族的视角。也就是说，在反霸权中，研究者想提高那些过去沉默的声音。我们可以将反霸权理解为让个体意识到他们同意的盲目性并想做出改变（Richard West，Lynn H. Turner，2004，p. 403），同时，受众也会使用和居于统治地位的社会群体所使用的完全一样的资源，或个体可以使用与统治阶级的霸权一样的方式来挑战其统治地位。特别是现在的大众媒介中，也会出现反霸权的信息。

符号学（semiology/semiotics）研究符号系统及其对意义的建构和再建构。语言是重要的符号系统，没有固定的意义，其意义取决于社会的既有成规。同一文化的人，有同样的概念与认知，就能了解记号和概念之间的连接关系，意义由此产生。使语言成为产生意义的条件，它就有可能为创造知识的新形式提供基础。

文化研究对媒介素养教育学产生了重要的影响。已有学者指出，第一，文化研究将文化看作研究传播行为及媒介作用的适当对象；第二，文化研究强调意识形态、权力、宰制等现象的研究，使之成为“全世界媒体素养教育最重要的思想渊源”（吴翠珍，陈世敏，2007，p. 55）。文化研究也特别契合批判教育学，如 Henry A. Giroux 说明，首先，文化研究通过使语言成为产生意义（它是知识/权力关系的一部分）的条件，它为创造知识的新形式提供基础。在这种背景下，通过重申语言的不确定性和知识本身的历史的和社会的建构，知识和权力被重新概念化。其次，通过把文化界定为竞争的领域、斗争和改造的场所，文化研究提出了关于权力中心和边缘关系的问题，尤其是当它们通过和围绕种族、阶级和性别的范畴而形成时。通过这些，文化研究的批判的和政治的版本，为教育工作者提供了挑战霸权主义意识形态的机会，提供了从反面解读文化的机会，提供了改造历史建构促进集体发声的机会。第三，文化研究提供了机会，去重新思考在主体中和社会集团间形成的差异问题的关系。主体性就被看作是矛盾的和多重的，是形成的而不是被给予的，个人的和社会的主体性二者都是在特定的社会和历史环境中被接纳和接受的。最后，文化研究提供了把教育理解为文化生产（而不是特定技能、知识体系、价值体系的传递）的一种形式的基础。在这种联系中，批判教育学被看作是从事知识、身份和欲望生产的文化实践（Henry A. Giroux，1992，p. 200－203）。

除了文化研究，传播政治经济学也是媒介素养教育的重要学术资源。传播政治经济学研究政治和经济权力对于讯息的生产、分配、消费和管制所产生的作用。分析大众传媒集团化的影响，可以看出，媒介数量虽然多了，但其实是掌握在更少的人手里，公众所谓的自由是可以选择看不同的报纸，但不同的媒介发出的声音可能不是多元的声音。通过类似的集团化和商品化，媒介在一定程度上决定了人的社会关系并强化了社会阶级。这些分析可以反省媒体如何通过控制社会来控制个人的选择的。

女性主义媒介研究、话语与权力（规训权力）、失语群体理论同样可以成为媒介素养研究的学术资源。失语群体理论是一个颇有争议的理论，起源于 Edwin 和 Shirley Ardener 的人类学研究，关注的是社会结构与等级制度。他们提出（1975 年），在社会等级中居于顶端的群体决定着文化的传播系统。社会中无权群体（例如女性、贫穷者和有色人种）必须学会在统治群体创造的传播系统中行动。失语沉默的过程包括嘲笑、仪式、男性把关等，使一部分人失语（Richard West and Lynn H. Turner，2004，p. 527－542）。女权主义运动也发展了抵抗失语的策略。比如，在研究领域，底层妇女的口述史研究成为女性的一种另类表达。在中国的性别研究中，包括对监狱中“以暴抗暴”的妇女的口述研究、对底层女性性服务者的口述研究等、对经历过战争的东北女性的口述研究等都为社会正视和重视妇女的经验提供了可能性。在计算机时代，女性主义还拥有新的机会来创造新的词汇来抵抗传统的束缚，表达自己的力量。比如，90 年代初在女权主义的网站上抛弃了具有被轻视意义的“girl”的用法，而创造了显示独立意义的“Girrl”，一直被沿用至今。

参与式传播既是一个研究领域，也是一种传播实践，从第三世界农村发展项目中发展出来的参与式传播，大都指所有参与者都有可能利用适合他们的传播渠道参与公共对话或讨论公共议题。学习参与传播或发展另类媒介，常常是媒介素养教育的实践课程。而在其背后，是要促进人们思考：主流媒介到底忽略了什么样的声音、谁的声音以及以何种形式忽略的，以促进社会不同群体的多元表达。

熊、任：在您 2009 年写的关于反思的论文中，您也提到了对内容建构的反思。任何一门课程，总有一些基础知识需要教授。那到底什么是对内容建构的反思呢？

卜卫：在 1997 年的文章中，根据美国、加拿大和台湾的课程内容，我概括了媒介素养教育的四项主要内容：（1）媒介特质（或媒介形式）；（2）媒介信息特质；(3) 媒介组织与媒介生态；(4) 受众与媒介的关系等，以作为我媒介素养教育的假设内容，期待未来的研究（主要是教学实验）能够证明或修改这些假设内容。我目前将它们看作是重要的基础知识点。但是，针对某个群体，教什么是可以选择的；其次，对这些知识点，如何解释也不是只有一种答案。因此，需要反思。

反思媒介素养教育学及其目标实际上是反思我们为什么教的问题，反思媒介素养教育核心内容则是要反思教什么以及为什么要教什么或者不教什么的问题。以往对核心内容的建构，缺少如下反思：媒介素养知识的建构过程：我们发展的是谁的知识？谁参与了建构？为什么建构？发展这种知识对谁有利？谁能更好地学习这种知识？谁更能利用它获得更多的权力？这种知识对促进社会公平有什么好处（与改造社会有什么联系）？等等。媒介素养教育内容是否来自并尊重了不同参与者的媒体使用经验，是在尊重其经验的基础上共同发展知识，以促进发出多元声音，还是否定或忽略了他们的经验，另外建构了一套更适应主流社会的知识体系，阻碍了多元声音的传播？

在讲课中，我多次提到过小学语文课本中的《司马光砸缸》的故事。这个故事谈到“司马光跑过假山”，但中国儿童大都是农村儿童，只见过真的山，不知道什么是假山。假山是典型的城市儿童经验。农村儿童有可能被老师说成“笨，连假山都不知道”，其实是教育没有尊重农村儿童的生活经验，其知识建构是以城市中产阶级为中心的。如果对这点没有反思，就不会尊重参与者（学生或儿童青少年）的地方知识和本土经验，那么教育就会演变为一种文化操控。按照批判媒介素养教育学的原则，我们应该是在承认参与者的经验的基础上，与参与者共同建构教学内容。所以，媒介素养教育针对不同的参与者，不会有统一的教材。

这种与学生/参与者共同建构的核心内容的方法，在批判教育学里称为“调查生成主题”，指的是“调查人对现实的所思所为，即人的实践”。在这个过程中，调查者和民众（他们通常被看作是调查的对象）成为合作调查者(co-investigators)（Freire，2007，p. 106），以发现媒介素养教育的主题。“要找到教育的项目内容，我们必须投身到作为人的中介的现实之中，必须了解教育工作者和民众对现实的理解。调查我们所说的民众的主题域（thematic universe）——他们的‘生成主题’的集合体——意味着教育对话作为自由实践的真正开始。调查的方法必须是对话式的，既为发现生成主题创造机会，也为刺激人民有关这些主题的意识提供机会。与对话教育的解放目的相一致，调查的对象不是人（似乎他们是结构上的碎块），而是人描述现实的思想一语言，他们认识现实的层次，以及他们的世界观。他们的生成主题就存在于其中。”（Freire，2007，p. 96－97）调查的主要方法是提问题和与学生对话。“从对话中学习描述他们生活的词语，这些词语就构成了老师教授阅读的基础。这样，学生如何阅读和与学习如何看待世界之间就有了直接联系。‘问题’要从观察学生生活开始，从生活中产生。”（Joel Spring，1999）

“调查生成主题”这种方法与权力议题密切相关。因为教育者必须分析，其所发展的媒介素养教育内容对谁有利、谁能更好地学习这种知识，以及谁能更好地利用它获得更多的权力等。媒介素养教育不仅仅要教具体的媒介知识（比如什么是报纸，报纸的发展过程等）或传播技能（比如如何写新闻稿等），而是要联系参与者的生活经验，在此基础上通过传播发展他们改变生活的能力。在这里，媒介文本不是封闭的文本，参与者或学生要讨论的是他们通过积极阅读、“妥协式”阅读和“抗拒式”阅读所创造的“文本”是什么样的，与他们的生活的联系是什么以及如何发生联系、这种联系与社会结构和权力的关系如何以及如何行动能做出社会改变等。比如，媒介素养教育不仅要看媒介中性别议题如何不平等，还要看使这些不平等如何“正常化”和“合法化”的手段，以及这种不平等与现实中男性女性发展的关系如何，同时发展改变不平等的行动策略。参与者最终获得的是关于行动（包括分析、参与和改变）的知识。

我觉得非常有意思的是：吴翠珍、陈世敏在其《媒体素养教育》一书中提出“将流行文化作为媒介素养教育内容”的讨论（2007，p. 244－251）。使用流行文化作为媒介教育的内容，不是教师们“寓教于乐”的一种“诡计”或引发儿童兴趣的“圈套”，而是因为“流行文化事实上并不仅仅是商业机器运作的结果，也牵涉到人的心理需求。参与流行文化、讨论流行议题，实际上便是青少年以文化消费的形式参与社会活动，在此同时并获得参与感和安全感”（p. 245）。流行文化在媒介素养教育早期阶段被看作是“低俗的文化”，但到了 80 年代，人们看到了“大众媒体文本的多元性与开放性，并兼顾阅听人文化经验的主体性，希望借由学生对媒介的了解与公民参与，引发批判思考与创意表达”（p. 246），使流行文化得到应有的重视。

流行文化进入课堂或成为教育内容对教育是一种极大的挑战。因为这意味着：学生、儿童和青少年的亚文化和他们的生活经验应该被发现和得到尊重。我们应该看到，在现实中，学校教育的内容可能与学生的生活经验是不一致的。通常是教育者们将他们认为正确的知识通过课堂教学灌输给学生，而这些“正确”的知识在大多数情况下可能不包括儿童青少年的流行文化。“拒绝承认通俗文化是知识的重要基础的教育工作者，通常在教学中拒绝考虑学生们实际掌握的一些知识，从而贬低了学生的价值。这样做，就排除了发展一门将学校所传授的知识，与有助于组织学生们的日常生活的联系起来的教育学的可能性。”（Henry A. Giroux，1992，p. 182）但在媒介素养教育中，这种传统的教育方式被彻底颠覆了，它强调的是学生/儿童或青少年的文化经验和主体性。其前提是：不同阶层的学生的生活经验和文化都应该被赋予价值，而不是使某些形式的知识或文化的地位合法化而摒弃利用另外一些知识和文化。否则，“如果教育使用的都是白人的、上中阶层人士的逻辑，这种逻辑不光是压制了弱势人群的意见，而且事实上也让他们变得静寂无声”（Henry A. Giroux，1992，p. 16），造成不平等的结果。

熊、任：卜卫老师，您一直在说“参与式方法”，什么是参与式方法？媒介素养教育一定要用参与式方法吗？

卜卫：媒介素养教育是否采用参与式方法，要看是什么样的媒介素养教育。一般的媒介素养教育课程也有灌输式的，但我认同的批判媒介素养教育，它的方法就一定是参与式的。在 1997 年的文章中，我提到“参与式方法”时，才刚刚开始学习使用这种方法与参与者一起分析媒介中的性别刻板印象，只单纯认为这种方法更有效、更平等、更快乐，没有意识到媒介素养教育如果以赋权或获得批判自主权为目标，以参与者的文化经验为基础反省主流文化并发展改变社会的行动，那么，就一定要采用参与式方法，因为参与式方法本身是对不合理现存秩序的一种挑战，是多元发声的一种演习或练习，当然也是批判媒介素养教育的一个有机组成部分。那种“教师教、学生被教”、“ 教师无所不知，学生一无所知”、“教师思考，学生被思考”、“教师讲，学生听一温顺地听”、“教师做出选择并将选择强加于学生，学生唯命是从”的灌输式教育（Freire，2007，p. 73），否认了教育与知识是一种探索的过程，它不鼓励学生质疑并试图改变现存的不合理的东西，因而也是一种更适合维持现存秩序的方法，也不适合做批判的媒介素养教育。

参与式方法有很多种。在吴翠珍和陈世敏的《媒体素养教育》一书中，将文本分析、情境分析、个案研究、改做、模拟与动手做（2007，p. 242），作为促进学生思考媒体议题的主要方法。在我们所做的媒体素养教育的 workshop 中，主要的参与式方法是：角色扮演、辩论会、情境分析、个案研究、实地采访、模拟报道、媒介监测、新闻报道评奖等。无论采用何种具体的方法，其共同特征都是“提问题”以及辩论这些问题，并发展对这些问题的想法和实践等。

这种教育方式被称为“提问式教育（problem-posing education)”。如果说灌输式教育“直接或间接地强化了人对其所处环境的宿命论式的认识”，那么“提问式教育则将目前的处境作为问题提出来”（Freire，2007，p. 85)，以辩论提高意识并加以改变。这种提问式教育，打破了灌输式教育的纵向模式特征，建立了新型的师生关系。“通过对话，教师的学生（students of the teacher）和学生的教师（teacher of the students）等字眼不复存在，新的术语是教师学生（teachers-students）和学生教师（students-teachers)，教师和学生合作起来共同成长。”（Freire，2007，p. 80)。在这种理念指导下的媒介素养教育，其课程设计大都为调查研究课程或对话的课程，强调的是学生的参与和行动。通过批判性调查研究和对话，知识被学生和老师共同创造出来。台湾陈露茜老师称之为“老师学生互为主体的教学理想”①。在这里，老师或教育者的作用是引导学生探讨自己的生活和媒介经验，一起创造和发展适合学生社会情境的新的知识。

熊、任：您认为在中国大陆做媒介素养教育面临着哪些挑战？如何应对？

卜卫：这要看是什么样的媒介素养教育。如果只在课堂上教“什么是新闻”，“什么是广告”，或“如何阅读新闻评论”等，相对而言，似乎没有什么挑战。但是，如果要做以赋权为目标的媒介素养教育，或是批判的媒介素养教育，我们就会面临巨大的挑战。比如，我们一直缺少对媒介素养教育目标的反思，个人的批判自主权和赋权没有被放到应有的重要位置上。这实际上是来自传统的主流教育学的挑战。仅靠媒介素养教育来试图改变主流教育学，那真的是一个挑战，可能收效甚微。另一个挑战是：不少教师仍相信他们可以教给学生“正确价值观”、“正确知识”和“精英品味”以及相应的能力。因此，大多数文章或教材局限于教授“知识”，比如什么是新闻，什么是新闻评论，什么是电视，什么是广告，什么是媒介管理体制，什么是媒介全球化或什么是媒介的真实性等。但缺少反省下列关键问题：这些知识是谁建构的？为谁建构的？谁能更好地学习这些知识而拥有更多的权力？谁的知识是权威或典范以及为什么？其实质是来自教育学理论的、来自教育政治学的挑战。

第三个挑战是缺少对学生/参与者的生活经验和媒介使用经验以及地方

---

① 成露茜：“成序（试行版)”，选自成露茜，罗晓南主编：《批判的媒体识读》，台湾正中书局2005年版，第Ⅳ页。

知识的探索，缺少与学生/参与者的平等交流以及与之共同建构知识的过程。我们发现，在内容建构以及教学策略中，参与式方法似乎是一个盲点。目前，针对学生、农民、少数民族或其他人群的定量调查似乎只有一个结论，就是他们“素质低”，需要被主流知识分子教育。学生、农民、少数民族或其他人群的底层的媒介使用经验没有得到充分尊重，也几乎没有可能进入课程得以讨论。因为没有充分重视底层的媒介使用经验，研究者或教育者几乎是一厢情愿地认为：媒介对青少年或受众有很多“坏影响”（比如暴力和色情等），因此，要在教育者的帮助下“修炼内功”，以抵制这些“坏影响”；而没有看到底层民众和学生如何利用媒介对他们的生活产生的正面影响，比如，在我们的项目中，我们看到，受到艾滋病影响的儿童如何解读电视连续剧《家有儿女》，使自己对融入一个新家庭充满信心，打工妹如何从韩剧中得到“励志”的启示，四川受到地震影响的儿童如何从流行歌曲中获得力量等。

我们现在已经开展了很多媒体素养调查和课程设计，但是没有重视从受众和参与者的经验出发设计课程体系和知识内容。批判的媒介素养教育的原则是尊重参与者，从参与者的经验出发，反思媒体的性质和“虚假意识形态”，而不是从所谓的“教育者”的经验出发，灌输他们认为应该让别人知道的知识。

参与意味着权利分享，大家一起讨论什么是自己的问题，如何使用和使用何种交流手段可以解决这些问题，即媒介在这种情境下有什么用。这就需要我们打破很多框架，包括：(1) 打破公民和媒介关系的传统框架，应该以公民生活经验为起点来看媒介的作用，而不是让公民去一味地去适合媒介的发展；(2) 打破媒介的传统框架，媒介不仅是广播、电视、报纸或电影，媒介是一切进行信息交流的手段，包括传统媒介和人际传播等；(3) 打破传统新闻价值的框架，要认识到“民众新闻也是新闻”等。

以往我们参加过很多媒介素养教育的研讨会和有关的讨论，发现不少人谈论的是“媒介有多坏，受众有多傻，现在就看精英如何出来教育他们别上当受骗”。这种教育模式的权力关系应该得到认真地反省。媒介素养教育本质上是反对媒介和文化对人的操控，但不能从一种操控转到另外一种操控；媒介素养教育是一个个人解放的过程，不能造成新的文化压迫。

我们知道，媒介素养教育大多涉及青少年。与第三个挑战相联系的第四个挑战是：研究者或教育者很少系统地了解媒介与青少年的关系，包括八十年来媒介如何影响青少年生活的研究及其对这些研究的反省，结果导致：

第一，低估了青少年能动性。如 Buckgham 所说，关于青少年与媒体的许多常见争论都是极端化的，以 Neil Postman 为代表，认为媒体摧毁了童年，导致成年人与儿童界限的消失等；另一方面，也有人认为媒体是解放青少年的一种力量，而且正在创造比他们父母一代更为开放、更为民主、更为社会觉醒的“电子新一代”。“虽然以上两种观点有其真实的一面，我个人认为，这两种观点都过高估计了媒体的力量，而低估了当代社会变化中的矛盾冲突的性质”(David Buckgham，2004)，儿童和青少年不是被媒体“毁灭”就是被媒体“解放”，他们似乎仅仅是媒体的被动牺牲品，而他们如何利用媒体的正面经验未能得到充分重视和系统研究。

第二，低估了青少年对流行市场的参与。由新技术带来的新的文化形式主要得到了青少年的认同。流行音乐已经越来越通过筛选、剪辑软件等新技术制作，而计算机游戏主要针对的是青少年市场。这些技术的普及使青少年在文化制造中起到更为积极的作用。从经济上看，青少年越来越成为一个有价值的市场，不仅因为他们现在有现金可以支配，也因为他们能引领潮流并影响其他消费者。从素材上看：媒体素材主要针对青少年，或在青少年中最流行，所以许多最创新的文化形式以青少年为目标，然后才发展到成人市场，如说唱、街舞音乐中利用幻想、蒙太奇式的音像作品、酒吧文化中的音乐、视觉艺术和电子媒体的融合等。(David Buckgham，2004) 这使得青少年更多地参与了流行市场的发展，他们不仅是消费者，也是流行文化的创造者。

第三，缺少对人权/儿童权利的了解和反省。在课程设计中，不难看出，青少年与媒体权利的讨论是一个空白。大多数教师不了解有关联合国《儿童权利公约》的基本信息，至少，从已经出版的教材中，他们没有将这一重要内容纳入教育计划之中。参与传播权利应该被看作一系列教育行动的一部分。只有给予青少年持续性的支持性机会，他们才能逐渐锻炼在媒体上发出有意义的声音或者提高分享他们的看法的能力。媒介素养教育应该是鼓励青少年依照自身的权利，以文化缔造者的身份积极参与传媒业，这是当代公民权利的一个非常重要的方面。如果没有权利，也就没有真正的媒介素养教育。

最后一个挑战，也是最大的挑战。这个挑战来自我们自身的局限。作为教育者，我们早已适应了主流或传统的教育学。上面我已经强调过，“批判”也包括批判自我和反思自我。在这个意义上，我们最应该做的是，现在更紧迫的，不是要讨论教给儿童、青少年、少数民族、农民或农民工什么东西，而是要讨论我们自己需要受到什么教育。在多年行动研究的过程中，我深切体会到，媒介素养教育者需要提高如下能力：

- 在人权/儿童权利框架内认识儿童青少年和其他人群的参与传播的能力；
- 学习尊重参与者意见、倾听他们的声音、与他们平等交流的能力；
- 与儿童青少年和其他人群一起工作并创新的能力；
- 从儿童青少年或其他参与者的视角和经验理解媒介素养教育的能力；
- 以及学习使用参与式方法进行教学的能力等。

不仅如此，教育者最需要的是对权力关系（包括社会关系、性别关系、师生关系等）的反省能力，这表现在教育者的学术素养和实践经验两个方面。如果要发展以赋权为目标的媒介素养教育，就必须回应上述挑战。

熊、任：做了 20 多年的媒介素养教育和研究，你最深的体会是什么？

卜卫：上面我已经谈到，我的研究领域是传播与社会发展，因此我是在这个框架内做媒介素养教育，这就决定了大多数的教育实践活动及其研究是在课堂以外的空间，虽然也包括学校儿童和青少年。如果从 2000 年的“儿童表达中心”项目的“儿童新闻论坛”开始算，我做了大约 200 多个媒介工作坊，上面我提到过的 300 多个工作坊，包括发展项目的工作坊，不涉及媒介素养教育。我自己认真记录和准备放在研究框架里的工作坊大约有 60 多个。记得 20 世纪 90 年代我们在《人民日报》上讨论一篇报告文学《夏令营的较量》（孙云晓著），当时在《人民日报》工作的卢小飞和祝华新将讨论的标题做成了“为儿童改造成人的世界”，至今我仍然非常喜欢这个标题。2007 年，在为受到艾滋病影响的农村儿童做完媒介工作坊之后，我也为媒体记者做了培训。之后，我们利用儿童经验出版了两本书，一本是为儿童的《我们有话要说——受到艾滋病影响儿童媒介参与手册》，另一本是为记者的，是《儿童与艾滋病议题报道指南》，这就是尝试改造成人社会的一部分。

我最深的体会是：媒介素养教育，不是一种自上而下的教育，而是一种主体间的互动，在建立自主性的基础上，通过增强传播能力而参与社会协商；是一种通过重建社区公共空间的行动；同时也是一种行动的知识。这种知识通过主体间的互动得以发展起来。在传播与社会发展研究领域，媒介素养教育一定要扎根社区，扎根在参与者的生活中，为此，我们需要将课程设计为调查研究课程，设计为一门对话的课程，以达到共同创造知识的目的。

参考资料：

1. Atton，Chris，Approaching Alternative Media：Theory and Methodology，http：//www. ourmedianet. org/papers/om2001/Atton. om2001. pdf，2001.

2. Bu Wei，Organizing Against Domestic Violence-Exploring the Use of

a Popular Theatre Troupe as Alternative Media in Rural China, *Women and Gender in Chinese Studies*, edited by Nicola Spakowski and Cecilia Milwertz, *Chinese History and Society* (*Berliner China-Hefte*) 2005, Vol. 29, Die Deutsche Bibliothek, p. 48—63.

3. Carolyn M. Byerly and Karen Ross, *Women & Media: A Critical Introduction*, Blackwell Publishing, 2006.

4. David Buckgham, "青少年与媒体",《中国青少年社会教育论坛2004——媒体与未成年人发展论文集》,媒体与未成年人发展论坛组委会编,2004年。

5. David Buckingham, Media Educaiton in the UK: Moving Beyond protectionism, *Journal of Communication*, Winter 1998.

6. Edited by David Archer & Sara Cottingham, *Communication and Power: Reflect Practical Resource Materials*, and *The Reflect Mother Manual: a New Approach to Literacy*, 2003. Published by Actionaid and UNISCO.

7. Edited by Peter McLaren, Rhonda Hammer, David Sholle, Susan Reilly, *Rethinking Media Literacy—Critical Pedagogy of Representation*, Peter Lang Publishing, Inc., New York, 1995.

8. Henry A. Giroux, Border Crossings: Cultural Workers and the Politics of Education, Routledge, Chapman and Hall, Inc, 1992, 刘惠珍等译,《跨越边界:文化工作者与教育政治学》,华东师范大学出版社,2002年。

9. Len masterman, http://www.media-awareness.ca/english/resources/educational/teaching_backgrounders/media_literacy/18_principles.cfm.

10. Joel Spring, *Wheels in Head: Educational Philosophies of Authority, Freedom, and Culture from Socrates to Human Rights*, 1999, 贾晨阳译,《脑中之轮——教育哲学导论》,北京大学出版社,2005年。

11. Lawrence R. Frey and Kevin M. Carragee, Introduction: Communication Activism as Engaged Scholarship, Edited by Lawrence R. Frey and Kevin M. Carragee, *Communication Activism*, *volume two*, *Media and performance activism*, Hampton Press, Inc, 2007.

12. Liesbet van Zoonen, *Feminist Media Studies*, SAGE publications, 1999.

13. Paulo Freire, *Pedagogy of the Oppressed*, 30th Anniversary Edition, Translated by Myrabergman Ramos, The continuum International

Publishing Group Inc，2007.

14. Richard West，Lynn H. Turner，*Introducing Communication Theory：Analysis and Application*，Second Edition，2004，《传播理论导引：分析与应用》，刘海龙译，中国人民大学出版社，2007年。

15. Robin Cohen and Paul Kennedy，2000，Global Sociology，Macmillan Press，文军等译，《全球社会学》，社会科学文献出版社，2001年。

16. UNISCO联合国教科文组织，世界交流报告（*World Communication Report*），1989，新华社新闻研究所外国新闻研究室译，中国华侨出版社，1992年。

17. 卜卫、王佐芳、冯媛、张李玺、杜洁、李慧英（按姓氏笔画排列），《社会性别与发展培训手册》，联合国开发署驻华代表处，1999年。

18. 陈露茜、罗晓南主编，《批判的媒体识读》，台湾正中书局，2005年。

19. 吴翠珍、陈世敏编著，《媒体素养教育》，台湾巨流图书公司，2007年。

附：卜卫关于媒介素养教育研究的主要出版物

（含研究著作、论文、调研报告和行动指南）

1. 媒介素养教育系列教材：《新闻》、《电视》、《广告》，暨南大学出版社，1998年。

2. 论著《大众传播对儿童的影响》，新华出版社，2001年。

3. 论著《媒介与儿童教育》，新世纪出版社，2002年。

4. 论文《儿童权利、新闻与公众参与——关于2011年度儿童新闻事件的讨论（上）》，《当代传播》，2012年第2期；《儿童权利、新闻与公众参与——关于2011年度儿童新闻事件的讨论（下）》，《当代传播》，2012年第3期。

5. 英文论文Girls' Issues，Gender and the Media：Feminist Activisms in China，p. 299－313，Edited by Kirsten Drotner and Sonia Livingstone，*The International Handbook of Children，Media and Culture*，SAGE，2008.

6. 英文论文Child Protection Issues in Chinese Media，Edited by Ulla Carlsson and Cecilia Von Feilitzen，*In the Service of Young People? Studies and Reflections on Media in the Digital Age*，The International Clearinghouse on Children，Youth and Media，Nordicom，Guteborg University，2006，p. 167－182.

7. 论文《捍卫童年——评〈童年的消逝〉》，《读书》，2000 年 3 月，第 45—50 页。

8. 论文《V-chip 与美国的言论自由》，《读书》，1999 年第 5 期，第 29—36 页。

9. 论文《反抗规训，张扬女孩的独立、快乐和力量！——解读林格伦的《长袜子皮皮》意义》，方卫平主编《中国儿童文化》第 7 辑，浙江少年儿童出版社，2012 年 1 月，第 84—88 页。

10. 调研报告《促进农村校外青少年健康教育的传播战略研究》，联合国儿童基金会与卫生部健康教育所合作项目，北京大学医学出版社，2006 年（与刘晓红合作）。

11. 调研报告《关于在河南、陕西流动青少年中开展'青春红丝带，你我们同行动'的媒介倡导运动的研究报告》，英国马丽斯特普基金会，2004 年（中文和英文报告）。

12. 论文《中国困境儿童报道的内容分析》，联合国儿童基金会项目（中文和英文），2003 年。

13. 论文《通过媒体报道透视童工现象——关于中国童工报道的研究报告》，中国社会科学院社会学所刊物《青年研究》，2002 年第 8 期，第 10—19 页。

14. 调研报告《从受众分层看中国预防肺结核病 IEC 媒介战略》（与邱林川合作），世界银行、英国使馆与中国卫生部项目（中文和英文），2002 年。

15. 调研报告《四川省打击拐卖妇女的媒介宣传教育战略分析》（与邱林川合作），联合国儿童基金会与全国妇联国际处项目（中文和英文），2002 年。

16. 论文《中国大众媒介中的艾滋病报道研究》（与刘晓红合作），联合国儿童基金会与中国卫生部国际项目处、中华预防医学会疾病控制司项目（中文和英文），2001 年。

17. 英文论文 Speaking Bitterness and Pleasure：The Vagina Monologues in the People's Republic of China，p. 203—227，Edited by Denise Gimpel，Bent Nielsen，and Paul Bailey，*Creative Spaces*：*Seeking the Dynamics of Change in China*，2012，NIAS Press.（withCecilia Milwertz）

18. 论著，卜卫、张祺主编：《消除家庭暴力与媒介倡导——研究、见证与实践》，中国社会科学出版社，2011 年 11 月。

19. 论文集《媒介与性别》，江苏人民出版社，2001 年。

20. 论文《媒介、性别与传播行动主义》，选自《妇女与媒介——中国妇女发展蓝皮书》，社会科学文献出版社，2007 年，第 1—27 页。

21. 论文《重构性别一媒介研究：从本土妇女媒介使用经验出发》，中国社会科学报，2012 年 3 月 7 日，A—08 新闻与传播学版。

22. 英文论文 Adoption，Usage，and Impact of the Internet：Youth Participation and the Digital Divide in China，compiled by Jens Hoff，*Internet，Governance Democracy——Democratic Transitions from Asian and European Perspectives*，NIAS Press，2006，p. 123—142.

23. 英文调研报告 Internet Use among Chinese Youth，Edited by Jieying Xi，Yunxiao Sun，and Jingjina Xiao，*Chinese Youth in Transition*，ASHGATE，2006，p. 215—233.

24. 调研报告《2001 年中国五城市青少年互联网使用及其影响的报告》，《中国信息年鉴》，2001 年，第 968—990 页。

25. 调研报告《2003 年中国七城市青少年互联网采用、使用及其影响的调查报告》（与刘晓红合作），《中国传媒调查年鉴》，2004 年，第 547—612 页。

26. 英文论文 Access to and Use of the Internet in China，*Technology in a Multicultural and Global Society*，edited by May Thorseth and Charles Ess，Norwegian University of Science and Technology（NTNU），2005，p. 11—26.

27. 文章《与青少年讨论网络素养》，《青少年网络素养大讲堂》，共青团中央中国预防青少年犯罪研究会主编，清华大学出版社，2012 年。

28. 论文《中国内地的媒介素养教育：反思、行动、挑战》，陆晔等著，《媒介素养：理念、认知、参与》，经济科学出版社出版，2010 年 9 月，第 176—208 页。

29. 《对媒介素养教育研究在我发展的反思》，王怡红、胡翼青等主编，《中国传播学 30 年 1978—2008》，中国大百科全书出版社，2010 年 7 月，第 508—524 页。

30. 主编，《青少年爱心大使传播活动手册》，联合国儿童基金会出版物，2007 年。

31. 《“我们有话要说”——受到艾滋病影响儿童媒介参与手册》，联合国儿童基金会出版物，2007 年。

32. 《儿童与艾滋病议题报道指南》，联合国儿童基金会出版物，2007 年。

33.《为儿童青少年的传播动员指南——抗击艾滋病的政府、企业、公众和青少年动员》，联合国儿童基金会出版物，2007 年。

34.《社会性别与儿童报道培训手册》，联合国儿童基金会出版物，2006 年。

（整理者为中国社会科学院新闻与传播博士生）

孜孜不倦的媒介素养研究者——张开

甘璐瑶　李玉雯

张开，女，江苏扬州人，博士，中国传媒大学传播研究院教授，国际传播研究方向博士生导师，传播学专业媒介素养方向硕士生导师，中国传媒大学传媒教育研究中心主任，中广联媒介素养学术指导委员会副主任委员，中国公共外交协会会员，察哈尔学会研究员。1978 年考入安徽大学外语系，后分别于 1997 年和 2004 年进入北京大学和中国传媒大学深造，研究生学历，广播电视艺术学博士学位。1982 年大学毕业后，先后在安徽蚌埠教育学院、北京交通大学、中国传媒大学从事一线教学与科研工作。期间于 2000～2002 年新华社借调常驻非洲乌干达，2006 年在伦敦大学知识研究所访学一年，2010 年再度被新华社借调常驻新加坡一年。曾以专家评委身份三度参加中国新闻奖评选工作。长期以来从事国际新闻、国际传播和媒介素养的研究，从 2004 年起，共负责筹办了四届中国媒介素养国际学术会议。

结缘媒介素养

2000 年之前，张开教授一直从事英语语言和国际新闻教学和研究工作，是一个非常偶然的机会让看似的“机缘巧合”变成了张开的学术研究之“必然归宿”。谈及初识媒介素养，张教授饶有兴致地说道：“要说我是怎么与媒介素养结缘的，那就得回到 2000 年，那时候我被新华社借调在非洲工作，闲暇时，我常在网上‘冲浪’，了解全球新闻媒介的动态。一天当我又在‘冲浪’时，‘media literacy’突然跳入我的眼帘。”通过一段时间搜索、阅读和了解，张开对媒介素养产生了浓厚的兴趣，于是便给加拿大媒介素养之父约翰·庞杰特（John J. Pungente）发去请教邮件。“我给他发了一封邮件，表示想了解媒介素养的愿望，John Pungente 非常热心，很快给我回了邮件，并对媒介素养做了初步的介绍，非常耐心地给我推荐了一些书和网站。此后的三年间，我们一直保持联系，这位老先生就这样将我一路引进媒介素养的大门。”张老师告诉我们。

当我们结束了采访，耳边似乎响起一个声音：嚯，好一个不经意的“偶然”！正是它，让张老师在媒介素养研究的道路上起步、探索、越走越远，成为中国媒介素养研究的中坚力量。

从2000年到今天，张老师对媒介素养可谓是一往情深。从我们国家几乎无人知晓媒介素养的那些年到媒介素养已然成为热门词的今天，张老师为此付出了令人难以置信的热情和努力。2003年她在当年的《现代传播》第一期发表了较有反响的媒介素养论文，2004年她最先在中国传媒大学开设本科生媒介素养课程，2004年中国传媒大学举办的中国首届媒介素养国际学术会议，张老师是会议的申报人和组织者，2006年由张老师撰写的中国第一本媒介素养学术专著《媒介素养概论》由中国传媒大学出版社正式出版。2009年张老师负责筹备并举办了第二届中国媒介素养国际学术会议，2012年她代表中国传媒大学与甘肃省广播电影电视局合作，共同举办了第三届中国媒介素养国际学术研讨会，2015年她再次将媒介素养国际学术会议带出校门，与香港浸会大学合作共同举办了中国第四届媒介素养国际学术会议。

采访中张老师风趣地说道：“我多年来一直在做国际新闻和国际传播的教学和研究，媒介素养是属于顺便做的‘副业’。不过现在回头想想，之所以能在国际新闻和国际传播方面做出点成绩，我还真是感谢媒介素养，因为在媒介素养领域中的耕耘的确给了我全新的视角看待传播现象和传播行为。”

不知疲倦地推介

在张老师看来，2003年以前，她处于一个对媒介素养的感性认知阶段，她说：“我从自己的学术背景和教师本能角度来看，觉得媒介素养很好，不仅是媒介化社会所需要的教育新理念，同时也富有把知识转化为能力的功能。”正是这种痴情的探索，让她无法藏匿心中对媒介素养的热爱。2002年从非洲回到学校，她便逢人就介绍媒介素养，哪怕是与朋友聊天，也会不知不觉地聊到媒介素养……果然是不疯魔不成活，半年以后，她终于碰到两位知音，一位是中国传媒大学《现代传播》主编胡智锋教授，另一位是当时中国传媒大学国际传播学院院长蔡帼芬教授。胡教授听完“唠叨”后，欣然说道：“这是很好的事情啊，值得推广！”蔡帼芬教授听完“叨唠”后建议道：“如果媒介素养果真像你说得这么好，那你就写篇文章，看看能不能得到大家的认可和共鸣。”

经过一个多月的打磨，张老师完成了《媒体素养在信息时代》的论文，后刊登在 2003 年《现代传播》第一期。文章出来以后，反响特别好，香港特别行政区政府向《现代传播》发来征求采用此文的许可信函，这篇文章同时也被上海交通大学评为新千年前十年 50 篇最佳传播学论文之一。从“中国知网”的数据来看，该文从 2003 年至今，被下载 2050 次，引用 444 次，是中国早期媒介素养研究颇有影响力的代表作之一。张老师在文中把媒介素养定义为：“媒体素养是传统素养（听、说、读、写）能力的延伸，它包括人们对各种形式媒介信息的解读能力，除了现在的听、说、读、写能力外，还有批判性地观看、收听，并解读影视、广播、网络、报纸、杂志、广告等媒介所传输的各种信息的能力，当然还包括使用宽泛的信息技术来制作各种媒体信息的能力。”这一经典定义被许多学者广泛引用。而在我们看来，这篇文章最重大的作用是，为普通大众了解媒介素养提供了一个较为全面的图景，为许许多多对媒介素养感兴趣的学界、业界人士起到了入门、引导作用。

申办国际学术会议

在推广媒介素养的过程中，张老师愈发觉得，想要让更多人知道媒介素养，仅靠自己一个人的嘴皮子、笔杆子是不行的，必须借助学术会议的力量，把全国乃至全世界媒介素养研究领域的学者聚集在一起，通过大家的合力，媒介素养的种子才能在中国真正播种下去。

于是，她凭借一股子倔强的劲儿，又找到了蔡国芬老师，提出举办会议的想法，后来在蔡老师支持下，以国际传播学院的名义向学校申请举办中国媒介素养国际学术会议。经过近三个月的报送和审批，会议申请经中国传媒大学、北京市外办和中国广播电影电视总局相关部门的审查，于 2004 年 2 月获得批准。举办中国首届媒介素养国际学术会议的时间，是 2004 年 10 月 8 日至 12 日。

正如上文所述，当时只有极少数的人听说过媒介素养，在此领域做研究的人就更加是少而更少。因此，接踵而来的最棘手的问题是谁来参会。张老师凭借自己的执着、韧性，和对媒介素养的一片热情，她埋头苦读，查阅了大量的学术期刊和学术著作，在传播学、新闻学和教育学大量文章中寻找与媒介素养有缘之人。真是功夫不负有心人，三个月的时间让张老师寻找到不少潜在的有缘人，又用了一个多月的时间，张老师用电话和电子邮件的方式与“有缘人”联系。采访中张老师这样说道：“我当时在翻阅文章时，一旦发现哪篇文章与媒介素养有一点儿关联，就立刻设法与作者联系，为了找到作者的联系方式经历了不少周折，比如，作者是哪个学校的，哪个学院的，哪个系的，了解之后再通过一个个电话一封封邮件去寻找，去解释，去邀请这个老师。也许是我的诚意，也许是媒介素养的自身的魅力，最后中国首届媒介素养国际学术会议很荣幸地吸引了国内外80多名与会者。”

听着张老师侃侃而谈，看着张老师满脸的兴奋表情，我们能清晰地体会到她心中那份由媒介素养带给她的幸福感。说到参会的国外知名学者，张开感慨万分，她说：“我特别感谢John Pungente，因为当时世界上知名的媒介素养学者都是经这位长者的介绍，我才得以联系到他们的。”经John Pungente介绍并推荐的学者有：英国伦敦大学教育学院教授David Buckingham，英国电影研究机构的Wendy Earl，加拿大媒介素养前辈Barry Duncan。David Buckingham先生是全球知名的媒介素养学者，他作品丰硕且具影响力，Wendy Earl是英国电影研究机构Recourses杂志的总编，不仅是英国媒介素养教育的践行者，同时也是媒介素养教材的出版人，Barry Duncan是1978年4月成立的加拿大媒介素养协会（AML）的创始人和主席，该协会在安大略省举行了数百次的在职培训和论坛。AML的成员还在整个加拿大以及澳大利亚、日本、欧洲和美国举办了讲座。张老师告诉我们说有些学者是自己看到会议通知后主动要求参会的，比如加拿大学者Lee Rother，香港学者Alice Lee等。会议还荣幸地邀请到台湾知名媒介素养学者吴翠珍、中国传媒大学胡正荣教授和胡智锋教授、中国社会科学院学者卜卫研究员、中国人民大学郭庆光教授、南京大学桑新明教授和北京大学陈昌凤教授。

在经历了无数个辛苦筹备的日日夜夜后，在学校、教育部、广电总局的支持下，国内外媒介素养学者的积极参与下，第一届媒介素养教育国际研讨会于2004年10月8日至12日在中国传媒大学成功举办。主题为“信息社会中的媒介素养教育：沟通交流合作”的首届国际研讨会本着“向国际先行者学习的宗旨”给与会者提供了一个难得的学习交流机会。学者们通过多角度、多层次的研讨，迸发出令人兴奋和激动的智慧火花，点燃了中国媒介素养教育的希望之火。在会上，卜卫研究员激动地说：“我默默地研究了数年，今天我来到这里突然发现媒介素养一下子火了起来！”

2004年的这届媒介素养教育国际研讨会在一定意义上为中国和世界媒介素养教育的发展做出了不可磨灭的贡献。张开与蔡国芬、刘笑盈一起，从收集到的近40多篇大会论文中选出28篇，精心编辑后出版了一本名为《媒介素养》的书籍，该书作为“中国媒介素养教育系列丛书”的开篇之作由中国传媒大学出版社于2005年1月出版。此外，中国传媒大学还与加拿大、英国等国家与地区签订了继续合作的意向书；中央电视台第9套节目与中国传媒大学国际传播学院合作的媒介素养专题谈话节目也于2004年11月3日播出……会议的这些成果终于让之前的日夜兼程、辛苦奔波开花结果。而对于张老师来说，这次会议最大的意义是在中国播下了媒介素养的种子，让那些对媒介素养有兴趣的人走到了一起，张老师期待在未来的日子里，经过大家的浇灌和精心培育，媒介素养这朵绚丽之花能在中国大地上绽放，开出中国特色，放出中国色彩。

为了深入了解全球媒介素养发展的动态，也为了让媒介素养能在中国更好地落地开花，张老师于2006年年初以访问学者的身份去英国伦敦大学访学一年，这一年是忙碌的一年，也是丰收的一年，张老师在“国家留学基金资助出国留学人员学习情况报告”中这样写道：紧张忙碌的 年英国研修生活眼看就要结束了，当坐在灯下静静地、仔细地回顾这一年的学习、工作和生活时，许许多多令我高兴、欣慰和留念的点点滴滴像放电影似的从我眼前一幕一幕走过……

2006年，张老师在英国伦敦大学一边大量读书学习和投入到课程学习中，一边参加各种学术活动和媒介素养教师培训活动，另外，她还大胆地走出去，参加由其他学校和机构举办的学术活动，如：Cambridge Parkside Community College 举办的电子游戏进入课堂教学的研究会，British Film Institute 举办的媒介研究教师培训活动，English and Media Centre 举办的媒介素养教师培训班，BFI 组织的英国 BBC 和全英主要学校的媒介素养教育者之间的对话会，国王学院组织的“批判理论”研究会，Westminster University 举办的中国媒介的学术讲座。为了充分掌握英国媒介素养发展的第一手资料和广泛了解实情，也为了理论联系实际，张老师走访了不少与媒介素养教育相关的单位和机构，比如：Cambridge Parkside Community College，Charles Edward Brooks School，British Film Institute，Film Education，English and Media Centre，Ofcom，WAC，Weekend Arts College 等。这一年张老师写了6篇论文，并均得以发表。论文题目为：《一堂媒介素养教育课给我带来的启发》、《英美报刊是这样报道的》、《媒介素养理论框架中受众研究》、《聚焦英国报纸2006世界杯报道》、《中国青少年新闻消费调查与研究》、《媒介素养教育在英国——访谈与思考》。

回国后，带着期盼，带着热情，张老师又如火如荼地投入到学校的工作中。基于第一届国际会议的成功举办和国外访学的收获，张老师于 2009 年 11 月 14 日、15 日举办了第二届中国媒介素养教育国际研讨会，会议的主题是“媒介素养与公民发展”。关于这届会议的举办，她说道：“自第一届会议以来，媒介素养在国内逐渐推广。然而随着媒介的快速发展，出现的社会问题也越来越多，研究者急需拓宽媒介素养视野，深入了解媒介素养内涵和作用，仔细探讨媒介素养教育理念和教育方法。”因此，第二届会议以“媒介素养与公民发展”为主题，旨在从公民素养角度寻找媒介素养与民众意识的关系，寻求有利于个人社会化成长、社会和谐发展的新要素、新视角和新认知。

第二届中国媒介素养教育国际研讨会的定位是小规模、高规格、深研讨，于是会议只邀请了几年来一直在潜心研究媒介素养的学者，他们主要来自英国、日本、中国内地和香港等地区的近 30 位专家学者。就“媒介素养与公民发展”进行了深入探讨。中国传媒大学张开教授、英国电影研究院 Recourses 主编 Wendy Earle 女士、香港浸会大学副教授香港传媒素养协会副会长 Alice Lee、日本东北大学的关本英太郎教授等人分别做了主题发言。会议还针对中国媒介素养教育未来良性发展和媒介素养教材编写做了深入探讨，并拟定了中国媒介素养教育行动纲要，大家纷纷表示要发展中国的媒介素养，必须力争让媒介素养教育走进全国大中小学的课堂。

进入新千年的第二个十年之初，现代传媒构建的“媒介环境”在全方位地影响着整个人类世界，它改变了人们接受信息、思维乃至生活习惯，同时也向许多传统的理念和理论提出挑战。媒介、公民、媒介素养之间的关系，以及媒介素养与包容性发展已经吸引了诸多领域学者的研究目光。为凝聚各方研究精英，深入推动我国媒介素养教育研究，为了给国内外学者提供交流和智慧碰撞的平台，2011 年下半年，张老师发现中国当时关注媒介素养的大部分学者大都集中在华北、华东和华南地区，而中部和西北地区那里的人民对媒介素养还尚且处于闻所未闻的状态。于是张老师立刻有了新的想法，让媒介素养国际研讨会走出校门，走向西北。经过努力，张老师与臧海群教授（当时的甘肃省广播电视局局长助理）联系并表达想合作的意向，由于臧老师也是一位酷爱媒介素养教育的学者，二位老师一拍即合，立马在各自的单位行动起来，经过一系列繁琐的工作和程序后，第三届中国媒介素养国际学术会议于 2012 年 8 月 27 日至 29 日在兰州隆重举行。兰州方面说：“非常高兴中国传媒大学把‘中国媒介素养教育’的国际学术品牌会议放到西部地区举办，这是走出校门，传播新知，缩小中东西部知识差距的具体举措和有益尝试，对此，我们表示十分欢迎和积极响应。”

关于第三届大会主题的拟定，张老师告诉我们说：“当时包容性社会发展开始受到世界不少国家的关注，我们国家的社会建设也亟待‘包容性发展’。社会建设承载着人民幸福安康，关系到社会和谐稳定与国家长治久安。‘包容性’社会是要消除任何形式的‘社会排斥’，是要将所有的人包容到社会经济发展进程中，共享社会经济发展的成果。当今信息社会中，国民对媒介信息资源的了解、掌控和使用，是实现包容性社会发展的重要因素之一。媒介素养教育的宗旨之一是提高民众的社会参与和缩小数字鸿沟，这应该是作为实现‘包容性发展’的重要内容。鉴于这个理解，这次会议的主题定为：媒介素养教育与包容性社会发展。”

在中国媒介素养教育史上，这次研讨会是中国高校与地方政府职能部门的首次携手，也是东部经济发达地区与西部经济欠发达地区的首次携手。这次会议凝聚各方研究精英，为国内外学者提供了交流和智慧碰撞的平台，会议的成功深入推动了我国媒介素养教育研究。这次大会吸引了 50 多位国内学者和 10 多位境外学者。国内学者来自于中国传媒大学、北京师范大学、南京师范大学、香港中文大学、大连理工大学、四川省社科院以及兰州大学、西北师范大学、兰州理工大学、兰州交通大学等近 20 所著名高校和科研机构，外国的专家学者主要来自于联合国文明联盟、日本、韩国、新加坡、加拿大、澳大利亚等国家和地区。会议就媒介素养教育在中国社会转型阶段和新媒介环境下如何发展、如何让媒介素养教育成为包容性社会发展的助推剂进行了讨论。与会者就媒介素养教育与包容性社会发展这一主题提出了以下呼吁：包容性社会急需提升公民媒介素养，社会转型挑战政府的执政能力，新媒介环境考验媒介的社会责任，提升公民媒介素养亟待媒介素养教育学科建设。会议论文最终编纂成《媒介素养与包容性社会发展》一书由中国传媒大学出版社正式出版。

2015 年，张开老师再次把中国媒介素养研究的氛围推向了高峰。2015 年 11 月，由中国传媒大学新闻传播学部传播研究院发起并与香港浸会大学传理学院联合举办的中国第四届媒介素养国际研讨会在香港浸会大学召开。媒介素养在中国走过了 15 年之后，走向了一个新的阶段，张老师认为在这个阶段需要在学术理念上要对它进行一个挖掘，这也是此次会议以“媒介素养跨学科研究与实践”为主题的原因。

会上，来自英国、美国、加拿大、澳大利亚、瑞典、俄罗斯、新加坡、日本、印度、泰国、中国内地及港台地区的 80 多名专家学者围绕“媒介素养跨学科研究与实践”的大会主题，对全球传播背景下媒介素养教育跨学科研究发展的现状和未来展开了深入探讨和交流。国内外专家学者分别就“新闻语境下的媒介素养”、“新媒体环境下的媒介素养”、“媒介素养教育中的视觉文化与语言艺术”、“中国社会背景下的媒介素养”、“健康传播与媒介素养”等议题，从多学科角度对媒介素养理论发展和实践模式构建进行了交流和碰撞。作为中国传媒大学的传媒教育研究中心主任，张开参加了媒介素养学科发展研讨以及《全球媒介与信息素养评估框架》一书的专题讨论和两场论坛。

设立新课程

纵观世界各国开展媒介素养教育的情况，学校教育是开展媒介素养教育的主要途径。比如英国教育部于 1989 年将媒介素养纳入中小学课程，美国从 20 世纪 90 年代开始发力于媒介素养教育，取得了显著进步，截至 1999 年，全美国 50 个州中至少有 48 个州的课程中包含了一种以上的媒介教育内容。基于对世界媒介素养发展的了解和研究，张老师深知开设课程是在中国推广媒介素养的重要举措，于是，张老师组织力量率先于 2004 年在中国传媒大学国际传播学院为国际新闻、英语播音和英语专业的本科生开设了媒介素养课程。从 2004 年到 2010 年，6 年中不断有学生表示：“面对纷繁的媒介环境，我们不再对媒体感到莫名恐惧，不再盲从，我们知道如何认识、了解、接触和使用它，我们为将来所从事媒体工作做了些必要的准备。”

随着信息技术的发展，海量信息如信息风暴横扫全球信息平台。一时间真假新闻、网络谣言、庸俗信息、敌意传播等等影响着广大民众的正常生活，甚至影响到社会的稳定。这一现象引起了张老师的思考和关注。张老师认为新闻学是应用学科，必须让其对每位普通的信息使用者发挥积极的作用。2013 年张老师与美国石溪大学新闻学院合作共同开发了“新闻素养”课程，并在中国传媒大学本科生公共选修课程平台进行教学实验，该课程受到学生的欢迎和认可，现在张老师又带领教学团队为中国传媒大学国际教育学院的学生讲授“新闻素养”。通过该课程的教学，学生们可以在如今的新闻传播过程中，扮演重要的信息再构建和再传播之角色。用张老师的话说，“如今的新闻教育不只是为培养新闻专业的专业人士，而且也要为培养大量的合格的新闻消费者和业余的新闻信息传播者”。我们也走访了上过张老师“新闻素养”课程的学生，他们表示通过学习新闻素养，无论是作为新闻的发布者还是接受者正在逐步产生追问新闻信息真实性的理性思考能力，也形成了完全不同于以往的阅读习惯，具有了一定独立思考、辨别真假是非的分析和质疑能力。

为了更好地把“新闻素养”课程建设的工作做好，做扎实，2013 年 12 月，张老师还与美国石溪大学在中国传媒大学共同举办了新闻素养论坛。论坛吸引了 20 多名学界和业界的专家学者的参与。

在教学方面，张老师还尝试将媒介素养理念和技能融入其他课程教学中，比如新闻与传播学研究生课程“Media and Culture”和国际传播硕士班课程“International Journalism”。另外，张老师为了传播媒介素养，她利用自己的休息时间，每周六跨越大半个北京城去给北京外国语大学新闻专业学生讲授媒介素养。在媒介素养相关课程教学当中，她发现无论是国内的学生还是来自世界各地的外国学生，每个人都能切身地体会到，媒介素养的学习使得他们对媒介的认识更加深刻了，对媒介的使用更加聪慧了，另外也更明白应该如何看待自己本民族的文化，如何珍惜自己本国生产出来的媒介产品，而不是一味地去顺从别人，效仿他人。

张开在教学工作中的勤勉与真诚为媒介素养专业播下了星星火种，不论是媒介素养专业的学生，还是其他新闻传播相关专业学生，甚至是来华留学的外国学生，都成了媒介素养逐步推广的星火。谈及媒介素养的课程建设，张开欣喜地说道：“随着媒介素养在中国的发芽壮大，媒介素养教育也一直在稳步推进。媒介素养的课程建设逐渐由原先的本科生层面推广到中小学，比如中国传媒大学传媒教育研究中心与北京黑芝麻胡同小学、北京十七中、广东佛山实验中学就有了比较成功的合作。”2014 由张老师主导的《媒介素养教育手册》也由中国传媒大学出版社正式出版，该手册为儿童阶段的媒介素养教育实践提供了指南。

理论研究和架构

2003 年张老师发表了《媒体素养教育在信息时代》一文，她以敏锐的视角，捕捉到当时国内乃至国际比较前沿的研究问题。文章在对媒体素养的定义梳理的基础上，提出自己对媒体素养的界定。在文中她清晰地阐述了媒体素养在信息时代的意义、重要性和必要性，分析了中国当前的媒介环境，提出她的近似于呼唤的强烈的观点——中国迫切需要关注媒体素养的研究，大力推广媒介素养教育。文章行文非常流畅，结构合理，理论新颖，观点明确，表现出作者较强科研的能力。该篇论文被香港特别行政区政府定为香港公务员考试拟设考试题目文章。

媒介素养引进到中国后，一直在不断适应中国的文化的土壤，逐渐形成有中国特色的媒介素养理论。拿媒介素养的人群划分来说，西方的研究最早只限于青少年，直到2004年之后才有青少年和成年人的划分。但媒介素养引进到中国之后，除了对成年人和青少年的研究，还对大学生、小学生、农村、记者、领导干部等许多群体都有细分的研究。

在媒介素养细分人群的研究上，张老师一直在身体力行。2004年她的论文《中国城市居民媒介素养现状调查——以北京、上海调查数据分析为依据》就是对北京和上海不同人群的媒介素养现状调查说明了“受众对传媒的需求和使用的一般情态”，为人们了解中国城市人口的媒介素养能力提供了初步的认识和分析。而《电视剧与青少年成长问题及对策研究》一文，则从媒介素养角度探求电视剧对青少年的影响及教育意义，引导人们通过电视剧解决青少年成长过程中的问题。另外2007年，她的《青年人新闻消费调查与研究》一文，基于对北京市某中学生的调研结果，从青年人的新闻消费途径和目的、青年人的新闻需求、自我权益意识等方面来探讨产生这些现象的原因，尝试通过这种研究，对培养青年人的新闻兴趣，提高其媒介素养起到积极的作用。

2004年是张老师学术成果高产的一年，这一年，她还发表了论文《提高媒介传播效果途径新探——媒介素养教育与传播效果的关系》，文章从传播效果角度出发，认为媒介素养理论中的媒介效果理论包括：(1) 传统传播学中各种效果理论；(2) 即时效果；(3) 长期效果；(4) 效果的作用过程；(5) 媒介对机构组织的影响，该文最后指出，“确保积极的传播效果的有效途径是推广媒介素养教育”。

2006年，由张老师撰写的中国媒介素养领域第一本专著《媒介素养概论》面世。本书针对全球媒介发展改变了人们思维方式、交流方式、学习方式以及生活方式的现实，对媒介素养这一新兴学科进行理论构架。书中从媒介素养的主要理念、定义和核心内涵到信息社会对媒介素养的诉求，分别进行了理论梳理、分析、论述和界定。张老师采用了马克思主义辩证唯物主义的科学研究方法，从出版物、行业报告、网络资源中收集大量数据和资料，以及她自己采集的第一手数据和资料，对中国媒介环境、教育现状和青少年受众之特点进行了理性分析和论述，对媒介传播中的问题、媒介的多元影响以及未成年人和成年人面对复杂媒介环境表现出的盲目和无助进行一一分析和研究，提出了媒介素养知识观和建立具有中国特色的媒介素养教育理论的观点。本书的主旨既在于理论探索，更在于实际运用，它既可以视为理论研究的入门书，也可以作为高等院校媒介素养课程的教材。

2006～2007年对张开来说是一个能量汲取的过程，这期间，她离开北京在伦敦大学知识研究所访学一年，在访谈中她告诉我们："正是对媒介、媒介素养、传播学方面的知识摄取，使得自己对媒介素养的认知进入了一个更深层次的理论思考。"期间，她不断学习和汲取国外学者对媒介素养教育的研究思路。在对David Buckingham、Cary Bazagette等英国媒介素养领域的学者进行了访谈后，在《现代传播》上发表了《媒介素养教育在英国——访谈与思考》（上、下）。经过了不断的理论研究、实践探索和自身对媒介素养研究的深厚积淀。

2007年回国后，张老师将研究视角落在青少年和女性两大群体，通过对这两个群体的电视剧消费动机、习惯和认知情况的深入研究，张老师认为：（1）欣赏电视剧过程实际上是对现实社会的一个认知、理解、和感受的过程，这一过程久而久之会在一定程度上改变现实社会中人与人之间、人与社会之间的关系；（2）如果具体到电视剧人物形象塑造的社会意义和个人社会化重要结果的两个层面上，结合雷蒙·威廉姆斯有关电视作用于人的理论，电视剧中的人物对受众个体社会行为的发展有着积极的作用，因此，我们可以说电视剧艺术可视为一种人的社会化发展的原动力；（3）受众的影视素养水平的高低不仅对受众的电视剧艺术的理解力、欣赏力、接受力、和运用能力的提高至关重要，对电视剧艺术的良性发展和我国媒介优质环境的构建也产生相当的影响，同样，优秀的电视剧艺术作品也对受众的媒介素养水平的提高，审美品位和国民的素质的提高也有着积极的推动作用。2008年和2009年张老师发表了《女性观众喜爱电视剧成因分析》、《青少年社会化成长中的伙伴与良师——以媒介素养视角看电视剧艺术》、《中国电视剧与国人的影视素养》、"TV Drama and Health Communication"等文章。

张老师学术兴趣比较广泛，多年来她一直在国际传播、国际新闻、媒介素养多个领域之中游走，成果丰硕。接受采访时她说："我起初觉得媒介素养是我的副业，是业余时间里游离到该领域劳作一下，可随着时间的推移，随着自己的认识逐渐清晰，我越发坚信，这不只是个游离，而是一片广阔天地，而正是因为这一片天地，我才得以将多领域的知识打通，获得新的感悟和认识。"

每年除了发表国际传播和文化传播的学术作品外，张老师坚持在媒介素养领域里耕耘。2010年，张开发表了《媒介融合时代新闻人的专业素养》一文。文章分析了媒介融合时代新闻传媒的"变与不变"，并结合时代背景从新闻的政治性、服务性、产业性角度具体的阐释了融合媒体时代新闻从业者需要具备的素养。她在文章结语中表示："在媒介融合年代，媒介创新、媒介融合是一个过程，而不是一个结果。因此，新闻人需要对未来媒介产品、未来媒介形态敏感；对融合新闻特点和优势敏感；对新闻的喉舌论敏感；对新闻的社会使命敏感；对其服务对象敏感；对传播内容敏感；对新媒介产品生命周期敏感；对人们基本需求敏感；对新媒介技术带来的生活形态的改变敏感；对新媒介发展趋势敏感。这一系列敏感意识加上娴熟的语言表达能力和媒介技术使用能力便是媒介融合时代所呼唤的优秀新闻人的专业素养。"张老师较为成功地将国际新闻研究与媒介素养研究结合在一起。

2011～2015 年，张老师每年都应邀撰写各年度的媒介素养评述，《中国媒介素养研究的重点、局限和未来的期待——2011 年中国媒介素养研究综述》、《2012 年中国媒介素养发展观察》、《2013 年中国媒介素养研究回顾》、《2014 年中国媒介素养研究回顾》。每年的梳理和评述对张老师来说就是一个反思的过程，也是寻找突破点新的起点。

2012 年，张老师发表了《从草根运动到政策推动——全球媒介素养教育正走向理性化的发展道路》。这篇力作从历史脉络对全球媒介素养的发展进行了梳理，张老师认为：早期媒介素养教育的特点，是草根性和自发性。上个世纪五六十年代，它的主要特点是借助批判性提高实用性。七八十年代它不仅是扩大学生知识储备和灵活运用知识的手段，也是培养和提高学生技能的工序。九十年代，它不仅在发达国家相对规范化，而且在向许多发展中国家扩散，它的思想理念也从认识媒介、能力培养、赋权民众向健康社会和包容性社会转变。张老师认为媒介素养发展宗旨是通过提高人使用媒介和有效利用媒介的能力，加强人们的学习能力、生存能力和发展能力，缩小数字鸿沟，让社会良性发展，实现建设包容性社会的理想。在文中，她这样论述道："在经历了开拓者的寂寞、研究者们的社区尝试、教育者们的草根性实践后，媒介素养教育已经迎来了政策制定者的加盟，正在迈向在政策支持下有探索、有计划、有规模的理性化发展道路，全球媒介素养教育的新篇章正在打开。"

2013 年张老师从包容性社会发展角度对中国政府网站的使用现状进行了深入研究，针对问题发现，张老师从媒介素养角度提出解决问题的方法，该论文标题为"E-governance and Social Inclusion in China"。

面对新的媒介环境和传播现象，2014 年张老师《媒介赋权与媒介素养在新媒体时代》一文刊登在《北京广播电视学刊》上。文中提到，通过媒介素养实现媒介赋权实际上是一个从个人能力的培养到传播环境的维护，从内容共享到思想共生的心灵共同体的构建，从个体自主意识的构建到国民责任意识以及参与公共事务能力培育的漫长过程。张老师说经过多年的学习和研究，她发现媒介素养可视为是赋权的有效途径，通过推行媒介素养教育，赋权于广大媒介使用者，从而使民众通过新媒体（作为当代媒介化社会最重要的产物之一）合理表达利益和权益的诉求，提升自己的权力和能力，完成媒介素养从个人能力的培养到传播环境的维护、从内容共享到思想共生的共同体构建这个时代赋予媒介素养的历史性任务。

2015 年张开老师在第四届中国媒介素养国际学术会议上发表了题为“Why News Literacy Matters?”一文，该文从新闻素养教育实践角度，剖析当下新闻消费者在面对信息繁杂时产生迷离和迷失现象的原因，并基于实例从提升民众新闻素养的重要性以及如何提升新闻素养阐述了自己的观点。

2016 年，经过 16 年的潜心研究，张老师认为是为建立媒介素养学科做些推动的时候了。《现代传播》2016 年第一期刊登了张老师的又一力作《媒介素养学科建立刍议》，在文中张老师从不同学科的角度对媒介素养进行的阐释，她认为，从认知心理学角度来看，媒介素养是一种能力，即通过对信息的加工将外部世界进行内化的能力；从传播学视角来看，媒介素养是一种使用传播工具的技能，是信息时代和知识社会的生存能力；从社会学视角来看，媒介素养是一种权益，即通过媒介素养教育活动赋权于广大民众，提高其权利意识，维护其媒介使用的权益；从教育学角度来看，媒介素养是一种培养过程的收获和成效，是“着眼于人的素质、能力”教育的预期效果和所期待的成效；从政治传播学视角来看，媒介素养是一种意识形态。基于上述的认识，文中主要从学科建立的普遍规律出发，对媒介素养学科建立的必要性、存在的问题和急需努力重点做了较为深入的探索。

社会服务和多渠道推广

除此以外，媒介素养的建构也不是闭门造车，为了让媒介素养更好地满足健康社会的需求，张老师也带头走出校门，把服务送到社会上需要它的地方。2012～2015 年间，她走南闯北，接受不少地方和部门的邀请，做与媒介素养相关方面的讲座，比如：

（1）到甘肃行政学院给那里领导干部培训班做“提高领导干部与媒介打交道能力”主题讲座；

（2）到甘肃广播电视总局给从业人员做“媒介从业人员的媒介素养”

讲座；

(3) 到中国驻新加坡大使馆做“国际舆论环境与中国稳健发展”主题讲座；

(4) 到中石化新加坡总部给那里的工作人员做题为“新媒体环境下企业如何与媒体打交道”的讲座；

(5) 到扬州市外事办公室给工作人员讲外交工作人员如何利用媒体做好本职工作；

(6) 到江苏省常州市龙腾汽车有限公司讲“民营企业如何与媒介打交道”；

(7) 到北京对外友协做“如何在对外交往工作中讲好中国故事”的讲座；

(8) 到北京电视台以“组织建设与传播中的我”为题讲解如何运用媒介素养做好行政工作；

(9) 多次去北京黑芝麻胡同小学给北京市东城区联盟、校际项目组做媒介素养教育方面的讲座；

(10) 到中国儿童中心给青少年和家长们做有关媒介素养专题公益性讲座；

(11) 多次去广东省佛山实验中学给学生和家长做普及媒介素养相关知识的讲座；

(12) 到北京外国语大学给那里的本科生开设媒介素养课程。

这些深入的实践工作与媒介素养相结合，一方面将媒介素养的相关理论付诸实践，一方面也反过来不断为媒介素养的理论之树补充营养。除了和学校、机构，张开老师还努力与媒体打交道，希望通过媒体来传播媒介素养，帮助老百姓提高媒介素养，从而让每个人生活得更幸福。比如，她曾通过江苏卫视的《万家灯火》栏目，向观众介绍如何科学运用信息，提高信息运用能力，过上健康幸福的老人生活。

张老师在访谈中也多次提到：“要想做好媒介素养，需要从两个层面入手。一是国家要做好准备，第二是民众要做好准备。国家的准备是指国家的基础建设，政策出台和师资培训，这是媒介素养发展的前提。”她多次在各种场合倡导政府、民众、机构、社会团体各方面，为了未来的美好社会各尽所能。

除此以外，张老师还积极与国内外学术活动，承接科研项目，从多方面推动媒介素养的发展。2015 年她张开带领传播研究院传媒教育研究中心的老师和学生承接了联合国教科文组织《全球媒介与信息素养评估框架》的翻译项目，并在“中国·香港第四届媒介素养国际学术会议”上专门为此开辟了全球媒介与信息素养评估框架的圆桌会议，目前张老师正在为SAGE publication与中国传媒大学合作的国际学术期刊“Global Media and China”做第一期的主编。

这十几年来，耕耘在媒介素养研究道路上的她出于教师的本能、出于对媒介素养的深沉的爱，以及对媒介素养前景的坚信，从未想过放弃。回想起研究的困难，实践的阻力，筹办会议的各种琐碎和麻烦，张老师只是笑笑说：“尽管很难，但我觉得是痛并快乐着。”回顾这十几年的点点滴滴，展望媒介素养在中国未来的发展前景，她意味深长地说：“通过我过去15年中对媒介素养的研究以及在媒介素养教学方面的践行，我发现借助媒介素养，人们可以构建一个人类心灵上的共同体，这一特殊共同体可以为人类的美好社会做些具体的实事。”

为了完成本次写作，我们对张老师进行了面对面的采访，以下便是访谈实录，其中Q为我们对张开的提问，A为张开对提问的回答：

Q：您是如何与媒介素养结缘的？

A：要说我是怎么与媒介素养结缘的，应该把时光推到2000年。那时候新华社借调我到非洲工作。当时的工作相对比较单一，主要是关注新闻，所以每天下午在没有具体工作的情况下我都在网上转悠，偶然的机会看到了media literacy，紧接着我就在网上找到了加拿大媒介素养之父约翰·庞杰特(John J. Pungente)。我给他发了一封邮件，表示了我想要了解媒介素养的愿望。John Pungente非常亲切，他很快给我回了邮件，非常耐心地给我推荐了一些书，并且说明了一下媒介素养是什么，另外也推荐了一些网站。

通过一段时间的跟踪、学习、了解，我发现媒介素养真是个好东西。因为我自己是教师出身，所以有那种想教书、想把知识告诉别人的冲动，当看到了媒介素养我就有这种冲动，我觉得这么好的东西要与人分享，尤其要和学生分享。那段时间里我搜集了大量的媒介素养资料。

2001年回国休假，我和一个北师大的老师聊到了media literacy，我问到底应该把media literacy翻译成什么。他说这个跟他们现在做的科学素养有点相似，并建议尝试一下把它literacy翻译成“素养”，我觉得的确也很有道理。于是我又拜访了一些中国传媒大学电视学院的老教师，问他们媒介、媒体有什么区别。2003年《现代传播》第一期我的一篇文章叫《媒体素养在信息时代》，那时候我把media literacy翻译成媒体素养。但很快和众多的学者沟通之后，我对 media literacy 有了更好的了解，于是乎就把它改成了媒介素养。

可能是由于一种缘分，也可能是源于自己本能的一种学术兴趣，自从 2000 年开始接触媒介素养后，我对它的痴情从来没改过。尽管那时候我们国家还没有媒介素养这个专业，它对我来说如同副业一样，伴随着我所做的新闻传播研究，一路前行。事实上，回头想起来，我之所以能把国际新闻、国际传播做好，很多时候还得益于从媒介素养的角度对媒介现象、媒介内容进行理解。

Q：这些年来，媒介素养给您带来了什么？

A：我应该说首先我得感谢媒介素养，因为是媒介素养打开了我的学术思路，也加强了我对媒介研究这方面的兴趣，挖掘了我自己本身原来所不知道的潜能，丰富了我的生活，也帮助我接触了世界各地的朋友。比如说我们国家第一届媒介素养全球学术会议是我做的，因为这个会议我一下接触了国际上非常出色的一些学者，同时也把我们国内一些新闻传播学、教育学中做了媒介素养相关研究的学者联系起来，大家都为了同样的学术的兴趣走到一起。所以媒介素养确实给我带来了研究学术的动力，激发了我的兴趣，开拓了我的视野，结识了更多的朋友，同时也拥有了你们（学生们）。

Q：一路走来，让您感触最深的是什么？

A：我特别希望一夜之间所有人都知道媒介素养，为什么会有这么一个愿望？因为我看到当今由于媒介的迅速发展，媒介技术和媒介本身内容的急速发展和极度膨胀，这种速度远远超过了人自身知识的更替和人的能力的提高。我们经常会说百年树人，尤其当发现民众不知道如何恰当地使用媒介、如何通过媒介来发声、表达自我、利用媒介来丰富自己，发展自己，给自己创造发展的新的机会的时候，我觉得他们是真的需要媒介素养。所以我感触最深的是，媒介素养这几年虽然发展得很快，但是还太慢。我想让更多人认识到它，并且认同它、接受它，并愿意它成为自己生活中的一个行为规范，一种习性的养成。这的确是需要时间、需要过程。

另外还有一个让我感触比较深的就是，通过我过去 15 年当中对媒介素养的研究以及在媒介素养教学方面的践行，我发现媒介素养真的能够构建一个人类心灵上的共同体。如果把这样的心灵上的共同体真的构建成功的话，那我觉得人类社会会是一个更美好的社会。

Q：在媒介素养的研究道路上，您遇到的最大困难是什么？

A：我觉得困难应该是方方面面的。要讲某一个的话还是不完整。在初期阶段，最大的困难首先就是要有人要认同你。当我说到媒介素养的时候，人们脸上总是出现茫然和漠视的态度。每当我说道媒介素养很好，别人就会说，媒介素养是什么玩意儿啊。所以从2000年到2005年这几年当中，让人们能知道媒介素养这四个字，这是最大的困难。

那么后来，虽然有越来越多的人了解到媒介素养，但我们对媒介素养本身内涵的开发是非常困难的。因为人们都有自己的思想、认知和知识结构。另外遇到的最大的困难我觉得还是社会的支持和政府的推动、学校的理解。学校这块我觉得是指各个层级、各个阶层的学校。我想这个困难应该不光是我的，也是大家共同的，哪怕是英国这个推广媒介素养最早的国家之一，他们也遇到同样的困难。

记得当时2007年回国之后，我一直想和电视台合作，开辟一个媒介素养相关的节目，比如说跟央视、跟江苏卫视、北京电视台。当时我们都沟通了，但是人家的第一个问题就是，如果做这样的节目广告从哪儿来，钱从哪儿来，如何保证它的收视率。所以我觉得媒介素养研究和推广的道路上，不能说是某一个困难，而是方方面面的困难。所以在研究道路上，任何一个学术研究如果它不能解决或者是面对当下社会面临的问题话，那么这个研究就不能称之为研究。因此媒介素养研究必须和我们面临的、当下的社会问题相结合，而要想解决这个问题，需要社会不同领域人的共同合作和推动。

Q：据我们了解，过去15年中，您一直辛勤致力于媒介素养研究，是什么力量让您为此不知疲倦地坚持下去？

A：这可能还是因为本人的兴趣和执着。我这个人比较轴，遇到困难的话很难放弃。就像中国媒介素养国际研讨会，这应该算一个品牌会议，尽管学校很支持的，但是实际上在做的过程中是很难很难的，从头到尾你要把一个会办好，没有一年准备是很难实现的，尽管很难但我觉得是痛并快乐着吧。

在我个性当中，一般我一旦认定的事情，如果对方或者现实没把我打趴下、打死，那么我肯定趴下还会起来的接着做的。看到媒介素养对社会、对孩子、对成年人乃至于老年人使用媒介丰富生活的益处，我觉得这就已经发挥其作用了。尽管它不是万金油，不能做到无所不能，但实际上，它真的能够为每一个人做一些实事。

Q：您认为自媒介素养进入中国以来，中国人对媒介素养所做的研究、推广，相对于西方国家特点是什么？目的是什么？

A：应该说我们把媒介素养引进到中国来，和西方的认知和目的是有区别的，西方对媒介素养的认知和使用不管是哪一个阶段，都和西方价值体系当中的民主社会是相关的，也就是说让人们用媒体赋权于民众去参与公众事务。我们也讲民主，但是和西方讲的民主是不一样的，我们在本土化过程中研究媒介素养的终极目标是为了让民众更好地从媒介中获取信息和知识丰富生活，让每个人生活都更有意义更充实，让每个人都能正确地使用媒介、理解媒介。另外，对媒介素养的内涵方面我们还是有所改变的，我们加入了社会责任，比如说我们对媒介素养的核心价值进行了研究。另外西方更注重实践的东西，也就是对“术”讲得更多，而我们加上了“道”，赋予媒介素养“术”和“道”并存，这就是我们的不同。所以西方更强调 skills，我们更强调 concept，更强调 social value，另外我们对媒介素养人群方面的分隔更加细化。我们从具体的人群，比如说学生、职业、性别、地区来分，我们还有媒介从业人员的媒介素养、干部的媒介素养研究，这都是让西方人觉得很奇怪。然而实际上每个国家有自己的文化，根据自己特有的文化对媒介素养进行充实，使它能够更好地发挥这个社会所需要的作用。而目的，当然就是为了社会的繁荣，人的生存力的提高和知识共享，信息共享，和谐共享共荣，这也是我们对媒介素养核心价值观的提炼。

Q：中国传媒大学已经成功举办四届媒介素养国际学术研讨会，每一届会议的议题和媒介素养发展的轨迹是否都有内在联系？

A：那是必须的，第一次会议如果我没记错的话应该是“信息社会中的媒介素养教育”，因为当时要是强调社会的发展，从媒介素养术的角度，技能角度去强调媒介素养能做什么，所以第一届媒介素养会议相当于一个扫盲阶段，让更多人了解它，它只是个星星之火。那段时间我们主要讨论的是什么是媒介素养、媒介素养能做什么。而在 5 年之后，到 2009 年，自第一届会议以来，媒介素养在国内逐渐推广，然而随着媒介的极速发展，出现的社会问题也越来越多。这就意味着，研究者亟需丰富媒介素养的内涵，在西方尤其是加拿大对媒介素养八大理念的基础上，给予它更丰富的、与时俱进的内涵，让它发挥更好的效用，改善民众的生存与发展。因此第二届会议以“媒介素养与公民发展”为主题，旨在从公民素养角度寻找媒介素养与民众意识的关系，寻求人和公民的区别。那么到第三届的时候，考虑到社会资源享用不平衡的现状，和当下区域经济发展的不平衡，当时全球发展对媒介素养提出的一个新的理念是包容性社会发展，也就是说媒介素养是为了赋权于每个公民，让人们有效地使用媒介。所以我们就将“媒介教育与包容性社会发展”定为会议的主题。第四届会议，是在媒介素养在中国走了 15 年之后，从学术角度上讲，它应该走向了一个新的阶段，我们要在学术理念上要对它进行一个挖掘，所以从跨学科角度去看媒介素养的理论和实践。实际上媒介素养四次会议不仅仅和社会当时的需求，也和媒介素养一路走过来的特点是相关的。

Q：四届会议办下来，您最想和研究媒介素养的学者、普通民众说些什么？

A：其实最想说的是大家都来参与到媒介素养的推广、使用和享用中来。我想对政府、对官员说，当政府在推动一些政策的时候，应该给予媒介素养更多的支持。从 UNESCO 对媒介与信息素养全球的评估这本书的角度来说，媒介素养要想做好的话，要从两个层面，第一是国家要做好准备，第二是民众要准备好。国家的准备自然和国家的基础建设、政策的出台和师资的培训挂钩，如果没有这些的话什么也不用谈，所以我最想说的是让政府、民众、机构、社会团体，为了未来的美好社会各尽所能。

Q：媒介素养真的像联合国、政府机构、学者们所说，有那么好的社会功效吗？为什么？

A：经过过去几十年的发展，通过英国的研究成果我们可以发现，媒介素养尤其是对男孩子的语言表达能力，写作能力都有很好的提高。因为媒介素养在 second school 里是选修课，通过对选这门课的孩子和不选这门课的孩子进行一个长期的比较发现，选这门课的男孩子在自我表达方面有一个相当好的提升。在媒介社会，如果你都不会表达，不会传播的话，那你将无法作为。媒介素养本身的内涵和目的决定了它能够为这个社会发挥它的积极作用。除此之外，在我的教学当中，我还把媒介素养注入国际新闻的课程当中，无论是国内的学生还是来自世界各地的外国学生，每个人都切身地体会到，通过媒介素养的学习，他们对媒介的认识更加深刻了，对媒介的使用更加聪慧了，另外更加知道如何看待自己本民族的文化，如何珍惜自己本国生产出来的媒介产品，而不是一味地去顺从别人，所以这对世界文化的多元化也做出了一定的贡献。

Q：中国媒介素养未来的发展需要您这样的学者，您认为老师、学生、媒介管理和从业人员应该为媒介素养的发展做些什么？

A：首先是大家要能够对媒介素养有一个恰当的认知，因为绝大部分人还是不知道媒介素养，即使有人知道也是只知道这四个字，但对它所承载的内涵和它所发挥的作用还是不了解的。因此，对媒介素养一往情深的人去研究、实践、不求回报地做，是可贵的。媒介素养所产生的社会效益远远大于经济效益，正因为这个特点，需要人们自觉参与，政府主动推动。

冯小刚讲过一句话，有什么样的观众就有什么样的电影，尽管这句话有点绝对，但实际上真的是这么回事。《芈月传》估计大家都在看，从制作和画面来看还是很精良的，尽管很多方面是虚构的，但它从片子的艺术层面来说还是不错的，演员、导演、道具，很多方面的仪式都是尽量向战国时期的历史靠近。但另外一个恶搞的电视剧《太子妃升职记》，它的火爆程度却在超过芈月传，可以看出中国的消费者品位低下。媒介素养从美学角度上来说，是要把媒介产品的艺术性、精神性体现出来。这就是我说的，为什么媒介素养未来的发展是非常紧迫的，是整个中国社会的诉求。

（作者为中国传媒大学研究生）

退休后的快乐：与媒介素养作伴
——记王天德的媒介素养研究

范雨婷

王天德老师，1948年出生于浙江义乌的一个农村。在他成长的那个年代家家贫瘠。王天德老师也不例外，寒门的劳作伴随着他的整个少年时期。初中期间才真正圆了他的读书梦。偏偏高二时，那场众所周知的“文化大革命”的狂风惊浪又把他卷回了农村，当了回真正的农民。每天6个工分，收入0.48元。为寻出路，他在父母的支持下进入了解放军这个大熔炉。10年的军旅生涯锻造了他坚毅、果敢、守时、执行力强、工作效率高等品格。转业到地方工作后，他先后完成了大专、本科的在职学历教育，并完成了浙江大学传播学专业的研究生课程。这为以后他的媒介素养研究创造了基本条件。

2006年的一天，年已58岁的王天德老师在与时任校长彭少健聊天时了解到国内有专家在研究“媒介素养”这一信息，这是他第一次正式接触“媒介素养”这一词。他对此产生了浓厚的兴趣，通过查阅资料，深入了解以后，认为自己从行政岗位上退下来以后从事媒介素养教育的学术研究和实践研究是合适的。他在浙江省委党校干部专修科学的是马克思主义基础理论专业（大专学历教育），属政治学范畴。他的本科是经济管理专业，他又进修了传播学研究生课程。回顾他自身的从业轨迹，部队转业到地方后一直都在党委宣传部门工作，从当时的义乌县委宣传部，到金华市委宣传部，一直到浙江传媒学院党委宣传部，一干就是26年。在各级党委宣传部门他从事的是思想理论教育、文化新闻出版等业务的服务和管理，他还有地级市电视台主持全面工作的经历。学业交叉互补和从业经验积累的经纬聚合，构成了他研究媒介素养的有利条件。他说，把媒介素养拆分成两个词来理解，“媒介”就是传播学当中的一个“传播介质”，也是传播学当中的一个重要概念。“素养”就是人通过教育和实践形成的技巧与能力，就是能力的获得和素质的提升。这两者就是他地方职场33年的人生轨迹，是他一生都在从事的事业，即使在没了解“媒介素养”这个词之前他也已经一直在无意识地做着。退居二线后，即使退休后，他也愿意在这个领域实现转身，他相信自己是从事媒介素养研究的料。2007年他在彭少健校长的主导和全力支持下成立了浙江传媒学院媒介素养研究所，彭少健校长出任所长，王天德老师出任常务副所长。同年，在当时的中国广播电视协会（现中国广播电影电视社会组织联合会）的支持下成立了中国广播电视协会（现中国广播电影电视社会组织联合会）媒介素养研究基地，彭少健校长任主任，王天德老师任常务副主任。

在采访王天德老师时，他谦虚地说：“我在媒介素养研究这个领域里是新兵，与国内的众多专家学者相比相差得太远，他们科班出身穿皮鞋，我是田野出身穿草鞋。穿草鞋的就得多在田野走走，多在基层走走，多在田野实践，多到基层推广。”我们在探索他的媒介素养研究历程时发现，他与其他专家的不同之处是他除了自身的学术研究外，还做了大量的实践推广工作，眼睛向下解决实际问题是他一贯的工作作风。与此同时，他还为全国媒介素养研究的成果交流、力量聚合创设了平台，使中国广播电影电视社会组织联合会媒介素养研究基地和浙江传媒学院“顺理成章地成为当今中国媒介素养研究的一块高地”。

一、王天德老师的学术研究

我们在梳理他的学术成果时发现，自2005年以来的10年间，王天德老师在各类核心刊物上发表有关媒介素养研究的论文、调研报告共25篇，收录进2008、2010、2012、2014、2016年出版的《中国媒介素养研究报告》8篇，平均每年发表文章3.3篇。从发表的这些作品看，王天德老师媒介素养的研究主要集中在以下6个方面：

1. 关于媒介素养内涵与中国化概念的研究

王天德老师是从政的，在从政过程中也有自己的业余爱好。这就是从上世纪八十年代起，他就开展触及时政的理论研究和结合工作的思想政治教育方面的研究。他最早研究媒介是在1997年。1999年《中国广播电视学刊》第10期的“专论”栏目中，刊发了他的《因特网与传统大众传播媒体》一文，这在当时是比较早的研究互联网传播这一新兴媒介传播的文章之一。当时他就做出预测，“在今后的三五十年间情况将发生根本性的变化，以因特网为代表的信息高速公路最终将要取代现有的大众传播媒介，人类将完全带入知识经济时代，而虽然如此，论者认为，这种取代将是渐进性的组合、自愿的加盟，像洪流汇入大海一样。”这篇文章受到当时如日中天的电视业界同行们的不屑甚至激烈反驳。17 年后的今天，互联网的神速发展，已经无可争辩地证实了这篇有预见性和前瞻性的文章，尽管这篇文章只获得 2000 年度浙江省广播电视学术论文三等奖、2001 年浙江省教育厅科研成果三等奖。

2005 年王天德老师在研究媒介个体素养提升时首次提出了“媒介文化素养”的概念，这时他还不知道世界上有那么一些先知先觉们在研究媒介素养。他认为“媒介个体的素养是由多方面的因素构成的。由于广播、电视、网络等视听媒介的普及，传统的以阅读、理解、表达为核心的文化素养概念应当增添新的内容，形成媒介文化素养。亦即作为媒介个体的素养构成，不但包括对以阅读、理解、观看、表达为主的文字、戏曲素养，而更应对视听方面拥有欣赏和判断的素养、发展和抵制的素养、人文和科学的素养”。这时他的想法是，在媒介社会里媒体人应当在文化层面上自我加大媒介因素，形成“媒介文化素养”。这其实就是媒介人的媒介素养，或者说是媒介人的媒介素养在文化层面上的体现。（《广电媒介个体素养提高的境遇研究》，2005）

与此同时，从人的“全面发展理论”视角出发，他针对媒介人提出，为适应不同的劳动需求，“新闻人应有广博知识、高超技能和极强社会适应性；新闻人所要求的素质应该能在为社会服务和在交替交换职能过程中，使人的先天和后天的各种能力得到自由的发展的能力；新闻人应当具备一定的创造力使得人所具有的“沉睡的潜能”得到挖掘和发挥；新闻人的职能具有特殊性，他们是为公共群体的文化力和信息力服务的，面对的是全社会。因此．他们的整体的全面而自由的发展通过其作品影响受众群、影响整个社会。”他认为，新闻人培养的目标是“提高他们的政治素质和业务素质，包括对社会的思辨能力以及获取知识的能力、创造思维能力、社会交往能力和承受压力能力。主要任务是培养新闻从业人员具有良好的思想道德素质、高雅的审美素质、健康的心理素质，诸方面相互渗透，协调发展”。这时的他，还没有能够理解媒介素养是所有受众都应具备的素养，而仅仅把它局限在媒介人作为传播者应有的素养。(《人的全面发展理论：新闻从业人员素质教育的理论基石》，2005)

2006 年他接触了媒介素养这一概念后，认识到这是一个世界性的命题，它的所指是全体受众，它不仅仅针对媒介人。在他发表的《媒介素养教育理念形成因素解构》一文中他对媒介素养是这样理解的：“媒介素养教育就是要在全体社会受众，包括新闻从业者中培养和形成制造信息、传播信息、利用信息严格的道德导向和社会规范，提升信息鉴别、吸纳和运用水平，引导群众解构隐藏在媒介信息背后的真实，尽可能地让受众感知媒介信息的本来面貌，探寻信息异化的常规路径，并使这种感知形成一种解构媒介表象的能力，从而相对真实地去了解和理解世界。”他通过“超女现象”的分析，提出要“以一种理性、平和的心态对待这种平民性背后的浮躁的社会心态”。认为“批判和吸收是媒介运用的两个基本指向，在对于媒介信息批判的同时，我们要大力吸收媒介资源中的精华。信息时代媒介传播途径和形式的多样化，使媒介以一种更为立体、开放的形式展示在广大受众面前。媒介所展示出来的美，既是一种结果的美，更是一种过程的美，媒介素养教育，就是要培养一种理解美的能力，感受每种媒介传播形态和途径独特的美的展现形式”。(《媒介素养教育理念形成因素解构》，2006)

从以上的对媒介素养概念的分析和阐述可以看出，王天德老师对媒介素养概念的认识有一个从初级到高级的不断深化的过程。以后他多次谈到媒介素养这个概念。他对媒介素养总体上着眼于两大块：一是批判性。这是传统媒介素养概念的基本构件。二是正向性、积极性。是从美学的视角来看待媒介。他把这两者融合在一起，扬弃地提出了自己的媒介素养概念。在2014年联合国教科文组织文化联盟召开的全球媒介信息素养暨跨文化传播大会上，他提出“媒介素养是公民通过一定的传播平台和载体传播和接收的，区分、使用、控制、转换、再加工不同质的信息构成所需要的知识、能力、水平、技巧和人文精神。讲到底就是受众对媒介的认知和使用、辨析和批判、转换和创造、道德和审美能力的辩证统一”。他的这一定义承载了如下含义：首先，在巨量信息中区分、使用、控制、转换、再加工有用信息与淘汰无关信息需要较丰富的知识储备；其次，判断信息的真假，认清信息的价值导向，转换和创造新的信息，需要较高的能力与水平；第三，要对诸多信息进行分析和排列，根据有用性的原则进行整合，最大限度、最快速度地提取信息的有效性，需要专门的技巧；最后，对信息的评价、批判、扬弃，要用道德的观念和正向的、积极的、美学的心理进行。由此可见，这是一种以媒介为基础的、由受众共同演绎的“参与式文化范式”，这个范式的主体是受众，客体是信息，载体是媒介。(《大学生媒介素养读本·绪论》，2016)

王天德老师的这个概念学术思想丰富、内容涵盖面广、语言结构严谨、表达风格中国化。

2. 关于青少年媒介素养教育的研究

2006年以后，王天德老师将研究的重点放在了媒介素养的教育上，特别是青少年的媒介素养教育。这跟他的个人早期成长的经历有关。王天德老师作为家中的长子，小学期间要帮父母分担农活，家里养的30多只兔子的“粮食”要他承包。每天都要早起到离家较远的地方割草养兔，做完才去上学，这时上午只剩下最后一堂课，而下午刚上完一堂课后又要赶去割草解决兔子的晚餐。在小升初时的他居然没考上初中。但是他并没有放弃对读书的渴望，反而更加珍惜学习的机会，一次偶然的机会，他报了夜校，与他的叔叔、阿姨辈一起参加了扫盲班，白天干活，晚上听课。半年后，他如愿地考上了初中。当他重回校园后，非常珍惜这来之不易的学习时光，初中三年勤奋苦读，终于考上了高中，这一届全班只有9名同学考入高中，他是其中之一。怀着对未来的憧憬，他走进高中校园，在他刚刚读完高一，进入高二，1966年“文化大革命”爆发，阻断了他的求学梦，于是他又不得不“滚”回到老家干农活。经历了一连串艰难的求学历程，他倍加珍惜和重视教育，他知道教育对孩子来说意味着什么，也知道教育对一个孩子的人生影响有多重要。

正因为这样，他重视青少年教育，也重视青少年的媒介素养教育研究。他在青少年媒介素养教育的研究上倾注了大量心血。

他认为，网络传播的高度发展，已极大地影响着青少年已经习惯了的生活状态和生存空间，就像闪电给夜晚天空撕开一条大口子一样，给青少年的意识形态、思想观念以至社会结构都将带来意想不到、不可估量的变化。网络媒介应当“站在全人类利益上，提供的信息必须是从整体上对人类的生存发展带来推动作用的、客观公正的、足以影响他们生活的社会主流信息”。他强调，“客观、公正的信息传播是传播网站的生命线”。（《因特网与传统大众传播媒体》，1999）

2005年王天德老师在对网络状态下的大学生价值观的研究中认为，价值观决定了一个人的兴趣、需要与理念。在人类新旧文明交替的剧烈变革时代，人类正经受着各方面的价值观念和价值体系的震荡、碰撞和冲突，修正、扬弃和重建。网络言论的相对自由性、直接性、迅捷性使不同的价值观得以形成。网络强化个人主义和全球化观念的同时也给现实社会意识形态的争夺提供了一个最大的场所。正是这一状态下的网络文化区别于传统文化的全新特点，引发了信息时代所独具的相关行为和观念方面的价值矛盾和价值冲突。他指出，网络时代在自由性、普及性、及时性、透明化剧增的同时，不可避免地伴随着大学生隐秘性的没落，特别是由于信息科学技术的发展，网络上的隐匿性也被褪去面纱。价值秘密在一定程度上对全世界开放。

Cookie不安全，漂亮的广告不安全，诱惑的邮件不安全，你的私人信息正被不为人所注意的链接悄悄流向他处的人们，身处价值中心的大学生陷入与周围的价值冲突中。因此，网络为人的“主体性”发展提供了另一个空间和另一种认知模式。这可以表现在以下几个方面：(1) 网络文化张扬、突显了人的个性；(2) 网络可以匿名的表达方式，使大学生在网络上展示着赤膊的自我；(3) 网络的开放化个性，使大学生的创造性得以张扬和普遍化；(4) 网络的交互性和平等性，激发着呼唤平等的声音；(5) 网络给大学生早早地打下了一个“全球化”的基础。同时，网络时代，大学生认识世界的方式不再只偏重于视觉、文字和线性结构，大学生的发展依借着网络而变得丰富，比以往更有机会成为整体发展的、全面的人。王天德老师在思考媒介素养教育中教师与学生关系时提出，“让大学生成为知识的主动建构者和运用者、教师成为教学过程的指导者与组织者和意义建构的促进者和帮助者，信息所携带的知识就不再只是教师传授的内容，这里面有大学生主动建构的意义”。(《网络状态下的大学生价值观》，2005)

2008年，王天德老师通过对在浙江省某监狱服刑的18岁到35岁男性青年犯人作了500个问卷样本调查，分析网络对青少年的影响，这在国内媒介素养研究领域比较早的研究犯人与网络的关系。

从对选项的数据的研究后，王天德老师得出结论：(1) 犯罪者对众多媒体的辨析力还是有的；(2) 当让他们在众多媒体选择留下三种时，毫不犹豫地选择了网络，连同手机人数高达546人次，高居选择榜首；(3) 犯罪者们一方面认为新媒体可信度低真实性差，另一方面又集中地选择了它，这只能说明，网络的娱乐作用和感官刺激吸引他们。

他指出，网络媒体不是一般的产品，它不仅在经济领域流通，也在与之平行的文化领域流通，前者流通的是金钱，是任何媒体所孜孜追求的，后者流通的是社会意义和个人愉悦，这两者的差异，使人们明晰了网络媒体受众的两种处境：一是经济领域中网络媒体为追求利润的最大化，会千方百计地制造卖点，即利用人类的软肋——性和暴力——吸引受众眼球，聚集受众人气，从而成为他们赢取利益的受众市场。二是文化领域，网络媒介向渴求情绪无限释放、无障碍参与的受众提供条件，满足他们的眼球刺激和感官享受。这两种处境，都把手中推到了猎奇、猎色、猎暴的危险边缘。无论是网络媒介的利益最大化的客观动因，还是青少年受众为满足自身需求的主管动因。都是如此。他也较早地认识到，媒介素养教育对青少年的重要影响。他提到，媒介素养有一种保护主义的倾向，这种倾向代表了教师试图保护学生，帮助学生抵制媒体之不良以及消极影响的努力。网络媒体缺少大众媒体的审查制度和把关力量。信息的无限性和信息的随意性，不但使孩子受影响，也使青年、成年人深受影响。

为此，王天德老师认为至少有以下8个问题值得研究：(1) 易受网络媒体不良信息攻击的受众心理和认知模式；(2) 网络媒体权力的约束和媒介义务的承担对受众的作用；(3) 受众对网络信息的追求和对黄色、暴力影视、图片、文字的诉求；(4) 网络媒体卖淫及裸聊的被动性清除，如何转变为主动性防止；(5) 网络媒体的破坏性攻击带有消极性结果的导力行为对受众的心理压力；(6) 新媒体与其他社会因素共同影响犯罪行为的产生，网络媒介所起的作用是直接的，还是间接的；(7) 媒介素养研究是否把防范犯罪作为重要内容；(8) 媒介素养研究和预防新媒体犯罪的研究是否将新媒体生产信息过程、传播程序等内容列入其间。(《新媒体传播失范与犯罪行为的实证研究》，2008)

《我国中、小学媒介素养反贫乏教育缺失的反思》文章中，他深入浅出地分析了为什么要提出“媒介素养反贫乏教育”这个词，因为在当时媒介素养教育的提法缺乏教育的紧迫性，容易等同于其他的教育。他认为：有效的媒介素养反贫乏教育政策首先需要对贫乏的风险因素和反贫乏教育工具的功能有充分的了解，然后在此基础上根据风险的类型和特征选择不同的政策和教育工具。

全球性的媒介素养反贫乏教育理论的重新认识是促成上述这一变化的主要因素。他将之概括起来，新理念包含三点内容：(1) 实现媒介素养反贫乏的目标必须通过人们适应经济体制变化了的教育能力来实现；(2) 反贫乏政策的构建要根据一个人生命的不同阶段的需要来进行干预；(3) 重视媒介素养贫乏的预防，赋予对媒介的个人权利，用社会风险管理理论来指导。最后他总结：媒介素养反贫乏应该以不同生命阶段的特别需求为依据，特别是要重视对生命“上游”阶段，即儿童和中、小学生的干预，清除中、小学生的媒介素养贫乏。当然，特别重视中、小学生的媒介素养教育，并不排斥对中、下游生命阶段的普及，对成年期人群的普及主要点在于提高他们正确使用媒介能力，对老年人群来说则应更关注其媒介带给他们的娱乐性。在这篇文章中，他提到了现有到媒介素养实践的推广方式“参与式的教育，如组织学生到社会上参与媒体的实验，参加农村采访和社会论坛，或者自己动手制作动漫和新闻等”也提出了难度：要在全国各中、小学推广则缺乏相应的条件，如时间、经费、力量组织、安全保障、行业配合以及学校支持，等等。

在广大农村，特别是贫困地区难度会更大。

同时他指出媒介素养教育推广当前亟须解决的问题是政府的干预，要推动政府教育部门对媒介素养反贫乏教育的关注，形成推动力量。其次是在教育手法上博采众长，把英国的认知媒介，美国的保护受众和日本的媒介动手能力的培养结合在一起，先期运用课堂授课为主、社会实践为辅的办法。授课的方法应当是与学生平等交流，让中、小学生交流他们参与媒介和使用媒介的经验，增加他们的权利意识，提高他们行使权利的能力，帮助他们“反思媒介的性质和虚假意识形态”，防止媒介对他们的控制，实现个人的解放。随着国家对教育投入的增加和教育形式的变革，进一步强化社会实践教育和在参与媒介过程中加大创新性活动的能力培养，实现反媒介素养贫乏教育的认知媒介、受众辨析、提高动手能力三位一体的目标。（《我国中、小学反媒介素养贫乏教育缺失的反思》，2009）

随后他在《中国社会科学报》发表署名文章《网络媒介素养教育应从自发走向自为》。他认为多数青少年缺失对网络媒介的认知和判断，特别是农村青少年受教育条件的严重限制，一方面他们缺失对媒介认知的基本条件，另一方面他们又疏于自我防范而沦为“网奴”。很明显，对于青少年来说，网络素养的政府教育救助，是解决其网络素养问题的根本出路。网络素养的政府教育救助的必要性凸现了教育政策在网络素养战略中的重要性。

国家战略思考与教育的目标和内容是当前网络素养教育的核心成分。有效的网络素养教育政策首先需要对网络素养贫乏的风险因素和反贫乏教育工具的功能有充分的了解，然后在此基础上根据风险的特征选择不同的政策和教育工具。从风险社会学来看，从青少年缺失媒介素养风险入手，来建构网络素养教育政策体系框架，其视野更开阔，社会内容也更丰富。

他呼吁，促进青少年网络素养教育从自发向自为转变，一要积极推动国家立法；二要推动公益普及；三要扩大教育范围；四要进一步规范青少年网络媒介的消费行为。

3. 关于把媒介德育作为媒介素养教育和德育教育突破口的研究

王天德老师的思想理论教育、文化新闻出版的工作经历使他对媒介的道德性有着天然的敏感，他在1999年《因特网与传统大众传播媒体》这篇文章中针对互联网发展后有可能出现的问题，提出：“用户的发展是无限的，传播的空间会出现‘无政府状态’，暴力和色情、欺骗和敲诈、偷税和暴利都有可能在网上出现，形形色色的网络犯罪分子会伺机作案。因此，在网上传播时，必须树立传播的道德性，树立为全人类文明、促进社会发展服务的观念。”网络行为的“道德性”，是他早期对网络传播中行为自律必要性的认识，也是他早期对媒介素养的朦胧认识。

王天德老师认为，现在值得关注的是，身处中国文明的大学生陷入了与西方的价值冲突中。作为掠夺国家一方，西方文化总是对非主流文化持有一种歧视和偏见。当信息资本主义成为全球化进程中的一个不论各国文化差异而必须遵守的游戏规则时，“带有霸权性和颠覆性的价值观源源不断地流向到信息非主流国家，为资本主义价值观念的传播打开大门”。价值网络中蕴含的这种垄断、潜在的霸权和颠覆，使被接受国家自身的文化在西方文化的强势渗透与扩张下受到侵袭。这对大学生价值观的形塑产生着重大的影响。（《网络状态下的大学生价值观》，2005）

在这篇文章中，王天德老师还对网络使人的“主体性”得以前所未有的强烈舒展进行了描述，认为表现在以下几个方面：（1）网络文化张扬、突显了人的个性；（2）网络可以匿名的表达方式，使大学生在网络上展示着赤膊的自我；（3）网络的开放化个性，使大学生的创造性得以张扬和普遍化；（4）网络的交互性和平等性，激发着呼唤平等的声音；（5）网络给大学生早早地打下了一个“全球化”的基础。同时，网络时代，大学生认识世界的方式不再只偏重于视觉、文字和线性结构，大学生的发展依借着网络而变得丰富，比以往更有机会成为整体发展的、全面的人。因此，他坚信，“必须加强网络的道德建设，人人都遵守起码的道德底线，网络的天空才会晴朗”。（《网络状态下的大学生价值观》，2005）

关于媒介道德，《社会主义荣辱观：媒介道德的选择和实现》（2006）是王天德老师的一篇重要的也是专门论述媒介道德的文章。他深刻地感知，在社会主义市场经济推动下的社会经济转型期，媒介的道德取向受社会因素影响同时也在与社会因素互动中更呈模糊性。这是因为经济利益的入侵媒介道德价值的重塑没有完成导致了媒介道德失范、道德失衡、道德失缺。这是一个值得引起我们思考的精神趋向问题。对于媒介而言，道德是一种特殊的规定性，是一种特殊的价值观念，是媒介主体实现自身内在统一和精神完善的一种特殊方式，它始终植根于媒介与社会的不可分割联系之中，是一种特殊的社会价值形态。

他认为，媒介道德价值作为一种特殊的价值形态，在经济利益的诱惑下呈现出多元化，特别是在社会分层的过程中。一方面资本的原始积累对个人及其家庭的发展作用，引诱着媒介荣辱观的价值取向；另一方面私人资本的积累又导致资本向政治的渗透。在这种有些人追求资本还有些人追求权力的交错运动中，各层次人们的经济利益、政治利益和权力利益的融合和竞争是不可避免的。这给媒介带来了新的课题就是媒介在社会主义荣辱观的接受和实践中必须同时抵抗“资本”的进攻和“权力”的进攻，要在两条“战线”上作战。

播者与受众之间．总是有着互相依存的不可分割的关系。这种关系，在正确的媒介道德引导下，可以成为媒介取之不尽、用之不竭的资讯来源。它可以在深入受众、贴近受众、服务受众的过程中深切地感受到受众的爱憎情恨，感受到受众对社会生活的关注和对自身生存状况的关注，从而加深媒介对“以人为本”、“人性化”的理解，从而创作出更多更好为人民鼓与呼、受人民欢迎的新闻作品。随着我国媒体市场化向纵深方向发展在白热化的激烈竞争中，一些低俗、媚俗的节目在高收视率的指挥棒下频频闪现于屏幕，其间媒介的核心价值已被扭曲，而鼓动的是缺失理性的金钱光环。

王天德老师对转型期媒介道德的实现进行了考察，他认为，这种实现是一个运动的、动态的过程，而且是一个多维要素的组合，它包括媒介价值取向的环境、价值取向的内容、价值取向的形式，以及价值取向的路径。

第一，媒介道德价值取向实现的环境必须放在社会背景、视野中来思考。因此媒介开展社会主义荣辱观的教育又必须放在这种阶段性的社会环境、领域、背景下来实施，不但要通过社会主义荣辱观的教育使媒介人曾经丢失的荣辱观回归本体，而且要通过媒介的努力，在社会转型期促进市场竞争环境与人们消费环境的根本好转。

第二，媒介道德价值取向实现的内容必须放在社会主义荣辱观的高度来思考。“八荣八耻”的社会主义荣辱观规定了坚持什么，反对什么，提倡什么，抵制什么，是媒介人在行动中必须实现的基本要求，它不仅具有马克思主义哲学矛盾论的理论意义，而且具有媒介人通过自己的实践活动生成自己的道德价值目标，从而实现对履行道德行为的褒奖和对不遵守道德要求的谴责，从这个层面上讲，它具有实践论的意义。

第三，媒介道德价值取向实现的形式必须放在构筑有利于媒介道德培育创新的民主制度体系方面来思考。在社会转型期，社会将越来越向民主化、制度化的方向发展，这就要求媒介道德培育应当摒弃传统的“人治”模式，构建有利于道德培育的民主制度。这种民主制度要有利于扩大媒介人与媒介机构的互动空间。有助于媒介人和媒介机构共同营造道德的平等，从而扩大以社会主义荣辱观为核心的道德文化内涵的张力。

第四，媒介道德价值取向实现的路径必须放在科学精神和人文精神相结合的制高点上来思考。媒介道德最根本的一点是坚持马克思主义的理论指导和中国改革开放的实践相结合，在对西方意识形态和西方社会思潮保持足够警醒的同时，需要有效地防止消解人类精神价值的虚无观念，因为它借消解语言中固有的意义而消解人类的价值观。它消解的不只是因循守旧的道德而是任何形式的道德，是道德本身。应当在这种高度注意和重视道德虚无主义并对其进行批判的过程中，注重科学精神和人文精神的统一。科学精神就是实事求是的精神，凡是从媒介人的实际思想出发，实事求是地分析和解剖原因。属于媒介人道德虚无的则应强化理想和信念教育；属于拜金主义、享乐主义、极端个人主义的则应对其进行正当性的人的尊严、人的自信、人的利益、人的权力的教育；属于认识论上的问题则应通过端正认识论的方法来解决。

2007 年 5 月王天德老师在《当代青年研究》杂志上发表《当代青年媒介素养教育及回归》一文。针对在高考指挥棒下的媒介“信任危机”和“道德恐慌”，指出许多教师对于媒体内容甚至会有不适的感觉，因为他们对那些隐藏在其后的暴力、族群、性别与其他压迫形式的意识形态感到不安。这种不安表现在几个方面：一是由媒介内容的刺激性所可能引发的青年对于课堂教学的漠视，特别在中考和高考前夕尤为明显。那个时候在高、中考指挥棒的指挥下，别说学生被绝于媒介之外，连家长也甘愿与子女“连坐”。电视机被尘封了。二是媒介所传播的信息令人们普遍担心，特别是暴力和性。三是对媒介信息传播的不信任和对“狗仔队”的厌恶，出现了对媒介的信任危机和“道德恐慌”。他提醒我们的教育工作者和家长要想到，网络媒体和传统大众媒体一道正以滔滔江河奔流不息的姿态一日千里地发展着，这是一个不可逆的潮流，我们的作为只能“疏”，不能“堵”。

王天德老师认为，在这样的媒介形势下，关注青年媒介素养培养的道德规范和责任意识尤为重要。他说，当前一场声势浩大的大众文化，或称之为通俗文化正在席卷全国的现实，着实让人深思，使人在感到巨大快乐的同时隐藏的不安。这种“电视秀”已经越来越出格，越来越匪夷所思，审美意识逐渐边缘化。这对青年的负面影响是不可避免的。因此，媒介道德遇到了媒介应当忠实地为观众服务，观众需要什么就播什么和媒介承担引导社会，特别要引导青年健康成长的重任的问题。这两者博弈的结果是由媒介自律的觉度和力度来决定的。媒介一旦出现定位偏移、价值观迷失，它伤害的绝不仅仅是媒介本身，它伤害的根本群体是受众，是青年受众。

因此，他认为，对青年的媒介道德教育，仍有许多必须解决的问题：

(1) 青年媒介道德教育与成年人媒介素养教育的轻重缓急问题，也就是说，要解决对青年媒介道德教育重要性的认识；(2) 青年媒介道德教育的定位是否应当在教育中预设预期目标，实行教育目标引导；(3) 青年媒介道德教育的途径，是通过学校课程教育，还是通过媒介自身道德的传播教育，还是社区化的精神教育，或者兼而有之的综合教育；(4) 青年媒介教育以"人"的何时开始，即从哪个年龄段开始，是从小学开始，中学开始，大学开始，还是进入社会开始。(《当代青年媒介素养教育及回归》, 2007)

4. 关于媒介素养教育路径的研究

媒介素养学术研究的一个重要方面是媒介素养教育。媒介素养教育的目标是什么？适合哪些人群？教育的途径、方法是什么？以学校教育，社会教育，还是社区教育为主？总之是媒介素养教育的路径问题。对此，王天德老师化了比较多的时间和比较大的力气进行了研究，研究的方法是两个：一是西方教育路径的中国化；二是实践推广过程的实效性。

(1) 目标追求。王天德老师认为目标追求有社会目标和个人目标之分。社会目标是对受众作为社会角色的要求，其目的是提升受众对新媒介的反应能力和健康自主的运用能力，为社会发展提供良好的服务，成为社会创新力量、稳定力量的生力军。个人目标着眼于增强受众独立自主的批评、批判能力，积累并继承传统媒介素养要素发展过程中的核心内涵，如基本的人文素养，解读能力，辨析能力等等。社会目标和个人目标在一定条件下是可以统一的，这个条件就是社会主义市场经济这一决定一切的社会经济形态。社会主义的最终的目标是利益的公化，市场经济的明显标志是经济利益私化的追逐，只有当这两者结合在一起的时候，受众才能实现新媒介素养目标追求能力体系中社会目标和个人目标的辩证统一。他认为媒介素养教育必须要有明确的目标，教育要按照既定目标去实现。王天德老师把目标构成划成四个层面，每个层面又包含若干个要素或内容，它们之间既相互联系，又各有侧重，它们构成的不是界限分明的线性维度，而是互为补充的系统结构。他设计的目标，一是培养信息素养与新媒介素养融合、交互，最终达到一体化的目标追求；二是新媒介素养在文化和道德层面，形成解析媒介信息必然反映某种意识形态和价值观念，是政治社会化必然过程的目标追求；三是新媒介素养必须关注国际化背景下的本土化实践，构建以实践为核心的新媒介素养目标追求；四是在新媒介信息传播不平等状态下，强化维护信息主权，防范信息入侵行动性目标追求。(《媒介素养的目标追求能力研究》, 2011)

(2) 基本内容。王天德老师提出，媒介素养教育应当包括如下内容：一是媒介素养的学科知识。即促进大学生媒介素养学习能力的养成和发挥大学生的个性特长，重点培养大学生媒介素养的发展性和创造性。二是媒介素养的认知知识。即自主媒介生活的技能培养和通过媒介认知社会、认知他人和强化人际交往的能力。三是媒介素养的情感知识。即组织媒介心理、媒介品德、媒介政治和媒介法律等方面的课程。四是媒介素养的媒介知识。即新闻、信息、影视、视觉、网络、广告等。(《大学生媒介素养教育的基本内容和方法》，2011)

(3) 主要方法。王天德老师经过探索，认为青少年的媒介素养教育重点要实施课堂教学。大体可分为三类。一是按照教材所呈现的内容有顺序地讲授，辅以语言、身段、肢体以及板书、PPT 等。二是教师引导下的学生参与式教学。学生根据教师设计的教学内容，运用自己的动作、语言行为投身其中，与教师共同完成教学任务。三是跨学科的融入式教学。这种方式可以融入政治课（主要是《毛泽东思想和中国特色社会主义理论》课程）、融入相关网络课程和信息课程、融入大学语文课程、融入英语课程、融入相关艺术，特别是广播电视艺术类课程、融入传播类课程。(《大学生媒介素养教育的基本内容和方法》，2011)

5. 关于媒介素养的网络素养研究

纵观王天德老师的媒介素养研究，可以看出网络素养研究占据了他研究的重要位置。他发表的 25 篇文章中，研究青少年媒介素养的 10 篇，研究网络素养的 6 篇，研究新闻人媒介素养的 4 篇，研究其他的 5 篇。研究网络素养位居第二，在青少年媒介素养研究中也有很大的分量涉及网络素养。他的第一本专著（与吴吟合著）是《网络文化探究》，他研究媒介素养的第一篇文章是《因特网与传统大众传播媒体》，他到此文截稿时的最后一个课题是国家互联网信息办公室委托的“我国网民网络素养现状与开展普及性教育的研究”。可见网络素养研究是他的研究重点之一。

王天德老师在 2005 年出版的《网络文化探究》一书，在列举了网络传播存在的七大问题后，指出：网络道德越出了物理空间的限制，道德关系不仅仅是同一文化背景下的人之间的善恶评价关系，而在网络中发生着直接的和间接的交往关系是大量陌生的不同阶级、民族、地区、语言、文化背景的人，这是传统伦理标准无法囊括的。他认为要构建青少年的网络素养，就要把握好三对矛盾。一是电子空间与物理空间的矛盾，二是信息共享与信息所有的矛盾，三是绝对自由与相对自由的矛盾。“网络文化建设呼唤网络立法”；王天德老师在 2005 年就提出了网络立法问题。他说网络社会中各种网络主体，如用户、站点、网络产品生产商、局域网管理员等的责任、权利与义务，以法规形式加以明确规定。使人们知道什么是可以做的，什么是禁止做的，从而强制规范人们的行为，也为人们的行为提供最低标准的指导。①

事隔10年后的2015年5月王天德老师承接了国家互联网信息办公室的“我国网民网络素养现状与开展普及性教育的研究”课题，按我国中国网民的人口社会学特征、使用网络偏好、网络素养特征创建专项研究量表，并开展有普适性、有针对性的中国网民网络素养现状与提升策略的调研与访谈工作。本次调研工作于2015年5～8月在全国范围以分层抽样的数据采集方法对我国中国网民群体进行了专项调研与访谈工作，其中问卷共发放6500份，回收有效问卷6377份，有效率为98.1%。还进行了深入访谈工作，走访调查了5个地区共20个个案。在大样本调查分析的同时，利用数学模型、逻辑模型进行定量分析，并运用SPSS19.0、AMOS7.0等软件进行数据结构模型分析。在定量分析基础上，进行定性研究，理清我国网民网络素养的一些基本问题。

什么是网络媒介素养呢？王天德老师在总结分析国内外的众多概念后，结合中国国情和语言习惯，提出如下中国化概念：“网络媒介素养是公民通过互联网这一传播平台传播和接收的，区分、使用、控制、转换、再加工不同质的网络信息构成所需要的知识、能力、水平、技巧和人文精神。讲到底就是受众对网络媒介的使用和获取、态度和认知、理解和辨析、创造和传播的辩证统一。”他认为，网络媒介素养的基本内涵应该包括获取网络媒介信息的能力；正确的解读、批判信息的能力；生产、传播信息的能力；正向地积极运用媒介的能力。

他认为，我国网民网络素养概念承载了如下5点基本内容：

一是网络媒介使用素养。使用素养不仅体现为对网络媒介使用相关技术的掌握，还表现为对媒体技术和应用的合理、合法以及节制的使用。网民使用网络媒介消费购物、金融理财、娱乐消遣。比如说利用淘宝、大众点评、聚美优品等APP软件进行购物消费、在视频软件上看综艺节目娱乐、特别是“网红”制作的搞笑视频成为现在网友们的娱乐消遣方式。在网络使用的心理需求表中，“生活习惯”已是网民使用网络的普遍现象，对网络依赖者而言更是成为一种常态。这种日渐成为习惯的网络使用现象，也助长了依赖者的拖延心理。

① 王天德，吴吟：《网络文化探究》，五洲传播出版社2005年版。

二是网络信息生产素养。调查显示，网友中有一半的人认为“自我表达和社会认同”是一项重要的媒介需求。通过社交媒体，他们可以记录生活和心情、表达观点和感受，可以转发话题和信息，并获得他人的认同和共鸣等。但在深度访谈的过程中，调查者发现许多网民在进行信息发布时不会过多考虑信息的真伪性，并且对与网络越是依赖，对网络信息的认同度也越高。另外，由于社交媒体信息发布简单便捷和一键转发的特点，使用户经常在未经证实的情况下发布不负责任的言论。

三是网络信息消费素养。在社交媒体平台下，受众对媒介信息的消费目的更加趋于多元化。网民拥有众多的信息“发声器”，用户可以根据自己的喜好关注感兴趣的信息，海量的信息来源可以最大限度地满足受众的信息需求，包罗万象的信息内容也为受众的娱乐消遣提供素材。另外，在受众感受到社会的压力或倍感无聊时，浏览网络信息还可以缓解负面情绪。但同时，信息来源可靠性存疑，容易产生虚假信息，信息来源具有偏向性，容易失去对整体信息环。

四是网络信息批判素养。批判思维是指基于标准的、有辨识能力的判断，是一种反思性思维。数字时代信息泛滥、无用信息铺天盖地，网络用户需要对信息的准确性、真实性和权威性进行核查，从而筛选出有价值的信息。要求网络用户正确快速地获取信息，更重要的是要对所得信息做出正确评价、取舍和加工。网民在互联网获取信息是运用反思性的批判思维进行对信息进行能动的筛选和评价，从而不至于淹没在信息洪流之中。

五是网络社会交往素养。社交媒体同时具备社交和获取信息的功能，但其信息获取的前提是用户社交关系基础下的信息定制。通常，用户会将现实中的社交关系搬到网络中，但也会根据自己新的需求建立新的社交关系，这种社会关系在网络中通常以“群”的方式出现。比如QQ群、微信群、贴吧社群等等，人们或以娱乐获益经济利益为目的参与网络社群，这是在网络的虚拟空间里的社会交往的一种形式。这种网络社交关系的构建将直接决定用户信息获取的质量，所以更需要加强对网络社群的管理和约束。

针对国家公职人员、进城务工人员、青少年、个私企业主和自由职业者，以及电子商务从业人员等五类目标人群的研究结论，王天德老师从宏观顶层设计、中观机制安排与微观行动活动三个层面上提出了以下10条政策性建议：

（1）强化管理机制，积极推动国家制定法令法规；

（2）加强技术支撑，构筑网络安全屏障；

(3) 引导网民自律，文明上网；

(4) 弘扬主流文化，强化政府网站的示范作用；

(5) 政策支持，加大网络媒介素养教育投入；

(6) 借鉴发达国家经验，形成我国网络媒介素养教育经验；

(7) 开展各种网络媒介素养教育活动，普及网络媒介知识；

(8) 加强国际国内活动交流，开展多种形式合作，提升媒介素养教育的国际影响力；

(9) 深入开展争做“中国好网民”、“ 中国好网站”活动；

(10) 对症下药，对各类目标人群开展针对性培训。(《我国网民网络素养现状与开展普及性教育的研究》)

6. 关于媒介素养社会教育的研究

王天德老师在研究中提出了一个重要的命题：媒介素养本身是一种实践性的社会教育。媒介素养是传播学中受众研究的开拓和延伸，同时也受传播社会学、社会心理学和教育社会学的影响，是一门传播学、社会学、心理学、教育学相互交叉的分支学科。它以受众为主体研究对象，对受众、对媒介的体验、感受、认知，乃至对媒介的分析、判断、扬弃进行成长式的实践。

通过调查，王天德老师指出：网络媒体的发展，对于 80 后、90 后的青少年受众影响尤为显著和巨大，产生了一些不容回避的问题。(1) 沉醉于手机信息传播中，与同学交往能力差，社会适应性差，手机信息十分随意、独立和自由，浪费时间、消磨意志，在真实生活中不知与同学如何交流，如何相处，如何适应大学紧张生活和学习。(2) 思维肤浅，写作能力下降。“烽火连三月，家书抵万金”这种刻骨铭心的期待美、距离美也一去不复返了，大学生的文章逻辑性差，缺乏深度与广度。(3) “处于等待手机呼唤的状态”，公共道德缺乏，自我约束能力差。(4) 辨别手机信息能力差，容易上当受骗。(5) 不良信息泛滥、严重影响大学生的身心健康。(《青年受众和媒介素养的理论研究路径》，2009)

因此他认为，媒介素养教育从根本上来说是一种实践性的社会教育活动，它赋予社会教育新的含义和内容，是一种全新内容的社会教育；媒介素养的社会教育不仅面对成人，更重要的是面对青少年。因为青少年是媒介特别是新媒介活动的主力，他们在传与受的过程中，控制着新媒介。把他们作为媒介素养教育的重点是社会教育的核心，也是社会教育的基本人群；媒介素养教育属于体制外的教育，不受升学率的约束，教育形式多样，课堂教学活跃，在互动中实现师生的教与学的平等。

他回顾和总结五年来媒介素养的社会教育实践，提出最深刻的体会就是“真心”两字。他认为“真心”，就是要求真、求实；“真心”，就是要从现实出发，解决问题；“真心”，就是要有真情实意；“真心”，就是要实践“眼睛向下找问题，脚步向下找经验，脑子向下找规律”。（《中国的媒介素养研究重在社会教育》，2013）

他认为，媒介素养教育的根本教学原则应当是理论与实际相结合的原则。课程目标的应用化、课程内容的生活化和教学方法的具体化是高校媒介素养教育课程区别于其他课程的重要内容之一。所谓课程目标的应用化，是指媒介素养课程的目标设计着重要求大学生在较好地理解和掌握媒介素养课程基本概念、观点和原理的基础上，能够运用所学的观点和原理对有关媒介信息甄别、批判和使用。所谓课程内容的生活化，就是高校媒介素养课程内容的选择和设计既要体现学科知识的融合，更要从大学生的媒介需求和对媒介认知的实际出发，要有利于指导大学生的媒介生活，防止空洞的理论说教。所谓教学方法的具体化，就是要在教学中具体问题具体分析，要根据高校媒介素养不同的课程目标的要求采取不同的教学程序，要根据不同的教学内容和教学对象采取不同的教学方法。对教学内容可以根据具体的教学环境来划分内容选择的界限。高校媒介素养教育的形式，要贯彻科学性原则、启发性原则和民主性原则。科学性原则要求教学内容要真实、准确、系统。他指出，媒介素养启发性的教学形式有利于激活大学生的能动思维。媒介素养教育除运用科学性、启发性的形式，更重要的是要坚持民主性的教育形式。教育者与被教育者的平等性显得尤其重要。参与式教育就是让学生和老师共同成为教育的主人。（《大学生媒介素养教育的基本内容和方法》，2011）

针对媒介娱乐公众人物对青少年的影响，王天德老师认为当今的媒介社会，媒介娱乐公众人物对青少年的影响还会长盛不衰，媒介娱乐公众人物成为青少年接触大众传媒时不可回避的重要因素。他认为青少年的媒介素养教育应该涉及对造星机制本质的认识。认识造星机制实际包含着一系列媒介识读能力，其中最为重要的是引导青少年洞察媒介符号神话背后的逐利，媒介可能在某些场合只将受众作为消费者，通过偶像和明星塑造，告诉青少年什么是性感、什么是酷、什么是潇洒，从而培养出具备特定喜好和需求的消费群体，再把这些群体出售给广告商。在此，明星作为一种符号经历了某种性质的裂变后，与其所指物完全脱离，能值变成了其自身的所指物，只是为了转换和交流的目的而存在。他还认为，加强媒体从业人员的媒体素养意识，为青少年提供正面媒介娱乐公众人物形象。尽管同为媒介娱乐公众人物，科学家、发明家等“生产性名人”的影响力远不及娱乐明星等“消费性名人”。我们在研究中发现，科学家、政治家等杰出人物作为青少年偶像的选择率只有 3%～4% 之间。在实际的媒体操作中，我们也能看到媒体这种注意力分布的极度不平衡。这就意味着负有社会责任的媒介不可以放弃对主流价值观的弘扬。(《从媒介人物的影响力看青少年媒介素养教育》，2009)

对电视媒体从业人员在节目创新中的媒介素养，王天德老师也有自己的说法。他认为，经济繁荣、社会发展推动的电视文化事业与电视节目产业的发展，正是电视媒体领导人创新思维转化为创新性行动的结果。这一结果从组织行为学的视角，即营造了一批具有企业家精神的电视媒体领导人，即“类企业家”，“收视硬道理”就是类企业家的行为和形象的集中体现。他强调，“类企业家”在实施电视节目创新的过程中，应当注意以下三点：第一，创新不是对原有节目形态的“斩草除根”，而应该以循序渐进的方式，推出一个新节目待其成功后再推出另一个新节目，而节目与节目之间应当是有内在关联的，是做熟不做生，以其在原有节目基础上发展成一个具有内在规律的节目群。第二，要专注于需求和集体创作。它是一种体制和机制，是一种集体的实践和行动，是根据观众需求和节目发展规律，并在节目组的实践中逐步形成的。第三，节目创新必须要务实。对经过了阵痛式的试验和反思，如湖南卫视、浙江卫视、江苏卫视等终于认识到了走大众化的电视节目道路是为人民大众服务、为社会主义服务的根本，也是人民大众对文化的需求和深受观众喜爱的。(《电视节目形态创新和电视人行为改变》，2010)

王天德老师认为，目前卫视高层电视人以“类企业家”的领导方式，在注重社会效益的前提下，追求电视台这个“类企业”的效益。收视率提升意味着频道地位的提升，电视人的成就感、荣誉感、归属感增加，更加激情工作获得收视率，形成良性循环。代表物质激励的薪酬和福利解决电视人迫切的生存和小康问题；“代表精神激励的认可报酬系统……在较高层次上调动员工的作积极性，其激励深度大，持续时间也较长”。追求超越的企业文化被电视员工认可，压力和动力并存，满足他们自尊和自我实践的高级精神需要。他还认为，现在比较成熟的卫视台自有自己的媒介素养意识，他们底线意识明确，无论新闻纪实类节目还是综艺娱乐类节目，电视人在确保导向正确的基础上，尝试底线之上的诸多可能性，以不同方式、不同程度地追求和实践着自己的职业理想。如湖南卫视对新闻节目“是不计成本的，主要还是以社会效益为中心”；浙江卫视坚持“导向金不换，收视硬道理”，新闻类节目“是基础性的，至少也是起了保驾护航的作用”（浙江卫视，周福增），被省委领导表扬为“办出了风格、办出了特点、办出了社会效益和经济效益”。新闻人的职业地位和理想在一定程度上得以满足。娱乐类节目的制作者意识到，“现在整个大众的价值观正处在调整过程中，需要更多的节目来参与和引导”，“应当‘先天下之乐而乐’，及时为人们提供能够带来快乐的东西，用优秀的文化产品，满足人们精神层面的需求”（湖南卫视，魏文彬）；“恶俗的或者过了线、越雷池的东西我们要避免”（浙江卫视，张琴言）。“不能往低俗化走；我们不需要炒作，也不需要走光，能够健健康康地让百姓喜欢多好”（浙江卫视，蒋旻昊）。电视媒介体人的这种自我约束标示着他们心中已经生根的媒介素养的生存。（《娱乐文化价值观在卫视行业的体制化及其对电视人职业行为的影响》，2011）

二、王天德老师的媒介素养实践和推广研究

王天德老师在开展学术研究中，意识到媒介素养教育的紧迫性。他希望将理论贯穿于实践，没有实践的支撑，理论的架构就不可能得到验证，就不可能很好地形成体系，更不可能得到完善。必须要创造实践环境，通过实践来试验和推广，来反复认证学术的正确性。他是比较早地认识到实践的必要性，并开始付诸行动，着手做媒介素养教育的实践推广的我国媒介素养教育的先行者。

王天德老师是从地方实际工作中历练出来的，他在地方工作时经常下农村、进工厂，调研解决问题。他从一开始从事媒介素养研究时就感觉到，媒介素养研究的出路是实践与推广。2010 年，王天德老师在北京师范大学讲坛上首次就媒介素养问题发表演讲，面对硕士生、博士生，他真诚地谈了自己的看法。他说，媒介素养教育从根本上说是一种实践性、行动性、推广性的社会教育运动，它赋予社会教育新的含义和内容，是一种全新内容的社会教育。它直接面向全社会，与学校教育、家庭教育结合在一起，具有最广泛的活动余地，影响面更广，更能有效地对和媒介打交道的社会群体产生影响。媒介素养社会教育不仅成人要参与，更重要的是以大学生为主体在青少年要参与其中。大学生是媒介、特别是新媒介活动的主力，他们基本控制着新媒介的活动，他们应该是媒介素养自我教育和教育他人的核心层面，也是基本人群。他要求研究者，特别是硕士生、博士生们应当有属于自己的“教育实验田”，有属于自己的“教育根据地”，应当亲自参与实践活动的方案设计和组织活动，为“试验田”、“根据地”明确目标、开发课程，组织活动。

应当从自己的实践活动中，总结、思维、提炼自己的理论，研究出真正符合社会客观实际的、具有真知灼见的、具有指导意义的学术思想。以后他又多次在不同的论坛和会议上呼吁研究者要深入基层、调查研究、实践推广。

王天德老师认为，课程式教学是目前我国媒介素养教育实验中比较常用的，比较看得见、摸得着，比较容易出成果的一种教育方式。这也是传统教育理念、国外教育经验以及我国今后发展期待的一种基本模式。他的媒介素养教育实践推广主要集中在中小学的课程教育上。

1. 王天德老师商同本校新闻与传播学院从 2010 年开始开展了大学生的媒介素养教育。

针对传媒类院校特点他们作了如下设计：

(1) 课程教学内容与目标：《媒介素养》是培养大学生接触、解读、使用媒介的素质和修养的一门课程。通过本课程的教学，达到以下教学目的与要求：①使学生认知大众媒介，并接触媒介，掌握获取有用信息的能力；②掌握媒介批评的相关理论，解读媒介，批判地接受媒介信息；③利用媒介进行学习和生活，通过媒介发出声音并维护自己的利益。

(2) 教师团队建设：组建了教师团队，媒介素养课程教师团队共有教师十六名，采用团队备课的方式，即每学期按教学大纲统一教学进度（部分章节可视授课学院的实际情况进行调整），及采用统一考试形式。

对未来传媒类大学生媒介素养教育的发展趋势，做了如下规划：

教学重点：重“教育”而非单纯重“媒介”。

教学手段：重“质询”而非单纯重“灌输”。

实践场域：重“第二课堂”而非单纯重“第一课堂”。

与此同时，从 2008 年始，王天德老师 8 年来不间断地组织了 81 支、593 人参加的本校大学生暑期社会实践小分队，奔赴全国各地浙江、江苏、江西、云南、贵州、广东、广西、西藏、四川、重庆、新疆、内蒙古、甘肃、陕西、黑龙江、辽宁、山东、北京、上海、湖南、河南、安徽、福建等省、市、区，开展媒介素养的传播和调研，取得了丰富的科研成果。

2. 王天德老师在 14 所中、小学校先后开展了媒介素养教育的实验。

王天德老师在 2008 年秋季，首次将媒介素养课程教育进入夏衍中学，开设了 12 门课。2009 年缙云县长坑小学校长刘勇武力邀王天德老师团队以大学生支教形式，对该校的四年级、五年级小学生开展媒介素养教育。当年秋季开始，到 2014 年，支教 6 年，没有间断。2015 年春季始，由长坑小学自己培养的12名教师承担授课任务。与此同时，王天德老师团队还在杭州市景华中学（初中）、杭州市夏衍小学、永康市大司巷小学、临海市大田小学、余姚市第三中学、杭州市下沙中学、杭州市安吉路小学分校、青田县汤洋小学、甘肃省康县一中、康县城关中学、康县第二小学等12所学校开展了时间不等的课程支教活动。

为了做好媒介素养教育的社会教育，王天德老师带领团队主动联系学校，给他们传播媒介素养基本概念和常识，邀请并鼓励他们作为媒介素养社会教育的实践单位，共同开展媒介素养教育。虽然遭到了一些学校的婉拒，但在王天德老师的坚持不懈努力下，也有上述14所学校的校长接受了他的意见，安排班级、提供基础性的教学保障。最为典型的、合作最长久的就是杭州夏衍中学和丽水缙云的长坑小学，合作至今已经有8年的时间，并且形成了一套较为成熟的媒介素养教育实践的授课模式，培养了自己的教师，编制了自己的教材。开发出了“沟通从媒介开始，媒介素养从认知开始”、“学会在看新闻中了解国家大事”、“流行文化和偶像崇拜”、“每个人都是自己生活的编剧”、“编制真实世界、聚焦大千视野”、“神奇的电视剧制作”、“奇妙的三维动画影视”；“来学说话，让自己更可爱”；“今夜灯光灿烂与天籁之音争相辉映”、“广告传播的信息，你信吗?”、“网络，神奇的故事”、“学会辨析和批评媒介了吗?”等12门课程，并制作了PPT。这12门课程囊括了平面媒体等报纸、杂志，电子媒体等广播、电视，网络媒体等网络、手机。每门课基本上分为“是什么”、“容易出现什么”、“怎么去做”三部分，从每种媒体形态的基本概念、内涵，这种媒介形态可能对学生带来对负面影响，以及我们应当如何防范，在防范过程中应当注意什么等方面进行授课，基本上达到了媒介素养教育的目的。

根据形势的发展和变化，王天德老师又针对网络媒介德育的要求开发出了新的课程。这就是“网络媒介德育的网络使用”、“网络媒介德育的读书享受”、“网络媒介德育的新闻写读”、“网络媒介德育的报刊分析”、“网络媒介德育的动画欣赏”、“网络媒介德育的摄制视角”、“网络媒介德育的生态意识”、“网络媒介德育的广告这样辨析”、“网络媒介德育的流行情感”、“网络媒介德育的视频文化”、“网络媒介德育的礼仪操守”、“网络媒介德育的健康理念”。这一课程正在长坑小学试验教学。

3. 为了在全国推广和总结媒介素养教育的经验，王天德老师的足迹遍布大半个中国，如果将他所到的地方绘制成一副地图，他走过的地方“插上一面媒介素养的红旗的话”，整个地图将会是“星星之火可以燎原”的态势，这也是他的坚定的信念的体现，他将媒介素养的种子尽可能多的撒向了全国各地，包括边远地区。他曾四进甘肃康县、三进广东中山，他调研过东北长春、华北北京、西北兰州、西南成都、中南许昌、华南广州、华东杭州。

媒介素养教育的实践之路不是一帆风顺的，路途中有许多的坎坷。王天德老师带领的团队带着真诚和真心去推广。2009 年 10 月份，在中国传媒大学召开的第二届媒介素养国际研讨会会上，王天德老师结识了当时挂职甘肃康县主管救灾的副县长臧海群，当时康县还处在灾后重建阶段。臧海群在会上介绍了当地的艰苦条件，并邀请王天德老师合作开展康县的媒介素养教育实践项目，王天德老师当即答应了这一合作。臧海群以为王天德老师也跟其他学者一样，可能就是会上说说而已。没想到会后一个多月的冬天，当年 61 岁的王天德老师坐车赶到甘肃康县进行实地考察，当时虽然已经是地震过后，但是地震导致的地质结构的变化使得当地余震不断，而且当时通往康县的只有一条狭窄的山路，路途当中不时有滚石滑落。虽然这些危险王天德老师已经有所了解，他仍然非常坚定的赶往山区，去看看那里的孩子们究竟怎么样。去的时候，天正下着大雪，他们的车在山路上行驶，突然前面的车在冰雪中打滑，像跳“芭蕾舞”一样，掉转车头在冰上转了几圈后，一头撞到了离他们车辆不远的护栏，如果再离近一点点后果不堪设想。当时的情况之恶劣和危险，直到现在回想起来都让人觉得后怕，但是王天德老师不顾这些，花了 12 个小时赶到了陇南康县。

当时摆在康县面前的困难有很多，物质上的灾后重建工作还远远没有完成。王天德老师找到当时康县的县委书记介绍媒介素养项目。尽管他带着浓郁的南方口音，还是凭着他对工作的执着和个人魅力，竟然把县委书记的眼睛“说圆了”。臧海群回忆起过去那略带着意外和惊喜的讲述，我们都体会到了当时得到县委书记认同和共鸣时他们的满足和快乐。这就源于王天德老师实践所锻炼出来的能力，这种能力是“书斋”的学者所不具备的。如果他去了以后拿出学术理论给县领导“唱高调”或者“讲学术”，那么可能会出现各说各话的局面。但是王天德老师善于沟通，善于跟各个层面的人打交道。这跟他的实务经验有关，与他之前在地方工作和媒体经历有关，与他的交流能力有关。

他在康县有关学校进行前期的调查研究、了解情况后制定了教学计划、设置了课程。听课后，又与开展媒介素养教育的学校老师、学生开座谈会交流意见，完善教育方案、打磨教育课程，推动媒介素养教育在康县各个学校的普及。臧海群说：“就这样的艰苦，他都来了，而且是一直坚持来，四进康县。他是我们中国媒介素养教育实践运动中的非常重要的实践派，是中广联合会媒介素养研究基地的关键性人物。实践是媒介素养研究基地的特色，而王天德老师是这个基地中身体力行的开拓者。平台搭建的好，主要是彭院长有这样的眼光，才能把中广联的项目承接下来，打造成中国媒介素养的基地。但是把这个基地的工作做得扎实、深入、持久而且形成一个品牌，王天德老师在这里功不可没的，王老师作为彭校长具体的在这个方面的助手，作为基地的常务副主任他付出了全部的精力和心血，一心一意地把自己‘嵌’在这里。他热爱媒介素养教育事业，把这项事业看作己任，对这个事业充满了激情和热爱。他有这种意念，有这种认识，更重要的是有这种行动，同时他更有这种能力和魅力。”（杭州采访，2016）

三、组建平台，组织全国性的媒介素养活动

中国（西湖）媒介素养高峰论坛，是全国两大媒介素养高端平台之一。2007 年召开第一届，参会代表只有 36 人。当时王天德老师毫无经验，想请两位专家作学术报告．他找到了《中国广播电视学刊》的李宝萍老师，李老师给他推荐了卜卫，并通过中国传媒大学胡正荣副校长推荐了张开老师。在这次论坛上王天德老师结识了中国媒介素养研究第一人卜卫老师和至今孜孜不倦地研究媒介素养的张开老师，成了好朋友。第二届论坛上他通过张开老师邀请到了香港传媒教育副主席、浸会大学新闻系主任李月莲。以后又相继结识了臧海群、南山、何村、张舒予、于翠玲、张雪黎、闫欢等我国媒介素养研究大伽。还与年轻的一直奋战在媒介素养教育推广第一线的张海波、张洁、高科、廖峰、丘小云等媒介素养教育者成了好朋友。王天德老师具体组织实施的中国（西湖）媒介素养高峰论坛，从 2007 年第一届的 36 人、第二届的 58 人、第三届的 84 人、第四届的 97 人、第五届的 122 人、到 2016 年第六届的 173 人参会，标志着这个论坛已经成熟，已经成为全国媒介素养研究交流和推广的重要平台、高地和旗帜，形成了广泛的影响力和专业认可度，吸引了国内外媒介素养领域的专家。联合国教科文组织驻中国代表处主任欧敏行博士、联合国教科文组织驻中国代表处新闻传播处主管曾庆怡女士，出席了论坛并发表了讲话。联合国媒介信息素养研究顾问、墨西哥韦拉克鲁斯大学媒介信息素养专家（耶苏刘）教授连续三届参加论坛，发表研究成果，并派出了自己的博士（罗伯特）到王天德老师具体主镇的浙江传媒学院媒介素养研究所访学。张开教授这样形容王天德老师：“他工作当中是一个非常严谨的人，但是生活中是一个不乏情趣的人，跟这样的人在一起工

作，会感到乐趣无穷。他又是一个不计个人得失，讲奉献的媒介素养的‘疯子’，他可以抓住一切机会，为浙江传媒学院、为中广联合会媒介素养研究基地的发展乃至我们国家媒介素养教育事业的发展，可以不分昼夜和假期忘我工作的人。”（杭州采访，2016）他为了媒介素养的发展，一次又一次的赶到北京与张开、于翠玲等多位专家教授交流探讨。恰逢有一次张开到南京出差，王天德老师专程从杭州赶到南京，与她探讨论坛主题、探讨有关学术性问题，洽谈结束后又热情的邀请张开到杭州，给本校大学生做讲座。他到南京与张舒予教授、到长春与闫欢教授、到成都到南山研究员、到兰州与臧海群教授、到香港与李月莲博士交流请教。他与国内媒介素养研究代表性人物频繁的联络，又将这些专家汇聚在一起。

臧海群这样评价他所做的工作：“王天德老师在团结同道方面做得非常好，1997 年媒介素养传入中国以后，许多学者都是处于自发的状态在研究，但是自从浙江传媒学院把这个基地的平台搭建以后，尤其是西湖媒介素养高峰论坛，给全国的媒介素养研究者提供了一个平台和窗口，从与会人员来看，涵盖了东西南北的同道和学者，既包括东部经济发达地区，也包含贫困落后的偏远地区，王天德老师有超级强的联系能力，促成了相关领域的学者有组织的交流。他是组织起大家沟通的灵魂性人物，他把这个领域内各个年龄阶段的男女老少都团结起来了，还包括各个职业、行业，比如说大学教师、中学教师、小学教师，都可以来到这个平台里‘论剑’。这个是他的认识、他的能力和他的人品的集中体现决定的，他不光注重行动，这些行动都是建立在有一定理论基础上构建而成的。他注重媒介素养研究的社会化教育，他勤奋好学，从媒体人的角度不断地超越。他联系过的专家学者涵盖的领域也很宽泛，有教育学、视觉文化、心理学、社会学等等。他不断地突破自己固有的局限，不断地学习提升自己的认识。他只有通过这种勤奋努力的拼搏精神，才能建立起广泛的社会联系，才能将大家团结在一起。在中国媒介素养研究教育史中，他是一个实践派的领军人物。他的精神特别让人感动，因为王天德老师已经是个年过六十的退休的老教师了，他在媒介素养教育实践推广的路上越挫越勇地做着，愿意克服一切困难，乐此不疲，哪怕是牺牲自己的时间和生活。他的这种精神感染了、鼓舞了、打动了许多同行。时间久了，大家做这项工作难免有懈怠，但是他一遍又一遍的敦促着大家的工作进度，推动同行们携手为了实现媒介素养实践运动工作不懈努力。”（杭州采访，2016）

王天德老师具体负责《中国媒介素养研究报告》和《中国媒介素养年度

研究报告》的编纂工作。从 2008 年开始，他开始着手协助主编彭少健编纂《中国媒介素养研究报告》，将媒介素养领域内有建设性的、代表性的研究文章和媒介素养领域内专家观点的汇编成书，在对每一篇文章都进行了细致深入的分析研究后，根据每篇文章的内容，将他们分类编纂，将每一篇文章中的核心研究成果和核心观点提炼出来，加以分类概括，编写成《导言》。在王天德老师的努力下，《中国媒介素养研究报告》分别出了 2008 年版、2010 年版、2012 年版、2014 年版、2016 年版 5 本书。《中国媒介素养研究年度报告》分别出了 2012 年版、2013 年版、2014 年版 3 本书。所以王天德老师需要海量阅读整理，经常是工作到后半夜才睡觉。在他的协调和努力下，集全国媒介素养研究专家智慧的《大学生媒介素养读本》于 2016 年正式出版。

王天德老师还协助中国广播电影电视社会组织联合会（简称中广联），承办了媒介素养研究专项课题，从 2008 年开始到 2016 年，9 年时间王天德老师具体协助中广联立项有 100 多个项目，为媒介素养研究人员提供科研的平台。

除了全国性的平台之外，王天德老师又协助彭少健校长组建起了浙江省媒介素养教育研究会，组织浙江省的媒介素养研究爱好者和专家学者开展媒介素养教育研究、经验交流、实践推广、课题申报、优秀论文的评奖等活动，召开学术年会，开展学术研究和社会推广。

鉴于王天德老师对我国媒介素养研究和推广工作的贡献，联合国教科文组织聘请他为联合国媒介素养教育教席（网络成员）。连续两届出席联合国教科文组织文明联盟召开的“媒介信息素养与跨文化对话大会”，并发表演讲。

（作者为浙江传媒学院播音与主持专业硕士研究生）

记张舒予的“视觉文化研究”与“媒介素养教育拓展”

赵　丽

在中国教育部“爱课程”（http：//www. icourses. cn/home/）网站上，南京师范大学的“视觉文化与媒介素养”课程作为精品资源共享课程面向所有学习者开放（http：//www. icourses. cn/coursestatic/course _ 5957. html），引导学生们分享丰富学习资源的同时也激励学生自己创造出个性化特色新资源，以课堂讨论、课程作业、媒介作品、师生互动等多种方式表达展示。学生从传统的学习资源接受者身份转换为主动的学习资源共享者，继而成为个性化、多元化崭新学习资源的能动创造者——这正是南京师范大学视觉文化研究所提出的“从共享到共生”的课程教学创新的理念内涵与价值体现。“视觉文化与媒介素养”课程教学实践与科研成果获得了多项奖励，在国内外产生了一定的学术影响。

课程建设成果仅仅是“视觉文化与媒介素养”研究的一个缩影。“视觉文化与媒介素养”研究中还有原创的理论建构、新型的教学理念、先进的育人思想等，这些都凝结了一位学者近二十年的心血。她，就是南京师范大学视觉文化研究所所长张舒予教授。我在南京师范大学视觉文化研究所度过了六年学术生涯，攻读硕士学位和博士学位，张老师正是我的导师。在和张老师共同度过的岁月里，我亲眼目睹张老师对事业的身心投入、对教学的辛勤耕耘和对学生的言传身教，给我留下难忘的记忆与深刻的影响。在这里，我愿意与大家分享张老师的“视觉文化研究”与“媒介素养教育拓展”的历程与成就。

一、张老师的“视觉文化与媒介素养”研究之三个阶段

张舒予教授的“视觉文化与媒介素养”研究历程可以概括为三个阶段：2001～2004 年“从无到有”的课程开发与理论初创阶段，2005～2009 年

“从有到优”的课程建设深入与理论发展阶段，2010～2016 年“从优到精”的课程特色形成与理论自信开放阶段。主要成果可归纳为：实践上深耕三方面工作：“视觉文化与媒介素养”的课程设计开发、视觉文化专题网站的开发建设和“从共享到共生”的教学理念与人才培养模式探索；同时，在实践基础上加以归纳总结，重点提出三个理论概念：即“视觉—信息素养”（VIL：Visual-Information Literacy）、“视觉—媒介素养”（VML：Visual-Media Literacy）和“视觉—媒介—信息素养”（VMIL：Visual-Media-Information Literacy），并围绕这三个概念持续展开学术理论深入探讨，申报立项各级科研课题，和所指导的博士生、硕士生等共同发表 200 余篇相关系列论文。张老师指导有方率先垂范，引导学生形成“生活就是学习，研究丰富生活”的学习态度和研究风格。在实际教学科研活动中形成的“视觉文化学习共同体”，成员们个个乐于探索、勇于思考，注意将理论与实践紧密结合：在实践中探索创新发现问题、找到理论研究的选题；在理论探究有所突破立论的同时，再努力将提出的新理念新观点付诸于“视觉文化与媒介素养”课程建设和人才培养的实践之中，“视觉文化研究之旅”与“媒介素养教育拓展探索”因此而不断丰富和深入。

第一个阶段：2001～2004 年，课程从无到有，专题网站初建，提出“视觉—信息素养”（VIL：Visual- Information Literacy）概念

2001 年是新世纪元年，也是张舒予教授被引进南京师范大学的第一年。这一年张老师在南京师范大学新闻与传播学院面向教育技术学专业、新闻学专业、传播学专业和广播电视专业研究生开设了一门新课程，名称为“视觉文化与信息技术”。当时就有选课的研究生提问：从传统学术研究角度来看，“视觉文化”与“信息技术”应当分属不同的“文”与“理”学科领域，为什么将它们连接在一起构成新课程的核心术语？这两个术语概念存在内在关联吗？张老师给出了深入浅出的生动回答：将“视觉文化”与“信息技术”联接在一起构成新课程的灵感主要源自于客观与主观两方面的原因。客观上，“信息技术”因互联网的应用而迅速普及，由曾经深奥的专业技术向流行时尚的大众技术转化，“信息素养”一跃成为大众素养，这引起了多年从事教育技术专业研究的张老师的深思，并给她以深刻的启迪。主观上，张老师在自己的亲身实践体验和持续深入思考的基础上也产生了这样的新认识：“视觉文化”与“信息技术”一样，将突破学科局限而具有普及的推广力量和普适的教育价值，“视觉素养”也必将会成为重要的大众素养。张老师认为，作为教育工作者有责任进行理论探究与实践探索。这些促使她在教学实践中开展将“信息素养”教育与“视觉素养”教育打通联接的尝试，并在理论上提出“视觉—信息素养”（VIL：Visual-Information Literacy）的概念。

经过几年的教学探索和理论积淀，张老师充满信心地组建创立了南京师范大学视觉文化研究所，开始指导自己的博士生和硕士生共同开展研究。2004年年初，张老师和她的视觉文化研究团队出版了专著《视觉文化概论》。书中提出：面临全球化的严峻挑战，发展中的中国如何积极竞争话语权？视觉文化可以突破语言交流屏障，使中华民族优秀文化畅通无阻地向世界传播。视觉文化作为具有交叉学科特点的新颖研究领域正在展示独有的魅力。书中对“视觉文化”概念做出了区别于其他学者的新定义，对视觉语言之所以能够成为跨越一切语言障碍而成为世界普适性语言的内在结构与功能机制进行了阐释，鲜明地举起了“视觉素养”培养的大旗。《视觉文化概论》责任编辑李谌在《文汇报》发表书评，题为《你有视觉素养吗——〈视觉文化概论〉简评》，很快便被中国网、人民网、光明网、新华网、美术人才网、文新传媒、和讯传媒等各大媒体转载，之后，“视觉素养”一词成为一个新的热词引起社会关注并得到普及。同年，视觉文化研究所开发初建了视觉文化专题网站，域名为 http：//www. fromeyes. cn/，并设计出的网站图示LOGO。视觉文化专题网站一出现，即以“从眼睛到心灵”新颖的理念和内容吸引了读者的关注，点击量迅速提升，2005年即获得了中国教育技术协会年会颁发的教育主题网站（高校类）一等奖。

第二个阶段：2005～2009年，课程从有到优，专题网站影响拓展，提出“视觉—媒介素养”（VML：Visual-Media Literacy）概念

通过坚持不懈的努力，课程建设由“从无到有”逐步迈上“从有到优”的新发展阶段。在研究生课程“视觉文化与信息技术”的教学经验积累基础上，张老师和她的视觉文化研究所成员与学生们教学相长，充分吸纳教学反馈中的有益观念和生成资源，不断修订充实教学内容，进一步开发出面向本科生的课程，并更名课程为“视觉文化与媒介素养”。之所以将“视觉文化与信息技术”更名为“视觉文化与媒介素养”，源自于团队提出的“视觉—媒介素养”（VML：Visual-Media Literacy）概念探讨：在这个读图时代，大学生需要提高视觉鉴赏素养来更好的观察、体验与理解生活；同时，在这个媒介世界，大学生还需要深入理解、独立批判地利用媒体工具来提高自身的媒介素养，运用媒体工具来表达自己的观点。“视觉文化与媒介素养”课程正是呼应这个时代需求应运而生。

张老师及其视觉文化研究团队在视觉文化专题网站上广而告之发布观

点：为什么开发“视觉文化与媒介素养”课程？基于这样的认识：在当今信息时代影响人们接受信息的重要相关因素中，视觉化的表征形式和传播媒介的支撑作用非常突出。视觉素养教育在媒介时代被赋予了新的更加丰富的内涵，与媒介素养教育产生了不可分割的关联。视觉素养与媒介素养成为当代青年的必备素养。“观看”不再是简单的行为，对“美”的“解蔽”，需要“明亮”的眼睛，更需要“敏感”的心灵。

“视觉文化与媒介素养”课程内容着力解析新媒体环境下人类“观看”行为的新特征，剖析影响“观看”行为的媒介动因以及可能产生的正反效应，透析当下人类“观看”行为的丰富多样性与深刻复杂性。突破仅在艺术领域研究视觉文化与视觉素养的局限，站在信息社会发展需求的高度思考并实践大学生的视觉素养与媒介素养的培养，成为“视觉文化与媒介素养”课程的教学目标追求。

在张舒予教授带领下的视觉文化团队教学和研究渐渐得到专家的认可和学生的好评。2006 年传来喜讯：我们的专著《视觉文化概论》获得了教育部第三届全国教育科学研究优秀成果三等奖。同年“视觉文化与媒介素养”课程被南京师范大学遴选为学校首批博雅课程向全校所有本科生开放。“视觉文化与媒介素养”课程设计也进一步突出以“博雅”理念为指导，以现代教育技术为支撑，以中国优秀传统文化与现代媒介文化为素材资源，从“视觉观看”与“媒介理解”这个独到的角度切入，构建课程内容，改革教学方法。课程教学实践中将素养培养与民族文化传承结合，努力体现文化素质教育的中国特色。指导学生从“看”出发，应用丰富的视觉文化与媒介实例，剖析媒介传播的特征与深层次的影响，以达到“从眼睛到心灵”的传播与交流效果，掌握“看”的方法和实质。通过此课程能使学生得到与众不同的视听体验，获得更丰富的文化知识熏陶，培养大学生的视觉素养和媒介素养，即对视觉信息和媒介信息的选择、理解、批判和应用等能力，提高学生的博雅气质。

由此，课程建设在“从有到优”的第二征程上扎实推进，在丰富实践基础上加以理论总结凝练，发表了一系列相关研究论文。

明确课程的目标定位：通过资源开发与教学创新，构建具有世界胸怀、体现中国特色的文化修养与素质教育课程。

树立课程建设的核心理念：视觉素养和媒介素养是当代大学生的重要素养，应恰当开发资源、建设课程，予以培养；解析认知当代“视觉观看”与媒介行为的新特点、新价值；引导学生的视觉体验与媒介，“从眼睛到心灵”、更新生活经验、感悟精神家园、丰富内心世界、发展全脑思维，拓展专业空间、融入国家文化。

探索富有特色的教学方法：由“知识模式”、“理解模式”和“能力模式”三层面入手，将知识建构、资源开发、文明共享与情感共生几方面综合实施，实现“从共享到共生”的教学实践。

视觉文化团队在学科建设中坚持教学改革，在总结课程教学和专题学习网站建设的实践经验基础上，提出了“从共享到共生”的课程建设与教学新理念，主要包括知识共享、新知蕴育和知识共生三个阶段。根据这一教学理念，教学团队引导学生充分利用视觉文化专题网站 http：//www.fromeyes.cn/来共享学习资源，同时努力运用现代视觉表征方式和媒介技术将中华优秀传统文化精神表达出来，创造自己课程学习的媒介作品，实现文化素养提升和民族文化传承的有机统一。

有耕耘，就有收获。2007 年至 2009 年，“视觉文化与媒介素养”课程建设一步一个台阶，相继被评选为南京师范大学校级精品课程、江苏省精品课程和国家级精品课程。视觉文化专题网站 http：//www.fromeyes.cn/有力地发挥着支持课程教学与研究的作用，得到越来越多的读者关注，网站访问点击量不断攀升，于 2009 年突破了百万人次。此后，网站访问点击量基本保持了平均 50000 人次/每年的增量，于 2016 年达到了 450 万访问量。视觉文化专题网站的互动效能也得到充分实现，数百人乃至数千人同时在线互动交流学习体会成为常态。

2010 年，视觉文化团队的“博雅理念下的视觉文化课程建设”成果被评选为南京师范大学第十五届优秀教学成果的特等奖。视觉文化研究团队在实践中系统形成了《视觉文化课程建设之核心理念、目标定位与教学方法》的教学与科研成果。视觉文化方向的每一位博士生、硕士生都结合自己的学习实践体验与心得感受发表了内容丰富的学术论文。南京师范大学的视觉文化与媒介素养的特色研究获得良好声誉，产生了积极的学术影响。

第三个阶段：2010～2016 年，课程建设从优到精，专题网站历久弥新，提出“视觉—媒介—信息素养”（VMIL：Visual-Media-Information Literacy）概念

课程建设在追求“从优到精”的质量提升中，注意实现进一步开放，让更多的人分享学习资源和研究成果，张老师指导的“视觉文化学习共同体”成员不断增长。

2011 年，历经数年积累和编撰的立体化教材《视觉文化与媒介素养》（文本＋专题网站＋多媒体光盘）经过南京师范大学校学术委员会的评审，获得学校优秀教材出版基金，推荐在南京师范大学出版社公开出版。

《视觉文化与媒介素养》教材编写是在教学实践中一边使用一边改进，历经数年的教学反馈检验而逐步成熟成型。教材有以下主要特点：

内容上，既有基本素养的知识阐述，又有优秀民族文化的实践体验。

信息时代下，媒介素养和视觉素养逐渐成为大众必备的素养，将民族文化的体验与素养的培养相结合，不仅使优秀的民族文化得到传承和发扬，还为素养的培养提供支撑。教材分为上、中、下三篇，三篇之间有着密切的联系并不断进行交融，体现了从理论到实践的应用。上篇阐述视觉文化与媒介素养的基本概念，使学生了解相关知识，奠定基础。中篇介绍生活中不同类别视觉文化对象特征与价值，根据学生已有的经验和知识，感悟生活中的建筑、雕塑、陶瓷、服饰等视觉对象包含的内涵，透过现象看本质，了解先人的生活情趣品位和历史的来龙去脉，提升视觉素养。下篇讲述了通过各种媒介所传递的视觉文化对象的特征与价值，使学生了解书法、绘画、摄影、电影等视觉信息所传达的内涵，帮助学生掌握不同媒体的特点和作用，通过感受精神家园，唤醒文化自觉意识，了解媒介与文化的内在联系，提高媒介信息的接受、评估和创造能力，从而提高媒介素养。（教学内容呈现如图 1 所示）

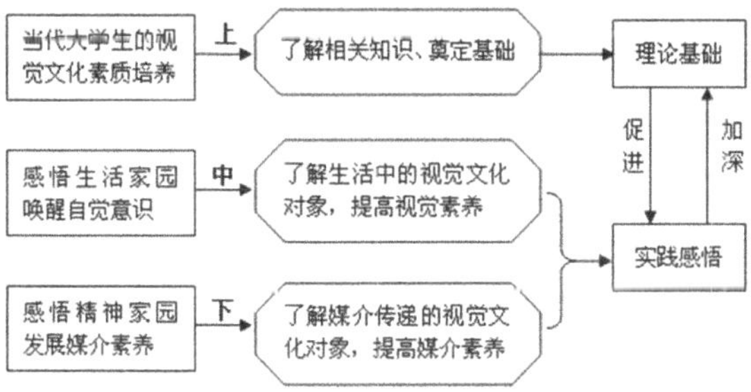

图 1　教学内容呈现图

结构上，将内容进行合理分类，通过不同的模块，体现循序渐进的引导。

教材的组织根据内容进行合理安排，按照教学设计的方法，主要分为五大模块。模块 1 以先行组织者的形式出现，利用引导性的文字或图示引人入胜，引导注意，促进有意义的学习。模块 2 是主要的学习内容，此模块内的知识分为三个层次：“知识模式 knowledge of Fact”、“理解模式 understanding of Interpretation”和“能力模式 ability of Evaluation and action”。知识模式主要突出知识与史实的讲解，理解模式主要突出对知识的应用与提升，能力模式则突出对内容的欣赏与联想。三个层次层层递进，不断提高能力的发展。模块 3 主要是问题的提出，通过提出不同的问题促进学生对知识的思考和掌握，问题也主要分三种类型：知识型、理解型和评价型。知识型问题主要考察对知识的记忆、了解，理解型和评价型问题则体现对知识的理解应用与欣赏、联想等能力，体现了主观价值的判断。模块 4 主要是课堂交互活动与实践训练，使教师和学生之间能进行较好的互动，从而提高学生学习的积极性，激发学习的兴趣。模块 5 主要是提供资料卡、课外阅读参考书目以及网络资源，为学生的进一步学习提供参考。（教材结构框架如图 2 所示）

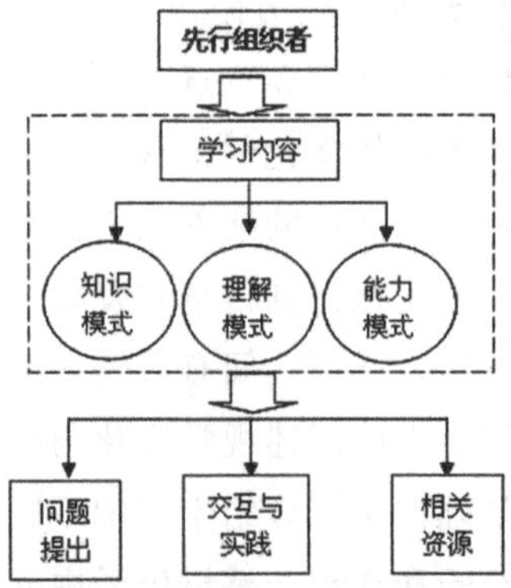

图 2　教材结构框架图

形式上，除了文字教材，另有附加光盘，包含丰富的多媒体教学课件。

教材的形式设计在依据教育理念，遵循教学设计的基础上，充分体现应用现代教育技术的特色，将历史传统资源与现代传媒资源相结合，开发成有益于当代青年成长的优秀教学资源。教材内容不仅以文字的形式加以描述，而且利用多种媒介呈现教学内容，图文并茂，充分激发眼睛与心灵的共振。教材的附加光盘中，具备多种媒介形式的内容，既有静态的又有动态的。有形象具体的图片，也有含蓄但意义深刻的示意图。图文并茂、动静结合的表现形式可以激发学生学习的兴趣，并提高对知识习得的效果，使学生在接受知识的同时通过对图像的观看更好地去品味其中的含义，通过多种媒介传递信息可以促进更好的理解媒介与文化的关系，从而为媒介素养和视觉素养的提高奠定扎实基础。（教材体现形式如图 3 所示）

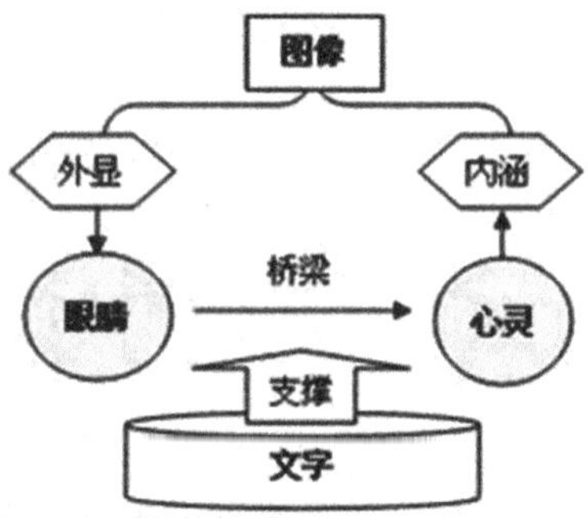

图 3　图像文字作用图

视觉文化专题网站建设历久弥新

网站以视觉素养培养和民族文化传播相结合的理念，对视觉文化的教学科研、资源开发与技术创新进行视野独特的探究与交流，以达到“从眼睛到心灵”的传播与交流效果。

网站设计宗旨：利用网络平台优势，交流有关视觉文化和视觉素养培养的理论与实践成果，收集全社会的思想结晶，推动相关研究的发展，促进研究领域/近况/成果简介的实践应用与推广。

网站开发对象：致力于视觉文化研究和视觉素养培养研究的教育工作者、新闻传播者，尤其是教育技术工作者；对自身视觉素养培养感兴趣的广大学生；关注信息技术与视觉文化发展的学者；关注视觉时代民族文化发展的学者。

网站设计理念：突破仅在艺术领域研究视觉文化与视觉素养的局限，站在信息社会发展需求的高度思考全民的视觉素养培养；立足教育技术工作者的研究优势，聚焦信息技术支撑下的视觉文化资源开发和视觉素养培养策略研究实践；理论研究与资源开发相结合，真正实践“从眼睛到心灵”的思想追求与既定目标。

视觉文化专题网站 http：//www.fromeyes.cn/的建设自 21 世纪进入新的发展高度，不断更新充实及时维护和完善，针对性建设“微视频”、“专题性”等拓展资源，形成生动多样的线上线下混合式教学方式，既应用于本校的博雅课、专业本科生、专业硕士生和博士生的教学活动，又吸引和影响了国内外在线学习者，有力支持课程教学和研究深入，实现了课程资源开放推送，激励学生共享创造新知。正是由于视觉文化主题网站的丰富资源和开放动态的师生互动和生生互动的有力支持，使得选课学生能够具有双重角色：既可以分享原有学习资源，又可以身体力行共创再生资源。“从共享到共生”的教学模式落到了实处，得到了充分的体现。

视觉文化课程旨在提高学生“看”的能力，需要开发和提供丰富的“看”的资源。视觉文化团队将课程与实践相结合，理论与技术相结合，在十多年的教学实践探索中逐渐形成了自己的课程资源开发特色。在课堂教学中老师传授理论知识，创设情境引导学生独立思考和协作学习；在虚拟学习环境——视觉文化专题学习网站中，学生在论坛讨论区里展开主题讨论，畅所欲言，交流学习体会，通过生生互动产生新的想法见解；课后学生利用信息技术工具和现代媒介，通过小组合作的方式共同创作出具有个人特色、小组风格的多媒体作品，并上传到网站的“学生作品”模块展示出来；此后，视觉文化团队在网站历届研究生课程作品、BBS 交互社区讨论内容中挑选比较具有代表性的优秀学生作品资源作为案例编写的素材进行再加工，反复精心修改制作成适合教学应用的案例资源，为今后的教学活动提供鲜活的真材实料。同时，案例资源库建设以视图化的知识表征呈现内容，既展现了原创作品的思想，又创造了丰富多彩的视觉资源，为学生今后更深层次的体验、交流和实践提供丰富多元的蓝本。在整个“从课堂教学到论坛交互，从作品创作到案例开发”四维一体的视觉文化课程资源开发过程中，有效地将传统的以教师为主导单向传递的资源开发模式转型为师生共同努力相得益彰地开发资源模式，创造性地让学生在自主应用的实践中建设资源、丰富资源，所有选课的学生兼具原有资源使用者和再生资源创造者的双重身份。这充分调动了学生学习的主观能动性，让学生主动地探求新知而不是被动地接收知识，同时也保证了学习资源开发更新、更广、更精。学生们的课程作品精彩纷呈，每年参加江苏省大学生数字作品竞赛，年年获奖。

2013 年“视觉文化与媒介素养”课程立项为教育部精品资源共享开放课程。经过进一步的资源建设和整合，2014 年课程成功上线教育部“爱课程”网站。课程开发人员高度结合课程教学目标和教育技术专业优势，多方位的搭建“从眼睛到心灵的桥梁”，培养学生的视觉素养和媒介素养，增强文化认同感和民族自豪感。

在团队的共同努力下，十多年来课程建设不断攀登新高度，课程影响力逐步扩大，文化课程的资源建设也搭建了一个高起点平台，为学生提供了高水准精细化的课程资源积淀。

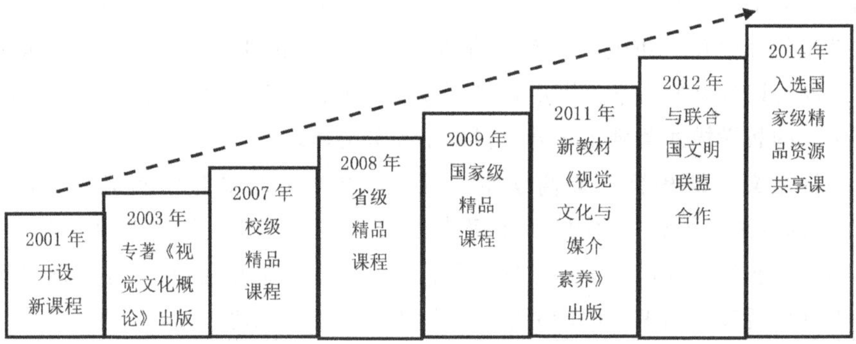

图 4　视觉文化课程建设发展历程示意图

“视觉文化与媒介素养”课程上线教育部“爱课程”网站平台 http：//www. icourses. cn/coursestatic/course _ 5957. html，让全国各高校、社会各阶层的学习者都可以共享这门课程的特色资源，实现了课程建设从全面开放到主动推送的根本转变。老师提供的课程资源成为学生探求新知的起点，学生创造的内容成为学习互动的中心。学生形成的资源信息扩展了课程知识的边界，在互联网环境下通过主动推送分享知识，不同认知交互激增新知，加速了课程资源的良性建构。

提出“视觉—媒介—信息”素养（VMIL：Visual-Media-Information Literacy）的概念并付诸教学实践探索

在课程建设和教学实践的同时，视觉文化研究团队坚持努力在学术理论方面耕耘，不断深入从共相层面揭示“视觉文化”的本质属性与符号价值，探索新时代人文素养的内涵拓展，努力将“视觉文化”、“媒介文化”与“信息文化”的内在关联揭示出来，探索将“视觉素养”、“媒介素养”、“信息素养”的概念结合起来形成一种综合素养的概念并有效加以培养的可能性。

视觉素养是人类通过观看并结合其他感官体验发展出的一种综合的能力。具有不同视觉素养的人，对观看的感悟程度相异，观看的力量也因此而不同。在视觉文化普及的时代，视觉素养教育具有普适意义。视觉素养教育是视觉文化团队研究的起点。

在信息爆炸与媒介发达的当代，视觉素养实际上已经成为与信息素养和媒介素养紧密相关的一种综合性素养。但在现实生活中，视觉素养、媒介素养、信息素养的培养研究虽然已经引起了社会的广泛关注，而长期以来这些研究却是分割的，通常只在不同的专业学科领域里被分别关注：如艺术界关注视觉素养，传媒界关注媒介素养，教育界关注信息素养。

针对这样的现实，联合国教科文和世界文明联盟近年提出 MIL（Media & Information Literacy）概念：即媒介与信息素养，认为在信息技术媒介环境普及的时代背景下，媒介素养和信息素养两者具有融通性，应该结合起来加以研究。他们为此组织了世界范围的专家编著了《教师的媒介与信息素养》（MIL for Teachers）训练课程教材，正在翻译成多种文字向各个国家推广。

南京师范大学视觉文化研究所则在理论和实践两方面探索更进一步的突破：理论上提出“视觉—媒介—信息”素养（VMIL：Visual-Media-Information Literacy）概念，认为在信息技术媒介环境普及的时代背景下，视觉素养、媒介素养、信息素养三种素养都不可截然分割，视觉素养、媒介素养和信息素养的培养具有融通性，可以结合起来开展研究和培养实践。理论上发表《媒介融合语境中的素养教育创新》等学术论文，在课程建设和教学实践中则身体力行，在梳理三者相关性的理论基础上不断地针对性地开发学习资源和探索教学方法，将视觉素养、媒介素养、信息素养的概念结合起来，融会贯通地开展教学与培养探究。张老师将视觉素养教育与生活学习和媒介表达自然而然地融合起来，并提炼出“生活就是学习，观察就是思考，理解就是成长，表达就是奉献”的教学理念。

本科教学反馈案例：博雅课选修学生在视觉文化专题网站 http：//www. fromeyes. cn/的交互社区上发布的期中学习反思：

“视觉文化与媒介素养”作为课程名称一开始于我而言是陌生而新鲜的，

选修这门课的时候完全不知道这门课的内容是什么，“怎么看”这么简单的问题还用开一门课专门学习吗？我很疑惑。但是上了一节课之后我就被这门课程深深地吸引了。

“看是一门学问，看不等于看见，看见不等于看懂，看懂不等于看好。看从来就不是一个简单的问题。”张老师的这句话令我印象深刻，它深刻的阐述了“看”是一门学问的这个道理，也分析了我们学习的过程，让我初步了解视觉文化与媒介素养这门课的实质。

在第一个阶段张老师就是在引导我们去“看见”。她在讲理论概念时用一幅幅有内涵的图片，来引导同学们思考，从而更清晰明了的认知。我了解到了视觉文化与媒介素养本课程的基本概念、关键内容与核心理论，初步认识了符号学，拓展了自己的思路和方向，了解了中国以及世界的文化。渐渐地，我看事物和问题的角度发生了变化，“看”不再是像以前一样只去看表面的现象，而是带着探究的意识，用眼睛去观察，用心去理解体会，学会对周围事物进行观察和感悟，去感受它背后的意义。

我们正经历着一个新的文化形态——视觉文化，也称读图时代。视觉文化的学习，不仅改变了文化生活的样式及思维的特点，也必将对青年人的文化心态和对待各种事物的解读方式产生一种新的影响力。这门课真的让我收获很大。

2014 年视觉文化课程建设成果获得江苏省优秀教学成果二等奖（高等教育类），教材《视觉文化与媒介素养》获得“第三届中国大学出版社图书奖优秀教材”二等奖。张老师本人也于 2014 年荣获国家大学生文化素质教育基地“优秀教师”称号，2016 年更是获得南京师范大学奕熙精英教师奖的殊荣。

二、媒介教育拓展探索：将知识建构与文化传播相融合

将知识建构与文化传承相融合，是视觉文化共同体长期坚持的研究实践探索。视觉文化共同体是对南京师范大学视觉文化研究所研究团队师生的一种描述。视觉文化共同体在十多年的历程中以共同的学习理念与研究信念，耕耘于“视觉文化与媒介素养”的研究领域。在教育教学实践中，形成了促进学生学习的知识建构新理念，凝练出“从共享到共生”的知识建构理论。新的知识建构理念反哺教育教学实践，基于专题学习网站与作品的学生协作学习的“课堂一论坛一作品”教学模式得到普遍应用。图像时代视觉性的凸显打开了文化传承新的路径。增强知识与文化的感染力，实现“由器而道”

传播效果提升，取决于“以器载道”的可视化表征的有效性。课程建设从文化素质教育和民族文化传承的视角出发，均取得了良好的教学和科研成果，促进了师生的共同成长。在视觉文化研究领域，对知识建构及可视化的研究，是对“形而上”文化的内涵解读与“形而下”的视觉表征。从知识表征到文化传承，是视觉文化共同体研究新的驿站。视觉文化共同体从知识建构的“器”的层面上向文化传承“道”的层面上突破，以知识表征的研究促进文化的传承，进而将知识建构与文化传承相融合。

努力将教学与科研相结合，从教学实践中不断汲取灵感，在理论方面不断探索在信息时代背景下大学生视觉素养与媒介素养培养的理念、方法、资源和途径，提出“知识建构与文化传播融合”的媒介教育教学思想和教学资源开发途径，实践“从共享到共生”的教学方法，引导学生们在学习体验基础上设计创造出自己独到的媒介作品，以课程作业、课堂讨论、师生互动、网站发布、沙龙展示等多种方式表达呈现，学生从传统的学习资源接受者身份转换为主动的学习资源共享者，继而成为个性化崭新学习资源的能动创造者，在媒介实践中既发展提升了自身的媒介素养，又积累形成了丰富的媒介作品和媒介学习资源。

培养一批人才：从事视觉文化与媒介素养研究的博士生与硕士生，每个人都形成自己的特色

张老师在视觉文化课程教学中不断探索教学方法，归纳出“生活就是学习，观察就是思考，理解就是成长，表达就是奉献”的教学理念，将主题作品创作融汇贯穿于教学过程之中，在理论与实践的结合中培养提升学生的视觉素养与媒介素养，学生的课程作品每年都在江苏省大学生“领航杯”数字多媒体作品竞赛中得奖。获得一等奖 1 项、二等奖 6 项、三等奖 3 项（2009 级研究生作品“中国传统节日 logo 设计”、2010 级研究生作品“《易经》思想的现代视觉表征”、2011 级研究生作品“古乐灵音”、2012 级研究生作品“‘苹果’的道与器”与“我的视觉文化之旅”等）；将“视觉素养与媒介素养”的培养相融合，培养了一批从事视觉文化与媒介素养研究的博士生与硕士生，每个人都在实践中形成自己的特色。张老师指导的博士生和硕士生中多人获得国家奖学金、校长特别奖学金，获得优秀毕业生和各类单项优秀称号的更多。

视觉文化共同体的师生在教学与研究过程中对“形而下”的具体教学实践进行诊断、修订与总结，形成“形而上”的“从共享到共生”的知识建构理论。从共享到共生的良性循环带来教学与科研相互促进的良性发展。从教学中总结研究经验，将研究智慧运用于教学实践，带来了教学与科研的显性与隐性成果。“视觉素养与媒介素养”课程从校级精品课程逐级升格为省级、国家级精品课程，再成为“爱课程网”上国家精品资源共享开放课。面向的学习者从本专业本科生、研究生到全校本科生，再到所有的在线学习者，受众面逐步扩大。课程教学方式受到学生欢迎，学生可以在传统的面授课堂中参与课堂讨论与学习，也可以在课前、课后实现在线学习与互动。课程的直接显性成果还体现在学生的课程作品：这些作品以揭示中国传统文化的历史意义与现代价值为主旨，上传到专题学习网站与资源共享课平台，丰富了可“共享”的在线学习资源。而隐性成果则是视觉文化共同体师生的共同成长，以硕士生、博士生为主体的学习者，与教师团队一起在学习与实践中获得个体和群体的共同成长，表达能力、科研能力、创新能力也得到了锻炼，成为视觉文化共同体宝贵的教研相长的经验。

课程开发成员不断扩充，学习资源持续优化

视觉文化课程是由最初的面向教育技术和新闻传播专业研究生的专业课程，到后来面向全校本科生的公共选修课乃至博雅课程，再到现在面向全国大学生的开放课程。随着课程受众面的不断发展，视觉文化课程的资源开发者也由最初的以专家教授为主导、博士硕士研究生为主体的视觉文化团队扩展为教育技术专业课学生，再扩展为不同专业的所有选上此课程的在校大学生，到现在发展为不同地域、不同年龄的精品资源共享课的选课学生。学习这门课的学习共同体正在不断壮大。随着课程开展的不断深入，一批又一批的学生开始了解和学习本课程，师生之间、生生之间通过互动对话加深了知识理解的深度和广度。资源开发过程中形成从个人知识建构共享到集体知识建构创生。学生的个体差异带来了个性化、多元化的学习成果，也促进了多样化学习资源的生成。与此同时，资源开发者的角色也在新生与老生之间动态交替着。新入门的学生可以在专题学习网站上浏览往届优秀学生作品，取长补短，找到自己的定位；还可以通过网站讨论区与同学分享学习心得、与老生交流学习经验、与老师互动答疑。“把不同时期学习者的精华思想和智慧凝聚下来形成知识共生的‘跨时空的组织记忆’，一种‘跨时空的从共享到共生’。”这种新老生之间互相带动、共同进步的形式，有助于视觉文化学习共同体组织记忆有效的存储和提取，保障了学习资源更新机制的有序运转，是保证学习资源不断精细化的重要条件。

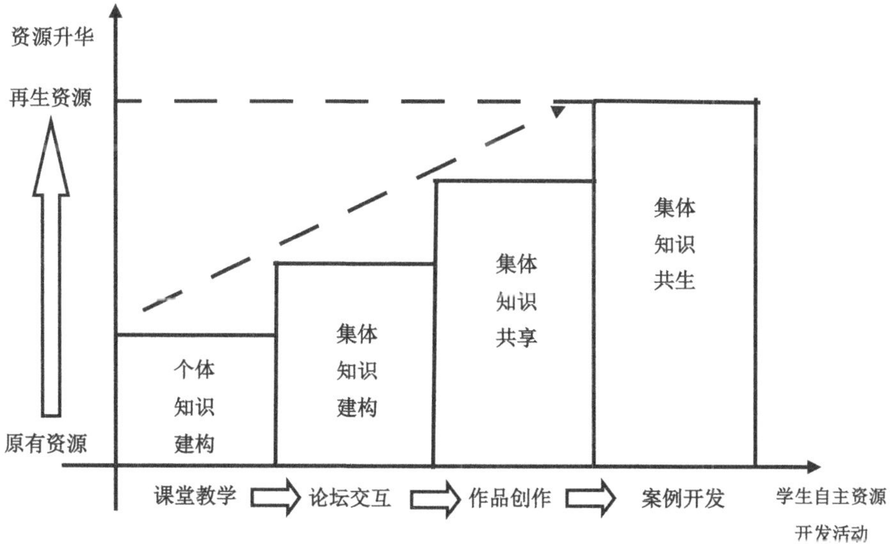

图5 视觉文化课程“从共享到共生”资源开发过程示意图

“从共享到共生”是视觉文化研究所历经十多年来的教学实践中总结出来的课程知识建构新理念，这不仅是视觉文化学习共同体学习实践特色的理念总结，更是视觉文化学习共同体资源开发特色的高度提炼。在这种教学内容“输入”与学习成果“产出”有效结合的新型教学法下，每一次知识的获取伴随着知识的创生，每一次知识创生又为后来学习者提供新的起点。每一次由知识共享到新知孕育再到知识共生的转变都使视觉文化共同体登上一个新的高度，如此不断循环往复，集体知识的累积量一直处于螺旋上升状态，促使了视觉文化学习共同体勇登高峰共同成长。

“从共享到共生”的知识建构理论既成为视觉文化研究学习资源开发的途径，又作为视觉文化研究人才培养的方式，强调对知识的内化、升华，以达到新知识的创造与生成。在“视觉性”凸显的当下，对知识加以视觉化的表征可以促进学习者新知的学习与创造性的发挥。可是，张老师及其团队还认识到知识的传授仅仅是教育的一部分。“只看到知识，而看不到创造知识的人及其蕴含知识的整个文化”是对教育狭隘的认识。从整体论来看，“知识是文化的一部分”；从逻辑层次上来看，文化是知识外在表征的精神内涵，是知识现实价值的理想追求。所谓“形而上者谓之道，形而下者谓之器”，从知识向文化的进化在内涵挖掘上是“由器而道”的揭示，是从“形而下”向“形而上”进发的研究路径。而将文化内涵以知识可视化形式加以表征，则是“由道而器”的解读与“器以载道”的表达之二者融合。视觉文化研究团队在知识可视化与知识建构研究的基础上不断拓展，向“文化传承”的理想追求迈进。

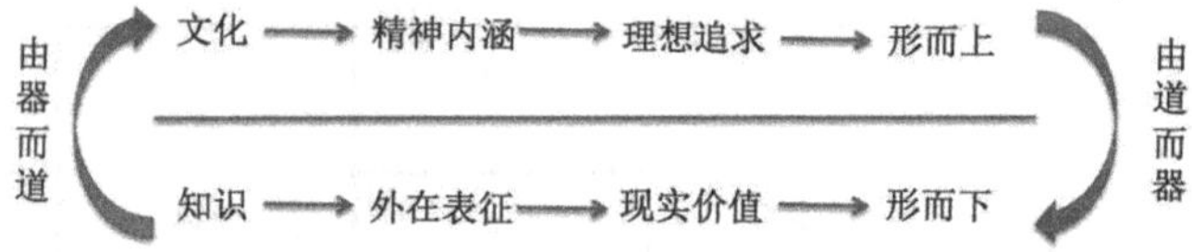

图 6　知识与文化的“道器”关系

从知识到文化，是实践“以器载道”的理想追求。

文化是知识、方法、情感的“形而上”的内涵，而知识、方法与情感是文化的外在表征形式。视觉文化共同体在“视觉文化与媒介素养”方向的研究，从学习者角度而言，创新“从共享到共生”的知识建构理念帮助学习者掌握知识、孕育新知，以达成知识的自我内化与生成；从教学者角度而言，以知识的视觉表征为研究内容，形成知识表征的具体知识与方法，开发可视化的学习资源。以张老师为核心的视觉文化共同体研究聚焦于利用“符号三项式”的理论去解读知识，训练学习者对知识“从能指到所指”的内涵解析；另一方面，将学习者自身对知识的理解，生出新的知识，并以可视化的理论与技术表达出来，培养学习者“从所指到能指”的表达能力。在这个过程中，知识与技能的培养贯穿其中，而在情感培养方面，则将中国传统文化作为学习者学习和教学者资源开发的具体内容，以达到培养与激发学习者的文化修养与民族自觉意识。知识与文化的交融体现了教育的具体过程中，文化精神的塑造成为知识传授的最终理想追求。对知识的创造背后的“人”的研究与文化精神的挖掘成为研究的重点，以达到从知识到文化的理想追求。

从文化到知识是“道不离器”的表现形态。

视觉文化共同体正是在符号文化学的范畴内展开基于符号的文化表征与内涵揭示的研究。视觉文化研究将符号作为揭示文化现象与内涵关系的手段，把可视化的方法运用到文化的具体内容——知识、技能、情感等的表征上，以阐明文化的“形而上”的内涵。因而从文化到知识，体现了由道而器的内涵解读。在多年的视觉学习资源开发过程中，以中国传统文化为主要内容，不仅仅是将传统文化中生活家园展现在学习者的视野中，而更关注的是将中国传统文化中的精神世界传达给每一个学习者。让学习者在学习中国传统文化的相关知识中，感受传统文化的魅力，认识、理解文化精髓，形成民族自觉意识、自豪感等情怀。在视觉文化共同体实践研究不断拓展的过程中，将进一步加强在文化资源开发上的力度，以中国传统文化为主要着力点，以可视化的知识表征渗透民族精神与文化内涵的教育。

知识建构与文化传承融合，是视觉文化共同体研究实践的新高度。

视觉文化共同体在符号文化学的研究范畴内开展的视觉文化研究，将符号学运用到知识的表征研究中，通过教学与科研的浸润，形成在知识建构研究方面的“从共享到共生”的理论与实践成果。然而知识的可视化表征研究并不是视觉文化研究的全部内容。通过知识表征实现对文化的传承则是张老师视觉文化研究的更高目标。探究如何将知识建构与文化传承相融合，实现知识建构与文化传承的“道器融合”是视觉文化共同体实践探索的新高度。

由张老师所开创的南京师范大学“视觉文化与媒介素养”课程教学目标之一就是：使每一位学习者具有观看的力量，并将图像有意义的表征与传达成为自己的自觉担当。

图像时代所呈现的时代特点给文化传承带来新的启示与路径。对于文化这一无法直接言传的教育与传播对象，借助图像的表征方式，在不同媒介形态的支持下，可以拓宽传播路径，提升传播效果。对文化的传承研究，可以寻求文化得以承载的载体——知识，以受众容易接受的表达方式与最便捷迅速的速度加以传播。对文化内核——精神文化的传承，加以可视化的表征方式，帮助学习者理解感悟文化的内涵。如在对中国传统文化中的“易经”思想进行的现代解读中，将易经思想中的“相生相克”、“此起彼伏”、“周而复始”等复杂难懂的哲学内涵加以可视化的表达，有效降低语言描述带来的阅读与理解困难，激发学习者对传统文化中的哲学思想的学习兴趣，继而引发传统文化精神内核现代意义的思考。

将知识的传授与文化的传承紧密结合是现代教育的重要使命，也是媒介素养教育的必然拓展方向。文化走进教育，必须通过知识这个载体，必须通过媒介传播。文化内涵的无形与隐匿必须以可表征的外在形式进行传达，使之成为可以走进教育领域的有形存在。视觉文化共同体对知识建构的理论打通了文化传承的一条新途径：将知识的可视化表征作为文化传承的教育形态，将媒介素养教育拓展成为人才培养的综合性途径。这也是视觉文化研究共同体的努力新方向：以文化传承作为知识建构与视觉表征研究的目的与导向，对承载文化底蕴的知识进行可视化的表征，并据此进一步深入开展视觉素养与媒介素养教育的探索。——为此，张老师和她的团队一直在路上！

2016 年 6 月，英国格拉斯哥的思克莱德大学（University of Strathclyde）教育学院的 10 名学生来到南京师范大学进行为期一个月的学习交流，“视觉文化与媒介素养”课程被选为这些英国学生学习的课程之一。张老师也曾在格拉斯哥大学有过工作和学习的经历，在这次教学活动中，她采用了全英文语言，同时更注重采取了知识可视化表征方法，让英国学生从课堂中和从生活实际中亲身体验中国传统文化的瑰丽与深刻。视觉文化研究团队将这次课程教学过程以网站形式存留了下来（http：//www. shijuewen-hua. icoc. me/）。此次案例再次实践和检验了将知识传授与文化传承紧密结合之教学方法的生命力。

图 7　张老师指导下的视觉文化学习共同体

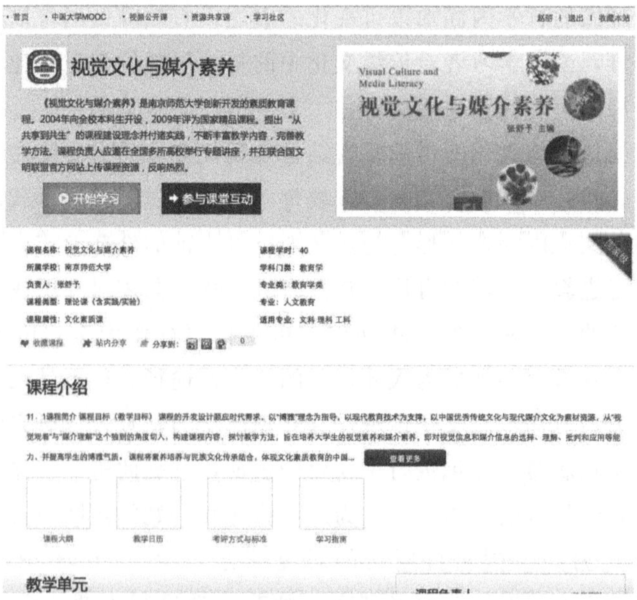

图 8　“视觉文化与媒介素养”精品资源共享课界面

图 9　视觉文化专题网站首页

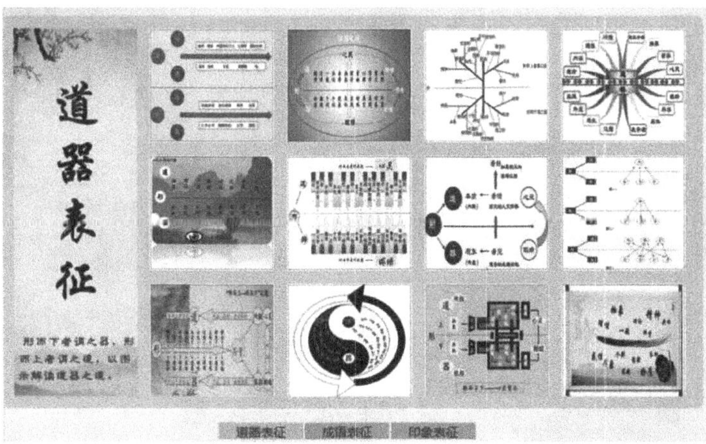

图 10　“视觉文化与媒介素养”课程的学生视觉表征作业

图 11 “视觉文化与媒介素养”课程的学生媒介作品创作

图 12 “视觉文化与媒介素养”课程的学生媒介作品创作

图 13 面向英国交流生的“视觉文化与媒介素养”全英文课程教学

张老师多年始终耕耘在“视觉文化与媒介素养”这方研究阵地上，取得了了一系列看得见的学术和教学成果，还有很多的隐形研究成果，比如，诸如“生活就是学习，观察就是思考，理解就是成长，表达就是奉献”等长久影响她学生成长的教学方法与育人思想。这些还不包括她在十多年前的深厚积累：她在访学英国、考察欧洲和访问美国时，既以开放的心态敏于观察善于学习，同时也带着对中国优秀传统文化的挚爱，怀着乡愁，在生活与文化体验的比较中，增进对中西文化的深刻领悟，触发本土自觉意识的反思与警醒。这些奠定了她在“视觉文化研究之旅”与“媒介素养教育拓展探索”中耕耘与收获的基础。尽管时光荏苒，岁月不饶人，但是在“视觉文化研究”与“媒介素养教育”的征途中，始终能看到张舒予教授的身影：她时而在课堂中侃侃而谈，风度翩翩；时而在文字中洋洋洒洒，倾注思想的火花；时而在学生身边，循循善诱，谆谆教诲。

吾爱吾师，吾更爱在一路上追求真理的您——我的导师张舒予教授。

（作者单位为南京师范大学视觉文化研究所）

不忘初心：走向国家与市民社会良性互动的积极媒介素养

——记闫欢积极媒介素养理论构建的心路历程

霍美辰

闫欢教授对媒介素养教育这个领域感兴趣起始于2003年年底，那一年对中国传播学者而言，是尤为难忘的一年。先是非典事件带来学界与政策方面关于公共卫生事件危机传播的广泛讨论，又有木子美身体写作所引发的传播学界的热点关注，而不论哪一视角的研究都不得不最终指向公众媒介素养、危机素养的议题。当时，正在中国传媒大学传播攻读传播心理方向博士的她，刚刚决定终止第一份博士课题研究计划，那是基于人本主义心理学视角对党报人文思想的历史轨迹变迁的研究，因当时请教专家的过程中受到质疑而没能继续。尽管至今仍对其搁浅而颇感遗憾，但她很快就基于传播心理学的理论基础与一位母亲的生活感悟而捕捉到媒介素养这一议题，由此开始了每每想起都会为之兴奋的一段研究历程。

一、媒介素养教育的理论起点：多学科理论视角下的媒介与青少年研究

每一位媒介素养教育领域的研究者都有各自介入媒介素养研究的理论起点。诸如，对于政府领导干部媒介素养的研究，多将基于政治传播、危机公关与舆论引导的视角而展开，2015年在上海参加中国首届舆论学论坛的时候，上海浦东干部管理学院的老师提及他们对领导干部媒介素养课程的需求；农民工媒介素养、留守儿童媒介素养的研究多基于城镇化的社会发展语境而加以透视；涉及新闻传媒专业人员新媒体素养的研究又不得不将从媒介技术到内容形态的巨大变迁作为考量其素养内涵的必要角度。因时代的变迁，媒介素养教育领域的新课题不断出现，学者们研究的角度也各有不同。而就媒介素养教育的历史脉络看，这一领域得以出现是起始于多学科理论视

角下对儿童与青少年媒介素养的关注的。闫欢教授的媒介素养研究的理论起点就从这里开始。

大众传播学、心理学、社会学等学科在不同研究取向上对媒介对青少年的影响给予了讨论。在大众传播学的研究中，追溯到上个世纪二三十年代，以美国佩恩基金研究为代表的电影与儿童、青少年的研究，使人们对 20 年代电影对青少年的影响有了基本的认识，并在一定程度上，不仅影响了电视的早期研究方向，即电视在大众传播系统中所扮演的角色，也为“保护主义”时期媒介素养理念的提出带来了扎实的实证基础：电影、电视对儿童在生理、情感、认知以及行为等方面将产生效果。

在心理学取向的研究中，经历了从行为主义观点到建构主义（认知）的观点的过渡，从研究电视对儿童、青少年的刺激与反应，逐渐转变为观察他们如何理解、诠释并且评估他们所观赏的对象，更多地关注了电视对儿童、青少年发展的影响，包括注意、理解、语言、认知、社会性等方面的发展。心理学取向的媒介与青少年研究，对青少年的反社会行为、刻板印象等问题也进行了较为深入的研究，这些结论促进了“品味区辨”的媒介素养思想的形成。

早期社会学取向的媒介与儿童、青少年研究，探讨了不同人口学变量与儿童、青少年使用电视的频次及习惯，关注了既存社会秩序的再制，把童年看作是成人生活的准备，经由外在的模式与刺激，使儿童青少年逐渐进入成人社会。逐渐使用与满足的研究范式成为不同国家社会学者研究电视与儿童、青少年的主流，强调特殊社会情境下、人际关系或者成长压力下的媒介需要与使用。社会学取向的研究也在一定程度上完善了“品味区辨”的媒介素养理念，什么是对个体发展有益的媒介内容，是需要儿童、青少年具有区辨能力的。

不难看出，上述三个基础学科的媒介与儿童、青少年的理论基础对我们理解传统媒介素养理念的形成是非常有帮助的。远不止于此，语义学、符号学等学科也对青少年如何从电视中获得意义、青少年对电视的了解和看法等角度进行了相关研究，这也为 20 世纪 80 年代之后的媒介素养教育对“再现的分析”的强调是相对应的。

此外，传统学科中的媒介与儿童、青少年的相关研究也为我们提供了可借鉴、参照的研究方法。诸如，如何确立电视对未成年人的影响的时间线？是选择纵向研究、代表性研究，还是短期纵向研究，抑或是场研究？经典的电视与儿童、青少年的研究给予我们以非常有效的范式。诸如，在澳大利亚的一项研究中，研究者关注了“场”对儿童、青少年的媒介接触的影响，也就是在学校、家庭或游乐场等自然生活场景下的影响，研究不同年龄和性别的孩子如何讨论和定义了电视内容，在电视机前到底做了什么，在家庭成员和朋友间电视的社会用途，并且比较了儿童在家中与家人和与同龄人对电视和录像的使用，发现在与同龄人一起观看时，孩子被视为有经验的观察者，而在家中有不同的标准，儿童被置于从属的位置，成人往往根据儿童的年龄和发展阶段来评估他们的经历。我们都知道在媒介素养研究中，针对儿童、青少年是比较提倡家长策略的，上述这一“场研究”对此也提供了理论的基础。

不仅是研究的时间线的选择问题，也体现在研究样本的选择方面，还是父母对儿童、青少年媒介接触的家长策略的基础研究，诸如考察父母的参与式陪伴对儿童看电视的影响，如果将样本总体确定为城市儿童父母，由于调查显示城市儿童父母更倾向于对儿童看电视给予一定的建议，使得从该研究的参与人群中相对更容易获得父母究竟是怎样陪伴并参与儿童看电视的数据；而如果样本总体确定为农村儿童的父母，由于多数中国农村儿童的父母对儿童看电视尚处于根本不或者较少干预的状态，如果参与人群中城市儿童父母较少，也许将面临难以获得预期的研究数据的局面。这也或许与媒介素养研究中所强调的要根据不同国家、不同地区的政治、经济、文化、社会的发展状况而有不同的实施策略是相对应的，我们不能拿给城市儿童父母的家长策略告诉给农村儿童的父母，反之亦然。如果我们想知道媒介对儿童、青少年在某一方面有怎样的影响，是需要选择恰当的样本的。

在媒介与儿童、青少年的研究中，也提供给我们具体的获取数据的方法，比如，不同年龄的研究对象需要不同的收集数据的方法；受其发展特性的限制，研究中需要格外注意方法的使用问题，并且在必要时需要多种研究方法的融合。对于年龄小的儿童，适合采用避免其在研究中产生焦虑或者“不说话”，并且促进其思维演绎与联系的方法。诸如，对于学前儿童，玩偶的进入将会成为研究者与被试之间的媒介；6 岁以上的识字儿童，可以做调查问卷的，当然，对 10 岁以上的青少年做调查问卷，结合自我评定、记录结合的方法更为合适。通过不同的方法的结合，展开深入的质的研究与量的研究，才能从不同角度来理解与阐释儿童与媒介之间的必然联系，进而，为媒介素养的理念及教育策略提供更为科学的基础。

上述仅是从多学科理论视角下的媒介与儿童、青少年的理论与研究方法方面对理解媒介素养的理念与实践策略所提供的基础作用做出基本的介绍，在跨越几十年的媒介与青少年的已有研究中，尤其是心理学视角下的媒介与儿童、青少年研究成为透视与发展媒介素养理论的一扇窗，不管在何种媒介环境下，何种媒介技术形态中，媒介对儿童、青少年的影响都将是以儿童、青少年的身心发展主题为理论线索的，而媒介素养理念的形成又必然以其为依据。

在闫欢教授对媒介与儿童、青少年相关理论的学习中，得到恩师刘京林教授的谆谆教导；在文献阅读中感恩于卜卫教授、刘晓红教授、彭聃龄教授、张令振老师等前辈给予的学术滋养。在媒介与儿童、青少年的研究中，她先后发表学术论文 4 篇，出版学术专著 1 部。分别为 2005 年在南宁召开的中国传播学论坛上发表了题为"'困惑'的童年与《童年》的困惑——对央视少儿频道《大风车》子栏目《童年》的传播心理视角解读"的论文；《儿童与电视研究的回顾与前瞻》被中国传媒大学亚洲传媒研究中心主办的 2005《亚洲传媒研究》收录；《儿童电视传播者的职业角色》发表于中国广播电视学刊 2005 年第 8 期；《中国少儿电视节目符号障碍的归因研究》发表于中国传播学会成立大会暨第九次全国传播学研讨会上，该文被浙江大学传播学研究所与中国传媒报告杂志社联合主办的国际出版期刊《中国传媒报告》收录。她的专著《未成年人心理与电视》于 2009 年在中国传媒大学出版社出版。期间，她也旁听了中国传媒大学举办的媒介素养研讨会以及来自日本、台湾地区学者的媒介素养系列讲座。

从闫欢教授对媒介与儿童、青少年的相关学术研究的了解与思考中，一方面，探究了媒介与儿童需求之间的传播障碍的具体表征，并由此认识到传者素养的重要性，提出传者素养提升的策略；另一方面也更加认识到对儿童、青少年媒介素养的培植是非常迫切的，这促使她在 2006 年博士毕业回到东师任教之后，结合师范院校的人文教育与心理研究氛围，积极推动了媒介素养教育理论研究与实践教学的进程。

二、传统媒介时代的媒介化和谐生存策略：媒介素养教育实践化

闫欢老师在 2006 年 9 月正式回到东师任教之后，就将工作的重心转向了媒介素养课程研究方面。当时她新任硕士生导师，所指导的三位硕士生同她一起开始了新媒介素养及其教育内涵的讨论之中。那时她有两个方面的思考，其一，结合东北师范大学的特色，研究并开发学校以及社会范畴的适合各年龄段的媒介素养课程；其二，理论研究与课程设计相结合，持续进行新媒介素养的理论探索。

就第一个方面而言，东北师范大学有很好的教育学、心理学学术基础，这对以心理学为重要理论渊源的媒介素养研究来说提供了非常有利的条件，而且教育学理论系统中的教育学原理、课程原理等又成为媒介素养教育及其课程转化研究的重要理论依托；同时，所在的传媒科学学院当时尚有教育技术学专业，信息素养在教育技术学研究中更不是陌生的领域。因而，当闫欢老师在2006年年底将要成立媒介素养课程研究中心的申请提交给学院教授委员会的时候，得到了学院领导的支持。

在第二个方面，闫欢对传统媒介素养的内涵及其教育理念下媒介教育课程的核心概念的适用性是有一定的困惑的，我们都知道，在2003年博客兴起之后，传统媒介素养教育中的“媒介近用”、“赋权”的概念在一定程度上实现了“破窗”（当然，我们也逐步意识到，媒介技术与媒介形态的实现并不等于影响力与资源动员能力的实现），她和硕士们一直在讨论如何以传统媒介素养的核心概念来对自己成为传播主体的博主加以批判性识读，与传统媒介时代下个体对媒介的批判所不同的是，主体与批判的客体往往是同一的，那是不是就将转化为对自我的道德与审美的审视。为此，她申请到东师文艺学美学方向的博士后，试图从美学的角度来解答心中的困惑。

2007年4月，在东师社科处的批准下，东北师范大学媒介素养课程研究中心正式成立。人民网传媒频道以“中国首家媒介素养课程研究中心在东北师范大学揭牌”为题给予报道。这一中心的成立得到了时任东师副校长张绍杰、长春市教育局局长王树彬、吉林广播电影电视局北方传媒研究中心主任李伦、长春电视台副台长王志强以及东师社科处、研究生院、传媒科学学院领导的高度重视，东师附中、附小的老师们也参加了揭牌仪式。

这期间也有一个插曲，就是闫欢老师在2005年曾申请过日本国际交流基金，很幸运的是，在2006年4月接到了日本国际交流基金会的立项通知，获立的项目是“日本在华电影机构研究”，当时申报的原因是她读博前在电视台工作时曾做过日本在长春所建的中国末代皇帝溥仪的寝宫伪皇宫的纪录片，那个系列纪录片获得过中国广播电视新闻奖，因而她对伪满洲国的历史比较熟悉，对日本在长春所建的满洲映画株式会社非常感兴趣。对新投入研究工作的人来说，拿到这“第一桶金”本是件开心的事，可是在接下来的一年多时间里，她却一方面一直处于两国多地查阅文献、殚精竭虑地撰写“满映”部分的研究报告的辛劳之中，另一方面又难以放下对媒介素养研究的“牵挂”，这让她陷入纠结之中。

2006年香港浸会大学召开国际学术会议，闫欢老师提交了题为《新媒体视阈中的大学美育与媒介素养教育研究》（该论文发表于《现代传播》2008（4））的论文，文中呈现了她从美学视角对媒介素养教育的内涵到教学策略的一些思考与实证结论。在香港闫老师见到了浸会大学的李月莲教授，月莲教授向她打了个比喻，说社会学有个方向是社会工作学，媒介素养教育就是媒介研究理论的应用，这一理念让闫老师眼前一亮，媒介素养教育不只是实践行动，媒介素养教育学作为一门应用学科是需要加以建构的；月莲教授还将香港的突破出版社、明光社出版的从幼儿园到高中生的媒介素养教材介绍给闫老师，来自香港的各年龄阶段的媒介素养课程资料提供给东师媒介素养课程研究中心特别大的帮助。也正因为这次参会，坚定了闫欢老师在2007年夏季比较顺利地结束日本国际交流基金课题的研究报告的写作之后，专注于媒介素养研究的决心。正如李月莲老师给东师媒介素养课程研究中心揭牌仪式发来的祝贺词中所言，“希冀在研究中心的努力栽培下，在互动科技环境中成长的中国青年人，将来不仅成为精明的传媒消费者，并且是具有社会责任感的博客及传媒制作人”，月莲教授的期待鞭策着闫老师，在媒介素养课程研究的路上奋力前行。

因此，在2007年下半年，在闫老师的带领下，东师媒介素养课程研究中心的师生们就投入到了理论研究、教程编写等一系列工作中。初步的成果，发表于2007年年底复旦大学以陆晔老师所承担的教育部重大攻关项目“媒介素养理论与实践研究”为依托，召开的“媒介素养与公民素养”研讨会上，中心的于冬副教授、袁磊博士、霍美辰老师以及硕士研究生王颖、汝晓红、赵青和闫老师一起参加了会议，一同做了中国媒介素养教育课程研究的panel；闫老师发表了论文《关于传媒教育学的学科性质与地位的思考》，这是她第一次对媒介素养教育学（当时采用的是“传媒教育学”这一用法）的学科性质和其在传播学科领域的地位的讨论，“认为传媒教育学是一门社会科学，是传播学的应用学科，也是教育学的新理念；传媒教育学将成为‘人—媒’共生这一生态环境系统中必不可少的一门学科，其教育实施将使人在媒介中和谐生存，并为人类社会的和谐发展作出贡献”；霍美辰老师在研讨会上从审美媒介素养的角度提出了新媒介素养的“自我呵护－自我建构”模式，也得到了参会的殷晓蓉教授、吴予敏教授等专家的肯定。复旦大学媒介素养会议之后，在中国传媒大学高等教育研究所张玲教授的邀请下，闫老师回到母校与高教所的师生们进行了媒介素养课程研究的报告，并展开了较为深入的讨论。

经东北师范大学媒介素养课程研究中心4位教师、5位硕士研究生共同开发的《中国媒介教育实验教程系列丛书》之《小学媒介教育实验教程》（学生用书·小学中年级）于 2008 年 1 月由东北师范大学出版社正式出版，此实验教程为中国首创媒介教育实验教程，对中国内地小学媒介教育的实践化颇具创新意义。这本教程在教学课程设置理念方面参照了香港突破出版社出版的初阶传媒教育教程，并根据中心师生对媒介素养的理解确定了基本的课程理念，由硕士们对每一个单元的教学理念编创出一个适合小学中年级学生身心发展特点的小故事，并使故事模式化，以便不同轮次教学时更换学生所熟悉的相应媒介案例，每个单元的故事情节都请动画设计的老师绘出与故事情节相符、小学生喜爱的卡通形象，以适应小学生的认知与兴趣发展特点。

2009 年春季学期，以这本教材为蓝本，东师媒介素养课程研究中心在长春市西五小学（后面又在东北师范大学净月实验学校小学部），通过先期对小学班主任（以语文老师为主）进行了媒介素养课程的师资培训，之后进行了实践教学。人民网传媒频道以“媒介素养课程走入长春市小学课堂”为题给予报道，借长春市小学媒介教育教学实验课题启动仪式之机，中心举办了小学媒介素养课程研讨会。应东北师范大学媒介素养课程中心的邀请，来自北京、锦州及长春等地的专家、学者与企业人士以及教育主管部门、教学实践单位的教师、小学生们参加了本次活动，并针对小学媒介教育这一议题展开了深入的讨论。启动仪式在长春市南关区教育局副局长徐彤的宣布中正式开始，来自清华大学的陈昌凤教授对小学媒介素养教育教学实验课题的意义给予了高度的肯定，认为：“媒介素养教育是一个全民的教育，终身的教育，东北师范大学媒介素养课程中心是从孩子的教育开始的，这正是一项关涉到公益，关涉到未来的事业，是一项前瞻性的事业，中心的这项实践课题是能够引领中国的一项事业的一个起点。”

长春小学媒介素养教育教学实验基地的长春市西五小学丁国君校长介绍了该小学的基本情况，作为这项课题的合作者，丁校长对此教学实验的成功进展抱有很大的信心和信念，相信这是一门对每个孩子领取对接未来、走向世界的通行证都有着重要意义的教学课程。渤海大学新闻学院的何村教授作为从事媒介素养教育理论研究与实践推进的同行，认为长春小学媒介教育教学实验课题的启动必将为全国的媒介素养教育带来新的曙光（何村教授作为东师媒介素养课程研究中心的外聘研究员，采用中心开发的实验教程在辽宁省做了多轮的实验教学与培训）。北京神州光影文化有限公司总经理助理、媒介素养教育网项目部主管贾晓寰对启动仪式表示祝贺，并表示该公司将对这项事业提供大力支持。西五小学四年级的石可盈小朋友向在场的专家学者讲述了在学习媒介素养课程中的一些感受，表达了对这门课程的喜爱之情："通过媒介素养课的学习，我们了解了很多有关媒体中的新鲜事物，使我们更好地认识媒体，利用媒体，学到了很多课堂外更多、更广的新知识。"

东北师范大学传媒科学学院院长王以宁教授在启动仪式的最后，对这项课题的社会意义给予充分的肯定："这样的课题对于整个人类社会，人的素质都会有巨大影响，并对媒体的发展产生巨大的推动作用。"王院长从教育者和研究者的角度对这一课题的进一步发展作了指导，希望我国的媒介素养教育理论与实践能够尽快地与世界接轨。

闫欢老师也与在场的专家学者分享了东北师范大学媒介素养课程中心为长春小学媒介教育教学实验课题能够顺利展开所做出的前期准备工作，从小学生媒介素养现状调查、媒介教育实验教程的编写到实验校的选定、师资培训等内容。并对东北师范大学媒介素养课程研究中心从新媒介技术入手的新媒介素养理论研究到从各不同年龄段群体媒介教育实践的新观点、新思考做了简单介绍。

在随后进行的小学媒介素养课程研讨会上，从事媒介素养教育研究的专家学者们对小学媒介素养教育这一议题进行了深入研讨。中国传媒大学的张洁博士介绍了北京黑芝麻胡同小学的媒介素养教育课题的实施情况，在教学形式、教学内容和教学效果等方面介绍了成功经验。渤海大学的师生就农村小学的媒介素养教育的实施情况做了详细的介绍。中国传媒大学文化产业研究院的李安博士提出了民营公司、科研院所与教学实践单位通力合作，推动中国媒介素养教育的发展思路。东北师范大学教育科学学院刘向永博士从信息素养课程的发展推进的成功经验中为媒介素养课程的发展提供了借鉴之道。东北师范大学媒介素养课程研究中心袁磊博士介绍了长春小学媒介教育教学实验的具体思路。各位专家在理论方面给予指导，在实践方面交流经验，对长春市小学媒介素养教育课程的进一步开展打下了良好的基础。

这轮探索性的媒介素养教育实践教学是东师媒介素养课程研究中心通过理论研究与实践推进形成双向互动，在实践层面的探索为媒介素养的研究提供了第一手资料。在这一时期，闫老师和中心的同事们、硕士研究生们，先后参加了多届西湖媒介素养论坛，发表对大学生新媒介素养的实证与理论建构方面的论文，提出使用、分析、评价、制作、自我完善以及促进媒介生态良性发展等六维度的大学生新媒介素养测量指标体系；发表高中生媒介素养现状调查报告，从选择、理解、质疑、评估以及传播等 5 个维度对高中生媒介素养加以调查分析。在第二届（2008）西湖媒介素养研讨会上，闫老师请前去参会的李禹谖同学带去一封信给那次会议参会专家、中国传媒大学胡正荣教授，胡教授时任中国高等教育学会新闻学与传播学专业委员会传播学会会长，信的大致意思是希望将媒介素养教育作为传播学会发展与应用的重要内容，并在可能的情况下在新闻学与传播学专业委员会下成立媒介素养学会。之所以会有写这封信的念头，源于尽管作为全国性的媒介素养研究机构已在浙江传媒学院设立（中国广播电视协会媒介素养研究基地，成立于2007 年 4 月），但是因隶属于实践业界与研究并重的中广协会，一来不是专业学术协会，二来难以体现媒介素养教育学与新闻传播学母体学科之间的内在关系。这封信没能有回音，有些遗憾。

当然，闫老师认为她的一些思考也显得微不足道，中国广播电视协会媒介素养基地一直在媒介素养研究与实践方面起到了统领国内媒介素养资源、带动媒介素养理论与实践发展的作用。诸如，2008 年，东师媒介素养课程研究中心在该基地获得了由中国广播电视协会立项的媒介素养研究专项课题“媒介素养学科体系建构研究”，并在 2009 年获得优秀结项课题；2014 年，该基地成立学术指导委员会，闫老师受聘为基地首届学术指导委员会委员；就在写这篇个人与中心发展历程回顾的时候，她接到基地执行主任王天德教授的通知，经更名的中国广播电影电视社会组织联合会即将成立中国媒介素养教育工作委员会，足见中广协会对媒介素养教育理论与实践工作的重视，以及该基地对中国媒介素养教育学的卓越贡献。

在 2007～2009 年的媒介素养研究中，还不得不提的是闫欢老师与白传之博士合作的《媒介教育论》一书写作的完成与出版。该著作在 2008 年经中国传媒大学出版社出版，作为 21 世纪媒介理论丛书之一。在这本书中，在考察国外主要国家媒介教育实践和理论的基础上，从中国媒介产业、教育事业和社会层面发展的现实出发，首次提出中国从“范式”到“模式”的理论框架，并高度归纳现阶段中国媒介教育应遵循的媒介教育 CTL 内容模型。这本著作在出版之后，有多位来自东北师范大学、中国传媒大学以及国内其他科研院所从事媒介素养理论与实践研究的老师以及博士研究生、硕士研究生与闫老师进行沟通，提及看到书中的内容在其理解并梳理国内外媒介教育理论与实践方面的帮助，并与二位作者所提出的媒介素养的概念以及 CTL 媒介教育内容模型进行相应的讨论。

三、社交媒介化生存与传统媒介素养理念实践的博弈

2009 年秋季学期，闫欢老师的国家留学基金委公派访学项目获立。当

时东师媒介素养课程研究中心在东师附中高中部的媒介素养课程实践仍在继续进行，由中心的硕士李禹谖同学负责组织，中心的老师和同学们按计划讲授不同的单元；闫老师则赴美国德克萨斯 A&M 大学开始了为期 15 个月的访学工作。

而恰恰是在那 15 个月中，中国人的媒介化生存环境发生了天翻地覆的变化，带来这种变化的远不是突发事件危机传播初露端倪时期那么简单，也不是博客时代草根名人现象出现时期所造成的社会影响那么特征鲜明。2009 年 8 月，新浪微博推出，2010 年被学界称作“微博元年”；2011 年 2 月，腾讯推出微信，2012 年微信用户就超过 1 亿，一个真正意义上的“媒介即生活”的媒介化生存时代因微博、微信、APP 以及各种社群应用的广泛普及，改变了人们生存的基本场景。正如一个脑筋急转弯的题中所言：“早上起来的第一件事是什么?”，人们心理的第一反应已经由睁开眼睛变为拿起手机。

因而，闫老师在美国访学期间，刚习惯于在个人博客上写作，就开始将兴趣转向了微博，继而使用微信，成为社交媒介时代的一分子。就在此时，在国内的高中媒介素养课程组的同事和学生们发来高中媒介素养实践教学的一些讨论，诸如，因东北师范大学附属中学的学生素质都特别好，他们在媒介素养课上的讨论议题也尤为活跃，他们会问老师，新闻是有选择性的，媒介都是经过建构而产生的，媒介背后都是为了博取利润或者权利，媒介中都包含着价值和观点，那我们应该如何看待新闻联播？我们是不是可以在微博上发表对社会问题的质疑？等等，高中生的这些问题令高中媒介素养课程组的老师们感到了困惑，甚至开始有了担忧，一方面，对自身处于叛逆期的高中生而言，媒介素养课程中涵盖的对媒介识读与批判角度的理念是不是会令高中生在具有了媒介素养基本理念的基础上，反而走向唯有质疑的偏向？另一方面，传统媒介素养理念多为与国外国情、社会发展现状相联系的，从个体角度考虑其与社会发展相适应的关系，其对处于全面建设小康社会的转型时期的中国社会是不是合适呢？媒介素养内涵是不是需要包括国家、社会与个体三个面向上的统合内涵呢？闫老师基于她对社交媒介实践的一些认识，同时也关注到国内的传播学、政治学以及心理学的研究已经将研究的重心从传统媒介转向社交媒介融合的关注，并从对西方理论的直接拿来开始考虑与中国社会发展现状的适用性议题，闫老师决定必须暂停传统媒介时代与 Web1.0 时代相适应的媒介素养教学实践，认真进行社交时代媒介素养的研究与讨论，理论认识成熟之后再进展实践教学。

闫欢老师在美国 A&M 大学传播系的合作教授 Srivi 的主要研究方向是

媒介心理学和媒介素养，Srivi 曾试图和闫老师一起给本科生开设一门媒介素养的课程，在准备课程的过程中了解到 Srivi 教授对媒介素养研究的一些思想，并且提及她在美国宾州州立大学的博士生导师 Mary Beth Oliver 教授在 21 世纪之后所展开的媒介的积极效果的研究，这对有传播学学术基础的媒介素养研究者来说是相对陌生的，因为他们太熟悉传播学的效果里程碑中对负面效果的研究传统了。

如我们所知，在传统媒介时代，西方媒介心理研究者根据媒体内容的具体特征而关注了其所可能对人的显在的负面心理和行为效果，负面效果导向一直与传播学其他领域的研究集结在一起，成为指导媒介素养理论的学术基础，因而西方的媒介素养理念告诉我们需要强调个体对媒介建构的理解，要学会去分析、评估媒介的经济力与政治力，要懂得区辨坏的媒介，这是与传统媒介时代的“人一媒”关系以及西方媒体内容相适应的。而回到传统媒介时代的中国语境，我国媒体中向来坚持以正面报道为主，媒体中倡导以弘扬正气、具有积极舆论导向的内容，尽管媒介化生存中的个体也需要理解与评估媒介对生活的建构，但其负面效果与西方的媒介影响是存在差异的，这也是东师媒介素养课程研究中心在高中组做媒介教育实践研究中高中生所提出的质疑与挑战的背后原因，《新闻联播》在一定程度上是有选择性的建构，但因我国媒介政策中提倡对主流价值的传递，是值得肯定的，对其的批判与质疑显然是有悖于个体的媒介化和谐生存的媒介素养理念的。进入社交媒介时代伊始，传统主流媒体与新媒体融合程度较低，出现主流媒体舆论场与社交媒体舆论场的价值互斥现象，并由此引发了极强的负面社会影响，尤其是在一些突发危机事件的演进过程中，两个舆论场间的对峙更促发了社会负面心态的形成，甚至对国家认同感的降低。针对这种情况，传统媒介素养理念对我国而言显然更难以适用。社交媒介时代下，与传统媒介时代相适应的媒介素养理念需要如何转化才能与社交媒介时代特征相适应？带着上述的实践感悟与思考，闫老师结束访学工作回国。

四、国家、社会与个体融合：积极媒介素养的理论基础建构

为了更进一步地理解社交媒介所带给我们的媒介生活的巨变特征，闫老师开始和中心的老师、同学们一起将研究的重心指向基于对突发事件的社交媒体传播规律的公民媒介素养研究，从微博管理角度的微博传播机制研究等，先后获立了两项相关课题，展开较为充分的讨论。这期间，她先后发表了《关于数字环境下媒介素养教育主体传播权利的再思考》，在这篇文章中

从传统媒介素养教育的重要目标——让媒介素养教育主体充分享有“传播权利”入手，通过对数字环境中媒介素养教育主体传播权利的再思考，提出道德伦理与传播权利二者之间的平衡作为数字环境中媒介素养的新目标；《基于社会认知论的微博主道德判断研究》，这篇文章是在提出道德伦理与传播权利二者平衡的数字媒介素养的界定的基础上，进而基于社会认知论对道德判断给予理论研讨，从个体的道德判断标准、意见领袖的道德判断原则以及社会层面对个体道德判断的影响等三个方面，对公民个体进行微博传播中的道德判断的基本特征以及其受到个体、重要他者以及社会等相关因素的影响特征加以分析与论述；《基于三种理论路径看微博客与社会的关系》，这篇文章从三种媒介文化与社会关系的经典理论路径出发，对微博客文化与社会的关系加以阐释：其一，从杜威出于哲学思想的传播观看来，微博客是主体间性的自主行为，是人社会化的方式和手段，微博客传播的本质是参与，是参与一个共同的世界；其二，从波兹曼的媒介环境学视角看，微博客营造一种新的媒介生态，是一种有“偏向”的媒介形态，微博主素养是一项教育命题；其三，威廉斯的文化社会学理论为理解微博客与社会关系提供了整体社会要素模式，微博客是商业模式运作下的媒介形态传播，微博主个人责任发展为公众/社会责任，方能有效避免错误，抓住新机会。经过上述的理论讨论，逐步让闫老师对社交媒介时代的媒介素养的理解从个体层面素养延展至个体与社会结合的素养。但是那个时候，基于对社交媒介时代的媒介素养的理论认识尚不是很清晰的情况下，闫老师仍然是不太建议快速推进媒介素养教育实践进程的，因而在由团中央知心姐姐工作部主办的“2012 年全国首届少年儿童媒介素养教育师资培训”讲座上，闫老师也只讲到融合媒介环境下青少年媒介素养的内涵的一些思考与困惑，并建议中小学教师在媒介素养课程教学中要慎重对待一些传统素养难以解答的问题，以免形成偏离的媒介素养理念。

2012 年，闫老师在东师作为主要组织者承办了中国传媒大学传播心理研究所主办的中国社会心理学会传播心理专业委员会学术年会，会前她对 Srivi、Mary Beth 两位教授发出了邀请，虽然她们没能亲自到达长春同与会专家学者面对面分享，但不仅发来参会论文，也发来演讲视频在大会主题论坛播放。Mary Beth 教授演讲的题目是“有意义娱乐媒介的意义与美感”，进一步展现了媒介心理学家已将研究对象由具有负面特质的媒介内容转向了有意义的媒介内容，以及其对受众的积极效果与价值，同时，提及媒介的积极效果可能通过个体的情感升华进而内化积极的心理品质，从而促进社会的积极变革。认识并理解媒介的积极效果对闫老师而言，不是很吃力。如前所述，在闫老师对媒介与儿童、青少年的理论溯源的过程中，已经了解媒介对儿童的积极作用，诸如《芝麻街》节目对学前儿童在认知、情感以及社会性方面的积极效果，因而有意义的媒介内容对个体是有积极效果的研究范式对她而言是再熟悉不过的，只是我们的传统文化中往往会将有意义的内容对个体的积极作用视为应然的结论，似乎认为研究负面效果是必须而急迫的，而正面的效果的产生是天经地义的，因而国内对媒介的积极作用的研究，尤其是来自实证研究的结论是很少见的。同时，Mary Beth 教授的研究所呈现出的由有意义的媒介到积极的个体心理效果再到促进社会积极变革的研究脉络，也似乎回应了闫老师从 2009 年以来的迷惘之处，那就是如果对负面的批判显得“无力”，那由“好的媒介内容——对人的积极心理有促进作用——带来个体与社会的积极联结——促进社会的积极转型”的走向积极的研究，不仅是研究视角的转向，更可以看到一个完整的从个体到社会再到国家的良性互动的研究倾向。在此基础上，2012 年年底，东师媒介素养课程研究中心的硕士赫芳随、郭慧清前往香港大学新闻传播研究所参加了新闻素养培训班，分享了中心的一些基本研究转向和研究动态。

为了更深入地理解完整的良性互动研究模式，从宏观层面东师媒介素养课程研究中心师生对哲学、政治学视野中的国家与市民社会的互动理论进行了梳理，理解国家与市民社会从界限模糊到互斥再到互动的人类历史进程；从中观、微观层面对积极心理学所能给予借鉴的理论进行了讨论。诸如，我国学者邓正来在对西方理论的引入与论证基础上，提出了适合中国的国家与市民社会良性互动的“生存性智慧”模式，这对我们理解当下中国社会的良性互动给予了重要的启示。积极心理学的积极心理品质、积极情绪体验以及积极的社会制度等理论对理解良性互动的内在积极心理机制给予了极大的启发。闫老师在 2014 年中国社会心理学会传播心理专业委员会上发表了题为传播心理学研究的积极转向的论文，也是在力图将积极转向的传播心理学研究作为积极媒介素养教育的学术基础。

传统媒介素养理论的学术基础多来自于传播学经验学派的负面传播效果研究结论、传播学批判学派诸如法兰克福学派、英国的文化研究等对媒介工业与组织的批判性理论，以及媒介环境学派、语言学、符号学等相关理论，这些学术理论滋养了传统媒介素养观与媒介素养教育观形成了用批判性的方法来对信息进行选择、理解、评估、分析与传播等方面能力的培养，但是却忽视了媒介信息的积极效果。而借用批判性的媒介素养理念与其学术基础所具有的内在理论逻辑路径，东师媒介素养课程研究中心从国家与市民社会良性互动视角展开的积极效果的研究结论，应该可以成为积极媒介素养的学术基础。

在此期间，闫老师与三届硕士们分别对主流媒体的积极框架、社交媒介中的公众积极人格、积极情绪体验以及积极人格与积极媒介框架在各类型突发事件中的互动作用机制等做了较为深入的研究与讨论，事实上，力图建构的是积极媒介素养观的学术理论基础。

五、回归到媒介素养教育：提升性的媒介与积极素养观

在 2014 年中国广播电视协会上媒介素养研究基地学术指导委员会筹委会上，闫老师首次提出了积极媒介素养的概念。随后，在由中广协会媒介素养研究基地组织下，该基地学术指导委员们编写的《大学生媒介素养读本》一书的写作中，她提出并承担了“积极素养：带来情感升华与美德优势”一章的编著（该著作将由中国高等教育出版社出版）。

在该书中，闫老师对积极素养给予了相应的阐释。她认为，首先，作为积极传播主体的大学生，将更多追求与自身的内在目标和价值观相契合的媒介内容，也就是对个体美德发展有意义的媒介内容，与批判性的媒介素养有所不同的是，这种契合是主动的内驱力作用的顺应结果，而不是经过批判性认知下的刚性选择。积极媒介素养对发展个体的积极心理品质及其美德具有促进的作用。其次，积极媒介素养也体现为媒介实践方式上，具有积极媒介素养的个体将通过其媒介实践实现对自主性、能力和归属感的满足，其行动方式以自主和相互协调的方式表现出来，行为方式谨慎而有仪式性，批判性媒介素养关注的是个体对媒介的影响的意志辨别，而积极媒介素养的关键在于个体对媒介积极影响的主动寻求。第三，积极媒介素养既是个体素养，也是群体素养，具有高实现水平的个体不仅在媒体实践中更能发展自我、实现自我，而且能够加强个体同家庭和社会的联系，尤其是在社交媒介实践中，积极媒介素养将更多地体现与群体之间的积极关系，更有利于和谐的媒介生态的形成。

在 2015 年中国社会心理学会学术年会的传播心理学分论坛上，闫欢教授发表了题为“基于国家与市民社会良性互动理论的公民媒介素养作用探析”的论文，提出将媒介素养作为一种促进国家与市民社会良性互动的积极素养，认为积极媒介素养与我们一直以来所熟悉的基于传播学批判理论的媒介素养内涵是有一定不同的。诸如，阿尔诸塞的意识形态理论认为意识形态

在人不自觉的情况下，将个体召唤为主体，使他臣服于意识形态的模塑力之下，个人因此误读，接受了虚假的完满感，不知不觉成为国家强权机构或国家机器的臣民，因而基于意识形态理论的媒介素养观就包涵了对媒介在传播意识形态上的角色和功能的批判性理解，其逻辑起点将国家与市民社会的关系视为是对峙的，而非良性互动的，媒介素养在此成为国家与市民社会良性互动关系的某种"相逆"的变量，难以起到积极的作用。再如，基于威廉斯和霍加特等人的英国文化研究理论鼓励分析品味取向的媒介素养观，而我国主流媒体中所传播的内容是以正能量为主的媒介内容，在某种意义上暗合了文化研究理论所倡导的高品位，沿袭品味区辨的媒介素养观的有效性也将受到质疑。

与积极媒介素养相对应的是我国主流媒介中以及社交媒介中所再现的大多是有意义的媒介内容。Mary Beth Oliver 教授对有意义的娱乐媒介的概念给予了5个基本指标：卓尔不凡、让人超越自我；强调联结性，能与人分享；能聚焦美德；能激发丰富的情绪反应；能激励人更好。诸如，由快乐驱动的、让人享受的、浪漫的内容，社交媒介有可能成为有意义的娱乐媒介，社交媒介要能创造鼓舞人心的内容。这个概念指标的提出在很大程度上受到21世纪以来，西方积极心理学所经历的从关注负面心理现象转而对人的积极心理品质、积极情绪乃至积极社会制度研究的影响，积极心理学提倡通过对人的与生俱来的正向心理的提升来实现幸福人生，那么一个具有积极媒介素养的公民就可能积极地进行媒介选择、积极地参与到正向媒介信息的传播中来，进而成为促进主流媒体传播的主流价值与个体为代表的公民美德之间的良性互动的重要参数，公民对正能量的媒介内容的选择、评价与分享的能力就成为积极媒介素养教育内涵的基本内容。

走向媒介素养教育层面，尝试建构"批判｜积极"结合的媒介素养教育内涵与教育模式。在批判角度，沿袭传统媒介素养教育的基本内容，偏重从认知层面形成对媒介建构的现象、语言符号与效果的基本认识；从积极角度，以国家、社会与个人融合发展的视角出发，培植具有对有意义的媒介的选择、分析、评估与传播等能力，以提升个体的积极媒介素养，发展个体的积极心理品质，提升积极媒介情绪体验，建构积极的媒介社会制度，进而发挥积极媒介素养与积极人格的拓展与建构作用，抵御媒介的负面影响，使个体成为幸福的媒介化生存的积极个体；在社会层面随之形成积极的社会心态，促进积极公共舆论的形成。

在具体的教育与培养路径上，东师媒介素养课程研究中心曾在东师附中小学部做过为期两个学期的不太成熟的积极媒介素养课程教学实践，以哈佛大学所提供的适合儿童、青少年看的10部电影为范本，来培植学生们对爱、责任、勇敢等积极媒介素养，并在教学中融入批判的视角，在教学过程中，偏重让学生意识到自我是媒介中的主体，要发挥自我的媒介价值，并学会选择、理解、分析、评估与传播媒介中的积极内容。

在对闫欢教授及东师媒介素养课程研究中心进行一个“流水账”式的总结的时候，还是不得不将媒介素养教育与学校教育、家庭教育看作是完全分割的教育内容，而就在此时，闫欢教授的一位硕士提出，她所在的小城里有个小学，那个学校在教师、家长与学生的融合作用下，通过一个又一个的主题活动来逐渐形成媒介素养观的，而且呈现出积极媒介素养的特征，从她所观察到的现象似乎又将媒介素养归寻至素养的层面（电子媒介时代下媒介素养的概念从素养得以强调），这或许与我们所处的媒介化生存的现象表征是一致的，我们需要的是具有“批判＋积极”性媒介素养的素养。与之相对应的媒介素养教育需要的也是与学校教育、家庭教育相融合的媒介素养教育培植范式，而我们的传统学校教育正在通过与家庭教育、社会教育相融合的方式在一定程度上培养了具有积极媒介素养教育的下一代。我们需要的或许是证实这些现象的存在，发现其规律，并且强化有助于其发展的措施。

感谢中国广播影视新闻出版社会组织联合会媒介素养研究基地所给予的机会，通过回顾与梳理这份有明显个人与所在团队特征的对媒介素养研究与实践的心路历程，对闫欢教授而言，也是一次非常好的思考过程与总结。也正如本文开头所提及，不同学科视角的媒介素养教育家所取得的相关研究成果一直以来都在为闫欢教授和东师媒介素养课程研究中心的师生们如明灯般点亮前行之路，对于媒介素养与媒介素养教育研究与实践，闫欢教授或许只是个从心理学角度走进的入门者，感谢一路走来对她有过当面指导以及未曾谋面的前辈、老师和同学们。

（作者单位为东北师范大学媒介素养课程研究中心）

让媒介素养教育进入农村孩子的课堂
——何村的乡村教育之梦

范雨婷

何村，黄山学院文化与传播学院院长、教授，我国乡村媒介素养教育先驱者之一。

一、让媒介素养教育走进农村孩子的课堂

让媒介素养教育走进农村孩子的课堂，是黄山学院文化与传播学院院长何村教授的一个乡村教育之梦。

坐落在古老的徽州的黄山学院文化与传播学院，在何村教授的带领下，积极开展农村中小学生的媒介素养教育，指导大学生用自己学到的知识服务社会。

何村认为：农村中小学生的媒介素养教育，在中国中小学教育中开展得较少。而在西方发达国家，是非常重视中小学生的媒介素养教育的。在政府大力倡导新农村建设的今天，农村中小学生的媒介素养还非常薄弱。

正是看到这些差距，他油然而生一种强烈的紧迫感和责任感，他认为自己有责任、有能力使农村的孩子也能够接受媒介素养教育，于是他开始付诸行动。自2006年起，何村便致力于农村中小学生媒介素养教育的研究和普及，在渤海大学成立了我国第一个大学生农村中小学生媒介素养教育宣讲团。作为渤海大学媒介素养教育研究中心主任，2007年，他带领学生们开展了《农村中小学生媒介素养状况调查》，通过调查，发现在辽西农村中小学生媒介素养极端缺乏。

在受调查的学生中，仅有2.62%的学生家里没有电视，所以近七成的学生都确定电视是媒介。由于电视在家庭媒介中占据了主导地位，所以74.60%的学生经常不听广播甚至从来不听广播；约七成的学生只能读到两种或两种以下的报纸和杂志，甚至一种也没读过；八成多的学生每天的课外

阅读时间不超过 2 个小时。受经济条件和家长思想观念制约，农村许多家庭没电脑，不少学校也没有供学生使用的电脑，所以 42.14%的学生是没有机会接触网络的。

针对这种状况，自 2007 年起，何村教授便带领他的学生们利用业余时间深入农村开展农村中小学生的媒介素养教育活动。

1. 初识农村媒介素养教育

渤海大学位于辽宁锦州，是欠发达地区，而农村尤其落后。在这里，媒介很大程度上左右着中小学生对外部世界的了解和对社会的认知。媒介不仅是农村中小学生除书本、老师以外的一个重要知识来源，而且还对中小学生世界观、人生观的形成起着重要作用。

何村原在渤海大学任教，任传媒发展研究中心主任。他至今都深刻地记着他们第一次到农村小学开展媒介素养教育时的情形：在八家子小学，一个仅有几座平房、冬天还要烧铁炉子取暖的村小学，启动媒介素养教育那一天，面对着黑板上奇奇怪怪的问题——“什么是媒介、什么是新闻、什么是网络”，六年级的 50 多个孩子好奇地睁大了眼睛。老师每提出一个问题，台下都会有十几名同学举手要求回答。提出这些“古怪”问题又给孩子进行解答的人，就是何村教授和他的学生们。

针对农村小学生接触媒介的特点，何村教授和他的学生们还分别讲授了“什么是媒介”“如何看待广告”“新闻的定义”“手机与网络媒体的应用”以及“照相机的使用”等媒介素养教育的内容。

何村团队中的讲课大学生白悦悦深有感触地说：“每次讲课结束后，孩子们的热情，都感染着我们宣讲团的每个成员。他们的真诚反馈，是我们将这项公益活动进行下去的最大动力，我们也希望能让更多的农村小学生接受媒介素养教育。”

后来何村媒介素养教育宣讲团一行 9 人，在何村教授的带领下又来到了锦州市新民乡中心小学的课堂，宣讲小组为三至六年级的学生讲授媒介素养教育课，为小学生们普及新闻理论、报纸、广播等媒体以及卡通、广告、摄影等媒介知识，每 4 名宣讲团的成员共同完成一节 40 分钟的媒介素养教育课，开始了小学讲台上每人 10 分钟的授课体验。

在总结时，同学们感受颇深。宣讲小组成员冷美萱主讲的是新闻理论，通过讲故事、举例子让同学们理解什么是新闻，怎样辨别新闻的真伪。她说：“对于农村小学的孩子来说让新闻成为他们眼睛、耳朵、手、脚的延伸是尤为重要，这也是我作为媒介素养的传播者的职责和使命。”另一个宣讲成员林博思也感触颇深，她说："怀着初为人师的兴奋感与初次授课的神圣感，冒着蒙蒙细雨走进新民乡中心小学的校园。在与小学生的交流过程中我发现一些媒体，为了迎合受众，存在着媚俗化倾向，已经对小学生产生了误导。所以我们目前的任务是帮助小学生理解媒介，选择媒介，充分利用媒介中对自己有用的信息。"

何村和他的学生们每到一个学校，都受到孩子们的热烈欢迎。孩子们说，这些讲课的大哥哥大姐姐们的讲解和活泼有趣的上课形式，不但让他们明白了什么是媒介、增长了知识，还培养了良好的媒介接触习惯。

2. 课程改良，新媒体素养教育变得重要

经过实践，课程经过不断的改良，加入新媒介素养教育实践和推广研究。渤海大学传媒发展研究中心主任何村教授认识到"学校在校园网络环境安全这方面，具有非常重要的责任与义务。现在的学校，只重视学生的成绩问题。但是面对日益发展的媒体，学校应该肩负起提高学生媒介素养的责任，切实提高学生的媒介素养。"谈到媒介素养，何村教授还说："随着媒体的发展，媒介素养不仅包括接受媒介产品的能力，而且包括用独立的批判的眼光看传播媒介的内容和建设性地利用媒介的能力。因此，作为现代社会的媒介公民，也应从两方面提高自身的媒介素养。一方面是作为受众，应能够正确理解分析媒介信息，提出批判意见，提高对负面信息的免疫能力；另一方面是作为传者，要自觉接受传媒素养教育，强化自身的传媒职业精神。鉴于媒介素养的重要性，学生的提高学生的法制观念也很重要。有些学生可能觉得自己在网上说什么都无所谓，可他却不知道，自己已经有可能在无意间破坏了网络的环境，甚至不小心对社会产生了危害。"

青春洋溢的学生，却也是最容易冲动的一个团体，于是一些别有用心之人便利用了学生的冲动来传播信息，达到自己不可告人的目的。所以提高学生网络安全法制教育，也是迫在眉睫。何村教授建议，各个学校都应该开设媒介素养课程，通过让学生了解媒介、认识媒介，使学生自觉地净化校园网络环境，提高校园网络安全。

2014 年 7 月，在何村教授的指导下正式成立黄山学院文化与传播学院新媒介素养教育的实践和推广研究小组。作为国家级大学生创新项目——新媒介素养小组成员本着学习知识服务社会的理念，在徽州农村小学开展了一系列的媒介素养宣讲以及徽州农村"我的可爱家乡"主题办报活动。何村团队中以徐文强为代表的 7 名文化与传播学院新闻专业的学生组成新媒体素养宣讲小组，该小组分别在休宁县临溪中心小学、休宁县汊口中心小学和休宁县榆村中心小学开展了系列新媒介素养专项宣讲活动。在持续一年的新媒介素养宣讲时间内共开展媒介认知教育、新媒介使用教育、“我的可爱家乡”主题手抄报制作等多项活动，取得了良好的社会反响。

通过这次新媒介素养教育的实践活动，小组成员把所学习到的新媒介知识运用到实践教学中去，在开展系列宣讲中他们与这些农村小学的孩子交流新媒介的知识，并指导和鼓励他们用新媒介去介绍和宣传家乡。在本次项目小组的新媒介素养教育活动取得的成果中看到，这些农村地区的孩子渴望接触新媒介，也在项目小组的教学指导下学会了使用新媒介。如休宁县榆村中心小学的孩子们手抄报的制作，就把有着四百多年的榆村老街作为手抄报主题。休宁县汉口中心小学的孩子们就通过微博把自己的家乡安徽省美好乡村——大阜宣传出去，让更多的人认识到这些徽州乡村的魅力。

3. 高校与村小签订媒介素养教育合作协议

此外，他们还与这些农村的学校签订合作建设“大学生媒介及信息素养教育基地”的服务协议。2015 年 12 月 1 日，何村带领下的黄山学院文化与传播学院与休宁县临溪中心小学和汉口中心小学分别签署建设“大学生媒介及信息素养教育基地”的合作协议。

根据协议要求，文化与传播学院组建大学生社会服务团队和大学生媒介素养宣讲辅导团队，定期到合作小学开展社会实践活动，在艺术教育、文艺活动、媒介及信息素养等方面开展课程讲授和活动指导，提升农村小学生的综合素质。同时，文化与传播学院在科研和教学等方面为合作小学提供支持。重点建设媒介及信息素养基地，力争建设成为省和国家的媒介及信息素养教育示范基地。

临溪中心小学校长伍劲标和汉口中心小学校长倪进生等对合作共建实践基地表示热烈欢迎，认为有利于支持和帮扶当地乡村教育，也有利于锻炼和提升大学生的实践能力，合作双方互惠互利共同发展。

4. 何村团队指导小学生创办《小学生报》

2016 年 4 月 11 日、18 日，文化与传播学院分别组织学生前往休宁临溪中心小学、汉口中心小学，指导小学生创办《小学生报》，开展媒介素养教育。这是该院服务社会和大学生社会实践的一项重要内容。活动中，文传学院的同学们对小学生开展了媒介素养教育，通过 PPT 给小学生讲授办报如何选题和怎样创办媒体。小学生们热情高涨，大家争相申报选题，积极参与办报。新闻专业学生李科说，用学到的知识服务社会，感觉很有意义。

2016 年 4 月 14 日、15 日下午，文化与传播学院组织学生前往休宁县临溪、汉口中心小学进行媒介素养教育实践活动。此次活动以培养农村小学生媒介素养意识为主要目的，由文传院 14 级广播电视编导班学生进行指导教学。

实践活动分为摄影理论讲座和游戏互动拍摄两个部分，来自 14 级广编班的徐庆文和舒特健同学将自己学到的摄影知识以 PPT 讲解的形式和临溪、汉口中心小学的小摄影兴趣爱好者进行了分享。随后文传学院的大学生们和小学生们进行了“双凤戏珠、不倒森林、一分钟集体跳绳”等趣味游戏，孩子们们拿起照相机捕捉游戏中的画面，摄影小组的成员一对一对小学生进行摄影示范和指导。在“妈妈，我想对你说”摄像环节中，小学生们把平时羞于表达的话，通过镜头真情地向妈妈倾诉，来自临溪中心小学五年级一班的游小蝶说，平时父母不在身边，自己很少有机会和妈妈交流，今天通过摄像机的镜头想对妈妈说：“妈妈，辛苦了，女儿爱您！”

5. 捐赠媒介素养教育图书

何村还在这两所小学分别建设了媒介素养教育图书展览橱窗，捐赠了图书和书架。

6. 组织小学生到文化与传播学院参观，与媒介面对面

为帮助中小学生全面、直观地了解大学的学习生活及环境，开展农村中小学生媒介素养教育，2016 年 4 月 21 日下午，休宁县临溪小学与汉口中心小学共 32 名学生，应邀来到黄山学院文化与传播学院参观体验媒介。孩子们上了一次生动的媒介素养教育课。

在虚拟演播厅里，小学生们带着新奇的目光盯着演播厅里的摄影机、摄像机看个不停。在大学生们的指引下同学们坐在主播台上，体验小小主播的乐趣；录音室里，小学生们放声高歌。随后，同学们还参观了微电影基地、摄影中心、形体房、多功能演播厅、微格教室等实践平台。在 4 楼展厅内，同学们还观看了文传学院大学生创办的各类报纸、杂志等。临溪中心小学的游小蝶同学说：以前只在电视里看到主播播报新闻，今天自己在黄山学院虚拟演播厅当了一次小小主播，心情十分激动。

7. 不畏困难，坚定信念，迎面而上

在农村开展媒介素养教育面对的第一个困难就是资金问题，资金短缺因此，何村常常自己掏腰包，用作必要的启动费用，因为他相信媒介素养教育将造福深远，所以个人利益得失便看的不那么重要。学校远，他们就靠步行，在泥泞的乡村道路上，师生们手拉手，一起前行。为了启发孩子们的学习，他们自作教具自编教材，还买了小笔记本、学习用品当作奖品，每一堂课都是在孩子们的热烈掌声中结束。他们想将此项关系少年儿童健康成长的媒介素养教育工程做大，让媒介素养教育真正走进农村孩子的课堂，他们正和有关部门联系利用假期培训农村教师，着手编写实用的媒介素养教材。筹措资金，他们积极应对，联系媒体多家媒体进行宣传，盼望更多有识之士和相关团体给予帮助。

总结：

何村团队全台成员利用业余时间和节假日，为锦州市八家子小学、大围子小学、宝地小学、新民乡中心校、大连半岛欣座希望小学、普兰店市城子坦中心小学、清原县天桥希望小学、盘锦田家学校等 10 多所中小学师生讲授媒介素养课程 80 余场媒介素养教育主题活动。2014 年，他们还在锦州市太和区政协的支持下，和有关部门一起建设中国首个媒介素养教育示范区。2009 年宣讲团的学生代表来到东北师范大学，应邀参加了“小学生媒介素养课程研讨会”，宣讲团多次受到了专家学者的好评，辽宁日报、中华新闻报等多家媒体对此进行了报道。

“媒介素养教育是一件惠及全体中小学生和亿万家庭的事情。积极开展面向中小学生的媒介素养教育，尽快建立符合中国国情的媒介素养教育体系，努力提高中小学生的思想文化素质，对整个国家和社会的未来发展都具有重要意义。”何村说。

二、让女性也享受媒介素养教育阳光

1. 女孩媒介素养教育通过高校进村小支教

何村教授在接受采访时表达了他的担忧：“边远山区农村女童对现在传播工具并不陌生，通过这些传播工具成为地球村的小主人。在安徽的乡村中，到处可见以前的贞节牌坊，和学校操场上活泼女童的身影形成鲜明的对照。”

于是每年暑假何村都会到农村开展媒介素养教育，2011 年 9 月，他带领学生在安徽休宁县临溪镇汉口中心小学开展媒介素养教育，在这个山区小学，有 200 多名学生，女孩占到一半。“有的学生家离学校 30 多公里，不少女孩在学校寄宿。在何村团队的帮助下，她们自己创办报纸、拍图片、使用电脑、手机制作微信、微博，使用 QQ 交流，对现代传播工具一点都不陌生。”

过去，古徽州有“十二三岁，往外一丢”的老话，现在女孩和男孩一样走进温暖的课堂读书，享受着良好的教育。这令热衷农村贫困地区研究的何村几多欣慰：这正是政府不断努力，促进女性受教育水平不断提高的结果。

2. 何村关注妇女干部媒介素养

不少农村的女孩受到了媒介素养的教育，但是何村认识到这还远远不够，在乡村，妇女干部也是非常重要的一个群体。我国农村妇女占全国妇女总数的75%，女性村委会委员达44.3万人。农村妇女干部，不但是农村女性中的佼佼者，而且也是农村社会发展中不可或缺的力量。那么，中国农村妇女干部的媒介素养状况如何？2011年4月26日公布的相关调查报告给出了明确答案：近年来，针对农村妇女干部的媒介素养教育寥寥无几，她们的媒介素养状况令人担忧。

在时任渤海大学传媒发展研究中心主任何村积极倡导下，锦州市妇联、渤海大学媒介素养教育研究中心、渤海大学大学生媒介素养教育宣讲团以及渤海大学大学生三农问题研究中心共同主办了"农村妇女干部媒介素养状况调查"，辽宁地区部分农村妇女干部参与了调查。调查启动于2011年8月，共发放调查问卷363份，收回有效问卷345份。

此次调查结果显示，我国大众传播技术和设施发展迅猛，但广大农村妇女干部对媒介还存有一种神秘感，这种神秘感是由于其对媒介的运作模式、传播方式以及功能等基本知识缺乏了解造成的。因而，有必要加强对农村妇女干部的媒介素养教育，让她们能够正确理解、合理积极地运用大众传播媒体及其信息和文化资源，从而更好地了解社会、完善知识、参与社会活动，充分发挥在农村工作中的作用。通过对农村妇女干部媒介素养现状通过调查，何村总结出农村妇女干部媒介素养呈现以下特征：

（1）自身文化水平的局限性

参与调查的345名农村妇女干部中，具有初中学历的179人，占总数的51.8%；拥有大专以上学历的50人，占总数的14.7%。而年龄主要集中在40～60岁之间。这个年龄段的妇女学习能力和接受新事物的能力都相对较差，这也直接影响了农村妇女干部群体接受媒介素养教育的能力，影响了妇女干部积极主动投身新媒体的热情。

（2）媒介接触的有限性

调查数据显示，由于农村地区分布最广的媒介就是电视，因而，48.1%的被调查者主要通过电视来获取信息。纸质媒体一般都是由村委会订阅提供，但种类偏少；对于互联网，更是有大部分人从来不接触，而一些偏远乡镇对电子媒介的接触情况更糟。

（3）信息选择的狭窄性

调查显示，农村妇女干部中有49.3%的人最信任电视媒介，其比例远高于传统媒介报纸（24.6%）、广播（10.9%），也远高于互联网等非传统媒介（10%以下）。30.2%的被调查者认为电视对自己很重要、在生活中不可或缺，48.2%的被调查者表示妇女致富信息是从电视中获取的，信息的传递大多只依赖于电视。有31.3%的妇女干部通过媒介获取信息的主要动因是为了方便自身工作。为了提高自身素养的占23.8%，为了了解社会的占20%，而为了参政议政、消遣娱乐、丰富自己的业余生活的均低于20%。这种情况表明大多数农村妇女干部只关注与自身利益、生活息息相关的信息，而现有大众媒介提供的大量有价值的信息往往被忽视，这种信息意识的缺失导致她们在媒介接触目的上具有狭窄性和随意性。

（4）信息反馈的被动性

调查数据显示，有49.3%的农村妇女干部表示可以参与媒体但是从未实际参加过；51.6%的被调查者表示从未参加过媒体互动；69.3%的被调查者不会主动与媒体联系。这表明农村妇女干部主动获取有益信息的能力差，媒介的参与意识差，不会利用媒体表达自己的需求和愿望。此外，妇女干部接触最广的电视节目千人一面，得到的是娱乐，而非思考，这使得大部分妇女干部仍处于被动的接受阶段，而不能积极解读媒介信息。

如何提高农村妇女干部的媒介素养？何村教授认为，应该加强以下几个方面的工作：

（1）利用高校等力量培训农村妇女干部

结合我国农村实际，一方面可以充分发挥高等新闻传播院校的骨干带头作用，每年选派一定数量的农村妇女干部脱产半年或一年到高校进修学习；另一方面，邀请新闻传播院校的老师利用假期对在职农村妇女干部进行短期培训。同时，利用网络进行远程教育提高农村妇女干部的媒介素养。

（2）培养农村媒介素养教育的“意见领袖”

县乡政府可定期开办媒介素养教育培训班，邀请新闻院校教师、当地媒体的记者编辑、市县宣传部人员来授课，把参与学习的人培养成为农村中的“意见领袖”，通过他们，把从大众传媒获取的知识，以二级传播的形式传播出去。

（3）寻求丰富多样的农村媒介素养教育形式

可以通过建立基金会等民间团体，与大学合作建立教育研发小组；深入农村开展媒介素养推广教育讲座、乡村推广研习等活动；发行相关的媒体教育手册、推广媒介素养节目等。通过民间团体和民间力量的加入，对农村妇女有的放矢地开展媒介素养的培养活动。

除此之外，还可以通过志愿者团队、尝试开办本地媒体的路径，提高农村妇女干部的媒介素养。同时，农村妇女干部也要解放思想、更新观念、加强学习、拓宽视野，努力提高自己的媒介素养。

何村教授还带队积极参加媒介素养相关论坛会议，并且提出建设性意见建议，广受好评。

(1) 思想的火花 精神的佳酿——《第四届西湖媒介素养高峰论坛》精彩纷呈：浙江传媒学院 2012-05-14

《关于媒介素养教育的相关问题的思考》是渤海大学教授何村在会上做的学术报告。何村更多地探讨了媒介素养本身的问题。他指出，媒介素养不是一个大箩筐，不是什么东西都可以往里面放。媒介素养是个人的教育，这些媒介素养理论不是万能的标签。不应当人为地夸大媒介素养的能力，不管怎么变，媒介素养的核心不变，不能把其当作万能的良药。在会上，他呼吁，应当发动大众媒介，发起社会的力量，不要停留在理论表面，坐而论道，而应该行动起来，转化为实践的力量。

何村教授在论坛单元主持时高度评价中山市教师进修学院在教师媒介素养方面所做的开拓性的工作。他说：中山市开展教师媒介素养教育工作的探索回答了几个重要问题，一是媒介素养教育的切入点在于教师媒介素养的培训；二是在媒介素养教育工作的推进过程中，专家们要建立一批像中山这样的研究、实践基地，实现理论和实践的结合；三是教师媒介素养教育的制约瓶颈是什么值得好好研究。他特别提出，中山的探索告诉我们，媒介素养教育不应该是一项急功近利的事情，它是一个需要奉献、值得奉献的、需要持之以恒长期坚持的工作。

(2) 唯一本科生团队参加“传播中国——复旦论坛”：中国文明网 2009 年 6 月 11 日

针对目前农村中小学生因信息繁杂而导致媒介素养知识缺乏的现状，渤海大学于 2006 年成立了大学生农村中小学生媒介素养教育宣讲团。宣讲团成员利用业余时间和节假日，先后到锦州市郊的八家子小学、大围子小学和大连半岛欣座希望小学、普兰店市城子坦中心小学开展了 20 余次媒介素养教育主题教学活动。还与学校签订服务协议，帮助学校成立小记者团、校园电视台等，受到农村孩子的欢迎。2007 年 12 月，宣讲团四名学生代表应邀参加了由复旦大学举办的“传播中国——复旦论坛”，作为参会的唯一本科生代表，他们的实践经验和成果，受到与会专家学者的高度评价和关注。前不久，宣讲团的 4 名学生代表又来到东北师范大学，应邀参加了“小学媒介素养课程研讨会”，并在大会做了经验介绍和宣读了科研成果《小学媒介素养教育实证研究》，再次受到了专家学者的好评。渤海大学大学生农村中小学生媒介素养教育宣讲团是目前国内高校中第一个面向农村中小学生、开展媒介素养教育的大学生社团。

三、农村中小学媒介素养教育实施方案及其它

1. 依托媒介素养教育基地开展系列活动

目前，何村的农村中小学媒介素养教育中心主要与休宁县临溪小学、汉口小学建立了媒介素养教育基地。中心可依靠两所小学的教师、学生等资源，充分开展媒介素养教育相关活动。

（1）将媒介素养教育纳入教学计划

将媒介素养教育的知识纳入《思品与社会》课程教学。

①媒介认知教育

教学年级：三年级。

教学时长：一学期 6 课时。

教学内容：纸媒、广播电视、广告、网络、手机媒体认知教育；课程考核。

②媒介产品制作

教学年级：四年级。

教学时长：一学期 6 课时。

教学内容：新闻采写、新闻摄影、新闻摄像、广告创作、新媒体运用；课程考核。

③媒介实践

教学年级：五年级。

教学时长：一学期 6 课时。

教学内容：《小学生报》新闻采写、微电台、微电视台、微电影实践；课程考核。

（2）搭建小学生媒体实践平台

①《小学生报》

主要版面：四个版。

印制频率：一学期每个小学出版两期。

创作过程：由大学生指导小学生完成选题、采编工作、每期每个小学印制全彩 500 份。

②微电台——“听风广播台”

主要栏目：校园热点，每期访谈（访谈一位老师或学生）。

播出频率：每月第一周的周一播出，每期 30 分钟。

播出方式：通过校园广播直播。

创作过程：由大学生指导小学生采写热点选题，并邀请访谈嘉宾，安排两位小学生主播。

③微电视台——“视界校园”

主要栏目：校园要闻，每期聚焦。

播出频率：每月第三周的周一播出，每期 30 分钟。

播出方式：录播，通过学校官方网站、媒介素养教育中心官网转载，并组织学生在多媒体室观看。

创作过程：由大学生指导小学生采制热点选题，安排两位小学生担任主播。

④微电影创作基地

每年制作一部微电影，主题多样。例如临溪小学有一部分特殊的学生——来自山区的孩子，因为家里远，没有父母的约束，这些孩子在很多方面都不能跟上本地孩子的节奏。通过拍摄他们的生活，反映这个特殊的群体，以引起社会的关注。

（3）组织小学实践团队

①“童言”小记者队

②“镜像徽州”摄影社团

③“有问有答”研讨社

依托研讨社，组织小学生通过调研等活动，发现身边的问题，并通过媒体平台发出声音。

（4）开展系列竞赛

针对不同群体举办系列竞赛活动，促使农村小学重视媒介素养教育工作。

①针对小学生

“媒介素养”知识黑板报比赛；

“漫谈网络”手抄报比赛；

“畅谈你我心中的媒介素养”、“我是小记者”等系列新闻采写活动；

“漫谈媒介素养”漫画比赛；

“最美家乡”摄影比赛；

“我为家乡生态出点力”调查活动比赛；

"我是段子手"段子编写大赛。

②针对小学教师

农村小学教师德育论文比赛；

农村小学教师媒介技能大赛。

（5）依托班主任平台开展系列活动

①"你说我谈媒介素养"主题班会

②"家校联动媒介素养教育"家长会

③组织学生观看与儿童成长相关的电影

（6）举办科普讲座

针对媒介素养教育者——教师与家长，开展媒介技术知识的普及教育。

①讲座主题

什么是单反；

什么是摄像机。

②讲座对象

农村小学教师（利用例会时间）；

农村小学家长（利用家长会时间）。

2. 重视媒介素养教育的宣传工作

（1）构建"一网两台三站"公众宣传平台

①农村中小学媒介素养教育中心官方网站

②微信公众号

③微博公众号

④公共 QQ 号

⑤微电台

⑥小学校园橱窗展台

（2）主动联系媒体开展宣传推广工作

3. 重视师生科研工作

（1）与基地小学开展科研合作

①合作开展相关课题的申报，依托合作基地进行农村中小学媒介素养教育现状等课题的调研。

②合作编写《农村小学生电子产品使用校规》，并将小学生媒介产品日常使用的考核情况，纳入"三好学生""优秀班干"等评价、评优标准。

③合作开发农村小学生媒介素养教育教材

（2）重视中心教师的科研工作

4. 加强大学生媒介素养教育宣讲团的组织与管理工作

（1）以指导老师为基点，形成四个大学生宣讲团队，各司其职，专攻本领域的工作。

（2）大学生形成电子版的“我的媒介素养教育日记”。模板格式：日期，活动内容，活动影像资料，活动感想。

（3）成果宣传展

何村教授每学期期末在黄山学院、合作基地小学开展活动成果宣传展。这些成果有：

何村教授媒介素养教育相关课题

“中国广播电视协会”农村中小学媒介素养教育实践研究（2010）

“中国广播电视协会”家庭媒介素养教育实践研究（2012）

“中国广播电视协会”在我国推广媒介及信息素养教育的挑战及策略研究（2013）

“中国广播电视协会”新媒介素养教育的实践和推广研究（2014）

“中国广播电视协会”西方各国媒介素养教育价值观研究（2015）

“九三学社辽宁省委参政议政招标课题”辽宁省中小学生媒介素养的现状与对策（2010）

“辽宁省教育厅科研课题”辽宁省农村中小学生媒介素养教育研究（2010）

“东北师范大学媒介素养课程研究中心课题”小学中年级“媒介教育”实验教学研究（2008）

“渤海大学校级大学生创新性实验项目”城镇中小学生媒介素养教育实证研究（2009）

何村教授参加媒介素养教育相关学术会议

传播中国——复旦论坛（2007），提交论文：《农村中小学生媒介素养状况调查》

媒介素养课程教学研讨会——东北师范大学（2009），带领本科学生参会并做发言

第三届媒介素养教育国际学术研讨会（2012），提交论文：《农村中小学教师媒介素养状况调查研究》

第三届西湖媒介素养高峰论坛（2010）

第四届西湖媒介素养高峰论坛（2012）

第五届西湖媒介素养高峰论坛（2014）

第六届西湖媒介素养高峰论坛（2016）

何村教授受聘媒介素养教育相关社会组织及学术职务

渤海大学媒介素养教育研究中心主任

东北师范大学媒介素养课程研究中心兼职研究员（2008）

中国广播电视协会媒介素养研究基地特邀研究员（2011）

浙江传媒学院媒介素养研究所特邀研究员（2011）

浙江省媒介素养教育研究会特约研究员（2011）

辽宁省农村教育区域统筹与均衡发展研究基地媒介素养教育研究所主任（2012）

中国广播电视协会媒介素养研究基地学术指导委员会委员（2014）

黄山学院媒介素养教育研究中心主任（2014）

浙江省媒介素养教育研究会特聘专家（2016）

何村获奖

《农村中小学生媒介素养调查》荣获辽宁省第十届“挑战杯”大学生课外学术科技作品竞赛三等奖

何村教授指导媒介素养教育研究生情况

毕业论文：《新农村建设视阈下农村中小学生媒介素养教育研究》（景天成 2009 届）

毕业论文：《辽西农村小学生媒介素养教育实证研究》（左亚娟 2009 届）

毕业论文：《辽西家庭媒介素养教育实践研究》（王岗 2010 届）

毕业论文：《我国推广媒介及信息素养的挑战与策略》（王晴 2011 届）

何村教授媒介素养教育研究学术论文发表情况

《农村中小学生媒介素养调查的启示与思考》，载《传播学评论》2008 年第 4 期

《农村中小学生媒介素养教育任重道远》，载《中华新闻报》2009 年 5 月 12 日

《遏制虚假新闻泛滥重在提高大众媒介素养》，载《新闻与写作》2007 年第 10 期

《媒介及信息素养教育推广面临的问题与挑战 》，载《中国广播电视学刊》2015 年第 2 期

《农村妇女干部媒介素养现状与培养》，载《中国广播电视学刊》2013 年第 3 期

《小学生媒介素养环境、问题及对策》，载《中国广播电视学刊》2011

年第 4 期

《中国语境下的媒介素养教育：泛化与政治化倾向》，载《现代传播》2013 年第 1 期

《小学生媒介素养环境、问题与对策研究》，选自《2010 年中国媒介素养研究报告》，中国国际广播出版社 2010 年版

《农村中小学生媒介素养教育实践研究》，选自《2012 年中国媒介素养研究报告》，中国国际广播出版社 2012 年版

《农村妇女干部媒介素养现状与培养》，选自《2014 年中国媒介素养研究报告》，中国广播电视出版社 2014 年版

《农村中小学教师媒介素养状况调查研究》，选自《媒介素养教育与包容性社会发展》，中国传媒大学出版社 2014 年版

何村教授出版媒介素养教育专著情况

《农村中小学生媒介素养教育理论与实践》，中国广播电视出版社 2013 年版

（整理者为浙江传媒学院播音与主持专业硕士研究生）

行走在媒介素养研究之路上
——记南山[①]媒介素养理论研究历程

杨小宁

在工作中研究媒介素养，在媒介素养研究中推进工作

1983年四川省社会科学院成立青少年研究所。原中国社会科学院青少年研究所所长是长期在团中央工作的张黎群（曾担任过浙江大学党委第二书记、中纪委教育室主任），他及时将胡耀邦同志对于青少年教育、青少年工作的指示贯彻到理论研究和理论研究的工作体制建设之中。四川省社会科学院青少年研究所首任所长由时任共青团四川省委书记杨崇汇兼任（后任中共四川省委副书记、中共云南省委副书记兼省政协主席，第十二届全国政协常委，全国政协港澳台侨委员会主任委员），团中央委员、时任四川大学团委书记、学生部部长刘成根调任青少年研究所常务副所长，体制上实行团省委和省社科院双重领导。南山研究员于1984年由四川省文化厅调入四川省社科院青少年研究所从事青少年研究工作，当时四川省社会科学院青少年研究所的研究重点是农村改革中的农村青年研究，重点课题是“八十年代的农村青年”。南山因为刚从文化工作转为理论研究工作而不熟悉农村情况，杨崇汇和刘成根要求南山先做社会调查再确定研究方向。南山与原共青团四川省委办公室副主任钱卫东（曾任四川省工商联副主席）和四川省人民警察学校（现四川省警察学院）青年教师陈真（现任四川省警察学院副院长）讨论调研课题，即以青少年犯罪问题为切入点进行研究。南山到成都市少管所进行为期半年的实地调查后，南山、钱卫东、陈真共同讨论和撰写关于四川省青少年犯罪问题的调查报告，得到时任中共四川省委副书记张力行的重视，张

① 南山，四川省社会科学院震灾研究中心首席专家、学术带头人、研究员、硕士生导师，成都电视台新闻频道《今晚800》特邀评论员。中国社会学学会青年专业委员会理事、中国广播电影电视社会组织联合会媒介素养研究基地学术委员会委员、四川省青少年犯罪研究会理事。四川省减灾委专家委员会成员。

力行在办公室听取南山课题组的调研汇报，并立即与时任省委政法委书记、省公安厅厅长白尚武协商，要求由省政法委、省公安厅、团省委、省社科院和省劳改局（现为省监狱局）共同进行四川省青少年犯罪状况以及治理措施的研究。四川省社会科学院青少年研究所及时向中国社会科学院青少年研究所所长张黎群汇报，中国社会科学院青少年研究所青少年犯罪研究室、中国青少年犯罪研究会立即与四川省社会科学院青少年研究所对接，将四川作为全国青少年犯罪研究的主要研究地区和研究单位。张黎群多次到四川指导、部署相关研究工作，时任四川省省长张皓若在听取南山的工作汇报后，要求四川电视台增加有关青少年的内容。四川省社会科学院青少年研究所有关青少年犯罪的研究课题得到来自全国的青少年研究专家学者的大力支持，中国社会科学院《青年研究》主编单光鼐研究员，中国青少年犯罪研究会会长、中国政法大学郭翔教授，中国青少年犯罪研究会副会长、华东政法大学徐建教授，上海社会科学院青少年研究所所长、《当代青年研究》主编杨雄研究员，北京工业大学法律系主任张荆教授、中国政法大学皮艺军教授、杭州市团校校长钱永祥教授、深圳市团校副校长田杰教授等都给予四川省社会科学院青少年研究所以指导。

（一）从青少年犯罪研究开始注意到有关媒介素养的问题

1985 年，四川省社会科学院青少年研究所与中国社会科学院青少年研究所、国家统计局、中国青少年犯罪研究会共同开展四川省青少年犯罪调查，以随机抽样的方法在四川全省监狱 25 岁以下服刑人员中进行 8000 份问卷调查。这一课题项目下的南山课题组成员包括由原 13 军 110 团宣传干事陈琦、《四川法制报》记者朱晓武，负责川西片区的问卷采集工作。南山课题组赴四川省新康监狱协助监狱管教干警完成对于服刑人员的问卷调查工作，由于新康监狱曾祥林政委非常重视对于服刑人员教育改造工作的理论研究，因此新康监狱的管教工作具有非常好的理论分析和理论研究基础。课题组按程序完成调查问卷的提取后，在曾祥林政委邀请下及时对问卷做了初步分析，并进一步对调查对象的心理状态进行记录和评估。课题组在新康监狱的调查分析中发现一个明显存在的问题，即媒介传播的某些信息确实与引起犯罪的原因相关联，而这些信息可以集中归纳为属于娱乐、生活和消费类的“软信息”范畴（当然也存在着有色情、暴力等不良影像信息的因素）。传播色情、暴力影像信息而诱发犯罪的结论是可以成立的，但是如何论证除此之外的“软信息”也与诱发犯罪有关则需要做出有说服力的解释。“软信息”本来就是市场经济的内容之一，也是市场主导下多元化的常态性社会生活。

当社会的发展再也不能回到集中统一的计划经济时代，权威媒介单一的信息发布同样也会扭曲人们的社会生活。那么“软信息”与青少年犯罪原因的关联如何解释、如何解决，则成为南山课题组在新康监狱调研工作的讨论重点。

课题组当时关注到“软信息”与青少年犯罪的关系，而这时关于“软信息”传播的社会效应尚属国内学术研究的空白领域。课题组成员陈琦贡献了非常重要的意见。陈琦参加过 1979 年边境自卫反击作战，他是作为主攻团尖刀连的士兵第一批投入战场。陈琦回忆在战斗打响前，战友们十分渴望从收音机中听到来自祖国内地的建设、生活、娱乐的各类信息，就是这些“软信息”发挥了与战前政治动员同样重要的作用。例如当时唱响全国的歌曲《再见吧，妈妈》，虽然有人持“渲染儿女情长”的异议，但确实与以往“雄赳赳、气昂昂”的军旅歌曲不同，更能为改革开放时代的青年士兵所接受，具有更大地鼓舞参战士气的动员力量。在陈琦的提示下，青少年犯罪问题中的“媒介素养”进入南山课题组的研究视线。如果将违法犯罪青年和为国冲锋陷阵的青年作为两极，在媒介信息供给（如“软信息”）不可控制的情况下（供给侧改变），接受者的媒介素养起着主导作用。按照经济合作与发展组织（OECD）的定义，“素养”是对知识、能力、态势的统整，是个体在与情境的长期互动中逐渐生成的，显示了情感、态度、价值观的重要性，强调的是人的反省思考以及行动与学习的能力与指向。因此课题组假设个人接受以及对于媒介信息进行取舍的基本素养（行动与学习的能力），取决于所处其中的社会关系，社会结构、组织形式以及组织目标等因素都会对于个体所具有“媒介素养”产生影响（情感、态度和价值观的指向）。

通过课题组在调研中设定的基本论点，南山研究员开始系统探讨“媒介素养”与青少年犯罪的关系。首先对于 20 世纪 80 年代中国出现的未成年人犯罪问题进行基本概括：自中国进入社会转型时期，未成年人犯罪问题不可避免地逐渐成为突出的社会问题。未成年人犯罪现象是对家庭变迁、教育体制、公共服务、政府职能、法律制度、社会价值取向、人际交往模式以及城市化、城乡二元结构、城市规划多方面发展过程和发展取向的检验。未成年人与社会发展的关系，属于马克思所说的人类进行自身再生产范畴，如果未成年人不能正常地与社会融合，那么就要检查在推进社会发展的制度设计和实践中，存在什么样的问题和失误。而当时未成年人违法犯罪的基本特点为：

一是违法犯罪年龄提前，低龄化趋势比较明显。当时的统计资料显示，

70 年代未成年人初次违法犯罪的年龄，比 50 年代和 60 年代提前了 2 至 3 岁，而到了 80 年代，则出现了未成年人违法犯罪现象的两个高峰：13 岁到 15 岁是初犯高峰；15 岁到 18 岁是犯罪高峰，一旦过了这个年龄段，其发案情况则有所平缓。这种现象和同时期国外的情况也比较接近，1980 年美国纽约 15 岁以下的少年儿童犯罪，约占未成年人犯罪总数的 70%。日本也统计分析，与未成年人违法犯罪高峰期的 1951 年和 1964 年相比，进入 70 年代以后，14、15 的年幼少年和 17、18 岁的中间年龄少年，违法犯罪比例明显增加。这说明，违法犯罪青少年“低龄化”，从这一时期成为世界各国的普遍现象。

二是在犯罪类型中，严重刑事犯罪，特别是恶性大案比例突出。进入 20 世纪 70 年代以后，未成年人犯罪从以盗窃罪为主，逐渐涉及抢劫、杀人、伤害等严重犯罪行为。而且与 20 世纪 50、60 年代相比，这一时期的未成年人犯罪，由过去单一的暴力型犯罪，趋向混合的暴力型犯罪，特别是因盗窃、抢劫、强奸等犯罪而杀人灭迹的一案多罪的混合暴力型案件，在未成年人犯罪中所占比例明显上升。而盗窃案的比例，与 20 世纪 50、60 年代相比，则有所下降。

三是犯罪成员来自不同类型的家庭。20 世纪 50 年代初，未成年人犯罪多是一些解放前失学、失业的流浪青少年，也有部分受新中国的敌对群体控制的青少年。工人、农民家庭出身的青少年违法犯罪的所占比例很小，国家干部和知识分子家庭出身的青少年违法犯罪的更少。到了 20 世纪 70、80 年代，未成年人违法犯罪的家庭出身涉及到各种类型，非经济因素进行违法犯罪的情况逐渐增多。同一时期举行的联合国第六次预防犯罪及罪犯待遇大会也认为：“发生问题的青少年不一定来自贫困家庭。”日本警方 1983 年的调查材料显示，从以刑事犯罪而被辅导的少年的经济情况看，“中等家庭”的少年占全体的 87.4%，为数最多；其次是“贫困家庭”的少年，占全体的 11.7%；“富裕家庭”的少年占全体的 1.1%；“赤贫家庭”的少年仅占 0.7%。当时的有关材料反映，家庭经济状况属于普通家庭的未成年人违法犯罪人数开始增加。

四是在校中学生犯罪率下降，已属未成年人之外的大学生犯罪率逐渐上升。据 20 世纪 80 年代的材料记载，中国大城市在校学生（主要是中学生）违法犯罪情况，当时经历了三个波浪期，即 50、60 年代在校学生犯罪率很低，70 年代达到高峰，1979 年全国查获的刑事犯罪青少年，在校学生占 26.7%。1980 年开始明显下降，1981 年下降到 0.59%。同时期在校大学生违法犯罪问题开始出现。

五是农村未成年人犯罪增加。20 世纪 70 年代开始，农村青少年犯罪开始增加，其特点是以盗窃犯罪为主，而且从过去的单独作案发展到结伙流窜作案，与城市不同，农村青少年结伙盗窃犯罪的成员有不少是同胞或同族亲属。

六是违法犯罪主观意图的随意性。当时的国际法学界认为未成年人违法犯罪的动机，从过去的主要是求物、求财的动机，向“游戏型”转化，将挑战法律和社会秩序作为人生的游戏内容。对于当时中国的未成年人犯罪，也呈现出集体作案较多，流行快、蔓延广，违法犯罪者缺乏一定的犯罪意识的特点。

七是出现了女性未成年人违法犯罪情况。西方未成年人犯罪的情况是，女性未成年人的严重犯罪率超过了男性未成年人的犯罪率，成为一个严重的社会问题。20 世纪 80 年代中国的未成年人违法犯罪中，也出现这类趋势。[①]

对于以上犯罪现象的解释，南山研究员认为既要考虑到传播媒介的影响作用。但又不能简单地把某一类传播媒介或媒介信息列为“病毒”，而是要从计划经济时期的社会运行模式、经济结构、管理机制、分配方式以及价值观念等方面发生全面变化的大背景出发，分析未成年人作为绝对依附于社会管理、家庭变迁的群体，对于来自社会的深层次变化，必然具有最直接的反应体验特别是当接受信息和传播信息的媒介以前所未有速度、规模和形式全面介入人们的社会生活和改变着人们的社会心理环境时，正如普列汉诺夫曾经简要的说明：“社会心理永远顺从它的经济的目的，永远适合于它，永远为它所决定。”[②] 人类发展的历史规律显示出，一旦心理环境发生了巨大的变化，旧的心理体系似乎都会出现崩溃的征兆，于是其社会弊病就开始凸现，西方社会学家注意到这就是吸毒、邪教、性实验游戏、复古主义等十分活跃的时期。计划经济体制向市场经济体制转型，在人们相互沟通、联系、交往的媒介空前活跃的条件下，都有可能会在相当的时期内加重人的心理负荷，既有可能扩大人们相互影响的范围和增强交往频率，也有可能拉长人们之间的心理距离，改变人的社会生活。原来人的血缘、家庭、友谊、义务等族类生活的主要元素，在市场体制导向和传播媒介扁平化带来的多元信息冲击下都将受到重新检验和诠释，人们用什么样的和怎样用更高的情感来平衡

① 资料来源：《中国青少年犯罪学概论》，北京燕山出版社 1986 年版。

② 普烈汉诺夫：《论个人在历史上的作用问题》，三联书店 1973 年版，第 78 页。

互动模式，是社会转型不容回避的重要内容。[①]

南山研究员是以结构理论解析媒介素养与青少年犯罪的关系。结构理论分为古典结构理论和现代结构理论，古典结构理论的代表是杜尔凯姆的社会一体化理论。杜尔凯姆最著名的著作是《自杀论》，杜尔凯姆认为社会是一系列道德规范（主要是法律和价值观念）的组合体，由这些道德规范产生社会秩序。人们是从幼年起就受到接受和服从这些规范的教育，然后在自己的一生中运用这些规范指导符合规范的行为。社会的强制力不是外在于个人的，道德规范应当是人们思考和情感方式的组成部分，也是他们的实际存在和理想的组成部分。杜尔凯姆坚信，道德意义愈是由人们相互交流、彼此施加影响，就愈能被强烈地感受到，并发挥更大的强制作用。人们彼此之间的这种交流和影响，杜尔凯姆称之为"社会一体化"，如果缺乏交流和影响，就是"社会解体"。杜尔凯姆的结论是，因为人类的本性在不受制约时必将导致越轨，那么来自于社会本身的社会强制必然会防止越轨行为。根据社会一体化的观点，杜尔凯姆对于自杀现象的分析则是，一个社会一体化程度愈高，即人们有积极的相互交流、彼此影响动力，对自杀的社会强制就愈大，自杀率就愈低。他所论证的不是社会引发什么样的自杀，而是社会设置导致不同的自杀率。杜尔凯姆还认为，社会解体的原因是传统社会向现代工业社会的大转变，所以个人的自杀会有两种不同的类型，一类是失范性自杀，另一类是利己性自杀。当一个社会不能为社会成员提供行为依据的规范、期待或准则时，失范性自杀就有可能出现。而如果人们缺乏将既定的社会规范内在化的机制，或是与这些健全的社会规范处于对立的情境，就有可能出现利己性自杀。杜尔凯姆有关自杀的观点是想说明，所有社会为了发展都必须既有个性（个人的创造性）又有社会一体化（或社会强制）。如果一个社会中这两方面保持平衡，那么自杀率就会很低，社会的任务就是要寻求这种平衡。杜尔凯姆的社会一体化理论中还有一个值得注意的命题，即越轨行为具有创造性的意义。他认为任何具有高度创造性的观念或行为都会具有一定的违反某些原先的道德准则的越轨倾向，这也是社会进步变革的生命力的一种表现。尽管杜尔凯姆没有进一步阐述如何对越轨的创造性做出界定，但是他还是清楚地说明了，只要对犯罪保持有效的社会反应，社会事实上也会得益于反社会的犯罪的长远效应。惩处犯罪就是在用实例强化社会主张的道德规范。杜尔凯姆越轨行为理论涉及两个方面，一方面证明是社会解体引起了越

---

① 刘成根主编，南山副主编，《社会稳定与青少年犯罪预防》，四川人民出版社 1997 年版。

轨行为，另一方面是对越轨行为进行功能性解释。

现代结构理论以莫顿的社会结构、失范、越轨行为理论为代表。莫顿认为如青少年犯罪之类的越轨行为，不是由生物内驱力引起的，而是由社会本身的规范、社会结构及社会结构发挥作用的方式引起的。莫顿吸收了杜尔凯姆的理论，主张越轨行为是人类对于变态社会结构的“规范的”反应。

莫顿注意了以文化或规范的方式描述的目标和以结构的方式描述实现这些目标的手段对于越轨的影响。当社会成员经过社会化教育而愿意追求社会规定的目标，同时也使用社会提供的实现目标的手段时，正统的目标和正统的手段之间就形成了平衡关系。但是如果社会成员虽然经过了社会化教育，也认同社会规定的目标，但他们被排斥在正统的手段之外，或者他们在使用正统的手段却发现目标具有虚假性，或者他们对目标和手段都不感兴趣时，目的和手段之间就出现了失调现象，即处于不平衡状态，也就是莫顿所称的“社会失范”。莫顿是这样具体阐述他的观点：“可以把文化结构定义为一系列有机组织起来的规范性价值观念，这种价值观念支配着对某一特定社会或集团的成员而言是习以为常的行为。社会结构是指该社会或集团的成员以各种不同方式介入其间的一系列有机组织起来的社会关系。那么，失范可以被想象为文化结构中的一种断裂，这种情况在文化的规范和目标同该群体成员在社会结构层次上以符合这些规范和目标的方式行事的能力之间出现分裂时特别容易发生。”① 莫顿是从社会化教育的目标认同，手段与目标的统一程度来观察失范现象的。莫顿认为人对于社会目标及其手段的适合方式有五种类型，即遵从、创新、形式主义、退却主义和造反。创新是人们在面临因结构引起的失范性紧张的最普通、最重要的反应。如果人们非常希望按照社会目标的要求取得成功，但又因为社会所规定的取得成功的手段难以掌握或条件并不充分，那么他们往往采用非正规的手段，以自南山设计的创新方式，达到成功的目的。这是占有少量社会资源的群体在与拥有大部分社会资源的群体进行竞争时一种迫不得已的选择，也就是在失范性压力下，用非法的手段减轻失范性紧张。莫顿说的形式主义是指如果人们愿意使用正统手段但是却缺少实现正统目标的场合和条件，形式主义就往往是人们行为选择方式。例如学校教师会以消极的、形式上进行教育的方式，对不合理的学校制度进行躲避式教学。退却主义是指人们既放弃目标也放弃手段，这些人是社会的“异化者”，如流浪者、醉酒者和毒品嗜好者等。莫顿对造反（或革命）类越

① 罗伯特·K·默顿：《社会理论和社会结构》，译林出版社 2006 年版，第 265 页。

轨行为的解释是，这是“努力改变现存结构而不是在这一结构内从事和解活动”。

莫顿的基本观点是，社会结构引起越轨行为，越轨行为在社会中具有独特的作用。莫顿影响了后来的犯罪社会学家，美国的犯罪社会学家运用莫顿的理论，研究美国移民集团的行为模式，探讨各类移民集团通过什么样的途经以确定在美国社会中的地位。

南山研究员在借用结构理论分析我国的青少年犯罪问题时，重点关注现代媒介在杜尔凯姆希望形成的“社会一体化”中能否或在什么条件下可以发挥积极作用，甚至会不会是现代媒介已经打开了重新定义“社会一体化”的开关；而现代媒介条件下的人的“媒介素养”有没有可能促成“个人的创造性”和“社会一体化”之间的平衡。还有现代媒介是否可以修复莫顿所说“变态社会结构”；人的媒介素养是来自于社会化教育，还是来自于社会目标的可实现性（在莫顿看来社会化教育与社会目标的规定性并不一定一致）。

（二）在国防教育的工作实践中研究媒介素养的内容变化

1994 年，经时任中共四川省委常委、四川省军区司令员任应来少将批准，南山研究员参与四川省国防教育办公室工作，后任四川省国防教育委员会工作期刊《国防教育》（后改名为《四川国防》）主编。1995 年颁布的《军队政治工作条例》将法律战、舆论战、心理战列入政治工作职责，南山研究员到预备役部队进行调研发现，部队的宣传动员、群众工作具有深厚悠久的政治工作传统与经验。毛泽东在建军初期就规定了我军“战斗队、工作队、宣传队”的三大任务，所以各级政治机关都非常重视宣传动员工作。然而在现代战争条件下的新“三战”（法律战、舆论战、心理战）还能不能沿用战场喊话、发放传单、张贴标语等传统模式则需要作进一步研究和论证。现代战争条件下的舆论战必须具备现代法律的媒介素养成为南山研究员这一课题的重点。

南山研究员关于军事斗争舆论战的媒介素养的研究观点是，现代战争条件下舆论战的媒介技术是多样化、数据化和太空化的，但是更为关键的并不在于从红军时期使用的标语、口号向计算机、互联网的转变，而在于进行舆论战所必须具有的以现代法律为主线的媒介素养的养成。在现代局部战争中，相关的法律斗争始终贯穿于战争的全过程。局部战争目的和手段的展开，基本无法回避既定的法律规定，如何成功的运用现行涉及战争问题的法律法规，是局部战争的参与方能否争取广泛的国际支持，充分调动各类资源，完成政治、军事战略目标的重要因素。当贯穿现代法律意识、法律规则的舆论战成为一种作战样式时，表明我军已摆脱了对于来自外部的威胁采取被动自卫防御的状态，具有与世界军事强国对话的信心和能力。

世界新军事变革的一个显著特点，是在以高技术武器装备为依据的新军事战略中，相关国际法规的运用，占有非常重要的位置。一定规模的局部战争与世界大战不同，当一些国家主动或被迫参与战争时，参战国既在原有的法律框架内寻找有利于自己的依据，也会根据需要，与盟国一起，制定新的有关战争的法规，以确保本国利益的最大化。局部战争虽然属于地区冲突，但是其影响力仍然会波及全球，局部战争需要的作战物质、战场保障也已超出了一国自行提供的范围，谁能最大程度地争取到国际支持，谁就不仅在舆论上，而且在战争实力上赢得先机，争得战争的主动权。

法律战和具有法律内涵的舆论战主要在以下方面展开：一是解决有关军事行动的合法性问题。在现行的国际法中，国家间的相互关系是由《联合国宪章》所确定的，尊重各国的主权和领土完整以及不干涉他国内政是《联合国宪章》所规定的国际关系的最基本的准则。国家之间的矛盾与冲突，都应依照《联合国宪章》规定的原则和程序予以解决，否则将得不到国际社会的认可和支持（如萨达姆发动的吞并科威特的战争）。二是在战争实施过程中对于执行有关武装冲突规则的监督与遵守。二次大战后，国际社会先后设立了四个国际特别（临时）法庭，即二战结束后设立的纽伦堡和远东军事法庭，1993 年和 1994 年设立的前南斯拉夫和卢旺达国际战犯法庭。纽伦堡和远东军事法庭，确立了发动侵略战争是严重的国际罪行，不仅侵略国要承担国家责任，而策划、组织、指挥侵略战争的个人，也要追究其刑事责任。1994 年 8 月 12 日制定的《日内瓦公约》明确，要求交战各方遵守战争规则，在为完成作战任务而做出决策时，要对军事因素和人道主义因素加以综合衡量，对严重违反国际人道法的行为应视为战争犯罪，要受到刑罚制裁。2002 年 7 月 1 日，在达到《国际刑事法院规约》规定的缔约国数目的情况下，国际刑事法院（ICC）正式成立，国际刑事法院管辖四种国际罪行：种族灭绝罪、反人类罪、战争罪、侵略罪。其管辖权包括按照罪行法定原则确定行为人承担刑事责任的法律依据问题，并具有受理、侦察、起诉、审判刑事案件的权力。它是常设的国际司法机关，具有管辖范围的普遍性、机构设置的超脱性、政治上的中立性等特点。因此，在开展军事斗争中，应当重视国际刑事法院的规则，掌握在国际刑事司法领域的主动权。三是利用战争规则实施广泛的社会动员，瓦解敌军，争取国际支持。尽可能地限制和减轻战争带来的灾难，是当今国际社会的共识，依照战争法开展动员工作，按照作战行为规则进行瓦解对方的工作和争取国际舆论的宣传导向工作，是当今武装冲突各方非常重视的一个方面。四是使战争的胜利得到法律的确认。局部战争最终是要在现有国际秩序中维护和实现本国的利益，因此，战争的胜利者还需要国际社会对于用战争方式达成的现状予以裁定，以确定战争结局的合法性。

我军在长期的革命斗争实践中，主要是经受阶级矛盾（国内革命战争）和民族矛盾（反侵略战争）的考验。由于历史条件的制约，法律问题在以往的战争实践中并不是我军宣传动员、瓦解敌军工作的重点。面对世界新军事变革提出的挑战，应当以法律规则提高进行舆论战的媒介素养。

南山研究员对于舆论战中媒介素养的研究建议是，培养以法律规则为标准的舆论战媒介素养，也是在瞬息万变的战场环境中提高参战官兵心理素质有效途径之一。能否在陌生的作战区域、不同的文化环境、残酷的战场生存条件下始终保持清醒的头脑和牢固的政策法律观念，是坚决执行战场纪律和战场法规的心理基础。通过运用多种媒介手段从而最大程度的发挥法律效能并与强化心理素质训练相结合，是将参战人员在单独遂行任务的情况下，同样能够自觉遵循和运用法律规则，作为检验部队心理素质的一个标准。

（三）在参与媒介工作中研究有关媒介机构的职业道德素养

南山研究员在出任省电视台某生活类栏目的特邀嘉宾时发现即便是有关儿童权益、儿童教育的栏目，也常常会采取成年人利用现场嘉宾（专家）的身份主导荧屏话语权，以制造话题冲突的方式来提高收视率。但是其实际效果不仅是沉默了孩子们的声音，而且在成年人强烈的出镜欲和表述欲中对于参与节目的孩子造成极大的心理压力，甚至形成新的心理伤害。这种成年人利用媒介的话语优势以散发着如福柯所说的规训式裁决倾向，除了显示单向度的权威压力之外，既很难传递出与未成年人（儿童）心灵真诚对话的信息，而且也暴露出媒介机构缺乏职业道德的媒介素养。排斥孩子们声音的有关未成年人的电视访谈节目，其社会教育的有效引导力是值得怀疑的。

南山研究员设定了传媒职业道德的媒介素养的研究课题，他以“长尾理论”为架构而分析研究有关机构媒介素养的职业道德问题。南山研究员提出，“长尾理论”是信息时代互联网和电视产业生存与发展的基本理论依据。“长尾理论”的指向是，过去人们只愿意关注重要的人或重要的事，如果用正态分布曲线来描绘这些人或事，人们就是只关注曲线的“头部”，而将处于曲线“尾部”、需要更多的精力和成本才能关注到的大多数人或事忽略。由于信息时代的关注成本大大降低，人们则有可能以很低的成本关注正态分布曲线的“尾部”，关注“尾部”产生的总体效益甚至会超过“头部”。互联网产业是“长尾理论”的忠实实践者，互联网领袖 Google 正是通过这个理论养活了无数的小众网站，也使自己站在这些小众网站的肩膀上成为巨人。“长尾理论”同样改写了电视节目的制作样式。20 世纪 90 年代末期，国内各个电视台的访谈节目大量出现，意见社会渴望“说出老百姓的故事”则是电视访谈节目扩展到社会生活的各个层面，在发掘“长尾”市场中展开竞争的强劲动力。但是“长尾理论”本质上是市场分析理论，其市场动态预测的技术数据不能替代相关节目策划的职业道德标准与追求。在开发“长尾市场”的背景下，确实可以发现有关未成年人的电视访谈节目已经从原来仅是弘扬少年儿童先进典范的表彰型宣传模式延伸到全方位跟踪和解读涉及少年儿童成长的所有热点问题，这既使全社会可以通过电视媒体而更为关注未成年人的成长过程和更为有力地维护未成年人的权利，同时也是对如何在公共讨论的平台上判读有关未成年人切身利益的问题提出了更严格的职业道德标准和要求。

南山研究员敏锐提出未成年人（尤其是儿童）是最需要成年人关怀的群体。其主要原因是儿童不可能为自己选择家庭、学校、教育者、监护人和主动规避生活中的风险以及解决生活中的问题。在正常的社会结构中，如果社会必须介入未成年人、特别是儿童的生活空间，是一定会预设相当的限制条件以最大限度保护未成年人特别是儿童的合法权益，并消除有可能带来的各类不可预知的负面影响。柔性、隐蔽性是引导未成年人直面成长和生活中存在的问题的前提。传统社会往往是以亲缘、地缘为纽带的“熟人社会”干预模式，有弹性地处理与未成年人相关的问题，即是遵循“小传统”的制度安排。在越来越便捷的电视技术和越来越廉价的网络技术高速发展而使得人们超视距的关注成本大为降低的今天，人们生活的一切内容都可以全部制作成为具有交易价值的影视产品，这就已经突破了满足人们原有“认识你自己”欲望的界限。然而这一切如果也是可以将有关未成年人的生活放置于“长尾市场”的电视制作聚光灯下（即便是在遵守有关法规的条件下），那么未成年人真的可以在这个公共平台上发出自己的声音吗？这类电视访谈节目究竟是要借助社会对于未成年人的关注而展示成年人话语的规训权力还是真的可以让未成年人从中受益呢？

南山研究员批评了在当前各类有关未成年人的电视访谈节目中，现场嘉宾（专家）往往是这类节目的主角。这些嘉宾们或是循循善诱，或是义正词严，不仅主导着荧屏话语权，并且总是非常强烈地要对访谈对象的心理状态以及家庭状态进行各类价值性判断和分析。而作为节目的制作、播出单位，节目内容的批判性和冲突感往往是收视率的保证，由此而来对于访谈话题社会效应的追求则有可能被“节目是否好看”所替代。从此类节目的制作规则就可以发现，要特别突出现场嘉宾的名人或专家身份，他们在节目中不是现身说法，而是要阐述观点或者提供建议，其角色地位只是访谈节目的“参与者”，而非身心投入的“当事人”。如果是以成年人为内容的访谈节目，即使是居高临下的专家参与也可以成为一种社会意见的展现方式，尽管可能会出现沟通障碍等问题，但是成年人之间的意见冲突总会对参与讨论的双方具有一定的制约作用。被访谈者与权威者的屏幕互动，既受节目导演组制片人的制约，同时也要接受电视受众的评判。然而有关未成年人的访谈节目则有所不同，各种曲折的故事和复杂的哲理并不适合未成年人。访谈节目毕竟不是电视版的思想教育公开课，现场讨论的参与者和屏幕之外的围观者应该是因为有共同关心的话题需要沟通而聚集到一起，单向度的权威发布因其封闭性往往使未成年人不可能成为参与对话（或辩论）另一方，这样的访谈只是展示了放大的话语规训权。

南山研究员的分析并不怀疑那些参与未成年人电视访谈节目的嘉宾们具有强烈的关心未成年人的社会责任感。但是面对掌握话语权的诱惑力，面对向无数电视观众进行自我展示的满足感，特别是自己评判的对象又是被赋予受教育的角色而处于不对称的信息交换状态。人们都有可能陷入福柯所说的规训导致的陷阱：“儿童比成年人更个人化，病人比健康人更个人化，疯人和罪犯比正常人和守法者更个人化。在上述的每一种情况中，人们文明中的个人化机制更偏向于前一种人。当人们想使健康、正常和守法的成年人个人化时，总是要问他身上有多少童心，潜藏着何种秘密的疯癫，他曾想犯下什么重大罪行。所有使用 psycho（精神或心理）这一词根的科学、分析和实践，都起源于这种个人化程序的历史性颠倒。当个性形成的历史——仪式机制转变为科学——规训机制，规范取代了血统、度量取代了身份，从而用可计量的人的个性取代了值得纪念的人的个性时，也正是一种新的权力技巧和一种新的肉体政治解剖学被应用的时候。”① 面对成年人的自负和傲慢，托夫勒从信息社会的角度提醒人们应当注意：“事实上，假如你看看周围的情况，就不难发现有一些非常聪明的人在做出越来越愚蠢的决策——政治、工业、投资、教育各方面都有。我们决策的质量在全面下降。这不是因为决策

① 福柯：《规训与惩罚》，三联书店 2003 年版，第 217 页。

者愚蠢，而是他们实在应接不暇，要做的决定过多、过快，而对许多事情他们也只是一知半解。”① 现在或许可以借鉴存在主义的观点思考电视访谈节目的出发点和落脚点，即每个个体具有其主观性的独立性和真理性。存在（直接体验过的生活）先于本质（表现在认识经验中的客体的各种特征）。如果仅用理性从外部观察人，把人变成许多客体之一是不对的。

南山研究员提出的设想是，如果我们所有参加未成年人的电视访谈节目的嘉宾都定位于真正的“当事人”，如果我们是以非常具体和生动的实例现身说法地展现访谈节目的主题并表明自己的观点，如果我们只报姓名而不强调自己的身份，并以此与未成年人在电视镜头前进行充分沟通和展开平等讨论。这样的电视访谈节目会不会因为缺少了指导性、专业性和权威性而失去应当承担的社会责任？特别是会不会出现马克斯·韦伯所担心的，传统社会的神圣价值被“除魅”，那些终极的、最高贵的价值从公共生活中销声匿迹？哈耶克的信息分散论或许可以解释信息对等沟通就是体现了“以人为本”的道理。由于信息是分散的，任何权威机构和权威者都是通过各种既定渠道（主要是科层传递，媒体发布）获得信息。但是权威机构及成员毕竟精力有限，获得的信息自然也有限，如果再考虑到科层传递带来的信息失真和滞后，或以行政偏好筛选信息的等因素，虚假信息导致决策失灵和权威失灵占有较大的概率。而作为具体的个人，单独个人获得的信息量也许远远不如权威机构和权威者，但作为一个整体他们获得的信息就要多得多。因为每个人都会很自然地根据自己的权利需求去积极寻找、获取和验证各类信息，尽可能做出较为准确的与自己利益相关的决策（为了维护自身利益谁都不愿自己骗自己）。个别人可能做出错误的决策，但是根据“大数原理”，其整体决策不会有误，这就是常说的“群众是真正的英雄”而我们则往往是渺小的依据。所以，在信息集中和单一传递的社会，一切人际沟通和交换网络都需要通过位居中央的权力而不是权利来进行连接。在这个只有一个中央连接点的星状体结构中，所谓社会共识往往也是按照这种模式构建的。如果权力中心失灵，整个结构立即崩溃，无法满足社会可持续稳定的要求。而信息平面传播的网状社会则不同，这种社会结构是以每一个权利主体为连接点，由不同的权利主体为环节编织出整个社会关系网络，形成扩散型信息传递通道，体现了个人能够遵照自己的权利而不是政治或权力的要求来缔结相互关系的平等精神。因此，我们有理由相信有效提升未成年人总体道德素养的渠道只能

① 阿尔温·托夫勒：《预测与前提》，国际文化出版公司1984年版，第120、123页。

是平等讨论、辩论而不是关怀备至的信息监管。否则即使是出于美好愿望和理想制度设计的绝对单向度媒介信息垄断，也未必能让社会走向文明和进步。

南山研究员阐述了马克斯·韦伯的社会分层理论所解释的阶级是指依照人们的经济状况进行分群组合，但是在经济因素之外，一个人还以拥有多少“观众”的社会声望而分为不同的社会地位。地位群体通常是共同体，是由人们的共同生活方式形成的，有什么样的收入就有什么样的生活方式。地位群体形成一定的穿着、习俗、饮食习惯和居住方式，共同的生活方式形成了共同的价值准则。然而成年人的游戏规则并不能用之于未成年人的世界，有关未成年人的电视访谈节目应当传递出未成年人的声音，而不是为了某一群体的社会地位而吸引多少不相关的“观众”。否则受到质疑的就不仅是媒介机构的媒介素养，还会被追问为何丢失其职业道德。

南山媒介素养理论的主要观点

南山研究员关于媒介素养的研究具有两个特征，一是问题导向。无论是青少年犯罪中的媒介素养研究、国防教育中的媒介素养内容研究，还是机构媒介职业道德素养的研究，始终着眼于“素养”作为一种文化行为、文化特征的解释架构，即将媒介素养的社会属性放在政治经济框架之中，做整体性检视和分析。这种研究取向展示了媒介素养与社会结构之间的多重因果关系，如青少年的媒介素养与其社会角色、社会地位的关系；军事斗争的媒介素养与战争性质的关系；媒介的职业道德素养与媒介的市场化竞争的关系。体现出社会学田野调查在媒介素养研究领域的坚守；二是始终注意避免将“媒介素养”空心化，即：“社会学是以归纳法，不断累积大量的个人、团体与社会互动间的基本行为模式的知识，尝试来了解个人、团体与社会间的行为和互动，进而以演绎的方法发展假设，做预测、实证的研究。”[①] 媒介素养内涵与外延的界定，只能在社会结构以及社会互动中予以识别。将理论融会贯通于清晰的文字之中，也是南山研究员学术研究的特点。我们疏理了南山研究员有关媒介素养研究的专著和论文：《挑战与抉择——青少年犯罪社会学新探索》（合著，重庆出版社，1994 年。四川省第七次哲学社会科学优秀科研成果三等奖）；《社会稳定与青少年犯罪预防》（合著，四川人民出版社，1997 年。四川省第九次哲学社会科学优秀科研成果二等奖）；《当代中

---

① 理查德·谢弗：《社会学与生活》，世界图书出版公司 2013 年版，第 4 页。

国社会的转型与发展》（专著，四川人民出版社，2007 年）；《灾难社会学》（专著，四川人民出版社，2011 年。四川省第十五次哲学社会科学优秀科研成果三等奖）；《第二媒介时代青少年媒体素养分析》（论文，2008 西湖媒介素养高峰论坛）；《青少年媒介素养与媒介权利》（论文，2010 西湖媒介素养高峰论坛）；《传媒的力量》（论文，2012 西湖媒介素养高峰论坛）；《共享与共识：新媒体面临的价值考验》（论文，2012 中国媒介素养教育国际研讨会）；《倾听孩子们的声音》（论文，2014 西湖媒介素养高峰论坛）；《新媒介语言中的媒介素养》（论文，2016 西湖媒介素养高峰论坛）。

南山研究员媒介素养研究的主要观点有：

（1）青少年犯罪是社会发展过程中的一种特殊信号，体现在两个方面：一是反映青少年在社会群体中的地位变化；二是生产力的发展对人类社会组织形式的挑战。信息时代的大众传播媒介促使社会生产方式发生重大改变，给予青少年更广泛地进入社会生产各个环节以可能，亚里士多德认为人的 21 岁到 45 岁是最强壮的人生阶段从而才真正具有社会意义，这时的青少年从柏拉图所说的适应长者的楷模和智慧，服从长者毋庸置疑的权威地位转变为拥有独立的权利和承担相应的责任。信息时代的社会组织形式同样发生重大改变，青少年的发展进程突破了自然经济状态决定的程序限制，而呈现出在有限的精力、有限的时间和有限的条件下面对无限选择的不确定性。对于青少年而言，切身利益是作为一个不断满足其需求的过程来接受的。青少年的社会阅历、社会角色决定了他们不会把满足生存需要当成主要的参照系数，而他们的生理特征又决定了必然要将发展的需求与水平作为社会、他人与之相互利益实现的标准，传统的类似于“忆苦思甜”的思想教育在互联网这一让青少年拥有广阔想象空间和交流空间的领域内，是难以发挥作用的。

（2）互联网改变了世界，也改变了人类社会的运行规则。转型社会往往对现代科技寄予更大希望，但也容易对现代科技发挥的强制性影响力估计不足。信息技术、互联网为社会转型提供了“世界是平的”的机遇，不过与这些机遇相伴而行的则是制定和推行了有别于现实生活的游戏规则。机遇和挑战给予人们的选择机会是对等的，虚拟世界其实本来就是存在于人们内心深处的精神欲求。

（3）新媒介让人们更加真实地感受到传播与传媒并不仅仅是外在于人们的某种传播方式和技术工具，人的需要才是传播和传媒存在与发展的前提，有什么样的人和人的关系就会有什么样传播与传媒。经历过集中统一计划经济体制的中国学者非常敏锐地察觉到传统媒介与新媒介的分界线。新媒介素养包括了人们应当自觉遵守两类规则：一类是技术规则；人们需要进一步提高个人多种语言、文字的沟通与处理能力。另一类是社会规则；即应当以什么样的心态与他人沟通。新媒介的社会规则包括两条基本原则，一是尊重别人话语权，“不同意你的观点，但是坚决捍卫你表达观点的权利”。二是应当走出“动机论”的陷阱。

(4) 网络技术从本质上是以不断满足个人心理需求为目的的技术创新，因此总是侧重于对于“乐”的需求的开发。于是注定要带来在网络世界中私人空间与公共空间难以区分、求知自由与娱乐自由难以把握、社会管理成本与社会自律成本难以平衡等问题。如果说新媒体的基本技术价值取向是“共享”，那么技术性价值取向能否兼容于社会性价值取向“共识”之中，则是新媒体面临的价值考验。新媒体符合现代商业运营模式，也是多数人参与政治的一种机制。工具之恶可以受制于工具之善，值得思考则是新媒体能否防止既得利益集团以及形态各异的社会集团利用互联网操纵民意，真正使新媒体从根本上增进社会福利。

(5) 探讨青少年媒介素养与媒介权利关系的复杂性在于界定传统社会向公民社会的转型过程中社会干预的合法性和公民权利的界线。媒介社会责任理论所要求的是必须警惕和防止媒介使用垄断手段操控信息侵犯公众利益，而不是对个人媒介权利的制约。青少年媒介素养的规则性和媒介权利的合法性之中蕴涵着社会治理、生存意识和生存选择的辩证关系。

(6) 传播与传媒并不仅仅是外在于人们的某种传播方式和技术工具，人的需要才是传播和传媒存在与发展的前提，有什么样的人和人的关系就会有什么样传播与传媒。相对于“传”而言，“播”可能更需要迈过思想启蒙、思想自由的门槛，只有当“认识你自己”的戴尔菲神庙之问最终成为一种广泛的社会趋势，人们才会产生相互探讨生与死、时间与空间、自然与人生的冲动，作为一种社会关系的“播”便因此而成为常态。

(7) 第二媒介时代是重新界定未成年人与成年人，教育者与被教育者从属关系的时代，开放性信息源的对称性使任何人都可以具有“认知”的优势和强势，而以行动能力为依据的传统经验，则逐步失去了处于主导地位的话语权。应当从关注第二媒介时代青少年自我认同的需要、生活意义的需要和未来发展的需要，分析当前青少年应该具有的媒体素养。

(8) 在新媒体时代，人们既对网络媒介用语的低俗化、偏激化和片面性所担忧，同时也有感于主流媒体和政府官员使用社交媒体的用词用语不能与时俱进，从而影响到舆论导向。媒介语言现象从来就是社会现象，如果将人们怎样说话和人们说什么样的话视为素养问题，那么素养养成的背后则是人们能够怎样说话和人们为什么说话，即社会提供的媒介载体和社会的价值取向。

四川是农村联产承包责任制的改革发源地，四川又是率先取消人民公社、恢复乡镇政府建制的改革先行地区（四川省广汉县向阳公社是全国第一个变更为向阳乡人民政府的基层农村行政单位）。同时四川还以在《人民日报》刊登全国第一起生产资料广告（四川宁江机床厂的广告，在传统的计划经济理论中，生产资料是不能具有商品属性的）而拉开国有企业改革的序幕。从改革开放初期，四川的社会科学研究就站在理论与实践相结合的前沿，注重深入实地调查，紧贴现实需要研究探索新情况、新问题。南山研究员的媒介素养研究学术观点鲜明，接地气，具有指导工作的重要意义，是我国媒介素养研究领域不可多得的人才。

（作者单位为贵州财经大学商学院）

苹果世代
——张海波的少年媒介素养研究

董云文

张海波，广州市少年宫副主任，中国青少年宫协会儿童媒介素养教育研究中心主任，是我国倡导推动“苹果世代”的媒介素养教育的第一人，带动全国各地青少年宫关注实施儿童媒介素养教育。十年磨一剑，从 2006 年开始，张海波带领他的团队，一手抓研究，一手抓实践，立足少年宫面向学校和家庭，立足广州，率先将儿童媒介素养教育推进我国公共教育体系，推广至全国校外教育系统。

他连续 5 年进行《儿童与媒介》的研究，系统描述了作为“苹果世代”的中国 00 后儿童的数字化成长轨迹以及媒介素养状况，在对儿童在线风险和家庭媒介教育现状研究的基础上，提出一整套基于我国儿童数字化成长规律以及教育实践基础上的三位一体的对策，以及符合我国国情的媒介素养教育的目标方法和路径。

他的研究报告成为备受国内外学界关注的国家重点课题，他主编的《媒介素养》教材被纳入了广东省地方课程实验教材，标志着媒介素养教育正式进入我国公共教育体系，实现国内儿童媒介素养教育发展的重大突破。他的研究和实践引起国内外同行和联合国的关注，他本人被授予联合国教科文组织一联合国文明联盟媒介、信息素养与跨文化对话教席网络成员，2015 年他带领少年宫的学员代表我国参加联合国互联网管制论坛，将中国儿童媒介素养教育的研究和实践成果介绍给世界。

一、从媒体人到教育人，从少年宫到学校，他率先推动儿童媒介素养正式进入我国公共教育体系

从媒体人到教育人，张海波的媒介素养教育道路好像是命运的安排。

1992 年，从小立志要当记者的他，高考时放弃了保送名额，以当年武

汉大学在河北省招生的文科最高分成绩进入新闻系学习，成了珞珈山上的“武大郎”。那时，学校很重视学生的社会实践 。作为系学生会主席的他，每年和同学们到报社参加实践活动。跟着老记者扛着三脚架，冒着烈日在正在建设的三峡大坝工地采访；他做校报主编、学通社社长，还做中国青年报社的校园记者，记录身边的校园新闻。他所在的桂园宿舍楼，走出了一大帮今天活跃在新华社、中央电视台、湖南卫视、南方周末等国内一线新闻媒体的名记者名编辑名导演。

在图书馆里，他广泛阅读新闻传播书籍时，最早接触到了利维斯、波斯曼等关于“媒介素养”的一些论述。记得那时有一段时间，很流行麦克卢汉的书，说到媒体将成为人身体的延伸，真不明白什么意思。那时新闻系里有位刚从加拿大留学回来的老师讲到了互联网产业的发展，大家听得都很新鲜。他读到自己很尊敬的业界前辈，民国著名记者邵飘萍传时，对他的一句话特别印象深刻：新闻知识应成为国民普通知识之 。多年后，他在小记者师资培训上经常说起这句话，在人人皆为记者的自媒体时代，我们推进的媒介素养教育，其中一个重要任务，不就是让新闻知识成为人人必备的知识吗？让我们以前在大学里学习的专业新闻传播知识，成为人人可学的通识和常识。

1995 年他在经济日报实习，写的第一篇报道就是采访微软公司的，这似乎为他后来和互联网结下了不解之缘。几年后，他作为羊城晚报的 IT 记者，开始有机会到硅谷一睹这些大公司的真容。

1996 年，他毕业后来到了刚刚全面进入报业改革的广州，在羊城晚报当了一名记者。那时的广州，正是新闻记者们心中的改革圣地，三大报业集团引领全国的报业改革，一时领风气之先。他跑过社区新闻、教育新闻、政法新闻、股市新闻，后来主要以 IT 网络为主的经济报道。

做记者的那些年，全国新闻特等奖、广东新闻奖……他几乎拿遍市、省和全国的新闻奖项。刚过 30 岁，他已经成为报社最年轻一批的高级职称记者。成为报业集团下一家经济大报的副总编。

他主持的《阿波营销茶座》成为业界知名的专栏，丁磊、张朝阳、李彦宏……一批 IT 界大佬走进他的茶座；他也成为不少珠三角企业的座上宾，他出版的《中国股市大索赔》是国内第一本证券民事赔偿领域的专著。

不少老同学、老同事开始对他在大众媒体高峰时，忽然从报社老总跑到少年宫大惑不解 。直到后来，看到他出的一本本媒体素养教材，才开始明白他是在另外一条战线做着同一件事。他没有离开媒体，反倒在自媒体时代，离新媒体更近了。不过，张海波说，其实这也是他始料未及的。

当年他的高级职称评委、后来他做儿童媒介素养研究的顾问，原南方日报社社长、暨南大学新闻学院院长范经锦曾经风趣地说：张海波这个大记者早早离开了大媒体，但他因此培养了更多的小记者成长起来，现在推媒介素养进入校园，让自媒体时代的孩子从小学习小媒体人的技能，这做了件比自己做记者更有意义的事啊。

他的师妹，“武汉大学最欢迎的女老师”，毕业后一直留校任教的武汉大学新闻传播学院副教授李小蔓说，看着师兄的教材有点汗颜，他做了一件本来我们这些大学新闻教育者和研究者应该做的事。她看了张海波的教材和研究报告后，带着自己的研究生一起，从珞珈山跑到广州，和他一起携手进行儿童媒介研究。

他当年大学“睡在上铺的兄弟”，湖南卫视著名制片人、《爸爸去哪儿》总导演谢涤葵也说，阿波老师转身教育行业，在互联网＋时代由媒体人到教育人，正逢其时，是不声不响的真正的跨界。

那时广州的报业引领全国的媒体改革，报纸自办发行，学习日本。在向日本发行顾问学习的过程中，他了解到日本的报社非常重视下一代读者的培养，报社的记者会到学校上新闻课。他后来所在的羊城晚报社也参与手抄报大赛，这时他开始意识到可以对儿童进行新闻媒体知识的教育。

经历了10年大众媒体的一线打拼，从记者、编辑，从采访部主任，到副总编。1996年，他因一个偶然的机会来到了广州青年报社担任总编辑，青少年报刊有传统的小记者培训，在中小学设立小记者站。他开始思考青少年报刊的发展之路，这时他想起了媒介素养。他意识到，倡导青少年媒介素养教育，这是青少年报刊发展的一个很好的专业化方向。在报社发展转型探讨时，他提出，青少年媒体不必走大众媒体的路线，可以走专业化办报之路，方向就是实施媒介素养教育。所以当时张海波在青年报社大力发展小记者、学通社，开始搞校园小记者、搞媒介素养教育的体验活动。

同时，他利用自己身兼广州少年宫副主任的优势，在少年宫与青年报结合，创办了亲子教育刊物《都市人·成长》杂志，创办了“成长空间”培训项目，全面开展儿童EQ教育。这时，他去香港、台湾、新加坡等地，了解到当地开展的媒体识读、传媒教育的课程，这对他的媒介素养的课程教育有了真正的直观的认识。在国内没有什么先例可以借鉴的情况下，他开始借鉴港台地区以及收集到的国外的相关课程经验，2006年，他带领报社记者编辑申报了广州大学“青少年成长教育研究基金”首批研究课题“广州市未成年人媒介素养教育行动研究”，这也是国内最早的关于青少年媒介素养教育的行动研究案例之一。

从 2008 年 3 月开始，他带领青年社的记者编辑和少年宫的青年教师在少年宫成长空间，正式开设了小记者媒介素养实验课程。经过三年多的招生、培训，少年宫小记者媒介素养班从不为人知，慢慢成为少年宫里颇受家长和学生的欢迎的热门课程，逐渐形成了面对从小学低年级到高年级的初、中、高级班课程。在少年宫开班的同时，他也把小记者媒介素养教育课程带到之前报社建立的校园小记者站中。

“全面认识，合理使用，理性表达，社会参与。”在新媒介赋权“人人皆可成为记者”的自媒体时代，张海波鲜明地提出了新时期儿童媒介素养的教育目标。

2011 年开始，少年宫的课程相对成熟。张海波开始思考如何把媒介素养课程从少年宫全面推广到学校，如何把之前校园小记者站中的小记者媒介素养活动和课程，从只在小记者站学员中开展，扩大到面向学校的各学科教学和全体学生。这时，他想到了用科研课题的形式。

2011 年，他组建了由报社记者编辑、少年宫各学科老师和辅导员等联合组成的课题组，立项申报了广东省社科院青少年成长教育研究中心重点课题。在少年宫设立中心课题组，然后通过市教育局和市少工委发动，在广州 12 个区，按照区域分布、学校办学特色，本着重点学校和一般学校结合、城市中心区和郊区相结合、公办和民办相结合，多层次、分区域选出了 13 间学校进行子课题教研。从点到面，立足少年宫，面向学校，张海波团队在国内率先在一个城市范围内，有计划、分层次地开展大面积的媒介素养教育学校推广工作。

为了保证这项大范围的科研活动的顺利进行，张海波积极推动党政部门大力支持。在他的多次呼吁、沟通下，终于获得领导的关注。2012 年，广州团委市和市教育局正式发文成立了广州市青少年媒介素养教育领导小组，由两个单位的主要负责人担任组长，他自己担任办公室主任，在报社和少年宫都成立了媒介素养教育中心，形成了“一办两中心”的团教共抓的市级媒介素养教育领导体系。促成团市委、市少工委、市教育局，多次为开展媒介素养教育发文。这些顶层设计，在广州的学校掀起了一股重视媒介素养教育的小高潮。

与此同时，他利用自己的专业学科背景，以及长期在媒体工作的资源，聘请了暨南大学、武汉大学、中山大学、广州大学、羊城晚报、南方日报等一批资深的新闻传播学者，以及媒体业界精英，作为课题组的顾问。

在少年宫，他们定期开展教研活动，在学校他们精心按照课题设计安排结学校特点开展了扎实的子课题研究。一开始，为了让学校老师迅速了解媒介素养教育的基本理念和教学方法，他们一方面在少年宫举行定期讲座、培训，另一方面派出少年宫老师和报社编辑记者，到各校做示范课。

2013 年，他将之前少年宫的部分课程整理，主编了国内首套同时面向学生、家长和教师的“三合一”的系列教材，并为每个子课题学校每个年级设立了实验班，人手一册配发教材。

与少年宫教育自主性强、灵活性强不同，在目前中小学的教育体制，有严格的教学大纲和教学计划。因此，在学校全面实施媒介素养教育，采取像少年宫那样独立设课的模式并不可行。张海波团队经过反复研讨尝试，采取了融入式发展的模式。他提出了“全面融入、专题教育、家校互动、校内外衔接”的学校媒介素养实施路径：将媒介素养教育与学校的各学科融合、与校园媒体阵地和社团活动融合、与实践活动融合、与少先队活动融合、与家校互动融合等，目标明确，路径多样，教材有标板，课程有示范，广州校园中的媒介素养教育通过各校课题组带动呈现出“百花齐放”的生动景象。

每年，他都主持全市及各区的少先队辅导员的媒介素养专题培训班。他还和教育部门一起，进行教师的互联网思维的网络课程，为全市的中小学骨干老师进行媒介素养教育专题讲座。

张海波关于媒介素养教育的课程开发、课题研究和实践，进一步引起了教育部门的关注、重视，2014 年 10 月，他主编的媒介素养教材经过广东省教育厅初审，被列入地方课程实验教材，成为国内首套进入政府公共教育体系的儿童媒介素养教材。

二、小苹果的老爸研究苹果世代，他推动中国的“佩恩基金会研究”，建立新媒介素养的中国研究框架，推动媒介素养教育从学校走进家庭，从青少年教育到全民教育

张海波说，真正关注新媒介对儿童的影响，是在有了女儿之后。2007 年，乔布斯发布了 iPhone，重新发明了智能手机，从此人类真正进入智能手机时代。就在第二年，他自己的“奥运宝宝”出世了。成了一个 00 后的老爸，张海波说，他这才对教育有了真正的了解。教育不但是他的工作，更成为他的生活。

在与女儿的陪伴过程中，他对女儿面对小小屏幕不学而能的技能深深惊

叹。两三岁时，女儿拿着家里的平板电脑，小手指在上面戳戳点点，几下就能熟练地打开各种应用，根本不用别人教。再过几岁，打僵尸、切水果，分数比爸爸还高。

在少年宫和学校里，他给小记者们讲课时，也开始关注他们玩的游戏，上QQ、写贴吧。特别是每到假期带孩子们去夏令营，他和孩子们住在一起，和他们一起玩游戏、交流攻略，这些都使张海波开始萌发想法，要系统地研究00后儿童的屏幕生活以及媒介素养状况。

女儿这一代已经开始变了，他们的媒体环境发生很大的变化，主流的媒介已经变了，这些变化对孩子来说意味着什么？出现了哪些问题？父母有什么担忧？遇到了什么教养挑战？有哪些好处有哪些坏处呢？应该如何应对？

2012年，他在广州12个区开始发放问卷，2012年"六・一"，他的团队发布第一份广州儿童媒介素养状况报告，立即引起新闻媒体的广泛关注，人民日报、中国青年报、联合国儿童媒介素养官网等都纷纷报道。在这个报告里，他开始提出"苹果世代"的概念。

2013年他联合全国15个主要城市的青少年宫开展了儿童媒介素养状况大调研，随后又扩展到18个城市。2014年3月，他通过争取，将中国青少年宫协会儿童媒介素养教育研究中心成立起来。他在各地青少年宫聘请有丰富一线经验的业务骨干成为中心的调研员，大家定期进行培训，一起做问卷、做访谈，开展网络安全和媒介素养公益活动。一个立足少年宫，面向全国的儿童媒介素养科研体系建立起来了。

越来越多各学科的老师加入他的研究团队，他从广东省社科院的课题到全国少先队工作学会，再加中国教育学会的重点课题。国内外许多高校、研究机构看到他的研究报告，也纷纷前来合作。

对于研究和实践的关系，张海波说，任何的工作都离不开调查研究。毛主席说，没有调查就没有发言权，何况我们正处于新媒介革命的转折时代中，更需要及时了解这场改变对儿童、对教育带来的改变。他说，儿童媒介素养教育的基础来自儿童与媒介的研究。

对于"儿童与媒介"的研究，张海波一开始就进行了明确的定位：有国际视野的本土研究和实证研究。他说，我们如果不了解这一代儿童的新媒介使用状况，我们的媒介素养教育就是无源之水，无本之木。儿童媒介素养教育的最终目标是为儿童的成长和发展服务，可是如果我们不知道他们在使用新媒介过程中出现哪些问题，新媒介如何改变了这一代儿童的娱乐学习生活方式，我们的教育出发点和针对性又在哪里呢？我们如果不了解当代儿童新媒介的使用习惯，研究掌握他们数字化成长的规律，我们就只能照本宣科地借用西方理论和那些专家们根据他们所处的媒介环境提出的理论和方法，那我们的教育实效性就会大打问号。

说到调研，张海波常提起上个世纪20代年美国的“佩恩基金会研究”。上个世纪初，一种改变人类传播历史的新媒介诞生了，那就是电影。在人类几千年的传播史上，人们第一次通过声光电，在屏幕上看到复制的世界，人类传播史进入了电光电时代。在美国西海岸的好莱坞，影响全世界的电影产业开始勃发。周末带孩子去电影院，成为当时美国家庭周末最受孩子们欢迎的娱乐方式。电影对孩子的吸引力一点不亚于今年的手机、iPad。不过，家长和老师们很快发现问题来了。为了吸引观众，那时的不少电影里充斥着“拳头＋枕头”的黄色、暴力信息，孩子们深受影响。越来越多的家长们陷入担忧，还要不让孩子看电影？电影到底对孩子们产生了什么影响？

为了系统地回答这些问题，1928年，电影调查委员会的理事威廉姆·H·肖特邀请了一批大学的心理学家、社会学家和教育学家，让他们设计一系列研究来评估电影对儿童的影响，一个私人慈善基金会——佩恩基金会答应提供经济援助。研究进行了3年，从1929年一直到1932年，其结果分为10卷，于30年代初出版。

佩恩基金的调查是媒介调查领域科学化的先驱，他们把定量分析、实验和调查的方法放在一个非常重要的位置。他回答了当时的新媒介对儿童影响的很多困域，最终还促成了《海斯法典》的出台，确立了电影分级制度的诞生，成为传播学研究领域的一个重要里程碑。

近100年过去了，今天智能手机、平板电脑、移动互联网的出现，对孩子们的影响，以及大人的担忧与当年电影出现时的情形何其类似。而作为教育科研工作者，我们最重要的不是先用什么理论去解释、评论这些现象，而是应该像科学先贤们那样，到孩子和家长们中间，去听、去看、去发现、去研究新媒介与儿童的真实关系，切实影响，从中发现利与弊，然后再去寻找相应的方法，再从这些实践中，去不断总结提升，构建相关的理论。

张海波将这一过程描述为：研究，行动，行动研究，再行动，再研究……这样循环的一个过程。当历史出现一些颠覆性、改革性的转折时期时，研究者最重要的是突破传统的研究范式，在新的范式还没形成前，勇敢地直面现实，从最基础的调研研究做起，这是一切科学方法的第一步。

于是，张海波带着团队成员，用一颗家长的初心，用孩子的视角，开始设计问卷。“开始并没有考虑太多的理论框架，或逻辑体系，就是回到儿童使用媒介的生活场景，孩子是怎么用的、用了多长时间，用它干了什么，然后再想想自己作为家长有什么担忧，家长一般是如何应对的，孩子们又怎么看?”

设计了问题，他们周末就在少年宫找家长和孩子聊，试填，发现哪些问题家长孩子听不懂，就改，再测。又发现了什么新问题，就马上加上。为了让调研更广泛，他还鼓励子课题学校的老师们在本班级、本学校作问卷，发动少年宫有兴趣的家长们，在家里问孩子。他这个少先队总辅导员，还给自己带的少理事们出任务，让少理事们去自己班级、学校做调研。“有时孩子们问的问题，比我们大人们更符合孩子们的心理特点。”为此，他还在少先队的红领巾议事堂里，专门做了一场《媒介和我们》的议事堂，让孩子作调研，还像人大代表那样写议案。他在全广州组织了“让媒介更美好”的红领巾小议案征集。连广州市聋人学校的特殊儿童也加入到调研和议案中来。孩子们的小议案还引起大代表的关注，广州市人大的领导和人大代表，还专门来到少年宫的红领巾议事堂来，倾听孩子们的调研和议案。

在不断的问卷调研、访谈实录，以及少年宫，学校开展媒介素养教育的基础上，一些关于儿童媒介素养教育的新方法、新概念慢慢在张海波头脑中形成。

2011 年，在他的广东省社科院课题研究中，为了形象直观地描述像自己女儿这样的一代数字土著，他提出了“苹果世代”的概念。“我实在找不出像苹果智能手机和平板电脑这样，在 21 世纪头十年这样深刻影响人们生活方式的新媒介工具，当然这里的苹果不仅仅是指苹果品牌，还指那咬了一口的苹果图标本身，这个充满了魔力的新媒介工具从此开始施展他的魔法，带动着数字时代原住民和他们的大人们一起进入了移动互联网时代。”

苹果世代作为数字时代的原住民有什么特点？他通过数据和访谈提出了：滑一代、搜 一代、微一代、游一代、秀一代。苹果世代处于数字化的成长之中，这样数字化成长有什么规律？在全国城市 3～14 岁儿童分了五个年龄段的调研和访谈后，通过数据对比分析和研究，张海波提出“三级跳”的儿童数字化成长关键期模型，总结了“低龄化”、“加速”、“反超”这成长的三大特点。通过 00 后儿童和家长的数据分析对比，他提出家庭中的“数字代沟”，提醒作为数字时代移民的家长，要重视和作为原住民的孩子们之间的差异。在分析了家长的担忧以及儿童在网上遭遇的在线风险，他提出了家长要注意儿童数字化成长过程中出现的：不健康、不安全和不文明三大风险，注意儿童在线风险出现的下移、扩张、失控这三大特点。

在这些实证研究的的基础上，张海波在课师研究中还提出了基于中国儿童数字化成长规律的儿童媒介素养的研究框架和评估框架：包括三个领域，十大维度，三十多个关键指标。这些研究成果，都受到了国内外专家的重视和好评。

通过研究和多年在少年宫、学校、家庭中的教学育儿经验，张海波提出了以“约定”为核心的家庭媒介素养教育五步法：把握一个原则，区分两大阶段，关注三大问题，培养四种能力，善用媒介五大功能。

张海波说，我们人类的教育正面临着一个跨时代的变革背景，那就是本世纪初智能手机和移动互联网正带动我们人类进入信息社会和数字时代。和农业时代、工业时代相比，信息时代里新媒介科技是引导变革的核心因素。人类发明科技工具改进自己的体力，到改进完善自己的智力。信息时代也给教育提出了全新的要求，在农业时代，教育孩子就像种庄稼一样，营造好的环境，给他们充足的阳光、养份，精心呵护；在工业时代，我们教育的目标开始转向为生产线培训大批量的熟练的劳动者，人们掌握的工业技术后，开始大规模地实施工业化、规模化的教育，教育师开始称为人类灵魂的工程师，我们开始自信地改造人、塑造人，教育的过程就像生产线一样，讲流程、讲方法、讲工艺；到了信息时代，人们开始反思工业时代的教育，信息、知识的爆炸，新技术层出不穷，造成的知识更新和职业更替的加快，个性化生产成为可能，这些都对教育提出了新的要求。在家庭教育中，00后儿童作为数字时代原住民，新媒介赋权儿童更多自主学习、表达、交流的能力，教育的方式也应变化。那种控制式、听话式的教育越来越失灵了，家长控制孩子信息来源的能力也丧失了。失去了家庭中信息权威地位的父母，如何面对在屏幕前失控的孩子，只有调研关系、改进方法、不断学习。

如何让“约定”深入人心，简便易行，张海波在少年宫、学校，开展了“让我们约定吧”亲子教育活动。他和老师们一起在全国各地少年宫进行公益讲座、亲子沙龙，引导家长们了解自己家中的苹果世代，通过与孩子一起签订媒介使用的亲子约定书，变堵为疏，改善亲子关系，共同面对挑战。

拉钩钩，来约定，五步法，共成长。家庭媒介素养教育成为新媒介时代育儿的新理念。“阿波老师的苹果世代”的各种教育方法在少年宫的家长中不胫而走。

在连续多年进行00后儿童的媒介素养状况调研后，张海波开始思考新媒介时代下，面对00后儿童，媒介素养教育的目标应如何与时俱进。时代在变化，孩子在变化，儿童媒介素养教育应该如何跟上时代的发展和孩子成长的脚步。

他说，儿童媒介素养的目标只是培养小记者么？只是教孩子辨别信息么？只是培养批判性思维吗？当今天以智能手机和移动互联网应用成为儿童基本的生活工具和生存、成长环境时，媒介素养教育的核心目标应该及时进行调整。

在思考这个问题的过程中，张海波提出了向“新媒介素养教育”的转型。新媒介素养首先是新媒介，然后是新素养，新媒介是指不一样的时代，不一样的新媒介。他认为，媒介素养教育是一个特别需要与时俱进的概念——相对于其他素养，如文学素养、艺术素养这些相对比较稳定，但媒介素养有很大变化性，因为新媒介这个词是变动的，比如利维斯提出媒介素养概念时，当时的新媒介是黄色小报，电影；施拉姆时代，新媒介是指报纸、广播、电视这三个大众传媒；到本世纪初的新媒介主要是指智能手机、平板电脑、社交媒体，那么与之相对应，媒介素养教育也要相对应地进行改变。

经过课题研究和实践，他将新媒介素养的主题定为“如何在新媒介工具和环境下，趋利避害，发展自我”。今天，学界关于新媒介特别是互联网对儿童甚至人类的影响，有很大的争议。但学界争论，为了说明论点，往往易走极端，似乎不是天使就是魔鬼。但从影响到媒介素养教育实践来看，也往往会偏重哪一端。对家长来说，更容易走极端，对待孩子使用新媒介，或者视为洪水猛兽，强堵；或者就放纵不管，甚至用手机作电子保姆。特别在中国的教育领域，我们还没有完全进行“回到儿童”的启蒙主义，就迎来新技术革命对教育的挑战。各种非好即坏、非黑即白的观点往往让教育实践也忽左忽右。

张海波认为，作为指导实践的教育理念或目标，一要符合实际，能够促进人的全面发展；二是要简易便捷，可操作性强，强调理论的经济性的作用。并且要区分不同的教育对象和类型。

这些年，针对少年宫、学校和家庭的媒介素养教育，张海波根据自己的研究和实践，都提出了不同的教育目标、实施路径和具体方法。少年宫没有固定的教育大纲，课程百花齐放，面向社会，相对自由灵活。他强调媒介媒养教育的相对自主性、创新性。在少年宫的媒介素养课程中，既有小记者媒介素养的系统课程体系，有传统记者的采访编排播，也有小设计师、微电影摄制、软件工程师班等。近年来，他还和团队开始探索面向幼儿园孩子的新媒介艺术课程，以及以突出表达参与为核心内容的儿童新媒介参与课程。模拟儿童互联网大会，选拔儿童互联网大使，这些创新的体验课程和活动，已逐渐成为全国少年宫系统的品牌活动。受到越来越多老师、孩子和家长们的喜爱。

在学校中的媒介素养课，他强调与学校教育多学科、各种活动的融合，依托学校的社团、媒体阵地来进行。作为少年宫的宫主，同时又是少先队的总辅导员，张海波深知学校与少年宫的不同。学校一般不会有专门的媒介素养老师，学校的目前主要任务还是学科教育，各种理念方法内容都要往学校有限的课程中渗透，要考核的教育内容和实施的课程时间都有限。就是在同一个城市，不同区域不同学校的校情、区情也不一样，因此，媒介素养教育必须因地制宜、因校制宜。少年宫的校外教育强调普及和提高相结合，因此突出的是新媒介技能的提升，而学校的教育是义务教育、基础教育、学科教育，突出的是新媒介知识和相关素养理念的普及，新媒介技能则融入其他教育中相辅相成地进行。

在实践的过程中，张海波又发现媒介素养只教育孩子是不行的。作为新素养，家长和老师的新媒介素养也同样急需提升。而且与00后孩子这些数字时代原住民相比，大人们倒想半路出家的移民。他们对许多新工具、新应用的敏感度、熟悉度都不如孩子。但是他们又很担心孩子在屏幕前出现的各种问题，因此家长的媒介素养、老师的媒介素养要大力加强。在2013年，张海波主编《媒介教育》教材丛书，就包括老师、家长、孩子三本读本，“三合一”同时推进，这在媒介素养教育领域是一个创新。

在自己主管的少先队领域，他每年都进行全市范围的少先队辅导员的媒介素养专题培训班。他提出，要将媒介素养和新媒介技能列入新时期辅导员应知应用的基本技能。同时，他与教育部门合作，也将媒介素养教育作为新时期提升教师信息化能力的核心内容。开展专题研修班、网络讲座，他自己还到全市各个区，一些重点校，分批为辅导员和各学科教师进行培训讲座。

为了让更多地家长了解新一代孩子，转变教育观念，实施家庭媒介素养教育。张海波在少年宫里连续进行了“做数字时代榜样父母”、“培养数字时代儿童核心能力”系列讲座。为了让小手拉大手、大手牵小手，促进家庭媒介素养教育的实施，他的团队开始在全国各大城市开展——“让我们约定吧”的亲子公益活动。通过活动，让家长们掌握家庭媒介素养教育的理念、方法。活动喜闻乐见，深入人心，让人们真正体会到媒介素养教育是什么，它在我们生活中起到了哪些作用。

这几年，张海波几乎走遍了全国各地青少年宫，以及各地少先队组织，每到一处，他就宣讲媒介素养教育，介绍他的“儿童与媒介”的课题研究报告。在校外教育和少先队系统，他是闻名的媒介素养教育专家。

在研究实践的同时，他将自己的成果陆续整理编著成书，至今张海波已陆续出版20余本儿童媒介素养教育方面的专著成果，成为国内儿童媒介素养教育领域著述最丰的学者之一。他还担任广东省社科院、南京理工大学、广州大学等国内多家高校、科研机构的客座研究员、校外硕士生导师、兼职教授，指导了一批媒介素养教育方面的科研论文。

为了让更多家长了解媒介素养，他自己还借助新媒介手段，开设“阿波媒介素养”微信号，每天上万家长在微信上点击互动，至今坚持1000多期了。成了新媒体上有影响力的知名育儿公众号。

广州少年宫也成为全国儿童媒介素养研究的高地。这些年，联合国、教育部、全国少工委、各大学科研机构和学校，纷纷来广州参观、交流、学习考察。联合国教科文组织媒介素养项目官安卓参观后，赞叹不已，他说，广州的儿童媒介素养研究和实践极具特点，值得向中国各地和全世界进行推广。

三、他是少年宫的宫主、他是少先队总辅导员，他是家长和孩子心目中的阿波老师

初次见张海波，你经常会看到不同人来会分别称呼他：张总、张主任、阿波老师、波哥……他是广州市少年宫副主任、广州市少先队总辅导员，他还身兼着各种社会职务，广州市青少年媒介素养教育领导小组办公室主任、中国少先队工作协会副秘书长、中国青少年宫协会主题活动专委会副主任、中国青少年宫协会儿童媒介素养教育研究中心主任。

其实，正是多岗位、多角色的历练，让他可以在整合资源、组建团队，专业研究、实践活动等多方面发展，在各种繁重的行政角色之余，还能将媒介素养教育全力推动，应对自如。他的这些独特的个人经历，让他可以带着团队，历经重重困难，谱写今日成就。

张海波带队的儿童媒介素养教育能够这样迅速地在全国范围内推广开来，与张海波个人之前的经历也是密切相关的。首先张海波有十年的媒体从业经历，还是中国报业最黄金的十年，使得他深刻理解了媒体是怎么发展的。1996年，张海波刚从武汉大学新闻系毕业，被分配到羊城晚报做记者，当时正值中国报业最黄金的十年，而广州是全国报业改革的中心。所以张海波经历了报纸的电子化过程，他们是第一批无纸化办公的记者，第一批有邮箱、用QQ的记者，每次他给别人报出6位数的QQ号时，都让人咂舌不已。

他还是第一批用电脑采访写作的记者，他去日本、美国、欧洲，去香港，去学习他们最先进媒体经验。在这个过程中，张海波也一步一步从记者，采访部主任，编辑，成长为报社的总编。这 10 年特殊的经历，使得张海波对媒体本身的操作形式，媒体本身的变革，媒体本身对大众的影响都有切实的体会，使得他深刻理解了媒体是怎么发展的，也使他后来做媒体教育有着鲜明的实践特色、国际视野。

对“新媒介”深刻理解还得益于张海波在一线的采访报道经历。他是报纸里最早的一批 IT 记者和财经记者之一。为了跟踪产业最新动向，他到美国硅谷、微软、英特尔进行采访。还报道了很多关于互联网，门户网站的新闻报道，报道第一代网站如何从亏损到盈利，百度的兴起，QQ 的崛起。这些从业经历使得张海波深刻地了解互联网行业的运作、技术的发展和演进，和不少网络创业者和领军人物保持着良好的关系。所以后来，他做互联网对儿童影响的研究时，他能够清晰地感受到这个产业的变化，能够比较准确地把握到互联网对于儿童、新一代人的影响。这些经历对张海波形成“新媒介素养”和“苹果世代”这些概念也至关重要。所以，张海波很早就关注到微信对儿童的影响，他会经常去微信和他的一些老同事、老朋友，保持密切的沟通，及时获知他们有什么动态，这些都使他很受益。

少年宫的经历让他对社会教育有了真切的了解。少年宫是个孩子们的大学，科技、体育、艺术、文学等各领域无所不包，而且广州少年宫又是全国最大的少年宫之一，有 10 多万学员，上百多种培训项目。这使得张海波对教育有了深刻的理解。少年宫作为中国独有校外教育体系，全国有 6000 多家青少年宫，相比学校教育，相对自由，有利于做创新教育，将儿童媒介素养教育推向全国。张海波自身也在全国青少年宫协会做主题活动专委会的副主任，这可以使他在全国少年宫联合开展各种活动，充分整合资源。

少先队工作的经历让他对学校工作非常熟悉。他担任广州少先队总辅导员，每个学校都有大队辅导员。他到广州大学参与成立了全国第一批少先队学科硕士点，他带学生一起研究儿童的社会参与、政治意识的启蒙等。少先队重视运用新媒介，学校里有许多少先队的媒体阵地，红领巾广播站、电视台。少先队的工作经验让张海波知道学校需要什么，教育改革里有哪些最新的理念方法。他是队员们喜爱的阿波老师，是受很多基层学校辅导员欢迎的阿波老总。

在政府和大型赛事部门的工作经历，让张海波也很熟悉政府和跨部门工作的经验。曾在广州亚组委做了三年的广州亚组委志愿者部的部长助理、宣传策划研究办主任。这段时间的工作使他熟悉了政府部门的职能。当时，他还参与联合国的志愿者合作项目，这些经历是他懂得如何和政府打交道，参与国际合作，怎样和各个媒体打交道，期间积累了很多经验、资源。所以张海波团队的儿童媒介素养教育能够迅速地在全国迅速开展开来，甚至走上国际交流的舞台，这都和他多年的丰富的从业经历有关。

结合自己这些年的工作经历和媒介素养教育的推广之路，张海波感叹，一个新的教育理念要推广，大众有个接受的过程；一种新的理念要变成可行的操作方法和思路，需要不断调整改变，适应时代和儿童需要。有三点体会他很深刻：

一是坚守与变通。媒介素养如何从一种教育理念变为一种政府公共教育政策和行动，要引起政府学校领导的关注，要协调各种政府资源，制定各种政策。从思路到实践，从理念到政策，离不开理想的坚守。但是在实际操作中，又要注意操作方式和路径的变通，既坚持理念，又要一切从实际出发。

他说，一开始时，他和学校老师、领导讲媒介素养，大家都不太了解和接受。一位在教育界颇有声望的老教育专家参加他的课题研讨会时，就直言不讳：现在那么多素养，你们又搞出个媒介素养，有必要吗？于是他就思考，媒介素养教育的本质是什么，怎样才能够为政府部门、教育部门接受，这就要给学校、老师提供一些帮助，如果好的东西不能给别人提供帮助，光是概念没有用啊。所以张海波很重视将媒介素养教育与实践工作相结合，比如媒介素养如何成为政府宣传部门在自媒体时代的一个新的治理手段；如何为教育部门在新媒介时代提供教育创新的载体；如何为学校的品牌建设、校园文化建设提供新的亮点；如何为教师自身能力提升提供新的内容；如何帮助新一代年轻父母解决屏幕前孩子的育儿难题。

十年来，张海波就这样面对政府、学校、教师、家长不停地去宣讲、去解说。就这样，一步步利用更种方式将儿童媒介素养的理念传播开，让大家了解它，并懂得它的重要性。这样媒介素养讲座成为少年宫、学校家长学校里最受欢迎的课程，政府部门也在他们的推动下，开始成立相关机构、下发文件，最终使儿童媒介素养教育课程成为广东省的地方课程。这些年，在张海波团队的不断宣传推广下，媒介素养教育在广州、广东不断获得相关部门和社会媒体的重视。近年来，他参与撰写、设计的相关政府部门协会的文件、通知就有十多项。那位最开始质疑他的教育老专家，后来成了他多项课题最有力的支持者。

二是事业与团队。推广媒介素养教育是一项长期的事业。好的事业绝不是一个人可以完成的，如何去组建一个团队去推动一项事业？在整个媒介素养教育推广的过程中，既要做研究，又要做实践，既要面对政府、学校，又要面对教师、家长和孩子。既要与高校科研机构合作搞课题研究，又要在少年宫、学校、社区做培训、活动，这就要各方面的人才，形成一个团队。

在组建团队中，张海波十分看重多科学、多领域人才的加入。团队中的每个人都依据自己的特长，各司其职。在他少年宫的课题团队里，有艺术、科技老师，有长期在学校做语文、外语、思想课的学科老师，也有少先队辅导员，他还十分注重外围团队的组建，比如北京师范大学、中国传媒大学、武汉大学的一些这方面专业的研究生、博士也加入他的研究中来，他自己也在高校当校外硕士生导师，指导学生写这方面的论文。各学科的老师，各方面的人才，大家分工合作，联合研究。广州少年宫儿童媒介素养教育中心，中国青少年宫协会儿童媒介素养教育研究中心，聘请了一大批来自国内外的业界专家、学者作为顾问，还把青少年宫和学校一线的老师作为调研员，构建了一个学术研究的平台。

三是深度与广度。张海波团队在媒介素养方面的成功很大一部分归功于他们很好地把握了深度与广度的有效结合。张海波说，一项事业没有一定的广泛参与度和社会影响力，是没有办法推动的。从一开始，他就很注意通过整合资源，扩大媒介素养教育的广泛参与度。从点到面，这是一个飞跃。一个教育理念从一个点做一个面，只有有一定的覆盖面，才有说服力，才会引起政府和社会的重视，才能被纳政府的工作议程和公共教育体系。

为此，他从 2011 年开始，在少年宫这个点取得成功的基础上，迅速向全市学校推广。通过课题，把不同类型、不同层面的学校的都纳入进来，同进据此也组建了一个涉及各学校学科老师的科研团队。在每个学校都分年级建立实验班，再通过评课、观摩、示范交流，形成声势 。他还利用自己在媒体工作过的优势 ，在社会媒体上广泛宣传，增强社会影响力。

一个事业走得远，在广度的同时需要深度。深度体现在他多年进行的儿童与媒介的大调研上，体现他不断改版的同进面向学生、家长和老师的媒介素养系列教材上。

立足少年宫，面向学校、家庭，实现点与面的结合，调研、课程开发、教材编写，实现研究与实践的有机结合，这样就实现了广度和深度的有效结合，产生了巨大的示范作用和影响力。

四、互联网＋时代，张海波和他的小伙伴们紧扣时代脉搏，在儿童素养教育道路上全面创新

经过十年的努力和探索，张海波团队已成为国内最具影响力的儿童媒介素养教育研究和实践团队之一。他们的研究报告和系列教材成了国内众多从事媒介素养教育从业者学习参考的读物。

展望下一步的发展，张海波表示，互联网＋时代其实给儿童媒介素养教育事业带来了一个前所未有的机遇，他和团队小伙伴们将继续研究与实践双轮驱动，立足少年宫，面向学校和家庭，在稳步推动媒介素养进入学校地方课程的同时，大力推动家庭媒介素养的普及，让媒介素养教育从公共教育推进为全民教育。

展望今后工作，张海波给自己的团队提出了三个方向和目标：

一是继续全面追踪中国儿童数字化成长和媒介素养状况的研究，在此基础上形成有国际影响力的中国儿童媒介素养的研究与评估框架；

二是在深化媒介素养教育行动的实践，在进入学校公共教育的基础上，推动媒介素养进家庭，成为全民教育；

三是在互联网＋的大背景下，紧扣社会需求，推动儿童媒介素养与网络安全教育的全面结合，让媒介素养教育更好地为国家建设和社会发展服务。

他说，今天儿童媒介素养的研究和实践都面临着巨大的机遇。以往我们研究儿童与新媒介，我们中国的新媒介发展都是落后于国外的。我们在广播时代、电视时代、第一代互联网都相对落后。但是今天在智能手机和移动互联网时代，我们几乎是与世界最先进国家同步的。我们的智能手机、移动互联网应用都是世界第一大国，我们的阿里巴巴、腾讯，我们的微信都是受到全球瞩目的。今天，在广州、北京、上海的儿童，手里用着和纽约、伦敦、东京儿童一样的智能手机和平板电脑，因此我们的儿童与媒介的研究，也应该有基础、有能力出世界领先的成果。

在互联网＋的大背景下，全社会对信息技术、新媒介的关注度空前上升，这对媒介素养教育推向全民提供了良好的契机。现在国家把网络安全教育也提高到了前所未有的高度，媒介素养教育作为政府的一种网络治理手段也开始纳入政府视野。只要我们的媒介素养教育研究者和工作者，都能积极行动起来，增加问题导向、用户思维，打破学科界限，走进大众，多接地气，就能实现媒介素养教育的大发展。

媒介素养在中国的 20 年，只是一个起步，真正的发展才刚刚开始。张

海波说，他对未来充满信心。

附：张海波“儿童媒介素养”团队的10年研究和实践历程（2006－2016）

“儿童与媒介”课题团队从2006年就致力于儿童媒介素养教育的研究和实践工作，到2016年，已有10年的历史。在这10年内，由广州少年宫副主任张海波带领的课题团队，以广州为基地，立足少年宫，面向学校、家庭和社会，开展了一系列辐射全国的青少年媒介素养课题研究、课程实践和师资培训和家庭教育推广活动，引起了广泛的反响。

1. 课题研究活动

2006年，张海波等立项申报了广州大学“青少年成长教育研究基金”首批研究课题“广州市未成年人媒介素养教育行动研究”，是课题团队的申请的首个课题研究，课题成果以论文形式出版。

2011年，时任广州少年宫副主任、广州市少先队员总辅导员的张海波组建了课题组，申请立项了广东省社会科学院青少年成长教育研究中心重点课题“青少年媒介素养教育研究”。在前期广州青年报社和广州市少年宫开展媒介素养研究和课程实践的基础上，将科研成果推广到广州市12个区的13间小学作为子课题学校，按照课题组的计划安排，结合学校的少先队活动课、综合社会实践活动、学校小社团、思想品德和信息技术课等，开展了丰富多彩的课题研究和教育实践，取得了丰硕成果。13所子课题分两批分别在2015年1月14日和6月11日，完成了研究，向课题组进行了汇报和总结，并着手课题研究成果编撰，形成了媒介素养教育案例集《学校中的媒介素养教育——广州市小学媒介素养教育的探索和实践》。

2013～2015年，在本课题基础上，课题团队选择部分子课题学校并增选了其他学校，参与完成了中国少先队工学会“十二五”课题“少先队媒介素养教育活动与课程设计”。

2014年课题团队申请中国教育学会“十二五”课题“儿童和媒介——中国城市儿童媒介素养状况研究”，与中国青少年宫协会儿童媒介素养教育研究中心等联合发动组织全国18个城市青少年宫（活动中心），完成了全国儿童媒介素养状况专项调研。

2. 课程实践与师资培训

2008年，借鉴香港、台湾地区儿童媒介素养教育课程，结合前期小记者媒介素养活动和实验课程，课题组团队在广州市少年宫正式开设“小记者媒介素养教育课程”，招收学员。在寒暑假开展小记者媒介素养交流集训营。至今，参加少年宫小记者媒介素养教育课程和活动的学员已超过1万人次。

2009～2011年，课题组负责人张海波时任亚组委志愿者部部长助理、宣传策划与研究办主任，利用亚运志愿者活动的有利契机，在广州、广东全省开展亚运小记者和亚运志愿者通讯社活动，组织大中小学生开展自媒体创建，创办了《亚运志愿者报》、《亚运小记者专刊》，开展小记者媒介素养活动的大范围推广。

2013年下半年至2014年，为了推动广州市各学校的媒介素养课程水平，课题组组织少年宫媒介素养教育中心老师送课到学校，为学校开展“媒介素养教育系列课堂”示范课，总共开展了近百堂媒介校际课堂，并给学生派发了《媒介素养教育学生用书（动漫书）》及《媒介安全教育读本》。2014年4月10日，课题组在广州市华阳小学召开了全市媒介素养课例展示交流会。各子课题观摩了华阳小学的媒介素养示范课，并进行了教学研讨和经验交流。2014年，媒介素养教材被列入广东省的地方课程实验教材，成为我国第一套列入地方课程实验教材的媒介素养课程。

2013年10月28日，课题组组织开展“广州市首届少先队辅导员媒介素养教育研修班”，近百间学校的辅导员参加本次培训。2014年12月25日，“广州市中小学教师媒介素养综合能力提升高研培训班”在广州市广播电视大学举行。张海波为来自广州市中小学第一批媒介素养教育试点学校及广州市教育局属学校的80多名媒介素养教育工作的负责人进行了专题培训。2015年6月25日，张海波应邀在广州市第一中学为荔湾区教育系统做“儿童媒介素养教育理念、方法、实施”专题讲。区局属各单位副校级以上干部、德育干部和宣传干部参加了主会场讲座，各单位班主任代表通过视频会议系统同步观看学习。2015年12月，张海波在广州市电大录制教师媒介素养培训课程。

2011～2014年期间，张海波应各地青少年宫邀请，在天津、厦门、兰州、成都、武汉、南宁、昆明、重庆、贵州等地进行媒介素养专题介绍。应《辅志员》杂志、中国少先队事业发展中心、昆明、成都、广东省少工委等地少先队组织邀请，在东莞、成都、昆明、井冈山等地进行“辅导员的互联网思维和少先队媒介素养教育”专题讲座。

3. 家庭教育推广活动

从2012年至2014年期间，课题组在广州市一系列子课题学校进行了家长讲座。同时在广州市第二少年宫以“做数字时代榜样父母”和“培养数字时代儿童核心竞争力”为主题，连续做了10场家庭媒介素养专题讲座。3000多人次家长听讲，受到广泛好评。

2013年3月，开设“阿波媒介素养”微信号，利用新媒介手段面向广大家长广泛宣传新媒介时代的教育理念和方法。“阿波媒介素养”首倡家庭教育的“互联网+”，还原家庭教育现场，同时借鉴国际先进经验，培养数字时代的儿童核心竞争力，让家庭教育适应互联网时代的趋势，广受家长好评，成为国内家庭教育有影响力的自媒体公众号。

2014年，课题组负责人张海波在广州市家长学校做“绿色网络助飞梦想——儿童媒介素养教育讲座”，又在全国各地少年宫，开展“我们约定吧”、“做中国好网民”的系列媒介素养教育亲子工作坊。

4. 国内外交流合作

课题组在研究的同时，积极参加国际国内的学术会议，向外推广研究成果。

2012年的课题组组长张海波参加兰州举办的“第三届媒介素养教育国际学术研讨会”，提交《培养微博时代的小公民——广州少年儿童媒介素养教育的调研与实践》论文并做专题发言。

2014年5月8日，由国家新闻出版广电总局电影局和教育部基础教育一司作为指导单位，由国际儿童与青少年电影中心、中国儿童少年电影学会等单位承办的“国际儿童电影发展论坛”在北京中国电影物馆开幕。来自中国、美国、印度等30多个国家的知名儿童电影导演、制片人和媒介素养教育专家出席了本次论坛。张海波作为中国内地儿童媒介素养教育界的唯一代表受邀出席了本次论坛并作主题发言，引起参会的国际专家关注和好评。

2014年5月11日，杭州举办的第五届西湖国际媒介素养教育高峰论坛上，张海波应邀作了《研究与行动——“苹果世代”的媒介素养教育研究与实践》专题报告。张海波还在会上当选任为中国广播电视协会媒介素养教育基地学术指导委员会副秘书长。

2014年9月27日，张海波在清华大学“2014联合国教科文组织－联合国文明联盟全球媒介信息素养与跨文化对话大会”上做演讲，与世界各国同行介绍“苹果世代”的媒介素养教育。张海波还被授予联合国教科文组织－联合国文明联盟媒介、信息素养与跨文化对话教席网络成员。

2015年7月2日，课题组老师带领广州少年宫媒介素养课程学员代表参加了在澳门科技大学召开的亚太区互联网管治论坛。张海波和少年宫学员代表分别了作了关于中国内地儿童媒介素养状况研究和实践的专题报告和儿童媒介素养学习体会及建议。

2015 年 11 月 5 日至 6 日，课题组参加香港浸会大学举办的中国第四届媒介素养国际研讨会，并在会上做《中国儿童的数字化成长报告及儿童媒介素养教育实践》报告。

课题组成果丰富形式多样的研究成果也吸引了国内外专家的目光。芬兰著名的儿童媒介教育专家 MAIKKI KANTOLA 女士、国家教育部基础教育一司校外处长张东燕、香港浸会大学新闻系主任、香港传媒教育学会副会长李月莲老师、联合国教科文组织驻华代表处媒介与信息素养教育项目官 Andrea Caiola、浙江传媒学院王天德研究员、北京青年政治学院“青少年与媒介”团队等领导、专家陆续到广州市少年宫儿童媒介素养教育中心指导、参观和交流。

附：张海波主编著作

1. 张海波．苹果世代：“00 后”儿童的媒介化生存及其媒介素养教育研究［M］．广州：南方日报出版社，2013 年

2. 张海波．媒介素养（小学生读本）［M］．广州：南方日报出版社，2013 年

3. 张海波．媒介素养（亲子读本）［M］．广州：南方日报出版社，2013 年

4. 张海波．媒介素养（教师读本）［M］．广州：南方日报出版社，2013 年

5. 张海波．媒介安全教育（小学生读本）［M］．广州：南方日报出版社，2013 年

6. 张海波．媒介素养（小学生读本）［M］．广州：南方日报出版社，2016 年

7. 张海波．家庭媒介素养教育［M］．广州：南方日报出版社，2016 年

8. 张海波．小学生网络安全教育［M］．广州：南方日报出版社，2016 年

9. 张海波 何薇．学校中的媒介素养教育［M］．广州：广东省教育出版社，2016 年

10. 张海波 何薇．图说媒介故事系列丛书 13 本［M］．广州：广东省教育出版社，2016 年

11. 张海波．互联网＋时代儿童的在线风险及对策［M］．广州：南方日报出版社，2016 年

（作者为浙江传媒学院本科生）

高科：教师媒介素养教育的领军人物

况　亮

题记： 他是国内教师媒介素养教育培训研究第一人，他和他的团队将媒介素养教育从青少年、大学生拓展到教师群体，开拓了媒介素养教育的新领域。他带领着年轻的团队开发出了国内第一个教师媒介素养教育培训课程体系；他是高科，教师媒介素养教育的领军人物之一，来自大西北，怀着教育理想，一路从北方来到南方，扎根中山，立志服务一线教师专业成长，献身基础教育事业。

高科，生于1962年，西北宁夏人，现任中共中山市委党校副校长兼中山市教师进修学院院长。无西北人的彪悍，但有西北人的仗义与厚道，加上生于独特年代，地域和年代的基因深深地烙印在他的身上，使其散发出别具一格的人格魅力，深深地吸引着与之有过交往的人；同时，他还是一位深怀教育激情与理想的教育者，守候一方教育乐土，帮助本土教师专业成长，共筑教师教育共同体，立志让学校成为师生的共同精神家园。与有理想情怀的人共事，总会让人充满正能量，其团队成员的精神面貌，是那种一见就让人羡慕的朝气与冲劲，很少显露出职业倦怠感。

教育学科班出身的高科与教师媒介素养教育结缘，还要从那次美丽的邂逅说起。

缘起：一次美好的邂逅

2010年1月20日，从日历上看，不过是再普通不过的星期三。那一天，没有阴冷潮湿，有的是南方特有的暖冬，一个崭新的理念涌进了时任中山市教师进修学院副院长高科的内心，并开始野蛮生长。而我们的故事就从这里开始。

当天，上午9：30，中国少年儿童新闻出版总社知心姐姐服务中心的两位“知心姐姐”祝薇和鲁颖，受邀到中山市教师进修学院参访，并与学院老师就“媒介素养教育”与教师培训相结合为主题进行了座谈。她们本是来中山推广青少年“媒介素养教育”的。座谈会上，高科先介绍了进修学院的培训工作，然后祝薇女士介绍了“媒介素养教育”，最后双方就媒介素养师资培训进行了深入地交流。在听祝薇女士讲“媒介素养教育”时，高科时而记上几笔，时而凝眸深思，一个新的计划在他脑海里翻来覆去。同样，参加座谈会的朱鹏博士望着投影上的介绍，回头之际却被邻座的高科笔下的几个赫然大字吸引：“学生——媒介素养——教师——培训”，当他仔细揣摩这组关系的含义时，不由得佩服起高科副院长的洞见；再看对面的陈松生，边听介绍，边不停地点头表示认可，笔下丝毫没得空闲，生怕遗漏一句话；同场教育技术教研室的况亮、刘欢桐也显得有些异样。在事后追忆中，况亮说，“当时我看似外表平静，其实内心早已汹涌澎湃”。同样被震撼到的刘欢桐，是这样描述自己激动的内心，“我当时就觉得自己不仅有点兴奋，还有点狂躁”。

就是这次美丽的邂逅，使中山市教师进修学院与媒介素养结下了一段不解缘。下午 2：30，市教师进修学院 203 会议室，为趁热打铁，高科临时组织了一场小范围的研讨会。“上午的座谈会，给我们的培训工作打开了一扇窗户，对于在中山开展‘媒介素养’教育，我想听听大家的想法，希望大家畅所欲言，有一点说一点，哪怕还只是萌芽，我们交流碰撞，凝聚共识。”作为这场临时会议的组织者高科率先发言，并为这场影响深远的会议定了基调——畅所欲言、碰撞思维。

“我先说吧。早前我就听过‘媒介素养’这个词，但并不清楚它的内涵。参加了上午的座谈会，我一直在想现在的中小学生，看电视、上网、玩手机的时间逐渐增多，大量的媒介化资讯已经成为他们获取信息最重要的管道。但是，这当中，也有显而易见的问题，比如大众传媒传播的一些不良或有害信息，对正处于知识积累和价值观形成阶段的青少年，无疑会产生一些负面影响，如过度追求名牌、狂热追星、沉迷网络游戏等。无可否认，现在的电子媒体及网络给这个世界带来了超时空的数字化体验，但同时也夹带有污泥浊水与沉渣。学校与家长，除了一味粗暴地说‘不’，更多的是束手无策。其实这个问题，我相信在座的同事在平时也都认识到这个问题的严重性，而且作为教育工作者，我们责无旁贷地要去寻找解决问题的办法。只是具体应该怎么做，大家都不太清楚。上午的座谈会让我了解到，原来，英国、澳大利亚、美国、加拿大等国家早就在高等院校开设了媒介素养研究课程，而且中小学教师媒介素养教育在这些发达国家也已经发展得相当成熟了，但国内的媒介素养教育却相对迟缓。这次中国少年儿童新闻出版总社知心姐姐的到访，让我们初步了解到国内研究和实践的现状，其中，中国传媒大学媒介素养教育研究室和北京市东城区黑芝麻胡同小学合作开展的小学媒介素养教育实践，给我启发最大，触动最深。他们既有高等院校提供的理论支撑，也有合作小学的落地实验。这种探索非常宝贵，但实验的范围有点小，想要取得好的成效和影响，恐怕并不容易。我们作为市级教师培训机构，有这么多实验基地学校可供选择，我觉得我们也可以尝试进行媒介素养教育实验。”

“谢谢松生的分享！你通过当前中小学生所处的媒介环境，看到了隐藏在背后的学生媒介素养问题，也意识到了解决这个问题迫在眉睫。我相信在座的各位也都能意识到，面对日渐复杂的媒介环境，教育者应该承担起教育的责任，作为服务教师专业发展的我们，是否也应该思考，我们应该做什么？怎么做?”高科在接过陈松生话的同时，明确地将话题引向讨论进修学院在媒介素养教育中的职责。

此时，朱鹏博士进一步深刻理解了座谈会上瞥见高科所写的“学生——媒介素养——教师——培训”这组关系的深意，那将是一项大胆的实验，因为没有可供借鉴的例子，连北京的同行都是边摸索边做。但他还是觉得可以做，也应该做。“我们应该在改变这些问题的道路上做出自己的努力。我们并不直接面向中小学生，因此直接将媒介素养课程引入中小学课程体系，不是我们应该考虑的问题，但我们可以立足于本职工作，对教师进行媒介素养的提升训练，再通过教师影响学生、影响学校。”高科非常满意朱鹏博士对这个问题的阐发，这也正是他今天一直在思索的问题。

这时，教育技术教研室的况亮坐不住了，他突然站了起来。“虽然我并未完全理解‘媒介素养’的内涵，但我相信教师媒介素养必然包含我所理解的信息技术能力。其实，之前，我在教师的信息技术培训中，就渗透着信息素养。所谓信息素养，更多的是指教师对信息技术的使用能力，如多媒体课件制作技巧，以及在教学设计中如何有效地运用信息技术，在课堂教学中如何借助信息技术更好地展示教师的课程设计。过去我们在教授这类课程时，遇到不少阻力，当听课教师心不在焉时，我总在反思，是不是我把简单的技术问题复杂化了，所以他们才听不进去。但是，听了上午的座谈会，我开始思考，或者是听课教师缺乏基本的媒介素养。试问一位不清楚媒介素养教育意义、不了解个人与媒介关系的教师，又怎么能对枯燥的信息技术操作感兴趣呢？我很高兴，我找到了这个问题的症结所在，那后面应该怎么做，或者说到底该通过什么方式提升教师的媒介素养能力，我心里也没底，希望在座的同事多给些意见。”

面对这些激动而又疑惑的同事，面对他们提出的各种各样的问题，高科发自内心地满意地笑了。他就是希望通过大家的讨论发言，能将各自在现实中有关媒介的体验思考带入到对这个问题的讨论中来，因为他一直有这样一种认识，如果一项工作无法与自己的生命体验相契合，是无法做到顶尖水平的，这场讨论，就是为了激活各自的日常生命体验，为项目开启做好心理铺垫。

“我没办法给你们现成的答案，因为答案恐怕需要我们一起寻找。我们面对的培训对象是全市的中小学教师，因此我非常认同朱鹏博士的观点。上午座谈会上我就写下了‘学生——媒介素养——教师——培训’这一主线。我提议我们学院做一个‘中小学媒介素养教育’师资专项培训项目，先致力于提高中山市中小学教师的媒介素养，然后通过教师这一环，提升中山市中小学生的媒介素养，这是我们应该做，也是能做好的事。另外，我也很认同况亮的说法，过去我们所说的信息技术能力也应该可以纳入媒介素养范畴。我们学院从2004年起就开始积极探索教育信息化改革，目前，‘英特尔未来教育’项目主抓信息技术与课程的整合；中山教师博客主要是拓展教师专业发展的研修空间；魔灯网络课程主要是打造教师网络研修互动平台。我相信学院已有的培训品牌，能为我们接下来想做的教师媒介素养教育提供宝贵的经验。各位觉得是否可行?”

“可行!”“干吧!”“我同意!”“行!”……

在“英特尔未来教育”、“中山教师博客”、“魔灯网络研修平台”三大创新项目日渐推进时，每个项目的纵向推进都遇到了瓶颈，参加培训的教师对这些媒介的认识还处于浅层次，教师对其参与的项目了解不深，使得学院在推进这些项目时比较被动。学院已有的培训项目，浸透了高科的心血，也正是有了运营这三大品牌的经历，才让高科认识到教师媒介素养教育的必要性，可以说，高科及其团队被教师媒介素养教育吸引是有其必然性的。

在高科的带领下，中山市教师进修学院迅速成立了中小学媒介素养师资专项培训团队，由朱鹏博士工作室牵头，陈松生担任项目组长，10余名骨干教师参与，集合了学院最精干的师资力量，涵盖了教育学、心理学、教育技术、理学等众多学科领域。同时，学院还与中山市全通教育股份有限公司合作，由公司派出4名工作人员加入团队，提供技术支持。

通过激烈的思维碰撞，既打通了过去培训项目中的意识阻碍，又凝聚了新的共识，明确了新方向。风乍起，吹皱一池春水。一个崭新的理念，为学院的发展吹来了一股清新的气息。

探路：上下求索

为尽快拿出培训方案，项目组成员们通过头脑风暴的方式，列出了项目开展前必须完成的几件工作：将媒介素养教育纳入教师专业发展的可能性问题；追溯和分析已有的关于“教师媒介素养教育”的发展及其理论；结合教师职业特点和专业特征，阐释教师媒介素养教育的内涵和意义——他们相信概念界定和理论阐述将有助于师资培训的实践探索；了解国内媒介素养教育研究理论动态和实践模式，为我们推进媒介素养教育师资培训提供可借鉴的经验；深入中山教育行政主管部门、一线中小学校开展访谈调查，了解当前中山市中小学媒介素养教育的现状和问题，确定研究的起点；聘请国内相关专家做顾问，寻求专业团队的支持与指导。

项目组成立时，高科就指出，由于项目组成员都不是专业的媒介教育工作者，因此理论的学习必须贯彻始终。另外，这个项目是为了提高中小学教师媒介素养，侧重实践研究，因此主要采取行动研究的方法，“做中学、学中做”，稳步推进。在项目管理的过程中，我们可以淡化步骤和过程的流水性及次序性，转向重视研究实施步骤的必要性和完善性，通过举办丰富多样的研究活动，充分保障媒介素养课程实施的效果。

1月24日，不到4天，项目组组长陈松生就起草了第一稿培训方案，主要做了项目说明和任务分工。紧随而来的寒假无疑给项目组成员提供了绝佳的学习时间。他们规定每周六下午通过QQ群进行阶段性学习任务报告与交流。而就在假期到来之前，高科及时与北京中少社、北京市东城区黑芝麻胡同小学建立联系，在向他们介绍学院“媒介素养教育”师资培训项目启动的同时，也提出想去北京学习考察的愿望，经过多次沟通，终于确定行程。2010年4月1日至4日，许多人才还没从新年团聚的氛围中走出来，高科就带领项目组的陈松生、符科前往北京学习考察，三四天的时间，马不停蹄地走访交流，收获巨大。对学院正在开展的项目能够做好、做出效果有了更多的信心，“这是一场坚定信念之旅”，高科高度评价了这次考察。

此外，高科还特别重视专家对项目组的引领，因此他不断地与媒介素养教育专家联系，希望能得到他们的支持与指导。3月27日，南京师范大学张舒予教授莅临中山，为项目组做了题为《中小学媒介素养教育的价值与实践》的讲座。她认为媒介素养应该是“借助于媒介，与媒介互动，通过视觉的熏陶或者艺术的手段，去应用、去创造、去生成、去感受艺术和文化”。张舒予教授的解读为项目组对“媒介素养”的内涵理解提供了一个可以思考的方向。

4月11日，上海师范大学黎家厚教授来到中山，对学院正在开展的教师媒介素养项目进行深入指导。黎教授谈到了对媒介素养的理解，也对项目的定位、发展以及课程建设提出了自己的想法，这对于整个培训项目的定位和发展有着重要意义。

通过汇整项目组成员的研究报告和专家组意见，在原培训方案的基础上，项目组组长陈松生，重新从“作为一般受众的教师、作为教学者的教师、作为教育者的教师”三个维度详细阐释了中小学教师媒介素养的概念与内涵。

具体而言，教师媒介素养是指教师面对各种媒介及媒介信息时所具有的选择能力、理解能力、质疑能力、评论能力、创作能力以及思辨的反应能力，有较高的选择媒介、整合媒介、设计媒介的能力，有良好地进行媒介素养教育的方法和技能的能力。而教师媒介素养教育是指通过有效的教师教育途径，培养教师引导受教育者正确理解、建设性地享用媒介资源的能力，促进教师自身媒介素养水平的提高和专业能力的发展。

项目组从三个方面进行建构课程内容：(1) 作为一般受众的教师（社会人）：教师应具有基本的媒介知识与能力，以在媒介化社会中合理思辨和有效传播信息；(2) 作为教学者的教师（专业角色）：教师应该具备实施媒介素养教育的能力，具有较高的选择媒介、整合媒介、设计媒介的能力。比如有媒介素养的教师，他的教学设计和教学过程和没有媒介素养的教师相比显得更为合理、更为专业、更为清晰等等；(3) 作为教育者的教师（工作职责）：教师应该掌握对中小学生进行媒介素养教育的能力与方法。教师应该具有较高的媒介传播、多样的媒介呈现方式以及展示方法的能力，以更有效地开展和推动媒介素养教育，提升青少年的媒介素养。

课程是培训活动的生命线，也是确保培训效果的关键。在课程设计上，项目组一致认为教师媒介素养教育课程的自身逻辑体系，应该遵从从理论（通识）到实践的认知过程。因此在第二稿方案中，项目组提出分两个阶段共10个模块进行课程建设。在此期间，项目组选定中山市东区雍景园小学、中山市石岐区杨仙逸中学、中山市黄圃对甫小学作为项目实践层面的实验学校，并借申报2010年中山市教育科研课题的时机，帮助这三所学校成功立项三个市级课题。三所实验学校分别从媒介素养的三个角度展开各自的研究，推动全校开展媒介素养教育的课题研究，为项目研究的纵深化、本土化提供实践支持。

4 月 14 日，高科看到了呈到案头的第二稿方案，仔细阅读后他马上意识到，学院现有的信息技术平台并没有在这个课程体系中发挥功效。他即刻召集项目组成员表明他的疑虑。讨论会上，教育技术教研室的老师们也提出应该将网络学习作为培训的第三阶段。这一阶段，学员教师在规定时间内，通过论坛互动、提交教学设计等方式完成学习。就这样，第三稿方案确定了整个培训课程体系包括第一阶段的通识培训、第二阶段的实践应用阶段、第三阶段的网络学习阶段。

项目组的成员谁也没有想到一个月后他们竟又迎来了第四稿方案。项目组在将第三稿方案提交给专家组后，收获了更多的具有可操作性建议。专家们认为以当前项目组的理论基础，无力独自承担第一阶段的通识培训。他们建议，通识培训可交由专家组成员完成。高科与项目组成员虚心采纳了这一建议。5 月 10 日，方案最终定稿，确定课程共分三个阶段：

第一阶段为通识培训，共 2 天，主要采用集中面授（专题讲座）方式进行，由专家组成员承担；

第二阶段为实践应用阶段，共 2 天，采用集中面授（专题讲座＋课例观摩研讨）方式进行；

第三阶段为交流展示，采用网络学习方式，最后进行展示评奖。

方案刚落定，又迎来了课程研发问题。高强度、长时间的加班加点，已然成了项目组成员常见的生活状态。团队成员的高涨激情虽然感动着高科，但作为领导，他知道这是在消耗成员们的精力。虽然项目时间紧、任务重，但他也不想见到成员倒下。他召开了紧急会议，提出项目管理思路及下一步的工作计划。“为了保障项目既能高质量完成，又不过多损耗大家的精神，我们要制定严格的项目实施进度表，将整个项目研究分解成若干个子项目和阶段性的研究活动，定期召开项目的阶段工作会议，对各个子项目的进展情况、研究的主要问题作汇报交流，并规划项目下一步的研究目标及主要任务，保障每项任务的顺利完成。希望大家能够学会管理日程，提升效率，目标明确而不做无用功。为此我提几个小建议，在提升效率的基础上，避免过多的加班，照顾好身体，这是其一。其二，在接下来的课程研发过程中，我希望采取个人承担专题，集体进行备课、磨课的方式，尽量立足于教师工作和生活的实际情境，力图体现本土化、立体化的课程特点，给予受训教师丰富而人性化的体验。用团队的力量来化解难题，而不是个体的单兵作战或者只依靠一两人的力量，要分解任务，任务落实到具体的人。”

基于专业经验的缺乏和课程设计尚不成熟，项目组认为在培训前期应该尽量放慢脚步，采取试点的方式，取得培训效果评价后再重新调整课程结构、内容和方式，在进一步研究的基础上，获取更为丰富的一手资料，再稳步推进。事实也证明，对于培训师和一线教师而言，这样的培训思路设计得是比较合理的。

经过项目组充分的准备，2010 年 10 月 20 日至 22 日，中山市中小学第一期媒介素养师资专项培训班在中山市委党校顺利起航，来自中山市东区、石岐区和黄圃镇的 80 位老师参加了此次培训。为了更好地保证培训质量和提升培训影响，项目组按照前期确定的方案，更多地借助了专家组成员的智慧：中国社会科学院新闻与传播研究所媒介传播与青少年发展研究中心主任卜卫教授的开场讲座“媒介素养教育概述及其反思”——帮助教师构建起了媒介素养教育的知识体系；项目组朱鹏博士“媒介素养提升策略与方法”、项目组陈松生“媒介信息的传播与创作”、项目组刘欢桐“教师媒介素养与教学媒介设计”等课程为学员们带来了更为基础而具体的操作方法培训。

10 月 28 日至 29 日，培训进入第二阶段的实践应用阶段。浙江传媒学院媒介素养研究所的王天德教授所带领的教学团队做了题为《中小学媒介素养教育课程研发方法》的讲座。浙江传媒学院的张怡楠老师、浙江缙云县长坑小学的王敏老师分别为中学组和小学组的老师奉献了现场观摩课。浙江夏衍中学骆中成副校长根据夏衍中学开展媒介素养教育的情况，与大家一起分享了“普通中学开展媒介素养教育的探索与反思”。这些报告和课程为推动中山媒介素养在学校的实践提供了非常好的范本。

培训第三阶段进入网络学习阶段。第一期培训结束后，项目组特别重视学员的评价，特别渴望他们提出宝贵建议和反馈，这将对培训课程的设置、管理、运作的改进起到很大的作用。网络学习既是解疑答惑，交流反思，也是学院收集教师反馈意见最好的方式。

当时，全国范围内将教师媒介素养教育纳入到教师继续教育的范畴当中，并付诸实践的，中山市教师进修学院尚属首例。通过对全国媒介素养教育实践情况的考察和对相关专家的咨询，项目组开展的教师媒介素养师资培训计划属于开创性的工作。基于此，高科在项目一开始就确立了“高起点，高要求、高标准”的项目思路，不仅仅只是把它看作一个普通的培训项目，更是把它作为一次介入媒介素养教育研究的良好契机，更有将之打造成教师进修学院媒介素养教育培训品牌的美好愿望，理想总是要有的。

为了更好地创设品牌效应，扩大培训的社会影响力，项目组设计和制作了精美的媒介素养项目Logo、媒介素养师资培训学员手册。此外，从项目开始启动到第一期培训结束，项目组成员特别注意收集过程性文件资料。第一期第二阶段培训工作一结束，他们就制作了媒介素养台历以及媒介素养项目“易拉宝”展板进行宣传。鉴于培训的效果和影响，学院被浙江传媒学院媒介素养研究所授予“浙江传媒学院媒介素养研究所中山实践基地”。与此同时，中山商报、中山教育电视台都对项目的实施进行了深度报道。中山日报更是以专版形式向中山读者介绍了整个项目的发展历程。

总结会上，高科望着这群追随自己奋斗了10个多月的项目组成员，心潮澎湃，他知道这份来之不易的荣誉，是社会、中小学校对他们工作的肯定和认可，是项目组每一位成员辛勤耕耘的收获。其实，参与项目的每个人都很激动，这个项目燃起了埋藏在他们心中久违的激情与活力。作为项目领导人，即使是在庆功会上，即使内心十分高兴，但高科依然表现得特别冷静，“成绩只代表过去，今天我们开这个总结会是要总结反思过去的工作，也是为了更好地计划下一步工作。所以我不得不给大家降降温，请各位重新思考我们的工作”。

会上，教育技术教研室况亮指出，学院现有的网络学习平台在同时负担常规教师职务培训和继续教育外，无法给予项目的课程建设最大支持。经过项目团队共同的探讨和思考，为了提高教师媒介素养培训的质量，拓展培训的形式，项目组开始投入建立教师媒介素养教育在线学习平台（http：//mjsy. zsjsjy. net）。建立期间，充分利用企业技术优势，由全通教育信息技术有限公司承担开发专门的媒介素养教育培训平台和资源网站的工作。品牌运营和推广工作也交由全通教育信息技术有限公司提负责。

时间一晃就到了2011年的春天。这个寒假里，项目组带头人朱鹏博士一直没有闲着，不时与项目组成员沟通，接受各个成员对网络信息平台课程研发的反馈信息。最终，项目组一共开发了两期四个模块的课程公告信息、面授资源阅读与测验、国内优秀课例学习与研讨和本地课例学习与研讨的在线课程。课程每个模块还设计了学习自查表，帮助学员准确了解自己的学习进度，并能够较好的评价自己的学习情况。此外，项目组聘请了多位经验丰富的教师担任课程助学导师，在线学习平台中的每个模块都由不同导师参与。项目组还制定了《学员学习指南》、《助学导师工作职责》等文件，通过制度规范和学习引导，助学导师明确了自己的工作职责，学习者明确了学习要求，从而进一步提高了在线学习的成效。

朱鹏博士在总结这一阶段项目实施情况时，深情地说，这是一个方向清晰但道路漫长的项目；这是一个期望不断调低但目标不断明确的项目；这是一个需要巨大投入但值得全力投入的项目；这是一个需要独行更需要同行的项目。

收获：四面开花

2011 年春季开学不久，项目组就接到了中山市西区教育事务指导中心的电话。由于第一期培训的良好效果和影响，他们希望西区教师也能够了解媒介素养的新理念。这样的培训需求无疑给项目组提供了更新课程设计的机会。2011 年 4 月 2 日，中山市中小学第二期媒介素养师资专项培训班在西区中心小学如约开班。来自中山市西区中小学的 91 名教师（包括教育行政、学科教师）参加了培训。与首期培训不同，项目组重新调整课程设计的逻辑思路，精简了课程内容，相应地缩短了面授时间。除正式启用教师媒介素养教育在线学习平台外，第二期培训的授课教师全部由项目组教师担任。

两期培训所带来的效果和影响是出乎预料的。但是，培训中所存在的大量问题使项目组并没有自满于试验阶段所取得的成绩，而是及时进行总结和反思。在项目组刚成立的时候，高科就提倡以“行动研究”的方式将行动与研究结合起来，在行动中研究，在研究中行动。一年多来，项目组的成员，确实没有停止研究步伐，但培训课程的设计实施较大程度地掩盖了理论研究。因此，他在第二期培训后的总结会上，提出“课题引领，以研促训，研训一体”的推进项目向前发展的思路，“科研与培训应该一体化，课题研究是媒介素养师资培训得以持续的动力来源。下一步如果以课题研究为主线，就可以引领学院的全体教师而不只是项目组成员参与子课题的研究。项目组与教研组平行，或许可以真正实现以研促训、研训一体的目标”。至此，依托课题研究，将媒介素养教育深入化，同时扩大与国内外媒介素养专家的交流，保持与媒介素养研究前沿的沟通成为项目组新的工作计划。

2011 年 5 月，在朱鹏博士和焉南的筹划下，项目组以“中山市教师媒介素养的理论与实践研究——基于教师继续教育的视角”为题，成功申报中国广播电视协会媒介素养专项研究项目课题。课题研究基于教师继续教育的视角，试图从理论与实践两个层面，论证将媒介素养教育纳入中小学教师专业发展的可能性与可行性，为中小学媒介素养教育的师资培养提供经验和参考。

依照以研促训的工作思路，项目组成员还加强了对先前试点的三所实验学校关于媒介素养教育的市级科研课题的指导。中山市东区雍景园小学的“中山市小学媒介素养教育家校课程的开发与利用”、中山市黄圃镇对甫小学的“媒介素养支撑下教师专业能力发展理论与实践研究”、中山市石岐区杨仙逸中学的“中学媒介素养教育校本课程建设研究”。三个课题的研究周期为三年，在这三年中，项目组成员经常到实验学校开展听课和研讨活动，从培训课程的选题、教学设计，教学方法、教学评价以及课题进展等方面给予建议。其中，雍景园小学的课题立题角度新颖，研究进展良好，取得了较为丰富的研究成果，被推荐并成功申报成为 2012 年中国广播电视协会媒介素养专项研究项目。

在注重研究深化的同时，高科还倡导全院教师在各级各类专项培训中开展媒介素养教育的宣讲工作。近两年来，朱鹏、贾改莲等多位老师分别在市级中小学校长岗培班、中小学中层干部培训班、骨干教师培训班、镇区专项培训班等场合，开设媒介素养教育推广普及专题“媒介素养教育：开启公民教育新航向”，一方面对受训学员进行媒介素养教育知识的普及，另一方面希望在中小学教育行政层面引起对媒介素养教育的关注，为今后项目的全面推广进行铺垫。

2012 年 5 月 12 日，项目组受邀参加在浙江杭州举行的第四届西湖媒介素养高峰论坛。项目负责人朱鹏博士以学术报告的形式，介绍了中山市媒介素养师资培训项目的实践情况，汇报了中山市教师进修学院以研究中小学媒介素养教育为出发点，以教师继续教育为视角，开展教师媒介素养培训的情况。朱鹏博士还通过《媒介素养教育：中山在行动》的短片，向与会者展示了中山市教师进修学院在媒介素养师资培训上的探索。

能够受邀参加西湖媒介素养高峰论坛，对于项目组而言有着重要意义：一方面，课题研究和培训成果能够向国内外的媒介素养教育专家展示并引起专家们的高度关注，对于整个项目来说是莫大的认可和鼓励；另一方面，透过论坛了解到国内外媒介素养教育研究的新进展，与媒介素养教育专家进行交流与请教，对于项目组成员更是一次难得的启发与感悟过程。

虽然项目组成员沉下心攻克难题，但沉闷的情绪却开始萦绕在部分成员心中。在初期试验阶段的两期培训中，市教育局下发了专门的培训通知，但是在实施的过程中却并未形成持续的重视。更让成员难以接受的是，项目组在接下来的两年里都没能再组织和实施起新的大规模培训。

同年，高科升任为中共中山市委党校副校长兼中山市教师进修学院院长。从学院的层面看，摆在高科面前最大的难题是转型时期的教师进修学院如何承担教师培训的服务和支撑功能。工作的道道关卡接踵而来，忙碌与压力也让高科在一段时间里疏忽了部分项目组成员的负面情绪。

2012 年 8 月 27 日，开学第一天。项目组朱鹏博士果断地敲响了高科的办公室门。经过一个暑假的发酵，他发现成员间的负面情绪不断涌现。因此今天他是来寻求帮助的。高科听完朱鹏的情况说明后，即刻意识到这个问题的严重性。心理问题像定时炸弹，不疏导，就会有爆炸的一天。而作为团队的领导者，他必须尽快解决这个问题。一小时后，高科召集全体项目组成员在 203 会议室开会。

“我知道最近大家压力有点大，而且项目在推进过程中遇到了各种各样的问题，大家精神上有些懈怠，对项目是否还能如期推进有些疑问。世界上没有一帆风顺的事业，既然我们认定了这件事有意义，就要认真做，不要被别的因素随意干扰。从国外中小学媒介素养现状分析来看，政府部门，特别是教育行政主管部门的主导是保证媒介素养教育顺利进行的关键因素。因此现在我们做的教师媒介素养教育其实也是一个需要多方参与的项目，理应由教育行政主管部门牵头，再由我们学院组织和实施培训。但大家都清楚，由于我们只承担培训业务实施功能，在制定规划运行培训项目上，必须借助教体局的行政指令，因此在探索实施媒介素养培训项目时，没能得到镇区教办和学校的重视，在实施项目过程中，大家都遭遇到了各种各样的难题，很大程度上也是因这些客观因素造成。这些将是我们在后续工作中需要重视的问题，我只是希望大家思以行远，在等待这个问题解决的过程中，继续保持在研究的状态下工作。不能面向大范围的中小学教师培训，那我们就走出去，主动与一线教师打成一片，把媒介素养的理念传播出去。什么是教育，正如雅斯贝尔斯所说，教育就是一棵树摇动另一棵树，一朵云推动另一朵云，一个灵魂唤醒另一个灵魂。大道至简，知易行难。做自己能做的、该做的……”高科的话像颗颗子弹，直击项目组成员的内心。是的，勿忘初心，摒弃杂念，潜心钻研，保持与一线教师的紧密联系，一切定能水到渠成。

两年的酝酿、试验、研究、学习，项目组汲取着国内外媒介素养教育的新理念、新方法，积累了大量市内中小学一线媒介素养教育案例，也不断丰富着课程内容。更为重要的是，项目组定期整理科研成果，并通过各途径进行宣传。正是这股不放弃的研究精神，才让中山市的媒介素养教育得以延续。

经历过近两年缓慢而深入的研究，项目组迎来了全面推广的喷薄期。2014 年 3 月，基于项目组在媒介素养培训上累积的经验，以及前期工作所取得的培训效果和持续不断的社会影响，中山市教师进修学院媒介素养项目开始受到政府相关部门的高度重视。中山市委宣传部根据《关于广泛开展倡导网络文明的意见》工作安排，拨出专项经费支持教师媒介素养教育培训。同时，在下发通知、报名安排等方面，也得到了市教体局教研室的大力支持。在中山市委常委、宣传部部长唐颖的亲自推动下，中山市委宣传部、中山市教体局、共青团中山市委员会分别与项目组合作，计划2014年在全市范围内分四期完成240名中小学班主任的媒介素养教育专项培训。

项目组在过往组织的中小学媒介素养教育师资专项培训中，按照媒介技术、媒介组织、媒介运作、媒介与受众关系、媒介礼仪及伦理等五个层面来开展培训，收到良好的培训效果。但本次培训项目更加聚焦，将媒介素养培训对象聚焦于中小学班主任，将目标定位为提高新媒体环境下中小学班主任媒介素养能力，促进媒介素养教育在班会活动课中的有效运用。为了使培训需求更加精准，课题组采用了问卷调查法，设计了《中山市中小学班主任媒介拥有与使用情况调查问卷》和《数字化环境下班主任如何有效开展媒介素养教育调查问卷》两份问卷，在获得了24个镇区中小学50多位班主任问卷调查数据的基础上，确定了中小学班主任的培训需求，进而设计了实操性强的培训方案。

通过问卷调查，项目组较为详细地了解了全市中小学班主任对媒介的认识、媒介的使用和媒介素养培训的预期等。在此基础上，项目组结合以往培训的经验，策划了为期两天，涵盖四个专题的面授培训方案。借力于外部的培训团队，他们还将培训地点延伸至中山日报社、中山网等媒体机构。培训内容从教师媒介素养教育的内涵、特点和专业性出发，从三个角度进行课程策划和课程建设：从社会人的角度，培训中小学班主任具备基本的媒介素养知识和能力，以达成媒介使用者和媒介传播者的有效融合；从专业角色定位，培训中小学班主任如何利用媒介，尤其是利用新媒体工具来优化教育教学活动，提高班级管理的质量；从工作职责视角，培训中小学班主任如何在工作中开展和推动媒介素养教育，以提升中小学生媒介素养。

本次培训得到了市委宣传部的高度重视和支持，因此得以充分利用市委宣传系统的资源，使得本次面授培训中既有专题讲座，又有课堂观摩；既有观摩学习，又有研讨活动。同时，考虑到培训的完整性和延续性，项目组还设计了为期一个月的在线课程。项目组利用已有的媒介素养理论专家讲座视频，同时通过设计在线讨论、在线测验和在线作业的方式，充分利用平台的资源设计、活动设计和课程管理功能，加强培训教师和学员之间的沟通与联系，从而丰富培训的内容，保障培训的效果。通过培训，参培骨干班主任能够在学校利用微博、微信等新媒体工具构建家校互动平台，能够选择性的开展媒介素养教育相关主题班会活动。通过汇报展示、观摩课等形式，展示各学校的成果。

本次培训对象共240人，分四期举行。不仅注重训前的需求调研，也通过网络问卷调查方式，对培训课程内容、培训管理、培训效果等方面进行调查分析。对整个培训过程进行动态管理，后一期培训方案根据前一期培训效果分析做出及时调整。

2014年5月，在高科的筹划下，项目组况亮以“新媒体环境下中小学班主任媒介素养教育的实践研究”为题，再次成功申报了中国广播电视协会媒介素养专项研究项目。可以说，以研促训的方式真正得到了运用。

中山市中小学班主任媒介素养教育高级研修班结束后，项目组又接到了中山市团委少工部的培训委托，培训定位为通过对少先队大队辅导员的培训，提升少先队的媒介素养意识和媒介运用能力，培训对象是全市各学校的少先队大队辅导员约300人。

很快，时间来到了2015年，新年伊始，高科院长便组织核心成员召开会议。高科院长说，我们已经做了骨干教师、班主任、少先队大队辅导员三个群体的媒介素养培训，完成了国家级2个、市级3个有关媒介素养的课题，可以说，不管是理论还是实践方面，我们都已经走在了国内教师媒介素养教育的前列。接来下我们要商量怎样将教师媒介素养项目继续向前推进，打造成学院的一个精品培训项目。我初步设想将项目向两个方面拓展，一是面向所有教师，二是面向培训者培训。大家说说自己的看法？

项目核心成员刘欢桐和况亮率先谈了自己的想法，总体而言，主要是补充团队核心成员，最好是具有传播学、新闻学等背景的老师加入，以突破现有教师媒介素养理论认识上的瓶颈；同时，要想树精品，还要借鉴企业培训的经验，打造成熟的项目制运行的品牌培训课程。在谈到这一点的时候，高科院长插话道，我们可以派人家去一些企业培训做得好的企业学习取经，如华为公司、小米公司等。只要有这方面的需要，我们就要尽快申请出去接受培训，目标要清晰，动作要快。你们有什么需求，尽管提，只要有助于教师媒介素养项目的推进，学院及我个人会优先支持。

听到院长的表态后，大家都备受鼓舞，发言也逐渐活跃起来。有的老师建议教师媒介素养项目要面向全体教师，可借教育部正在实施的教师培训工程——中小学教师信息技术应用能力提升工程，以破解业务工作限制和宏观环境的限制，如何提高教师信息技术运用能力也是教师媒介素养教育的一个方面。也有老师认为，在现有的教师培训课程系统中，媒介素养课程板块属性还不明确，其与实际的学科教学关联度不高，如果铺开面向全体教师，可能无法吸引老师积极参与，教师如果被动参与，将会影响该项目的声誉。还有老师认为，教师媒介素养培训者培训项目过早开始可能还不太合适，虽然教师媒介素养培训学院已经取得了非常好的成绩，但培训者培训毕竟不同，需要更高的课程建构，另外其他培训机构是否对这个问题感兴趣还是未知数。

高科院长高度赞扬了这些有不同看法的发言，认为这些发言直指学院教师媒介素养项目的盲点，找到这些盲点和解决这些盲点，必定会将这个项目向前推进不少，只有不断推进，才会逐步接近我们之前所说的两个阶段性目标。与会老师对高科院长的务实作风和必胜信念深感敬佩，一致认为学院未来的品牌项目——教师媒介素养教育项目，一定能够逐渐完善，成为精品，既能扎根中山基础教育，又能走出中山，辐射更多的教师群体。

完会后，高科院长开始布局下一个阶段媒介素养项目的推进，一方面向学校申请招聘传播学、新闻学的硕博士生，补充新的血液，完善团队学科结构，提升项目理论论证水准，并有能力保持与学界媒介素养理论研究者深度对话的可能性；另一方面选派团队核心成员就近赴深圳华为、腾讯等公司，争取获得参加相关公司举办的内部培训机会，学习企业培训项目的开发、运作、评估等一系列课程，力求将学院教师媒介素养项目打造成标准化的项目式运作培训课程的标杆。同时，在与学科教学的深度融合方面，学院邀请相关学科教师加盟项目课程的研发，以便与教师日常教学紧密相连。

2015 年至今，教师媒介素养项目正按照高科院长的部署有条不紊地进行着，新的培训计划也正在紧张地沟通与设计，作为学院王牌培训项目，教师媒介素养教育已成为中山教师进修学院一张闪闪发亮的名片，高科作为项目的直接领导人，当之无愧地成为国内教师媒介素养教育的领军性人物，也将载入国内媒介素养教育研究史。

总结与反思

回顾整理五年来的实践和研究。从理论和实践层面，项目组列出了探索中取得的经验成果，也反思了研究中存在的诸多问题。

其中取得的经验成果包括：(1) 根据教师职业特点和专业特征，提出教师媒介素养教育的内涵和意义，创新和丰富了媒介素养的理论研究；(2) 创立了以本土教师培训机构为主体，借助高校专家指导、企业技术辅助和课题延伸支持的“四位一体”运行机制；(3) 充分利用国内外高校的资源和专家引领，依托本土媒介素养培训师资，创立了国内首家媒介素养师资培训基地；(4) 根据成人学习规律和媒介素养知识特点，设计了本土化的立体多元的教师媒介素养教育课程体系；(5) 发挥网络学习的优势，突破时空限制，创建了内容丰富、人性化的在线学习平台，巩固培训效果；(6) 借助专家力量，依托本土化师资，采用丰富多样的课程形式，实施了国内首次成规模的媒介素养师资教育；(7) 辐射课堂，促进教师专业发展；联动教研，激发学校发展能量；借助媒体，提高社会关注度。

在培训基地的建立、培训课程体系的建构、在线学习平台的完善、大规模教师培训的实施等方面，项目组又做了不少积极的探索和创新。整体上看，这种以研带训的研究方法达到了项目组预期的目标。但是，由于一些主客观原因，他们也意识到研究中还存在诸多问题，而这些问题将影响着教师媒介素养教育项目的进一步推进。

首先，教育行政主管部门缺乏持续重视，培训机构地位尴尬。从国外中小学媒介素养现状分析来看，政府部门，特别是教育行政主管部门的主导是保证媒介素养教育顺利进行的关键因素。从我市的实际情况来看，教师媒介素养教育是一个需要多方参与的项目，理应由教育行政主管部门牵头，教师继续教育培训机构组织和实施培训。在初期试验阶段的两期培训中，市教育局下发了专门的培训通知，但是在实施的过程中却并未形成持续的重视，仅仅依靠教师继续教育培训机构组织和实施培训，而由于特殊市情，我市教师继续教育中心并不由教育行政部门主管，因此培训未得到镇区教办和学校的重视，这是需要在后续工作中重视的问题。

其次，项目组队伍建设的瓶颈日趋显现。先前项目组教师丰富的培训经验，与一线学校和教师保持密切的合作关系给媒介素养教育的开展带来了无法比拟的优势。但从专业力量来讲，项目组教师缺乏系统的传播学的知识，靠现有的知识和课程是无法适应媒介素养新的发展趋势。同时，因项目组人员有所变动，研发后劲稍显不足。因此，在未来的项目组队伍建设中，在培训开展和研究中的培训者队伍建设须需重视。

第三，培训模式和运行机制有待完善。教育主管部门下达培训任务、教师培训机构组织培训的运行机制以及“面授培训＋网络学习＋教学观摩”的培训模式需要耗费大量的人力和物力。培训的人数有限、效果也难以达到预期。未来的媒介素养教育或许可以参照企业培训模式，将核心部分如课程设置原则、内容选择等掌握在教师教育机构手中，而课程组织形式、师资遴选、平台管理等工作交由委托企业负责。在这一过程中，通过双方的协商与沟通，就培训目标和项目管理模式等达成一致，引入第三方培训评估机构对培训效果进行监督评估，以保证中小学教师通过培训达成预期要求。

最后，培训课程的科学性和有效性尚需验证。当前的培训课程是项目组成员或者课题组通过大量研读媒介素养书籍，基于自己对媒介知识的认知，在培训需求分析的基础上研制的。在培训实施过程中，课程体系也得到了专家的指导并得以修改和完善。未来的媒介素养教育培训，必然需要建立科学化、系统化了的课程设置方案，对参训教师需求、内容选择、组织形式、教材遴选、过程监督和结果评价等进行系统设计，制定科学的媒介素养教育实施细则，以此保证培训的针对性和实效性。

虽然存在种种困难，总体上来说，学院教师媒介素养项目基本上得到了较为顺利的推进，大体实现了朱鹏博士当初的预设：实施一轮培训，研究一项课题，汇编一套成果，探索一种模式，树立一个品牌，发出一方声音。

学院教师媒介素养教育项目顾问、浙江传媒学院媒介素养研究所王天德教授用“四个一”高度评价了项目所取得的成绩：

- 研制出了国内第一份成体系的教师媒介素养教育培训课程；
- 成为国内第一家参与媒介素养教育的教师进修学院；
- 成为国内第一家大规模开展媒介素养师资专项培训的机构；
- 成为国内第一家教师媒介素养教育实践基地。

在对过去五年工作的深度剖析和反思后，高科感触颇深地说，我们是一路探索，一路前行，不断发现问题，不断地解决问题，坚持“突出问题导向，学要带着问题学，做要针对问题改”的工作思路。项目组克服了在国内媒介素养教育师资严重匮乏、课程体系尚未规范化和标准化、经验示范奇缺等困难，以开拓创新的勇气，在国内率先提出“教师媒介素养教育”概念并进行系统论证，首次推出规模化、专业化的中小学教师媒介素养教育师资专项培训项目，这必将在中国媒介素养师资培训的史册上留下了浓墨重彩的一笔。

越前行，方知前路更宽广。中小学媒介素养教育的发展是一项综合性的教育课题，师资培训仅仅是媒介素养教育的开端，目前学院的实践只是迈出了尝试的第一步。

展望：携手共进，共创媒介素养教育的美好明天

高科及其团队清醒地意识到，在中山市全面提高中小学教师的媒介素养

并不能一蹴而就，而是一个分阶段、分层次的长期过程。一方面，要积极创设外部条件，争取教育行政主管部门的持续关注和重视，从政策、经费、评价考核等方面给予媒介素养教育师资培训支持和保障；同时要与国内外高校、科研机构媒介素养专家保持持续沟通，争取获取更多的指导；另一方面，要加强内功的修炼，在合理规划全市中小学教师媒介素养教育师资培训进度的前提下，从培训者队伍建设、培训课程改进、运行机制完善等方面着手，推动教师媒介素养教育“中山模式”健康、持续地成长。

对于未来学院主导的教师媒介素养培训，高科期待通过更深入的实践探索完成以下几个转变：

从“先行者”成为“引领者”：在项目中培养和锻炼一批了解中山实际情况的本土培训师，形成自己的专家团队；

从“项目”迈向“品牌”：在实践中不断完善课程体系设置，提高培训课程质量，把项目做优、做强、做出影响力，最后形成品牌效应；

从“实验研究”走进“常规课堂”：协助开发校本化媒介素养课程，让媒介素养课程真正进入中小学校的课堂，是最终目标。

从长远来讲，构建面向教师、学生和家长全方位的媒介素养教育培训模式，形成以学校教育、社会教育、家庭教育三者合力的教育链条，是媒介素养教育发展的大势所趋。

对于实现教师媒介素养教育未来的构想，高科及其团队信心满满。学院将在已有的培训基础之上，逐步扩大培训关注视野，将社会性的媒介素养教育培训纳入进来，积极整合各种社会资源，依托中山教育全通信息技术公司的技术优势，开发媒介素养教育网络学习平台和媒介素养教育网络资源库，引领中山市中小学媒介素养教育的专业化发展，积极开拓更广阔的发展空间，开启中小学公民教育的新航向。

高科院长是一位颇具理想主义情怀的教育者，在其引领下，学院教师媒介素养教育团队所有成员倾尽全力、不计一时得失，经过短短几年的努力就打造出了一个较具影响力的品牌培训项目。毫无疑问，高科及其团队在教师媒介素养领域的开拓与实践，将对我国媒介素养研究提供非常宝贵的经验。

（作者单位为广东省中山市教师进修学院）

宋红岩：任重道远，砥砺前行，谱写媒介信息素养教育新篇章

刘福州

21 世纪是信息传播科技（ICT）急速发展的时代，互联网与移动数字终端技术的日益普及不断突破传统媒体传播时空的樊篱。特别是，互联网与移动数字终端技术的日益普及，诸如网络媒介、手机媒介、数字电视媒介、车载媒介、墙体媒介等新兴媒体不断突破传统媒体时空的局限性，新兴媒体已经成为社会公民日常生活中不可或缺的重要组成部分。当前，我国媒介进入全媒体大发展与大融合的时期，并由 Web2.0 向 Web 3.0、Web 4.0 进发，媒介对人们的介入已成不争的事实。但与此同时，媒介空前的繁荣与喧闹，已成为社会公众利益诉求、情绪宣泄以及娱乐休闲的重要场域。为一种媒介新生力量，网络社群解构并重塑着社会的民主生活形态，形成自我表达、社会交往与社会活动的多样态生存场域，开展一种新民权运动，并与现实生活反射与共振，形成新的社会言论形式与社会行动模式。此外，网络主体的赋权与网络松散结构的马太效应，也容易形成新型数字鸿沟与等级差序。对网络技术的掌握与应用程序的不同以及创新能力的差别造成信息落差、知识分隔和贫富分化等问题，容易滋生网络特权、网络推手。网络主体的网络伦理与操手的缺失、信息崇拜的负效应、黑客哲学的泛化以及网络谣言、网络虚假信息等问题形成网络污染，引发网络生态安全危机。出现了网络社群虚拟表达与行动能量的彰显、媒介传播与公众参与、媒介信息素养与社会信任等的缺失、拷问与重构。人们不禁拷问媒介到底是什么，自己在媒介舆论场中是什么？我们在全媒体时代应具有的素养与能力是什么？这是基于对这些问题的关注与思考，宋红岩副教授一直执着地开展自己的媒介信息素养教育与研究工作。

一、新时期大学生思想政治教育与媒介素养融合研究

宋红岩老师跨入此领域的关注，首先是因为自身工作与教学的需要。2004 年到 2010 年宋红岩老师在浙江传媒学院学生处负责大学生思想政治教育与管理工作，并承担部分《大学生思政教育与法律基础》等课程的教学工作。这期间正值我国媒介大发展、大变革时期，以网络、手机为代表的新媒介开始在我国学校普及，校园大学生思想政治教学与管理工作面临着巨大挑战与压力，新媒介不仅打破了传统大众传播的线性传播的界限，还同当代主体间性教育理念共同具有交互性的特质，在一定程度上彰显了哈贝马斯“以主体之间的相互交往和社会一致性以及语言的乌托邦潜能为基础致力于达到理解，形成非强迫性的共识”的主张。也就是说，在某种意义上新媒介生成机理与学校德育主体间性存在着一定的耦合。特别是，新媒介作为一种关系向度的介质，与当前学校学生德育存在着一定的共通性，为学校新媒介德育工作的实现提供了理念先导和客观物质技术条件，能够实现高校的师生关系在由传统的单向线性传授向交互性合作转变、由刚性封闭控制向自由开放转向、由静态分离向动态参与共享过渡。但学校德育主体的离散性、新媒介自身间功能的现状以及学生反制机理的彰显都消解着新媒介德育工作的实效性。因此，如何解读新时期师生关系的演变与出路，如何探讨高校新媒介视域下德育工作的生成，以及如何有效地落实与创新师生主体间性作用的新框架等一系列问题值得去研究与解决。

这基于对这些问题的思考，宋红岩老师以媒介融合为视角做了研究，先后在《思想教育研究》、《青年研究》、《德育研究》、《浙江传媒学院》等期刊上发表了《媒介嬗变与高校思想政治工作新走向》、《新媒介视域下高校大学生思政教育范式探索》、《新媒介视域下学校德育的主体间性研究》、《后现代语境中国青年新媒介婚恋观的嬗变》等系列论文，主持承担了 2009 年浙江省教育规划课题《论新媒介视域下高校大学生思政工作主体间性教育研究》等课题，对高校思想政治课教学和大学生思想政治管理的理念、载体、路径与方法等进行了探讨与构建。

二、媒介素养社会化问题的凸显与争鸣

当前对于媒介信息素养的研究正由学术争鸣、国家战略部署向实际行动框架多元发展转向。相应于国际研究与实践，我国媒介信息素养从起步到现在已近 20 年的时间，这期间我国媒介样态、社会公众媒介使用与参与发生

了巨大的变化。2014 年斯诺登棱角门事件让人们认识到网络战争以及国家、地区信息安全的很重要性。而在美国 2015 年发生的多起美国警察枪杀黑人事件，通过传统媒体的报道与网络舆论的声讨，引发全国大规模的示威游行与长时间的骚乱，并触发接下来的黑人枪杀三名警查的恶性事件。让人们不禁拷问，什么是新闻舆论的正义，谁来为此领航？而我国“拆二立四”等网络红人、网络推手的立案定罪，以及网络钓鱼网站、网络欺诈的层出不穷，也让人们对网络公共秩序与伦理的进行了反思。在媒介高度发达的信息时代，海量的资讯信息已经融入了人们的生活。人们在随意浏览信息、参与讨论、传播信息的同时，媒介对人们的生活、工作乃至思想行为也起到了解构与分化作用，媒介信息素养作为现代社会公民素养的组成部分也越来越多地受到社会关注。

2007 年自浙江传媒学院媒介信息素养研究所与继之中国广播电视协会媒介素养研究基地成立时，宋红岩老师就加入了媒介素养科研队伍，在对这过程中全面了解学习了媒介素养的内涵与发展源流，与国内外媒介素养研究专家学者交流学习中，特别是，在第一届、第二届中国西湖媒介素养大会上，聆听香港浸会大学的李月连教授、张志俭博士、中国社会院的卜卫教授、中国传媒大学张开教授、北京师范大于翠玲等专家的专题报告，让宋红岩老师大大开拓了自己的研究视角与领域同时，也倍受启发与感染，开始大胆突破自己的研究范围与主题，由思想政治教育研究逐渐跨界到媒介素养的研究上来。

这期间宋红岩副教授对网络社群、青少年媒介涵化、网络权力等问题进行了研究，分别主持了 2011 年中国广播电视协会媒介素养专项重点课题“网络对青年女性社会化的影响与引导”、2012 年中国广播电视协会媒介素养专项重点课题“大学生网络信息素养准社会交往研究”、2013 浙江省教科规划课题“大学生微博准社会交往与引导机制研究”等课题的研究工作。先后在《中国广播电视学刊》、《江淮论坛》等期刊上发表了《网络社群生成与群体性媒介信息素养教育》(2011)、《网络发展对青少年女性社会化的影响研究》(2012)、《网络权力的生成、冲突与道义》(2013)、《中国大学生微博准社会交往研究——以东部沿海地区 X 市和全国网络公测样本为例》(2014) 等论文，其中论文《大学生微博准社会交往调研》获浙江省媒介素养教育研究会第二届优秀论文二等奖。

三、农民工媒介素养与社会认同的时代呼声

当前随着我国社会结构的深刻调整与利益主体日益多元化，社会公众信

息的需求比以往更旺盛。而社会公众由于其个体、社会、环境、使用媒体等多元差别，使其媒介信息素养也各有不同，社会公众群体分化趋势明显，导致人们对信息需求的分化与多元，而媒介信息素养与其他学科、群体的介入与融合也越发明显。特别是，在信息社会，掌握一定的信息资源与媒介能力意味着社会竞争力和地位。农民工作为中国经济建设的主力军，是连接城乡二元社会的纽带，但农民工处于城市社会底层，政治、经济和文化地位相对较低，往往是被社会忽略的群体，常常徘徊在媒体之外，缺少应有的传媒接近权、传播权、知情权及话语权。如何保障农民工媒介消费能力，让他们共享社会传播资源和话语权，体现社会公平与正义，从而促进社会的稳定与和谐发展，是目前我们面临的一个很重要的现实问题。宋红岩老师一直关注研究农民工的生存状况与社会认同问题，从 2007 年起宋老师每年暑假都带学生奔赴全国各地开展农民工生存与社会融合方面的调研与研究工作，在长期跟踪研究中，宋红岩老师开始注意媒介素养对农民工等社会弱势群体的影响。在 2011 年 6 月至 8 月宋红岩老师带领学生团队在杭州、武汉、广东三个我国农民工聚居具有代表性地地区，分别选取杭州下沙地铁建设工地、武汉汽车站、广东服装和小五金工厂为样本对农民工的媒介使用与媒介素养状况做了专项调研。考察的内容主要包括：（1）农民工对媒介功能的认知、理解、应用与评价等，农二代与农一代对于新媒体的认知与运用的差别；（2）农民工对手机、网络等新媒体，如微博、QQ、人人网等使用平台的偏好程度；（3）农民工在新媒介参与过程中主动介入媒介信息生产与再生产的程度，通过什么渠道实现自己的话语表达和意愿诉求，他们利益表达与维权的程度与效力；（4）农民工新媒介评价状况，包含两个指向，一是农民工对媒介是否真实准确地反映了客观世界这一问题进行评价，即媒介的可信度评价；二是考察农民工是否以及在多大程度上对接收到的信息进行积极、主动的解读、处理与加工，农民工通过新媒体载体接受信息的状况和辨识信息真伪的能力，即对媒介报道内容的评价等。其主要研究成果撰写成论文，并在《中国广播电视学刊》上发表了《农民工新媒介参与和利益表达》等论文，收到很大的社会反响。

宋红岩副教授在接下来的几年内不断深化农民工媒介信息素养与社会融合等方面的研究，在 2014 年成功申请到了教育部规划课题“长三角新生代农民工媒介使用与社会认同”和 2015 年中国广播电视协会媒介信息素养基地重点课题“城市融入视域下新生代农民工媒介信息素养现状调查与提升策略研究”等课题，2014 年 4 月至 8 月在中国长三角地区上海、杭州、无锡、绍兴等共15市对农民工媒介使用与社会融入情况做了专项深入访谈与问卷调研。本次调研先后共发放4000多份问卷，在此基础上，开展了系列研究，现已在《新闻与传播研究》、《现代传播》等期刊上发表了《新媒体视域下“沉默的螺旋”理论的检视与研究——以长三角农民工的QQ表达为例》、《数字鸿沟抑或信息赋权？——基于长三角农民工手机使用的实证研究》等论文。在媒介使用与沉默的螺旋方面，研究发现沉默的螺旋在长三角农民工QQ社交平台中仍然存在，并具有以下主要特征：第一，长三角农民工的个体差异与社会经济地位差别对其QQ表达造成社会孤立压力，沉默的螺旋在性别、年龄、社会地位认知上存在着统计学显著，其中在性别中，女性对QQ群更有认同感，男性更倾向听从优势群体或意见领袖的意见。年轻的农民工虽然参与表达能力强，但却悖论地更容易“沉默的螺旋”，其中前三位的分别是“18岁以下”，占66.0%；“18～24岁（90后）”，占62.7%；“35～39岁（75后）”，占61.3%。而社会地位认知与沉默的螺旋具有统计强显著，并且随着社会地位认知的增强其沉默的螺旋越弱。第二，长三角农民工的现实社会孤立压力与QQ的“个人表达”、长三角农民工QQ个体表达（少数人）与意见气候（多数人）并不同步，存在着一定的意见气候隔离。第三，在意见气候情境下，长三角农民工反应策略比较多元、相互糅杂，其中“坚持自己的观点”（中坚分子）与“沉默的螺旋”的力量对比出现背离，沉默的螺旋中“迎合式沉默的螺旋”与“回避式沉默的螺旋”并存，同时，长三角农民工QQ群中虚拟拼凑QQ群（如交友群、爱好群）半虚拟拼凑群（如老乡群）、熟人群（如同事群）以及QQ群中不同话题的“沉默的螺旋”的形态与程度存在着差异。第四，沉默的螺旋不仅影响长三角农民工的虚拟QQ空间的表达，也影响着其现实行动取向与能力，其中“坚持自己的观点”（中坚分子）更趋于积极主动。从总体上来讲，手机媒介在一定程度上为长三角农民工底层抗争的意识提升与能量释放提供了平台与途径。而在媒介使用与信息知沟方面，研究显示长三角农民工在手机拥有与使用上和户籍、工作性质并不相关，这说明他们没有明显出现手机数字鸿沟脱嵌现象，也没出现身份鸿沟与数字鸿沟重叠问题。但研究也发现，在农民工群体内部存在着一定的代际鸿沟，无论在手机上网频度（时间）、深度（流量）、使用内容以及应用更新上都存在着一定的差距。因此，如何通过手机加强农民工的媒介素养，如何提升农民工的手机数字应用的内部融合，以及如何加强农民工市民化转型中移动媒体的作用，都是我们必须面对的任务与课题。

2015年7月，宋红岩副教授还参加了王天德研究员主持的国家互联网信息办公室研究课题“我国网民网络素养现状与开展公民网络素养普及性教育研究”，主要负责《我国外出务工人员网络素养现状及普及性教育研究报告》分卷的调研研究工作。对调研过程中，按我国外来务工网民的人口社会学特征、使用网络偏好、网络素养特征创建专项研究量表，并开展有普适性、有针对性的中国网民网络素养现状与提升策略调研与访谈工作，此外，还对研究领域中的行业专家学者、主管部门、相关机构与业务单位进行访谈、座谈等工作，积累大量的一手资料。

四、以会会友，积极开拓学术视野

在积累自身科研学术能力的同时，宋红岩教授也不断开拓自己的视野。从 2007 年开始，在浙江传媒学院媒介素养研究所的基础上，在中国广播电视协会的支持下成立了中国广播电视协会媒介素养研究基地。自 2008 年起宋红岩副教授就开始参与中国广播电视协会媒介素养研究所的建设与科研工作，先后共参与五届中国西湖媒介素养高峰论坛组织工作，参与历届《中国媒介素养研究报告》、《中国媒介素养研究年度报告》等书籍的撰写与编辑工作。2011 年以中国广播电视协会媒介素养研究基地与浙江传媒学院媒介素养研究所为依托的全国唯一个省级（浙江省）媒介素养教育研究会也落地我校，宋红岩副教授任副秘书长，负责研究工作兼学术管理工作。这更坚定了宋红岩副教授对媒介信息素养研究工作的信心与能力，并快速成长，除了积极参加历届中国西湖媒介素养高峰论坛外，宋红岩副教授还以会会友，不断学习取经，广泛了解学习国内外学者的研究与实践。2012 年 8 月参加了中国传媒大学与甘肃省广电局联手在兰州举办的“中国第三届媒介素养教育国际研讨会”，了解研讨会主要围绕等四个相关议题展开。与臧海群博士与中国传媒大学张开教授就媒介素质与包容性社会、媒介素养与学科建设、媒介素养与媒体的社会责任、媒介素养与政府执政能力等议题进行了深入地交流。2014 年 9 月参加了在清华大学举办的“2014 联合国教科文组织—联合国文明联盟媒介信息素养与跨文化对话大会”（MILID WEEK），来自美国、英国、加拿大、日本、瑞典、芬兰、巴西、埃及、摩洛哥、牙买加等多国专家学者以及中国专家学者参加大会。在会议上都做了《长三角农民工媒介使用与社会认同研究》的主题发言，受到专家学者的好评，并被联合国教科文组织（UNESCO）及联合国文明联盟聘为媒介信息素养教席网络成员。2015 年 6 月 25 日至 28 日，王天德研究员和副秘书长宋红岩受邀参加了在美国费城举办的 2015 年全球媒介信息素养联盟（GAPMIL）暨媒介信息素养与跨文化交流（MILID）学术周会议，由联合国教科文组织与联合国文化联盟召开，来自全球40多个国家近200名专家、学者、教育家、政治制定者以及非政治组织代表参加了本次会议。宋红岩副教授做了“媒介素养教育与农民工社会融入”的演讲。并与联合国教科文组织，主要通过实证与理论相结合的方法，在近几年深入调查与实践推广研究的基础上，介绍了我国农民工等弱势群体在城镇化建设与信息化强国进程中，媒介接触使用、媒介素养状况以及媒介素养教育对农民工社会融入的作用；探讨了农民工信息格差、话语表达与社会认同等问题，并同现场专家学者共同讨论了对农民工等弱势群体开展专项媒介素养教育的重要性与可行性。会后同联合国教科文组织媒介信息素养全球联盟总干事 Alton Grizzle 先生以及世界各国专家、学者就媒介信息素养教育工作进行了广泛的交流与讨论，建立了良好的学术联系。

五、践行媒介素养校本本土化实践与科普实践工作

宋红岩副教授一直重视开展媒介素教育课程教学改革与实践工作。多年来以自己所教授课程为依托，开展大学生媒介素养与德育课程校本教学改革工作与实践活动。在大力对教学内容、教学方法进行改革的同时，探讨大学生媒介素养德育实践拓展平台的构建与实施。以“教学回归生活世界”为主题价值与行动逻辑，充满各种意义的“文本”，和丰富的教育意义的载体，鼓励与激发大学生“关注社会、关心社会、关爱社会”的能力，鼓励大学生开展媒介素养主题活动，成效显著。每年假期带同学开展专项媒介素养调研活动，譬如，2011年暑假带学生分赴在杭州、湖南等地做“农民工媒介素养调查”、“走长征路，探访老革命家”的社会实践活动，并已经取得了优异成绩，其中学生团队获得省级“三下乡”社会实践优秀团队、校暑期实践优秀团队、论文获得优秀论文，本人获得了省级“三下乡”社会实践活动先进个人称号，校级社会实践先进个人称号；2012年暑假带李今婧等同学到浙江丽水开展“微尘——传递爱，爱心支教山区行”媒介素养支教活动，学生获省、校先进个人称号。2014年暑期带领文学院、新闻学院40多名同学分赴浙江省宁波、温州、上海市、江苏省苏州、无锡等15个城市进行了近两个月的“新生代农民工手机使用与社会融合”大型社会实践调研活动，2015年获得校“优秀团队”及校大学生暑期社会实践活动“优秀指导老师”荣誉称号。另还获得校大学生学科竞赛和科技创新工作“优秀指导老师”的荣誉称号等。此外，还通过组织学科竞赛、专业大赛、社会实践等活动进行了多

层面、多领域的实践，现已初步收集并摸索出一套大学生媒介素养育人教育体系。

与此同时，宋红岩副教授积极参与推进建立中国广播电视协会媒介素养研究基地、浙江省媒介素养研究会的系列媒介信息素养科普活动，从2010年开始至今，在大中小学及有关单位开展媒介知识的传播、信息知识的传播、多媒体和媒介素养知识的传播，充分运用浙江省媒介素养教育科普示范基地这一平台。其中，组织参加省级媒介信息素养专项培训6期，培训一线教学教师186名，同时在省内外大中小学校做多场关于网络媒介素养专题示范性教学，有效地发挥了高校服务社会功能。而除了在全国每年度都开展针于农民工社会认同与媒介素养状况的跟踪研究与教育工作外，宋红岩副教授还在浙江省杭州九堡格畈小区的“草根之家”建立了农民工媒介素养教育示范基地，将自己指导的浙江传媒学院大学生社团与“草根之家”结对子，定期给农民工及农民工子弟传授一些媒介使用与媒介素养的知识、技能，为民工朋友提供网上交流、学习平台，以及法律、社会公益帮助活动等，到目前为止，已累计培训与帮助农民工1000多人次。

媒介信息素养作为一个世界性的议题，其内涵与外延也是一个不断丰富发展的过程。一般意义上来讲，“媒介信息素养就是指人们面对媒介各种信息时的选择能力、理解能力、质疑能力、评估能力、创造与思辨的反应能力”。而在新媒介时代，意味着还要具备以下主要能力：首先，在浩如烟云的巨量信息中筛选目标信息和淘汰无关信息都同样重要；其次，对入选的信息要判断信息的真假，要认清信息的价值导向；第三，要对诸多信息进行分析和排列，根据同一性的原则进行整合，提取信息的有效性。由此可见，当前媒介信息素养指的更是，“由听觉、视觉以及数字素养相互重叠共同构成的一整套能力与技巧，包括对视觉、听觉力量的理解能力，对这种力量的识别和使用能力，对数字媒介的控制与转换能力，对数字内容的普遍性传播能力，以及轻易对数字内容进行再加工的能力”。美国新媒介联合会（new media consortium）2005年发布的这一定义，前瞻了如下含义：(1) 媒介信息素养是由听觉、视觉和大数据构成的，它是一种能力和技巧。(2) 这些能力包括理解能力，识别与使用能力，控制与转换能力，传播和再加工能力。(3) 这是一种以网络为基础的，多种新媒体形式共同参与的“参与式文化范式”，是让受众在巨大的互联网络的使用中自由地进行互动与交往。这是新媒介环境下公民的应用技能、操作能力和人文精神。联合国教科文组织（UNESCO）在2013年12月发布全球媒体和信息素养（MIL）评估框架，联合国教科文组织将媒介与信息素养纳入其战略中，从而将一些相关的概念汇集在一个伞形结构之下，如信息素养、媒介素养、信息通讯技术素养和数字素养等。该组织认为信息素养和媒介素养与信息通讯技术素养和数字素养，是一个互补和统一的复合概念。同时，联合国教科文组织承认这些不同类型的素养是独立的，拥有自己的完整性和独特性，但认为各种素养都要有一个共同的目标，即培养人们使用包括通信技术在内的任何方式接受、评价、创造、分享信息与媒介讯息的能力。习近平总书记在2014年2月27日主持召开的中央网络安全和信息化领导小组第一次会议讲话时就强调，网络安全和信息化是事关国家安全和国家发展、事关广大人民群众工作生活的重大战略问题，要认清我们面临的形势和任务，充分认识做好工作的重要性和紧迫性，要从国际国内大势出发，总体布局，统筹各方，创新发展，努力把我国建设成为网络强国。麦克卢汉曾提出媒介“尺度的改变影响了人类表意甚至文化”，当前我国广大社会公众对网络的嵌入与依赖已成不争事实，但社会公众的媒介信息素养却良莠不齐，与我国网络大国的发展不相协调。而作为一个践行者，宋红岩副教授以其敏锐的视角、坚定的研究信心与务实的实践精神还将一路前进，谱写新的篇章。

（作者单位为浙江传媒学院）

中学媒介素养教育的认识与实践
—— 记骆中成开展媒介素养教育的实践历程

唐人曾

一、媒介素养教育的历程

骆中成老师是杭州夏衍中学的副校长，他从2008年开始接触媒介素养，之前连媒介素养的名字都没有听到过，一直都在中学工作的他，经常接触的是素质教育，所以对素养这个词还有些了解，对媒介这个词就比较陌生，当时只是感觉媒介素养应该与素质有一定的关系，媒介素养也应是素养的一种。这年学校准备借40周年校庆，进一步发展原有的广电特色班，将广电特色做强，深化与浙江传媒学院合作，这时浙江传媒学院媒介素养研究所正需要将媒介素养教育推向中学，在中学里找到试点的学校和榜样，双方的需求正好合拍，将各自的要求连在一起，一拍即合，学校决定由他代表学校直接参与并负责学校的媒介素养教育工作，他也从此开始走上了媒介素养教育之路，从此与媒介素养教育结下不解之缘，通过八年的探索让他从门外汉、一曲不通到对媒介素养有了初步的了解，至少达到一知半解；从旁观者、跑龙套、看别人表演到参与者、站到前台、能够直接给学生讲媒介素养课；从局部介入、面上关注到通过申报课题进行研究、深入探讨媒介素养的内涵；从校内两个班级的试点到全校大面积的实施媒介素养教育；从在夏衍中学尝试到外地进行传经送宝、介绍经验，一定范围内介入浙江省媒介素养教育研究会的管理。

杭州西湖媒介素养高峰论坛已经举办了很多届，从论坛交流内容的变化，以及参加人员来看，足以说明媒介素养的发展。第一次媒介素养研讨会在杭州西湖边举行，参加的人也很少，只有浙江传媒学院和夏衍中学等部分中学的教师共十几个人，中学教师主要以聆听为主，对媒介素养的教育还处于懵懂阶段，只能简单地谈了一下设想和准备开展的活动。第二届论坛就称为西湖论坛，2009 年在交流会上，作为高中阶段的唯一发言人，他主要谈了“高中开展媒介素养教育的初浅思考”，从学校开展媒介素养教育的背景、中学生开展媒介素养教育的实践和中学生开展媒介素养教育的建议和思考等三个方面，汇报了他们实践的历程；2010 年西湖媒介素养论坛上，他作的报告题目是《认识·甄别·应用》，主要从普通中学的层面讲开展媒介素养教育的目的，在中学阶段通过媒介素养教育，让中学生对媒介有初步的认识，在认识媒介的基础上能够简单地甄别信息，也就是批判性获取信息，在前面两个步骤的基础上如果学生还有兴趣就可以将学到的知识运用到具体的实践中去；2012 年在第四届西湖媒介素养高峰论坛上，他作了报告《中学媒介素养教育课程开发和教师培养》，介绍如何将分散的媒介素养整合成一门选修课，以及在中学阶段没有专业师资的情况下传帮带培养自己的兼职教师；2014 年第五届西湖媒介素养高峰论坛上，他作了报告《浙江省第二届精品课——媒介素养教育》，重点介绍将媒介素养教育课程打造成省级精品课，满足高中走班选修课和评特色示范高中的需要。2016 年第六届西湖媒介素养高峰论坛上，他代表学校着重谈了媒介素养教育的精品化和专业化问题，学校的媒介素养教育发展的一定程度就应向专业化发展，这样才能满足更深层次教育的需要。

2011 年参加浙江省媒介素养教育研究会成立大会，夏衍中学作为五个发起单位之一，参与筹备工作，会上他被选为研究会的常务理事，并兼任副秘书长，参与部分管理工作；积极发动学校教师进行媒介素养教育研究，推荐媒介素养教育的论文参与评选。将媒介素养的教育与中学阶段的学科结合起来，增强媒介素养教育的生命力，将媒介素养教育与语文学科结合，在语文课中渗透媒介素养教育，开展融入式教育，取得了一定的成果，在第四届西湖媒介素养高峰论坛上作经验介绍。他还将媒介素养教育与团委的工作进行结合，运用媒介的技术展开学生团委工作，也取得了一定的成效。

2013 年 9 月开始，因高中新课程改革的需要，每个学校必须开设多种选修课，每位老师都要在知识拓展、兴趣特长、职业技能和社会实践等四大类中至少选择一类开发开设选修课，满足学生多样化选择的需要，这次课程改革的理念就是选择。乘这个机会他就直接进入第一线，参与高中学生的媒介素养教育课程的开发，运用已经具有的媒介素养的知识开发了“媒介素养与新闻”的选修课程，在高一年级开设，每周一课时，分十八周完成，让学生通过选修该课程，能够较正确、客观地了解新闻产生的过程，新闻传播的媒介都有哪些方式，传统媒介与新媒体的主要区别；通过了解新闻事件背后的新闻，认识传播人的价值观不同，对同一事件的报道角度也会较大的差异，会有选择性报道甚至于可能出现不同的报道结果。通过具体的事例，让学生参与讨论感知国内外媒体的报道的差异，想要了解事实真相需要多看几家观点不同的媒体，这样才能比较全面的把握。在教学中不断引入当前社会发生的重大事件，学生关注的事件，做到所用材料新鲜，体现及时性，也有利于提高学生兴趣。通过大量事实的比较，对学生获取正确的信息有较大的帮助，能够较为全面地了解信息的正确性，也会从不同的角度分析事件的真相，减少盲目地跟风。课堂内播放电影《搜索》，让学生找出影片中运用了哪些新媒体？影片中的电视和网络能够全面真实地反映事实真相吗？我们在网络中获取信息时，能否不加思考就通过公共媒体传播吗？影片的结局也充分说明片面获取信息并随意传播造成的后果。再次教育学生获取信息时限制性因素较少，但在传播信息时，尤其是在公共场所传播就一定要慎重，否则就要承担因你的传播而造成的后果。他的这些教育对学生的媒介素养的提高起到了较大的作用，提升媒介素养的同时，对新闻的鉴别能力、传播水平也有较大的帮助。

二、对媒介素养教育理解的升华

他对媒介素养概念理解的不断提升。媒介素养教育就是通过教育提升学生处理大众传播媒介的各种信息的能力，能力包括选择、理解、质疑、评估、创造和制作等几个方面。现在学生比较缺乏主要方面还是思辨性回应的能力，创造和制作能力经过教育的学生提升较快，质疑和评估的能力通过教育学生会有所提高，但对于学生来说还是难以把握尺度，质疑和评估的教育是媒介素养教育中最薄弱的环节，需要教育者进一步探讨。现在我国人均手机达到 1.5 部，大部分是智能手机，随着手机时代的来临，手机将成为主要的媒介，意味着自媒体的时代到来，人人都是新闻的传播者也新闻的制造者，质疑和评估能力显得更加重要。

全民进入手机时代的今天，强大的手机功能替代了许多平时常用使用的工具，大有一机在手，走遍天下都不怕的趋势，新媒体的不断涌现、更新，已经让我们应接不暇，且新媒体出现一段时间后又会将这些功能接入手机当中，手机的价值越来越大，大人和小孩都使用手机。新技术的发展尤其是电子技术的发展，已经不可抗拒地走进我们的生活，媒介知识的重要性越来越大，媒介应用能力成为人的重要能力之一，媒介知识是人生存和发展的必备知识，媒介素养的教育会影响人的健康成长。

他认为媒介教育非常有必要。现在走在大街上看到的年轻人基本是低头一族较多，甚至骑电动车人群中也有不少边骑边看手机，公交车和地铁上的低头族就更加不用说了，因为低头而造成的事故甚至于危及生命的现象时有发生。这一方面说明手机的重要性，另一方面如何正确合理的使用手机的教育迫在眉睫。学生能否将手机带到学校的争论不休，且不论能否带手机进校，但学生将手机带到学校后的管理确实是一个大问题，因为学生没有自控能力，挡不住手机强大功能的诱惑，在上课期间、在熄灯后的寝室里都会情不自禁地、偷偷摸摸地拿出手机，或在桌子底下，或在被窝里，与人聊天、查看自己感兴趣的内容，控制不住在被窝里玩手机到半夜三更，从学生使用手机时间记录看有的到了凌晨两三点钟，严重影响第二天上课，运用手机强大的功能查找教师布置作业的答案，不动脑筋直接抄袭，甚至于发展到在考试期间运用手机在桌子底下通过盲打的方式找出试题的答案作弊。为了防止手机被老师发现，甚至有学生将书本中间挖空，中间放进手机，不仔细察看还以为学生正在认真看书。从家长的角度看，孩子带手机便于及时联系和掌控孩子。孩子到学校的途中怕学生贪玩，不及时到校或回家，用手机可以及时联系，家中有急事时联系方便，家长多数支持小孩带手机到校，否则也不会奖励手机给孩子了。但是学生带手机到学校以后，手机的管理成为学校的难点之一，有的学校专门设置学生手机柜，让学生到校后将手机锁进手机柜，放学时再领走，阶段性地让学生使用手机。有的学校将手机带到学校后交给老师管理，放学时领回。有的拒绝学生带手机进校门，经常突击检查，甚至将带机入校给予纪律处分。

媒体使用的方便性，人人都能够成为自媒体，不需要申请和批准，都可以轻松地发布信息，由于传播信息的便捷性，学生在传播信息中，为了猎奇、好玩，不加思考传递错误信息，因为学生不会考虑虚假信息传播或转播的后果，有的还以不良信息传递中造成的混乱而感到有趣，甚至于还添油加醋地捏造事实传播信息，如甘肃一中学生利用父亲送的4S手机拍摄的图片在微博、QQ空间发布不全面的虚假信息，将意外事件导致人员死亡造谣成公安不作为，将他自己的臆想当成事实发布到社交网站上，并煽动民众游行。这种不负责任的传播信息就造成了一定的后果，最后受到相应的法律制裁。

1. 媒介获取的信息与学科学习获取的信息的联系和区别

学生在学校课堂内学习就是获取信息的过程，将各门学科的信息转化为需要的知识，这些信息是根据每门课程的标准必须学习的内容。学生通过媒介自主学习获取信息是课堂学习的有效补充，但通过媒介学习获得的信息不是国家课程规定，也没有统一的要求，没有强制的规定，是学生根据自己的兴趣爱好去学习。所以课堂学习和通过媒介自主学习获取所需要的信息本质上没有差异，都是学习过程中的一个环节，都是提高人的能力的一种方式。学生在课堂学习的过程，首先要获取相应的信息，然后根据获取的信息结合学科思维能力解决相应的问题，学科性比较强，由于考核是分学科进行，综合运用的比较少。其实文化学科的学习过程也就是有效获取信息的过程，将获取的信息解决具体的实际问题。如地理课堂内解决地理问题时，要从题目的要求出发，根据题目的要求选择适用的地理原理，依据相应的地理原理的要求，分析运用此原理需要必备的知识，查找原理中需要的信息，再在材料中找出有用的信息，在所提供的地图中分析出所提示的信息，将这两部分信息整合起来，用地理的俗语组织好文字表达解决地理的问题，因为地理设问中出现的地区，学生不可能全部都到达，即使去过这个区域也不知该区域的全部信息，因此材料中提供的信息能否全部获取就显得非常重要。

媒介信息获取与学科信息的获取的区别：学科知识获取的信息范围较少，一般都是与些学科有关的信息，目标指向明确，为了提升自己的结构和必备的基础知识，为了解决学科问题而获取，有时上网查询不懂的学科知识，呈现的界限并不是十分明确。媒介信息的获取是依据个人爱好、兴趣特长，自己有选择地去获取，获取的目的是为了满足兴趣的需要，并不是国家强制规定，对个性的发展、差异化发展有较大的帮助，有的学生在自己爱好方面挖掘得比较深，获得的知识也比较全面。媒介信息的获取比较自由，也有一些是被动获取。

媒介的手段特别是现代技术支撑下的新媒体的出现，为学校里的高效率的学科教学提供了工具的支持，现在课堂内运用多媒体、声音、视频解决了传统课堂内用嘴说不好的困惑，视频应用到课堂内，学生受到的视觉冲击十分震撼，以及对学生感官的刺激加深了学生对学习内容的理解，老师再好的语言表达也替代不了直观的图和声音，尤其是自然现象的过程演示，用肉眼难以观察到自然现象，运用多媒体解决了这些以前不可能在课堂内观察到的事，极大地提高了学生的学习效率。所以媒介素养教育对学生自主自觉地运用媒体获取学科知识方面起到非常积极的作用。

2. 学科教学中渗透媒介素养

在人与人交往、人与社会的交往中，媒介起到了非常重要的不可替代的作用，媒介的传播也有正反两个方面的作用，应该尽量运用媒介的正面作用，因为正面传播起的作用要大得多，虽然有一定的负面作用但通过教育教学可以避免，只要提高学生的素养可以将不利的内容转化为有利的趋向，媒介素养通过教育能够提升，而媒介素养的教育比较好的方法不是单独开设一门功课而是与学科教学有机地结合。所以媒介素养的教育最好渗透到学科中去，学科教学中渗透媒介素养的教育，主要是通过学科教师挖掘，教会学生对学科信息的判断本身是学科教学的一部分，也是学科能力体现，学生学习的学科知识就要应用于社会实践，应用于生活中点点滴滴，解决生活生产中问题，学科教师不只是教知识更要教学生应用，这种渗透学生容易接受。教育学生如何通过媒介去获取相应的知识，更要关注在获取所需要知识和传播相应知识时需要遵守的规则，这方面政治、历史、语文、地理、外语等文科类学科能起到的作用要大一些。文科知识帮助学生更加深入了解社会，对判断社会现象的真假，理性分析社会事件起到的作用较大，理科知识对一些常识性内容的判断也有较大帮助，如谣传“用碘盐能够预防日本地震导致的核辐射”，碘盐中含有多少碘，如果要预防的话需要用多少盐才能起效，只要运用化学知识简单计算就可知，如果能够判断这则信息是假的，也就不会产生抢盐风波。结合学生生活的实际，用学科知识解释平时遇到的生活琐事。学科在平时的教学中要有意识教育学生如何辨别信息的真假，在传播信息时如何守住底线，这种介入式教育不比专门教育效果差。为了提高学科教学的效率，教学中也要借用媒介的先进手段，如果教师具备媒介制作的初步知识，将媒体的传播技术大胆地在课堂内使用，也会极大地提高教学效益。

除了前面提到的学科渗透以外，开展媒介教育的方式可以多种多样，根据自己的需要有选择性地进行。首先学校开设选修课、讲座等形式，这种形式容易开展，受到的限制比较少，选修课和讲座容易组织，时间安排灵活，参加学生也不固定，完全根据学生自己的需要、自己的爱好来确定是否参加，且中途可以改变，比较自由。其次是学校提供相应资料供学生自学。学校要以一定的形式和创设平台为自学的成果有一个展示的机会，或者以体会文章和读后感的方式这写下感受，让每位学生有一定的收益。每个人只有多看书报、杂志，获取更有效的学科知识，才能洞察客观事物，理解客观事物的本质特征。所以学生应该掌握多方面的科学知识，增强分辨虚假信息的能力。第三家庭要承担媒介教育的责任。学生利用媒介的时间大部分在家里进行，或者离开学校后在网吧里，上网获取有关媒介信息，看电视、上网、玩手机、听广播等是学生在家中的娱乐项目，节假日学生去上网吧也属于家长的管理范围。因此学校加强教育外，家庭应该承担起较多的责任。父母是孩子的第一位教师，父母对孩子的作用不可低估，家庭的榜样是无穷无尽，在媒介信息辨别方面也是如此。

3. 媒介与德育

班级德育中运用媒介。随着QQ群、微信群的大量应用，现在每个的家长和班主任之间建立了微信群或QQ群，有的从孩子上幼儿班就建立家长交流群，将学生平时在学校的表现、上课的状态、作业情况及时在平台上交流，方便家长及时了解孩子在校的表现。对教育有及时性、有效性、起到了较好的作用。条件较好的学校建成了智慧校园，家长的用手机就能够掌握孩子到校门口的时间，如果愿意也可以观看孩子在教室内上课情况，家校利用网络的交流更加便捷。对学生的教育也运用较多的媒体，将平时学生表现特别是一些不良的行为习惯，拍成视频或者照片，在教室多媒体上播放，让学生知道自己的行为无时不被监控之中，任何时候都要注意自己的言行，这样的媒介对消除不文明行为有较大的帮助。同样通过视频或照片将学生中的正能量传递出去，树立良好的正面榜样，传递正能量。媒体工具的普及让每位学生参加正能量的拍摄成为常态，其教育意义比老师在教室批评到更有效果，为了满足个性化的需要，老师还有针对性将表现欠佳的力图像只发给相关人员，也保全了学生的面子和自尊。还有将班级平时的集体活动收集整理，记录了班级开展的有意义的活动。运用媒体记录学生每次考试的成绩，汇总解题错误的记录本，帮助学生找出学习中存在的主要问题，帮助学生查到在全校这个大群体中的位置，现在的考试成绩给出都是标准分而不是考试的原始分，帮助学生分析学习中的缺陷，弥补不足的方向。

团组织活动中运用媒介。学校团队工作的开展离不开一定的载体和形式。多元化的载体有助于丰富团队活动，更有助于学生形成团结互助、乐于奉献的团队精神，促进身心健康发展。因为媒介的丰富性和现代感，也成为学校团队活动可以采纳的一种载体。然而，目前在强大的媒介面前，学校团队工作由于种种原因，没有有效利用媒介发挥媒介的优势，反而受到媒介产品的影响和冲击。升学和安全等的压力导致学校团队活动载体和形式少且单调，许多时候往往是做做样子，不能有效发挥媒介在团队工作中对提高学生整体素质等方面的积极影响，甚至无法激发学生兴趣，使很多学生无心，甚至厌恶参加团队活动，使其丧失了应有的功能和作用。如果学校团队等组织能够充分利用现有的媒介素养教育，采取灵活多变的形式，可以发挥团队工作在促进学生全面发展方面的特有的功能和作用，并在实际工作中充分体现团队工作的时代性，把握团队工作的规律性，增强团队工作的实效性。

家庭生活条件的改善，大部分家庭都有多媒体设备，单反相机、摄像机，至少带有智能手机都有装备，只是像素的高低上的差异，学生运用多媒体参与活动的条件已经具备，学校团队开展的活动完全可以从多媒体的角度考虑，让学生运用这些设备制作一些作品，学校搭建一些平台让学生参与比赛，极大地提高了学生的兴趣和参与度。学校团队只要根据学校发展的需要设置一些主题，围绕这些主题让学生充分发挥能动性，可以制作平面媒体，也可制作动态媒体，甚至于制作一些系列作品。在团队开展的各类活动中让学生捕捉一些场景，发挥瞬间作用，在各类宣传活动中多媒体更能大显身手，校园新闻的制作和播报，各类评比中运用媒体的投票，代表学生的民意，显得相对公平。寻找最美的学生宣传正面典型的过程中，拿起手中的媒体记录发生在身边的小事，将学习积极分子的典型、劳动积极分子、遵纪守法等各种典型，用生动的事例活灵活现地展示给学生，让学生感受实实在在的身边典型，体会身边的典型可以模仿、可以学习，感觉不到“高大上”、高不可攀的虚无现象。在团员的管理中，多媒体的作用更能大显身手。

日常行为规范教育中运用媒介。日常行为规范就是学生平时常态的言与行，反映了学生的文明程度，体现了学生素养和内涵，在培养高素质的文明学生中媒介的运用也能起到了不可替代的作用，有时语言的教育比较苍白，老师苦口婆心的教育效果不明显，通过媒体的教育反而效果更好。如到了吃饭时间学生都会如百米冲刺一样奔向食堂，但楼上的学生冲下楼梯时是多么的危险，万一前面有人摔倒，那后面的学生“刹不住车”，后果不堪设想。学校多次教育，大会小会都讲但收效甚微，后来学校专门架一台摄像机对准楼梯口，将每天冲在最前面的学生记录下来，在一定场合播放给学生看，果然学生看到自己的“光辉形象”后对自己的行为有了一些收敛，坚持一段时间后学生就慢慢地习惯了，习惯成自然。同样有许多场合在失去监督时学生遵守公共空间的意识的自觉性就会下降，需要运用学生的媒体和学校的媒体进行监督。校园内卫生死角、卫生的重灾区等需要强化管理，自修纪律和一些无老师在场的纪律只有监督才能有效，所有这些都可以发挥媒介的作用。

三、领导中学发展媒介教育

1. 学校媒介教育的发展阶段

起步阶段：媒介素养教育真正进入课堂是从 2009 年的 2 月份，当时他所在的夏衍中学在他的组织指导下，选择了有一定基础且广电特色学生较多的文科班先进行试点。一共四个文科班分两部分进行，其中两个文科由传媒学院的教授亲自授课，为了减轻教授的负担，采用两个班合并以大班的方式上课，另外两个文科班级的课由学校选择教师进行边学边教。由于中学教师学的专业与媒介素养教育不一致，在此之前也很少接触这方面的专业知识，受“教学生一杯水，教师要有一桶水”理念支配的教师如何承担这项教学任务，他提出的办法是：首先在教师的选择上，对照所要开设的专业，寻找与此专业相关或相接近的教师担任，实在找不到类似的专业就选择对所讲的专业有爱好或特长的教师担任；其次是给一周的时间准备，中学教师推迟一周上课，具体的操作是先听大学教授的课，并把教授所用的课件全部拷下，阅读相关专业的书，查找有关专业名词，有了初步认识后经过一周的准备再给学生讲课，课后及时反思，再补充有关的专业知识。这样进行了一学期，学生反映效果还可以，但传媒学院的教授比较忙，承担的工作较多没有这么多的时间给高中学生讲课。根据中学生媒介素养知识的现状，只要传媒专业的大学四年级的学生知识水平就可以满足中学生的需求，应该考虑由大学生志愿者来承担该项任务比较合适。当时的课程安排如下。

课程安排：

第一次开课 2009 年 2 月	第二次开课 2009 年 9 月
广播电视新闻	沟通从媒介开始，媒介素养从认知开始（媒介和媒介素养）
编导	学会在看新闻中了解国家大事（新闻）
编剧	流行文化和偶像崇拜：在真人秀节目中，你感受到了什么？（编导）
摄影、摄像	每个同学都是自己生活的编剧（编剧）
制作	编制真是世界，聚焦大千视野（摄影摄像）
录音	神奇的电视剧蒙太奇制作（制作）
灯光	奇妙的三维动画影视（动漫）
动漫	学说话艺术，让自己更可爱（播音主持，公关礼仪）
播音	今夜灯光灿烂和天之音争相辉映（灯光和录音）
礼仪	广告传播的信息，你信吗？（广告）
化妆	网络，神奇的故事（网络）
表演	学会辨析和批评媒介了吗？（媒介素养）
广告	
电视剧生产	
包装合成	
信息与网络	

原来由 16 个模块组成，试行一学期后发现有的不适合中学生，如电视

剧生产、包装合成等课程比较专业对普及媒介教育的意义不是很大，由于时间的关系每学期正常是 18 周，去掉因运动会、春秋假等特殊情况很难满足开课的要求，也就是教学任务不可能完成。通过删减、压缩、合并等途径第二学期开始开设 12 个模块，这样保证有完成教学任务，还留有余地进行考核。从实践的结果来看这是比较合理，既满足学生的需求提升学生的媒介素养水平，符合学生心理特点。

接下来需要安排课时，学校课时安排本来就比较紧张，每周要想挤出两节课的时间进行媒介素养教育有点困难，周二下午是班团活动课的时间，周三下午是文科教研活动，周四下午是理科教研活动，周五下午教工大会。只有在周二下午开设媒介素养课，这样可满足传媒学院的学生周二下午休息没有课，传媒学院的学生可以到学校进行教学，这样学校就只要将有媒介素养班级的班团活动的时间调整到其他时间进行，就可完成媒介素养的教育。有时这样安排又可能涉及学校整体性活动的开展，有些全校性的大会或者活动一般都在周二下午进行，可能影响到学校活动的安排，所以有的学校就觉得此项工作麻烦也就半途而废。

经费：媒介素养教育所用经费不是很多，教室内正常的多媒体和音箱已经具备，录音机因为英语教学的需要也已具备，所以要添的设备不多。经过多年的添置，现在学校媒介素养的器材基本上是数字化，有高级数码相机一批，数字摄像机几台，模拟主持播音台，录音棚等设备都齐全。校园广播、校园电视台、校园网络等设施即使不开设媒介素养教育也要增加的设备，我们学校利用智慧校园建设的机会纳入预算。

教师的选配原则：他认为教师的选择应该从这几方面考虑，首先与学科教学比较接近（相似性比较大）；其次是选择青年老师，因为青年教师可塑性人，接受新事物比较快，本身对媒体使用也较多，责任心较强；第三考虑教师对媒体的爱好程度，选择在媒介素养教育课程中的某个方面比较有兴趣的教师，有一定的基础发展起来也会较快。最好决定分别由语文教师、音乐教师、英语教师、历史教师、信息教师、政治教师、物理和生物教师来担任媒介素养教育的课程。这样根据需要和教师自己的兴趣来确定人选非常正确，媒介素养课程涉及的内容是全方位、多方面的，只要年轻肯学媒介知识的同志承担，才能将媒介素养教育坚持这么多年，所以实践证明效果不错。

发展阶段：2009 年 9 月份，从这届学生开始所有高二年级的学生都将接受媒介素养教育（即凡是进我校学习的学生在高二阶段都要接受这方面的教育），第一学期是在文科班开设、第二学期在理科班开设相同的媒介素养课程。他认为在高二年级开设基于三方面的考虑，一方面考虑学业特点：高一年级是起始年级是初高中衔接和过渡阶段，主要让学生了解“夏衍”，对媒介有个感性的认识，也有个思想准备。高三年级主要任务是高考，学习文化课的任务比较繁重，再挤这个时间来学习有些不妥，所以高二年级是最合适的年级；第二方面考虑高中会考和课时安排：由于高二会考是在第一学期结束时就进行，高二年段第二学期理科班政治会考后课时有余，不与正常的文化课产生矛盾；第三方面考虑精英培养和普及教育的关系：记入学分是全体学生参与的普及性教育，也是强制性教育，高三的精英教育是为高考服务，为经过普及教育发现确实有这方面的特长或潜能的学生提供平台，可以有针对性地培养和辅导。

这个阶段我们请传媒学院的志愿者来给学生上课，解决教授因教学工作繁忙的问题，传媒学院的志愿者都是大三和大四的学生组成，因为他们为高中学生上课的专业知识已经不成问题，只要在教学技术上给予一定的指导就能胜任。他自己是学校里的名师、也是资深教师，他自己亲自给这部分志愿者培训教学教法的问题，教给他们必要的教学技能和课堂内可能遇到的情况及处理方法，介绍高中学生的学习特点，指出志愿者可以对照自己读高中时的学习心理，不满足现在高中学生学习媒介素养的需求，通过培训这些志愿者都顺利进入高中课堂讲媒介素养知识。同时安排学校内的已经讲过媒介素养课的教师，继续听有关专业学生所讲的课进行第二次培训，补充任课教师的媒介素养教育的专业知识，

教学内容的调整和考核。由于第一阶段 16 个教学模块，每个模块两课时，发现有的内容不适合在高中阶段进行，且中学生的放假与大学生的假期不一致，难以完成 16 模块的教学任务。第二阶段开始我们就对教学内容进行适当地调整，压缩教学时间和调整教学内容，由 16 个模块改为 12 个模块，也就是 12 周内完成教学任务，留有更多的机动时间。为了督促学生认真地学习从这个阶段开始，每次讲完课后适当地布置作业让学生课外实践所用，学期结束时还要进行考核，对学生的考核由两部分组成即平时的学习和作业、学期结束时的书面考试，综合这两部分成绩综合考虑认定是否给学分。发现有个别学生没有认真学习考核不合格，不予以认定相应的学分。

常态阶段：这一阶段主要解决师资问题，原来媒介素养教育由学校的师训处直接管理，这样不够专业，为了长期发展媒介素养教育，他考虑专门招聘了一名传媒学校毕业的学生来学校进行具体的管理，可以增强管理的专业化和管理的内行化，媒介素养教育由分班管理到集中管理，这名教师还可以

辅导有特长的学生，高三阶段担任特长学生的班主任，从此学校就有了专门管理媒介素养的教师，也因为尝到了专业教师管理的甜头，后面几年又继续招聘专业教师，为长期发展媒介素养教育奠定了坚实的基础。

学校内教师经过几次的实践——提高——再实践——再提高——再实践，已初步具备了媒介素养的教学能力，全校的媒介素养课都由自己的教师担任，在几年实践的基础上，正尝试编写适合高中学生使用的媒介素养教材，有教材作为教学的参考，媒介素养的教学会更加规范，教师也能完全独立地承担教育任务。

全部由夏衍中学自己学校教师担任媒介素养课后，教学时间的安排比较方便，不会受周二下午的限制，也不需要两个班合并同时开课，教学内容也与时俱进地进行微调，更加好结合教师知识结构，发挥教师的优势，教学的组织形式更加自由，课程的管理更加便捷。

媒介素养开设的模式如下图：

年级	→	高一年级	→	高二年级	→	高三年级
对象	→	兴趣小组	→	全体学生	→	精英学生
目的	→	培养兴趣	→	记入学分	→	参加高考

开设的时间和年级：

高一年级：每周二下午最后一节课，以兴趣小组的形式。

高二年级：第一学期高二年级文科班，第二学期高二年级理科班；每周一下午 3：40～4：50、周二下午 3：00～4：30，以班级授课的形式进行。

高三年级：每周下午和双休日进行，在广电特色班专用教室。

学校还专门配备了媒介素养教室，配齐音箱和多媒体，教学方式多样，有讲授、也有互动、更有奖励调动学生学习的积极性，将媒介素养课程纳入到校本课程，只要学生考核合格就可以获得相应的学分。

媒介素养教育的升级版：媒介素养教育的升级版与学校特色教育高度一致，自从学校更名后，他和学校一班人就在想如何解决学校的发展问题，当时提出“弘扬夏公精神创办文化名校”的口号，文化名校的具体落脚点在哪里？如何弘扬夏公精神？开始编写《走近夏衍》一书，组织学校内的语文老师进行编写，查找资料、拜访研究夏衍的专家浙江大学教授，并得到他的支持和帮助，为我们提供宝贵的资料，帮我们审查教师写的文章。请夏衍故居的同志帮助我们，讲夏衍的故事，参观夏衍故居。争取到了夏衍子女的帮助，他们提供了诸多夏衍生前用过的书和实物，也捐赠了许多夏衍自己写的书，帮我们建立了夏衍陈列室。这些为挖掘夏衍的精神起了很大的作用，当时我们编写的书分为两部分第一部分介绍的成长经历，特别是青少年时代，在杭州成长的时段，编成可读性强的故事供学生学习用。第二部分是实践活动，通过系列主题活动让学生感受到夏公的人格魅力，对学生的教育起到潜移默化的作用。在这时期主要是从德育的角度思考得较多。

文化名校的不能停留在思想教育阶段，怎样转化为学校发展的动力，他们思考学校的发展的特色如何应与此相结合，这个特色既要与夏衍有关，又不能脱离学校的发展层次，更不能与其他学校重复，夏衍中学想在的文化课上很难办出特色，因为生源是杭州市重点高中里面排名靠后，与知名度很高、历史悠久的大家公认的历史名校无法比较；美术特色已有杭州市专门的学校已经搞了好多年且已形成规模，且依靠中国美院，在全省都有知名度；其他专业发展又要与职高相同；经过多次讨论最后确认广电特色作为目标发展。所以 2003 年招收广电特色的学生组成一个班进行教学，设置的专业是播音主持、编导、表演三个，招收时先进行面试，邀请省市著名电视主持人、传媒学院的教授等专家给学生面试，面试合格后进行文化课的考核，在后面的招生中虽然文化课的考核变化较多，但面试的传统一直都没有变化，坚持到现在。

招收进来的学生还要考虑他们的出口即高考，因为我们是普通高中，不是职业高中，还是要考虑升入高一级学校继续读书。开始招收的特色班学生，专业课上确实比较好，但文化课较差在高考中很难占优势，随着传媒专业对高考成绩的要求越来越高，只有专业成绩好而文化课成绩差也上不了大学。发现这些学生文化课成绩比较落后难以升上传媒类的大学，发现文化课比专业还重要，为了提高这类学生的文化课成绩，学校再进行改革，将专业成绩好，又有发展潜力的学生编入其他平行班，与其他学生一起接受同样的文化课教育，将专业课放在双休日上，这样提高他们的文化素养也增加了升学机会。双休日上课，由传媒学院的教师承担，分小班化进行，三个专业同时开课，学校还专门设立一名教师进行管理和辅导，做好相应的思想工作，这样不会影响文化课的学习，对学生实现个性化教学有针对性的辅导和训练，使他们的特长和爱好得到满足和提升，从实际效果来看专业课基本上能够上线，每年的升学率高于其他班级的学生，录取的学校也较好，社会效益也得以体现。

学校传媒特色班招生走过了这么一条路：降分录取——单独录取——提前录取——中考后录取。单独组班——混合编班；单独组班学生比较活跃，广电的氛围浓厚，但文化课程度较差难以跟上，对升学不利。

2. 媒介素养教育发展中的问题和努力方向

媒介素养教育在发展中遇到了学生和教师两方面的问题，首先是学生选课人数不够。媒介素养是一个新兴学科，更是一个舶来品，侧重培养学生对信息的传输、判断和理解能力。这类常识性的基本认知，大体上能通过学生的实践经历和主观经验来获得，有研究表明，年龄与传媒媒介的使用水平成反比关系，年龄越大使用新媒介的能力就越差，学习新媒介的所花的时间就越多，现代的中学生在使用新媒介的技术上难度不太大，就从技术层面吸引学生来学习媒介技术动力较少。所以在一般非传媒类学生身上并没有引起足够的重视，所以导致选课人数的不足。

其次是教师授课深度不够。传统教育体制的保守性，对大众文化价值认识的局限性，外加教师本身对于教师媒介素养教育的必要性与紧迫性认识不足，导致目前教师媒介水平的有限性。虽然学校一直以来依托浙江传媒学院合作办班，但传统学科教师仍占绝大多数，参与媒介素养授课的教师也是身兼数职，所以真正将媒介素养教育吃深吃透的教师仍然凤毛麟角，授课的深度、广度、拓展度仍有缺陷。

媒介素养教育能否得到发展主要是看学校领导的重视程度，只要学校领导认识到媒介素养是素质教育的组成部分，媒介素养能在人一生中起到比较大的作用，也是其他文化课教育难以全面替代，电子信息普遍使用的今天有可能影响到人能否全面健康的成长，对人生幸福具有重要的意义。只有认识到位，教育的措施、经费的保证、师资的培养等都不是问题。

抓住高中新课程改革的机遇，新课程改革主要目的是为学生提供选择性，给学生大量的选择机会，因此要求每所学校开设大量选修课，满足学生的选择要求，让学生真正个性化发展，给学生根据自己的特长和需要提供选择的空间，媒介素养教育利用这次机会进入选修课程，再展示媒介的优势吸引学生来选择这门课程。

中学阶段媒介素养教育的内容应该偏重于实践，尽量不用深奥的理论，运用大量的实例，最好是学生身边的例子，让学生切实感受媒介的重要性，跟实际生活的联系，给学生创造出动手实践的机会和平台，并能够让学生体会其中的乐趣。菜单式的内容供学生选择，会增加课程的生命力，同样的媒介素养课，有的学生喜欢平面的动漫，也有的学生侧重于动态的视频，有的喜欢录音和声音的模仿等，在实践中让学生发现体会自己的爱好和特长。

高考指挥棒还是普通高中教育主要动力的大前提下，要想全面开展媒介素养教育是不可能实现，因为学校在校的时间有限，学校也不可能将大大量的时间用在媒介素养教育上。所以媒介素养教育只能跟学科结合，给学科教学起辅助作用，这样媒介素养教育的生存压力会小一些，容易在中学阶段展开。以讲座的形式占用学生时间不多，又能将主要内容教给学生，起到普及的效果。

媒介素养教育要与时俱进，不断地创新，随着新媒体的不断出现，主流媒体的演变，最近十多年的时间里由报纸杂志等纸质媒体为主向动态的电视发展，由电视这主流媒体向网络为主的媒体发展，到了现在手机成为人们接受信息的主流媒体。到了网络和手机普及的时候，自媒体成为重要途径，这就要求我们开展媒介素养教育时也要调整主题，运用的案例也要不断更新，经常汲取新的理念，充实到媒介素养教育当中，从夏衍中学的发展情况看，今后重点考虑如何使教育走上精品化，开发一批精品课，让教育更加规范，有蓝本可以阅读，给学生自学的机会。在教育上逐步向专业化努力，因为专业老师专业功底深厚，讲课有深度，也比较到位，学生容易接受。

而新高考招生制度综合改革试点方案强调考生参加考试有了更多的选择，考生对自己考试成绩的使用也有了选择，考生报考高校专业的选择权得到了更充分的尊重。这促使学校大力实行和发展走班制，充分发挥走班制优势，着力彰显了选择性教育理念。在这个大背景下强制让学生选择媒介素养的教育有点不符合教育改革的新形势，这就迫使他们思考媒介素养教育的出路，满足学生课程选择的需要，又要与学校的特色发展相结合。他们决定将媒介素养教育纳入高中课堂，既有利于学科能力的提升，又有利于学生媒介素养的提高，在不同的学段可以使用不同的教学策略、开设相对应的校本选修课程，使课程精品化、专业化，丰富媒介素养教育的内涵和外延。

方向之一就是实现高中媒介素养教育的精品化，从教师队伍、课程内容等方向向精品化努力。

固定教师团队：学校选择部分学科教学相似性较大、年富力强、对媒介素养教育有浓厚兴趣的教师组成固定授课团队。学校对教师采取定期与不定期专题培训，如开设专题讲座、论坛、提供咨询、指导、合作、研讨等，同时要求教师加强自学，开发教师媒介素养教育校本教材，如《媒介素养教育》、《健美操》、《影视表演》、《编导》、《广告与娱乐》、《手机与网络》等，使教师媒介素养教育更具有针对性。同时，培养教师利用各种媒介技术加工、处理教学信息、进行辅助教学，能利用博客构建教学教研平台，实现教师之间的信息互通和协作教研。固定教师队伍便于开展教研活动，商讨媒介素养教学中遇到的共性问题、分析个性问题，取长补短共同提高，利于课程的修改和完善。

固定课程内容：在规划媒介素养教育特色课程过程中，学校重视学生的需求，主动以学生的需求来调节课程实施的预期，在每学期选课开始前公布这一学期媒介素养教育课程方案和教学纲要，通过问卷和座谈了解学生对课程的评价与期待，再根据这些想法对方案和大纲进行修订。另一方面，利用学校公共选课平台将所有拟开设的课程上线，供全体学生自主选择，根据学生选课的情况开设相关课程。经过几年的发展，学校教师积累了较多的媒介素养教育的经验，同时部分媒介素养教育课程分别被评为省级、市级精品课程。如省级精品课程《媒介素养教育》，杭州市第七届精品课程《广告与娱乐》、《手机与网络》，杭州市第八届精品课程《编导》。大量的精品课程的开发培养了媒介素养的教师，也为学生提供了更多的选择，满足了不同学生的选择。

紧跟新媒体发展：随着现代科学技术的高速发展，互联网、手机等新兴媒体如雨后春笋般不断涌现。他们传播速度快、覆盖面广、互动性强。读者不仅可以接受信息，也可以提供甚至创造信息，这就更加加大了我们对媒介素养教育的广度深度的探索。目前学校依托的是校园文化活动形成的学校媒体传播平台，包括自媒体传播平台、校园平面媒体传播、多媒体传播等。它具备了与学生零距离的天然优势，同时非功利性和非商业化赋予了校园媒介传播更多的自由度和纯洁性。学生可以在校刊校报、校园网、校园论坛、广播站、校园电视台、校园贴吧、自媒体平台（官方微博、官方微信公众订阅号）等多种媒介平台上，实现信息传输。

方向之二是实现高中媒介素养教育的专业化。进入新世纪，随着网络技术的不断发展，自媒体平台的广泛应用，学生掌握一项新媒体技术非常容易，但是要把这项技术吃透吃精还是要靠专业的引导，具体做到：

师资的专业化。尽管学校采取了多种途径培养教师，但从其他学科教师转业过来，他的专业性肯定受到限制，在媒介素养教育中教学的深度的广度受到一定的制约，学校经过反复研究认为还是需要选调专业教师充实到媒介素养教育的教师队伍中来。现在已经有两位专业教师，一位是编导教师，还有一位是表演教师。这两位专业教师在学校媒介素养的教育中发挥了巨大作用，更为可喜的是她们在传媒专业的教育上体现很大的优势，学校还准备再选调专业教师来担任媒介素养教育课程。师资的专业化有利于课程的延伸和拓展，提升教学的高度，让学生学的更加专业。

内容的专业化。学校以“广电艺术”为办学特色，并以此为立足点全面开展专业化教育。如今，学校已经在高一高二两个年级同步开设《播音主持》、《表演》、《文艺编导》、《礼仪》、《话剧》等课程，由徐莉、黄莹等本校老师和浙江传媒学院等合作单位的外聘老师联合开课，承担选修课教学。培养学生具有一定的审美能力、创造能力和表现能力。课程内容的专业化是学校的发展趋势，且学校课程设置自主权的扩大也为学校向媒介素养教育的专业化提供了更大的空间，根据学校发展的特色建立媒介素养教育的潜力有了很大的提升。内容的专业化有利于学生向高层次方向发展，满足不同学生对媒介素养专业的需求，培养出更多更好的人才。

四、媒介素养教育永远在路上

1. 取得的成果

媒介素养教育经过多年的探索和发展，已经形成制度和体系，走向了正规化、常态化和制度化，纳入到常规教学当中，是学校对外宣传的重要窗口。在第三届西湖媒介素养高峰论坛上作《认识、甄别、应用》的报告，在第四届西湖媒介素养高峰论坛上作《中学媒介素养教育课程开发与教师培养的实践探索》的报告，第五届西湖媒介素养高峰论坛上作报告《媒介素养教育精品课程的开发》，第六届西湖媒介素养高峰论坛上作报告《走精品化和专业化之路——学校媒介素养教育的发展》，都得到与会代表的好评和有关国内外专家的重视。学校也承担了第三届“西湖媒介素养高峰论坛”的分会场，研究成果在第历届论坛上交流获得肯定，并引起与会者的兴趣，还受到广东中山市教研室的邀请，报告夏衍中学的媒介素养教育的开展情况以及经验教训，也接待了来自北京、甘肃等地区开展媒介素养教育的学校参观学习，分享了进行媒介素养教育的经验和做法。学校是浙江省一级学会——浙江省媒介素养教育研究学会的五个发起单位之一，有一名副会长和一名副秘书长参与平时的管理工作，由于媒介素养教育工作开展顺利，这次又增加了一名理事，增强了研究力量，还积极参与媒介素养教育的推广工作，学校也因为媒介素养教育教育显著成为省二级特色示范高中，学校的知名度得到提升，因此成为浙江省首批艺术特色学校。

提升了学生的媒介素养。通过这些年的努力与研究，从2008年开始，每届毕业生都不同程度地接受了媒介素养的教育，有几届学生达到了普及的程度。经过问卷调发现，参与学习的学生对媒介素养课喜爱程度达到了70.83%。其中，有近九成的同学认为该课程对自身知识结构、人际交流以及人生观产生了积极的影响。家长的反馈意见也是很支持学校媒介素养课程的开设，不仅能让学生获得更多的知识，还为相当部分的同学找到了自己的另一兴趣爱好。媒介素养课程的开始不仅指导学生理性认识并积极享用大众传媒，同时还教给学生认识、分析、运用和鉴别媒介的能力，让学生学会与传媒打交道。通过媒介素养教育，一方面培养学生成为有思想、有品位的传媒接收者，另一方面鼓励学生自觉监察和改善传媒，成为既有责任感又有批判能力的合格的传媒反馈者。对各种媒介所获信息的可靠性、可信度有一定的分异，新闻报道影响学生的判断这些都说明具有一定的鉴别能力。

媒体新闻报道对学生的影响的调查表明，接受过媒介素养教育的学生，对新闻有一定的甄别能力，盲从情况比较少，超过一半的学生只是作为辅助判断的依据，约四分之一的学生作为主要的判断依据。学生认识到新闻具有两面性，同一新闻，不同的作者报道其结论可能会相反，且报道作者的政治立场、宗教信仰、主观意识等有差异时，报道的角度也就不同。对待新闻报道首先要相信，但不能盲从，要经过自己的分析，用质疑的眼光看待事件，尤其是现在微信上传播的内容，更不能轻信，要学会质疑，用正常人的思维来分析问题，减少盲目。

通过媒介素养教育后，对学生上网用途和每周上网时间的调查来看，上网的主要用途是看在线电影、听音乐，聊天（QQ、MSN），上传或下载，以电影、音乐为最多说明媒介素养教育在学生心中的地位，其次是学习之余消除疲劳，再次是上传和下载为同学交流和学习所用；上网的时间大部分在两小时以内，说明接受教育后没有过度地上网，符合当前学生正常活动情况。

学习媒介素养后部分学生的评价。学生甲：“媒介素养课让我知道了媒体就在我们身边，有了媒体让我们的生活变得更加丰富多彩，我们也可以利用媒体开阔眼界传递信息，媒体是有趣的，有无数种形式和方法，如电影，既让我们在视觉听觉上得到了享受，同时也有一些与生活息息相关的、有情感的或是现实生的东西传达给我们，法人深思。还有电视、报纸、广播等等。通过不同的渠道，通过眼观、耳闻的形式收获了大量的知识信息，随着科技发展，这些媒体被不断美化也不仅仅是接受信息那么简单，可以是一次身心的享受。”

学生乙：“同一种情景，可以拍成不同的风格；一组照片可以经过不同的处理，成为一组新的照片；一个视频，可以将其细小的部分放大；将一个视频从拍的不同角度去看可以看到不同的效果；一篇文章用不同的音调与音色去读也会有有不同的感觉。”

学生丙："这是一种有效、实用而有趣的课，本以为媒体就是那种整天追着明星跑的人，但现在发现我错了。这门课不仅能够扩宽我们的事业，增加知识面，而且有助于我们提高自身素养，使自己变得更有内涵。比如上一些播音课，可以有效地纠正我们的发音，让我准确的读出标准的普通话，读的更生动。再比如广告课，不仅传播了广告，还教给我们广告的制作方式，也需要创新，使人看了眼前一亮，或是一些公益广告，能使我们发自内心的去做公益事件，尽自己的义务。"

学生丁："媒体是一把双刃剑，我们不仅要看到他的好处，如可以便捷我们的生活、丰富知识面，但是也存在着危险，像不良信息等都更快更早的与我们青少年接触，所以面对媒体不能一味地追捧应该站在中立角度吸取有益部分。同时媒体也是一面镜子。他所反映出来的现在社会上普遍存在的现象与观念，我们也可以从媒体上看到自己身上现存在的问题。"

学生戊："媒体已成为我们生活息息相关的一部分，它不仅丰富我们的知识，使我们及时了解近日信息，而且对政府部门起到舆论监督的作用。媒介课让我们学会关注社会。"

造就一批有传媒特长的学生。通过媒介素养的教育，让学生发现自己在传媒方面的潜力，为进一步深造奠定基础。经过某个阶段的媒介素养学习，学生深切地体会到自己是否具有这方面的潜能，为愿意进一步深造的同学创设条件，进入广电特色班的学习，学习更多地专业知识。到了高三再强化学习专业知识，根据学生的特长组建不同的班级，如播音主持班、表演艺术班、编导班等，有时请浙江传媒学院的老师给予深造，依据学生特长和潜质进行个性化的辅导。学生的成就表现在两方面，第一是学生参加媒介方面的高考，学校每年都近四十多名高中毕业生进入与媒介素养有关的大学学习，专业成绩不断提升，连续几年的有学生考入北京电影学院、中央戏剧学院，且专业分数跃居全省前列。第二是参加上级部门举办的各类比赛成绩斐然，每年自创的节目都在市、区艺术节中获得优秀奖项，学生来涣琪获"杭州市首届十佳星主播"，唐世超参加市潮人秀 DV 比赛，获得达人秀。话剧《二丫》获全国中学生文艺表演一等奖。

培养了一批媒介素养教师。媒介素养的开设也促进了教师向多专化发展，培养了一批不但能教原专业，还能教媒介素养课，教师的发展由依样画葫——现炒现卖，到半桶水——源头活水。体现教师的努力过程和学校的培养历程。第一次是大学教授怎么说我们就怎么讲，只有减少不敢多说一句，只当一个传声筒，同时还要鼓励教师大胆地去讲；经过一次以后到第二轮时教师的胆子大了一点，敢于结合自己的见解增加部分内容进行教学；底气足了以后教师对教学内容进行必要的调整，结合自己的爱好加减内容，对大学生的上课材料进行必要的调整，大学生的教学技能不行，他们只是对大学教材的缩写。

学校还进行相应的研讨，召开座谈会向学生了解情况，向老师征求意见，通过问卷调查，学生试卷的考核等手段提升媒介素养教师的教学水平。

经过多年的努力，学校内已有近十位具现代观念、能够胜任媒介素养教育课的任教的优秀教师，独立承担教学任务，结合学校学生的特点对原来的教学内容根据学生的需要进行调整，使教学内容更具有针对性，且在此基础上学会编写精品课程，学校的主要精品课程都是媒介素养方面的内容。2010年5月，麻辉武老师为参加第三届西湖论坛的中外媒介素养专家开设的公开课“新媒体的发展”，获得了听课教师的高度评价。(香港浸会大学李月莲博士的评价：该老师的课堂只有一节，但内容非常充实及丰富，他对互联网及新媒体的介绍很简洁明快，讨论一些网上议题也十分客观持平。) 2011年10月郎海波老师的公开课《蒙太奇》获香港媒介素养教育专家李月莲博士和浙江传媒学院媒介素养研究所王教授的一致好评，还有朱玉涵老师的公开课《说话的艺术》得到了充分肯定。撰写的论文除了在有关大会上交流外，还发表在《中国广播电视学刊》。

稳健地走上了特色之路。广电特色和媒介素养教育作为学校发展的特色已经得到社会的承认和上级教育主管部门的肯定，学校的知名度也随着广电特色班和媒介素养的开设有了较大的提升，在杭州市只要一提到广电肯定就知道是我们夏衍中学，广电班招生的报名人数逐年上升，由原来的3：1到去年的12：1，远远超过了我们的想象。招生的火爆也推动了学校的发展，走上了良性循环的发展路子。学校凭借媒介素养教育的优势顺利通过了省特色示范高中的评估，在杭城竞争如林的普通高中中获得一席之地。

特色学校不仅要办出特色，而且还要办出成果，如果不能提高学校的育人成效，那有再多的、再明显的特色也是没有价值。事实上，特色学校品牌的形成是一个发展的过程，不是一个终点。从学校特色到特色学校品牌的形成不仅仅是一个表现形态的变化，而且是一个由量的积累到质的飞跃的过程，一个由局部向整体升华的过程，这个过程我们称之为学校特色化。即：实现学校独特的整体风格和出众的办学成果的过程，就是学校特色化，也叫特色学校的形成或创建。

通过媒介素养教育的实践证明，个性张扬学生的潜能得到有效发挥，参加社会实践活动的能力有了提高，学生在各级各类比赛中获得的奖级在提升，数量在增多；学生社团更有人文特色；学生特长、学校特色更加凸显，且得到社会认同。毋庸置疑，身处媒介社会时代，人们具备相关媒介素养将成为十分重要的课题。一个阶段的媒介素养课程未必能让所有的孩子都能在短时间内改变行为，但是一旦反思精神形成，这种思维的力量会在其整个人生中发挥积极作用，当前微信满天飞，在鱼龙混杂、良莠不分的微信中如何分辨其真实性，如何将不利的因素转化为有利的因素，把微信公众号变成教育的手段，是媒介素养教育面临的新课题。正如一位同学在 2010 年调查中提到的，“其实（媒介素养课）收获最大的不是去探究那些播新闻的人是如何说话的，而是要去了解普通话中的奥秘”。可以说，媒介素养课程为学生打开了了解媒介、认识社会的一扇大门，正确地将学生引入大门，教会学生正确地使用，少走弯路，尽量避免误入歧途。

（作者单位为杭州市建设职业学校）

牵手媒介，成就乡村小学精彩德育

——记我国媒介德育开创者刘勇武

施永忠

在浙江省丽水市缙云县东渡镇，有个离县城8公里的长坑村。这里有所由1943年创办于家族祠堂的私立国民初级小学改制的全日制完全小学——长坑小学，是丽水市规模较大的农村寄宿制小学之一，有12个教学班，200多位留守儿童，不少孩子的家离学校较远，走路最远的需要4—5个小时，所以学校542名学生全都寄宿在学校。

刘勇武老师1996年调到长坑小学，2004年开始任校长，多年的农村教育实践，对农村学校教育，他有着自己独到的认识，他认为基础教育的核心是提高国民素质，他不以一时一地为念，不盲目跟随城区学校的"风向"，不被办学条件困住发展的步伐，从平凡的小事入手，大力倡导生活即德育，德育即生活的理念，关注学生的生活态度、生活方式和生活情趣。倾力构建农村小学生活德育办学模式，实践农村特色的素质教育。

他认为农村的孩子在物质资源上已经相对贫困了，更需要学校教育以富足的精神生活来加以滋养。在他带领下，为孩子们提供富足的精神食粮逐渐成为全校教师的共同工作信条，他严格控制学习时间，严格控制学生的作业量，在抓好常规教学活动的同时，组织大力开展丰富多彩的校园文化活动、强化学校各类学生体验基地建设、努力拓宽校外教育资源。这些措施的推行，不仅极大地丰富了学生课余生活，而且增长学生的才干，陶冶学生的情操。现在长坑小学的学生人人会演奏一样乐器，有规模较大的学生民乐队，人人会下一种棋，人人都是跳绳小能手，人人都学会了适合自己的一样兴趣特长。

他狠抓学生良好习惯的养成教育，狠抓每个细节对学生进行教育，进行精神的模塑。积极开展艺术特长教育、生活自理教育、劳动体验教育，社会实践教育等。多年探索实践，学校形成了一套"生活化的德育目标，人格化的环境建设，象征化的校园活动，亲情化的教育方法，因地制宜的实施途径，全员参与的德育管理”，有鲜明长坑小学特点的生活德育模式，开创了极具长坑特色的农村素质教育范式，使长坑小学各项工作得到了社会的广泛认同和群众的普遍赞誉。把一所乡村小学建设成全国教育先进集体，吸引了全国各地成千上万的教育界人士前来参观学习。

在实践生活化德育教育，致力于建设具有缙云乡村特色的教育的过程中，他发现一个问题，很多孩子放学在家，他们的课余生活大多都是和电视相伴，而且随着社会进步，电脑网络手机等占据了孩子们课余生活的大部分，不可否认，不管是电视还是电脑，包括通过其他媒介接触到的信息，对学校教育都能起到积极正面的作用。但同时，也有一些内容对学校教育起到反面作用。有一段时间，日本动画片《蜡笔小新》很流行。小孩子很喜欢这部动画片。这部动画片有不少有意义的内容，但是，小孩子从这部动画片中学到的更多是恶搞、恶作剧的内容。而据老师们反映，孩子们在校因为课外活动很多以及学校的规定，没有太多时间和机会使用电脑和手机。但是，周末放假回家，祖父母很难对孩子的媒介使用（包括内容和时间）进行约束。为此，长辈通常不让孩子出去玩，孩子在家里只有看电视、玩电脑。

这些现象让刘勇武陷入沉思，随着社会进步，电视、电脑、手机网络等，肯定是避免不了的。怎样扬长避短，教会孩子正确对待，接受一些正能量的信息，并且让现代媒介能为学校教育服务，能为学校德育服务。

2007 年 10 月，刘校长通过偶然的机会认识浙江传媒学院的王天德教授，王教授当时提议，学校可以开展媒介素养教育。在王教授的指导下，学校开始进行媒介素养教育实践，寄希望能够通过这种教育能够规范学生的行为，能够有利于学校德育工作的开展。

在王教授的引领下，刘勇武对媒介素养教育了解不断地加深，他对媒介素养教育目标也在发生着变化。他认为相比较而言，乡村儿童接受外来信息的渠道比较狭隘，其信息来源主要是电视和网络。由于对信息没有足够的认识，他们很容易受到电视或网络中的负面信息的影响。因此，学校开展媒介素养教育的目的既关注“德育功能”，也关注孩子们们“批判思维的培养”。刘勇武逐渐认识到媒介素养教育应该要教会孩子们如何甄别、吸收、批判信息，教会孩子们在面对信息的时候，要保持清醒的头脑，不被媒介信息所左右。比如，孩子们看到武打片里的人，怎么打都不死，从很高的地方跳下来也不会有事。但是，在现实中，情况不是这样的。孩子们如果具有了批判思维，他们就不会绝对相信一则信息，而是会通过自己的思考，自己的经验，做出自我的判断。对小学阶段的孩子来说，媒介素养教育一定要和他们的生活结合起来，不能太大、太空。通过媒介素养教育，让孩子们知道，你所接触到信息，都是人为建构的。你看到的，和生产这个产品的人的价值观是有关系的。媒介素养教育的批判思维可以扩展到日常交往之中，这样媒介素养教育的意义和价值，在此就实现了。

为深入开展媒介素养教育活动，2008 年 2 月，刘勇武深入学生家庭，了解到 80％的家庭都有手机，50％以上的家庭拥有电脑，100％的家庭都有电视。而询问孩子们有无上过网或进行过网购时，则有接近 95％学生举起了手。有次他发现，即使在信息相对闭塞的乡村，孩子们对网络、手机等现代媒介也不陌生。同样，作为留守儿童居多的寄宿制学校，留守儿童的家长们也不忘给孩子们买手机，以便于联系。

为此，刘勇武校长与时俱进，既为了加强家校联系，为留守儿童们建设一个温馨的校园成长环境，由学校专门设立家长 qq 群，以方便家长了解学校的活动开展情况和孩子在校的情况。同时，他决定自己率先垂范，主动将媒介素养教育融入自己日常的教学中去，探索乡村小学的媒介德育之路，开辟德育新天地。

2008 年 3 月，刘勇武把自己对媒介素养教育工作的想法与王教授交流，期望能够得到王教授持续地指导与支持，探索在乡村学校上好媒介素养课。王教授不仅热情指导，而且答应从 9 月份开始，组织浙江传媒大学学生到长坑小学开展媒介教育课堂教学支教活动，让传媒专业的知识进入学生课堂，引领长坑小学老师提升媒介素养。为在学校扎实开展媒介素养课堂教学活动，刘勇武开始广泛阅读有关媒介相关的教育教学论著，订阅许多报刊，用理论指导实践，及时了解媒介素养的动态，博采众长。针对学生实际因材施教形成自己对媒介素养的独到见解，形成自己的特色。为了更好地在学校实施和推进媒介德育，2008 年 5 月，刘勇武计划以课题研究的方式整体推进这项工作，于是他组织教师们一起，在学校对全校学生进行了一次媒介素养现状调查研究。

从调查后得到的各项数据中他知道，电视是乡村小学学生的主要媒介途径。小学生们除了课本，最大的知识来源于电视。乡村小学的学生都希望通过各种途径，更多地了解外面的世界。因此学生每天看电视的时间有时会超过 3 个小时。在电视以外，7 成的学生只能读到两种以下的书报刊，有的甚至什么都没有；16.7％的学生家庭可以上网，但是大部分学生及家长认为网络对小学生没有什么好处。

由此发现，电视媒介是农村中小学生除书本和老师以外一个最大的知识来源。而从数据显示，58％的学生对媒介的真实性表示相信，而对于媒介的生产、制作与发行并不了解。家庭和学校只是学生生活的两个重要圈子。而随着传播学、电子媒介以及经济的进一步发展，中国的媒介环境日益丰富和复杂，各种媒介信息大量充斥于乡村小学生身边。不要说小学生，就连成人也普遍缺乏对媒介的正确辨识能力。基于此，刘勇武认为，立足于今日信息化社会的乡村特别是小学生的具体实际和需求，在学校开展媒介素养教育，一定要与学校德育与学生生活实际紧密结合在一起，要为学生生活服务，为学生健康成长服务。

也因此，刘勇武带领全校师生开始了乡村小学媒介素养教育与学校德育的有机融合，提出了媒介德育的理念。在他的探索实践中，他逐步认识到：媒介德育是以学生媒介生活来示人以德，以媒介生活自身来引导和规范学生的行为，而不是纯粹的说教。所以，他认为媒介德育的过程，必定内在于学生的日常媒介生活过程中。媒介德育，一定要从学生的媒介生活实际出发，在学生的媒介生活中寻找教育内容，挖掘德育教学素材，教育方法，让学生在媒介生活的实际体验中，来理解社会的道德要求，从而实现媒介德育的实效性。

一、提高学校教师媒介素养，夯实媒介德育师资基础

2008 年 9 月，浙江传媒学院同学们到长坑小学开展支教活动，同学们上的每一堂课，刘勇武都认真组织学校相关老师们认真地听，认真地磨课，把传媒同学们专业的知识吸收消化，结合学校实际二次备课，认真推广。支教活动对学校媒介教育产生的影响，让刘勇武明白，要真正开展媒介德育工作，提高学校老师自身的媒介素养，夯实媒介德育师资基础最为重要。

媒介德育从字面来看，就是由教师主导进行媒介德育方面的教育。其中教师的媒介素养，直接关系到大众传媒能否在学生的日常成长中，发挥正面的引导作用。同时，教师还对学生的媒介素养具有“言传身教”的影响。因此，在信息时代，媒介德育就是要让孩子们正确欣赏理解，并建设性地享用大众传播资源的教育，培养他们具有健康的媒介欣赏评鉴能力，使我们的乡村小学学生们能够充分利用媒介资源来完善自我，健康成长并参与社会建设。

要给学生一杯水，自己先要有一桶水，更要成为长流水，教师作为媒介德育的引路人，就要求首先提高自身的媒介素养：既对信息社会里各种媒介有充分的认识和正确的理解，同时又能结合所教课程，合理组织和运用各种

媒介进行教学；此外，还要在教育教学实践中，引导学生对媒介信息进行正确地识别、获取、分析、理解、评鉴和传播等。

为此，刘勇武采取了以下措施来改进和提升乡村小学教师的媒介素养：

1. 纳入计划，加强领导，提高认识

刘勇武把媒介德育纳入学校工作计划，2008 年 9 月，学校专门成立“媒介德育”工作领导小组，校长亲自担任组长，以教导主任、政教主任、班主任为组员。制定切合学校实际的“媒介德育方案”，有组织有计划开展宣传教育，每学期第一周就组织全体教师学习“媒介德育”方案，使师生都知道媒介德育的重要性；定期研究学生媒介德育工作，协调解决工作中存在的问题，及时总结推广班级“媒介德育”经验。

学校领导重视，宣传到位，使得全校师生都重视并提高了对媒介德育的认识。

2. 集中培训，逐步渗透，引领提升

2008 年 10 月，刘勇武积极主动邀请浙江传媒学院教授、媒介素养研究所所长王天德、原缙云中学副校长，现浙大附中施永忠老师为学校的全体教师开设媒介德育专题讲座，通过概念讲解和案例分析，使老师们明白媒介素养的作用和如何研究媒介素养、开展媒介德育的方法与意义。在此基础上，他主动把自己对媒介德育的一些看法和理解结合课堂教学实际，与学校的老师们一起探讨，共同分享媒介德育带来的快乐，感受媒介德育之美。让老师们明白媒介德育是依托于学生现实的媒介生活，关注媒介活动体验的德育；也了解媒介德育是融合思品、语文、音乐、美术、地理、历史、常识等不同类别学科知识的小学阶段最有魅力的综合性德育形式之一，从而让从事媒介德育的老师们为自己能任教媒介德育课程而感到骄傲和自豪。

与此同时，刘勇武不断加强对媒介德育的拓展探索和研究提升。抓住一切机会，请媒介德育的专家到学校指导调研，在此过程中借机展示学校教育成果，展示老师风采，以此推动媒介德育更进一步。

2015 年，中国传媒学院卜卫老师来校调研，他专门安排两位老师展示了两堂媒介德育课：三年级的“什么是网络”，上课老师用夏洛的网作为引子，将网络的概念引出，其中还穿插一些小调查，从而把知识点说得很清楚，教学手段比较多样化，视频、投影、提问、头脑风暴都有，课堂讨论占了课堂时间的一半；六年级讲的是“流行文化与网络”，老师在课堂上讲了流行音乐、流行的电视剧、流行的服饰等。这些都是学生比较感兴趣的内容。课堂讨论也很多。

课后，卜卫老师点评了长坑小学两位老师的媒介德育课，认为老师们设计的课程结构和目标都非常清楚。特别是在课后的小型研讨会中，中国社科院新闻与传播研究所卜卫教授、季芳芳老师、博士生王晓艳，香港中文大学邱林川副教授、浙江传媒学院王天德教授、丽水学院廖峰副教授，以及学校上媒介德育课的 4 位老师，都积极地参与了讨论。

同时，学校每年拿出三千多元，开展了“你读书，我买单”活动，鼓励学校教师多读书、读好书。教师们自行到新华书店去购买媒介素养的相关书籍，然后凭发票到学校报销。要求教师在读书之后写上一篇读书心得在每月一次的教师读书心得交流会上交流。一个学期，老师至少阅读了二十多万字的内容。另外，还发放《中国媒介素养研究报告》等书刊，要求教师们自由安排时间学习。

在此之外，刘勇武还引导教师们借助各种媒介，上专题网站、进微信公众号，学习媒介德育的相关文章，写读书笔记，并经常性地进行读后反思，讨论交流等教学研究活动。先后组织教师学习了《让媒介德育走近农村孩子的课堂》、《媒介对留守儿童成长的影响调查研究报告》、《中小学生媒介德育内容初探》等 100 多篇论文或专著，在一定程度上促进了教师对媒介素养的深入理解，提高了教师对媒介德育的引领能力。

3. 走出山乡，学习考察，开阔视野

缙云县处在浙江的西南，经济、教育发展都比较落后，特别是地处乡村的长坑小学，相对城镇小学而言更是比较落后和闭塞。所以，为了进一步提升媒介素养，开阔视野，强化学校教师的媒介德育理念，刘勇武还在经费紧张的情况下，有计划地组织学校教师走出山村，前往开放的城镇以及先进学校考察学习。

2009 年开始，学校先后组织全体班主任到浙江传媒学院，临安晨曦小学考察媒介德育，语文老师到杭州考察，全体数学教师到绍兴考察学习，全体教师去海南考察学习。既开阔了老师们的媒介德育视野，也进一步明确老师自身发展的方向和途径，激发了他们奋发向上的内在驱动力，近几年先后有 16 位老师被评为缙云县教坛新秀或学科带头人。

三、多彩的媒介德育活动形式，丰富和充实了学生课余生活

乡村小学的学生一般自我约束能力差，如果不加以适当地引导，学生会耗费过多时间接触各种媒体，甚至影响学业；同时，学生过渡与电视、电脑为伴，缺少与同伴的交流，会导致学生的自我封闭，与他人交往的能力和沟

通能力减弱；同样，过度依赖图像信息，也会减少学生的文本阅读兴趣，导致思维简单化、平面化。作为一所乡村寄宿制学校，学生在校时间长，可以说基本是以校为家。因此如何利用学生在校课余时间，充实和丰富他们的业余媒介生活就显得特别重要。

刘勇武根据本校的地域特点和学校传统文化，2008 年，为配合媒介德育工作开展，刘勇武带领全校老师对学校原有社团活动进行改进，积极通过“七彩童年”的活动来丰富乡村学校学生的课余生活，努力减少媒介对学生的消极影响。

1. 加强学生社团建设，培养学生各种兴趣特长

学校先后组建民族乐器（二胡、笛子、古筝、扬琴、月琴、锣鼓）、乒乓球、篮球、围棋、中国象棋、国际象棋、书法（毛笔、硬笔）、美术、科技、鼓乐队、唱歌、舞蹈等若干个社团，每个社团下设若干个活动组，学生根据自己的特长和喜好全员参与，利用每周二、四下午第三节兴趣活动课以及每天早、晚闲暇时间开展活动。学校还坚持以班级为单位，开展“人手一件乐器”活动，从而达到了每个学生会一种乐器、一种球类、一种棋类，更为重要的是，借助这些媒介，使学生减少对电视、网络的沉迷，却能在社团活动中培养他们的社会交往和沟通能力。

2. 举办校园“四节”，开展各种趣味竞赛

根据寄宿学校的特点，刘勇武在学校利用学生“学余饭后”时间，在每年 4 月、6 月、10 月和 12 月，分别设立了读书节、游戏节、体育节和艺术节；同时，不定期组织举行放风筝、踢毽子、跳绳、拔河、乒乓球、棋类等多种比赛，以趣味盎然、张弛有度的活动丰富住校生的生活。既丰富了乡村住宿生的课余生活，又培养了小学生的兴趣特长，使大多数学生都能学得一技之长，练就一些课堂中不能学到的本领。

3. 开设周二影院，建立优秀电影和录像库

刘勇武利用学校的闭路电视，每周二晚上组织学生观看优秀的影视作品。这些作品按照一定的主题来进行组织，比如围绕“亲情”主题，学校播放了《世上只有妈妈好》、《鲁冰花》、《我的兄弟姐妹》、《世界上最疼我的那个人去了》等优秀中外影片。一个主题结束，还引导学生开展讨论、写观后感，使孩子们不仅从中得到思想教育，也开阔眼界、增长知识，不知不觉中提高了学生们的媒介素养。

四、充分利用学校现有媒介，进行正面的媒介素养教育

1. 有线电视进教室，在课余和周末的观看中，进行润物细无声的引导

为了使电视更好为教育教学服务，使之成为影响教育的有利因素。学校对电视播放进行控制，在规定的时间内观看规定的节目。每天由值班老师组织观看《新闻联播》、少儿频道等。并由值班老师进行正面引导。比如在5·12汶川大地震期间，每天组织学生观看地震抢救新闻，给学生以正面引导教育，学生在少先队发起的捐助活动中的表现就明显比以往的公益捐助活动更加自觉和主动。

学校专门把每天的13：00—13：20定为读书时间，语文老师有目的有计划地开展读书读报指导，每天18：20—19：00专门用于看课外书，做读书笔记。平时，让学生每天带一本课外书进校门，利用课余时间自主阅读，同学间互换图书。还特别规定：凡是课堂作业做好了，允许学生取出自己喜爱的图书阅读。每周五放学让学生带一本课外书回家，布置30分钟至2小时阅读等作业。学生有了充足的读书时间，才能提高读书效果，同时从书本中提高媒介素养。

2. 多媒体进教室，教会学生利用多种媒体进行学习的技巧和方法

多媒体给老师教学带来极大的方便，也让学生能够通过各种渠道了解外面更多更远的世界。为更好的应用多媒体设备，学校组织了全体教师基础网络技术培训。在课堂上根据教学内容的需要，通过声音、视频、图片、文字等各种媒介，充分利用和发挥了各种媒介的优势，高效益的对学生进行教育教学。

3. 学校计算机房的充分利用，使学生可以在老师引导下科学健康地上网冲浪

学校根据小学课程纲要，在三到六年级开设了信息课。在信息课上，学生们能根据自己的兴趣获取各种各样的信息。学校积极为学生打造一个健康文明的网络环境。统一在学生上网用的电脑上安装防火墙和绿坝花季软件，教师可以随时监控学生的上网情况，查阅学生的电脑使用情况。对学生的电脑使用坚持全程引导和管理。同时，学校主动出击，把学生的注意力引导到积极有益的网络活动上来。学校先后进行了电脑绘画比赛、学生课件制作比赛、打字比赛等。用科学有益的活动引导学生正确、合理地使用电脑。在县里小学生课件制作比赛中共有12人次获得二、三等奖。

4. 巧妙运用媒介手段转化媒介素养问题学生

2012届有位男同学吕某，自我控制能力差，是非观念淡薄，行为习惯

差，学习成绩不理想。别人叫他做什么就去做。特别喜欢说不良话语，经常偷看同学上厕所，或是去骚扰女同学。当有人玩老虎机，他就迷恋游戏机，周末偷家里的钱去打游戏。虽然看不懂，但他最爱看社会上成人类的书。

经过了解分析，吕某的这些异常表现归根结底还是和其家庭教育方式有关。他的父母平时忙于种茶叶，无暇照顾孩子，孩子的生活、教育是自由式的。因此吕某结识了社会青年，因为缺少是非观念，获得信息的渠道缺乏正确的教育和引导，从而导致其思想和行为上也出现了偏差。

在经过一段时间观察的基础上，刘勇武运用媒介德育策略对其进行个性化的教育：

（1）学习媒介知识，提高抵制能力。对吕某进行媒介德育，就是帮助他掌握基本、必要的媒体知识，从而知道怎样合理地获取、利用信息，辨别和传播信息。帮助他建立必要的心理防范意识和抵制能力。教他如何成为一个具有批判能力的电视观众。

对其父母进行媒介素养的教育，加强对吕某的媒介德育，以使他们能够更好地趋利避害，从媒介接触中获得教益。

（2）以爱为本，真情融化。刘校长不讨厌，不歧视这个孩子，而是用平等、关爱、宽容的心态对待他，少指责、多鼓励，少埋怨、多理解，少冷漠、多关心，少否定、多肯定，与他建立一座心灵相通的爱心桥梁，为他营造平等愉悦的学习和生活氛围。加强师生间的交流沟通，及时了解他对自己的评价、心中的想法，并从他思维上、行为上的具体表现入手，做深入细致的教育工作，鼓励他向进步前进，将各种不良思维、行为消灭在萌芽之中。

一个学期过去了，吕某在思想上表现得比以往健康多了，行为习惯上也有所变化。在以后的学习、生活中，刘校长及任教老师仍以十分的耐心，加强对其进行媒介德育和引导，帮助其健康成长。

5. 借助媒介手段开展主题班队会教育

每学期，学校都会有目的，有针对性地指导班级开一些主题队会，如四（1）班的“信息的传播”、“我爱动画片”主题队会精彩纷呈，五（1）班开展了“电脑”、“我学普通话”主题队会，六（1）班“我与电视”、“争做文明少年”队会……这些主题队会的开展，提高了学生对媒介素养的认识，增强了学生收集信息，处理信息的能力，培养和提升了学生的媒介素养。

五、提高家长的媒介素养，形成家校媒介德育合力

对媒介的认识和接触是培养媒介素养的基础。学生对媒介的认识和接触

深受家庭媒介拥有情况的影响。在受调查的学生中，仅有 2.62%的学生家里没有电视，所以近七成的学生都确定电视是媒介。由于电视在家庭媒介中占据了主导地位，所以 74.60%的学生是不经常听广播甚至从来不听广播的。农村家庭很少有订报纸的条件或习惯，学校订的报纸读者往往以老师为主，这就造成了约七成的学生只能读到两种或两种以下的报纸和杂志，甚至一种也没读过。八成多的学生每天的课外阅读时间不超过 2 个小时。受经济条件的制约，农村许多家庭没有电脑，所以学生除了在学校之外就很少有机会接触网络。

同时，家长在培养儿童媒介素养方面具有其他培养途径所不能比拟的接近性和亲和力优势。在使用媒介方面，经过成年人尤其是家长指导的儿童比未经过其指导的儿童更有自觉性，更能熟练地获得和理解媒介信息，更经常主动地利用媒介解决现实问题。

基于上述的实际情况，刘勇武针对学生家长开展了一系列旨在提高家长媒介素养的专题讲座，辅导家长们如何开展媒介德育的知识和方法，使家长们能够正确认识传播媒介的重要性，使家长能够给学生一些正面地引导。

1. 开设家长学校

刘勇武针对不同年级家长的不同情况开设家长学校，对家长进行媒介德育方面的培训活动。培训活动做到有方案、有计划，明确任务、各司其职，认真开展各项工作。

2009 年开始，每学年，学校都会组织三次以上的家长媒介素养学习会，通过开展一系列的家教讲座活动，提高了家长对媒介的认识。让家长认识到大众媒介对心智尚未发育成熟的儿童的社会化、学习及娱乐等的积极影响，更认识到其对儿童的消极影响与危害，重视培养儿童的媒介素养，抽出足够的时间，同儿童一起并指导儿童接受书刊、网络、影视等媒介信息。

通过家长学校的活动，直接提高了学生家长的媒介素养，也使家长能够引导儿童有节制、合理地使用媒介，不能影响正常的生活和荒废学习，以责任心和爱心努力做好儿童媒介使用的守望者。

2. 确定家长开放日

为了增进家校之间的沟通和交流，促进教师与家长之间的交流，刘勇武在学校设立了家长开放日。邀请家长们参加升旗仪式，观看学生的早操情况。家长们自由选择班级，与孩子一起上课，身临其境地感受学校的媒介德育行为。教师们与家长面对面谈话，使家长从多方面了解自己的孩子，知道孩子的优势与不足。教师们以平等交流的心态，虚心听取家长的意见，与家长研讨教育孩子的方法。

家长开放日活动架起了家长、学校之间沟通的桥梁，增进了家长对学校管理、教师教育教学情况、孩子在校表现的了解，争取了家长对学校工作的支持。通过交流，向家长传递了科学的家庭教育知识，密切了家庭教育、学校教育和社会教育的联系，为形成家校教育合力打下了基础。

3. 利用现代通讯联络手段

手机的普及也为教师与家长的交流开辟了又快、又方便的交流通道。刘勇武要求班主任、任课教师每月与家长通一次电话，交流学生的情况并为下一阶段的教育提高信息。每次遇到重大节日活动，学校通过校讯通向家长发送信息引导家长对学生进行监督教育。

六、以课题研究为抓手，整合学校资源整体推进

从2008年5月开始，学校计划以课题研究的方式整体推进这项工作，经过一年多的实践，2009年3月，在刘勇武引领下，课题《农村小学中高年级实施媒介素养教育探索与实践》在中国广播电视协会立项成功，学校以小学中高年级学生的媒介素养状况调查（主要是对他们看电视和上网情况进行调查研究以及分析），家长对于媒介素养教育的认知和想法，探索一套行之有效的对小学中高年级学生实施媒介素养教育的内容、途径为研究主要内容，让学生能选择适合自己的多种媒体接受信息，让学生初步掌握对信息进行正确判断、吸收的方法，养成定期使用媒介接受信息的习惯。2010年，课题按时结题获中国广播电视协会年度结题奖，课题论文《农村寄宿制学校的媒介素养教育探索》发表于2010年第08期《中国广播电视学刊》，一年的课题研究，让学校对媒介德育有了更深的认识，对学校媒介德育做法有了系统小结，对深入开展媒介德育有了更深的展望。让学校老师明白了对学生进行媒介德育活动，就是要帮助他们掌握基本、必要的媒介知识，从而知道怎样合理地获取、利用信息，辨别和传播信息，从而提高对各种媒介的鉴赏辨别能力，帮助他们在信息社会里，建立必要的心理防范意识，增强他们的媒介利用水平。随着科技的迅速发展，信息的传播方式越来越多，速度越来越快，报纸、期刊、广播、电视、网络、短信等媒体，对未成年人的影响力日益深入。一方面，未成年人处于身心快速发展，道德信念和知识结构尚未成熟，人生观、价值观等正处于形成的关键时期。他们求知欲旺盛，好奇心强，模仿性大，对媒体缺乏正确的认知能力和辨别能力。今天的世界远离媒介已经不可能、回避信息的冲击也不现实。所以，只有让儿童正确地接触媒介、认识媒介，并掌握解读和评价媒介的方法，才能走出媒介建构的迷障，进而驾

驭和利用现代媒介信息，为儿童自身发展并促进社会发展而做出他们的努力。

也因为此，2010 年在浙江传媒学院召开的第二届中国西湖媒介高峰论坛，刘勇武同志做了专题发言，具体介绍了学校开展媒介德育活动的做法及成效。

七、基本成型的长坑小学媒介德育课程体系

经过几年的实践，在浙江传媒学院王天德教授的引领下，学校的媒介德育教育活动有了长足的进步，在浙江传媒学院同学多年支教及学校老师自己上课及开展丰富多彩活动基础上，2015 年 10 月，刘勇武率领老师们在此基础上有了新的创新，构建形成媒介德育课程系列，并与学校拓展性课程结合在一起开设媒介德育选修课。

1. 明确乡村小学媒介德育目标：让儿童学会正确理解和评鉴媒介

随着对媒介德育了解地越加深入，刘校长和老师的媒介德育目标也在发生着变化。相比较而言，乡村儿童接受外来信息的渠道比较狭隘，其信息来源主要是电视和网络。由于对信息没有足够的认识，他们很容易受到电视或网络中的负面信息的影响。因此，学校开展媒介德育的目的从“德育”转向“批判思维的培养”。刘校长逐渐认识到媒介德育应该要教会孩子们如何甄别、吸收、批判信息，教会孩子们在面对信息的时候，要保持清醒的头脑，不被媒介信息所左右。孩子们如果具有了批判思维，他们就不会绝对相信一则信息，而是会通过自己的思考，自己的经验，做出自我的判断。

对小学阶段的孩子来说，媒介德育一定要和他们的生活结合起来，不能太大、太空。通过媒介德育，让孩子们知道，你所接触到的信息，都是人为建构的，你看到的，和生产这个产品的人的价值观是有关系的。媒介德育的批判思维可以扩展到日常交往之中，比如，放学的时候，有人称是妈妈委托来接自己的人，如果孩子有质疑精神的话，他会多问几个问题：我妈妈叫什么名字，在哪里住等等。这样就可以避免被骗。媒介德育的意义和价值，在此就实现了。

2. 开设现代媒介选修课，进行直接、专业而又生动活泼的媒介德育

现在，学校每周四开设“现代媒介介绍”选修课两节，在传媒学院的志愿者支教基础上由学校老师讲授，分门别类地对学生进行各种媒介知识的讲解，同时也进行了现代媒介的鉴赏指导。

这对小学生如何正确理解和利用各种媒介，起到了很好的教育引导作用，大大提高了学生的媒介素养。除浙江传媒学院的志愿者来校指导外，学校还安排有这方面兴趣和专长的教师进行教学，如：刘勇武校长的演讲技巧

课、吴挺红老师的计算机应用，王敏老师的辩论课、麻涵佳老师的小品课等，起到了良好的育人效应。

3. 通过网络视频，加深留守儿童亲子关系

每年开学的时候，经常在校门口可看到在外打工、回家过年的父母和孩子分离的场面。很多家长抱着孩子哭成一团，老师们通常只能去硬把孩子抱过来。只能把孩子留在老家上学，家长们对此也很无奈。

2015 年 9 月，刘勇武为了解决留守儿童的亲子沟通问题，除了打电话，要求老师们还通过网络视频，让孩子每周三和父母见面。有时候，老师还会把孩子们户外活动的照片通过发微信圈等，让家长看到。老师们也一直在想更好的办法，增进孩子和父母的交流。受《180 台 DV 的故事》的启发，老师们认为，以后也可以给孩子们拍小视频，然后把小视频发给父母看，同时，也可以让爸妈们拍小视频给孩子看看。

4. 把媒介德育纳入拓展性课程

学的课程目前分为 2 个部分，国家课程、拓展性课程两大块。媒介德育在长坑小学被列为拓展性课程。课时计入老师的工作课时，这一点，对课程的可持续性非常重要。这门课既有视频又有音频，小孩子很喜欢，孩子也觉得压力不大。这些都保证了媒介德育长效推广的可能。通过媒介德育课程化、活动化，努力实现和充分利用媒介这个平台和原有传统文化蕴含的道德内涵的结合。

现在，刘勇武主导下，长坑小学开展青少年媒介道德教育课程，主要探索的内容有：

第一课	媒介与网络
探索 内容 要点	认识网络 网络在当代社会中的地位 网络与我们的生活 如何正确对待网络 调查实践：用正向的积极的态度操作网络与手机
第二课	媒介与阅读
探索 内容 要点	电子书籍作为网络媒介德育工具对传统道德文化的影响 视频中的电视、电影片段与原著的不同之处 如何用表情表达文字 校园文学、网络文学与传统文学的对比 调查实践：组织网络作品评析

续表

第三课	媒介与新闻
探索 内容 要点	1. 网络新闻种类 2. 辨别网络新闻真实性 3. 网络新闻中的道德与价值观 4. 典型网络新闻案例分析（新闻娱乐化、儿童如何自我保护） 调查实践：组织开展网络新闻写作比赛
第四课	媒介与报刊
探索 内容 要点	1. 报刊的形式、内容、特点 2. 报刊的功能和发展阶段 3. 报刊与传统报刊的异同 4. 报刊的优缺点 5. 办报、读报中的道德修养 调查实践：寻找报刊并讲述特点
第五课	媒介与动画
探索 内容 要点	视频动画 ABC 各国动画比较异同 在动画片中传递的不同道德观与价值观 故事会：我最喜欢的动画 调查实践：组织欣赏动画作品沙龙
第六课	媒介与摄制
探索 内容 要点	走进摄影摄像世界 照片里的故事 摄影摄像的诞生 数码影像 镜头选取 选取主题（题材：新闻、生活） 突出主题（角度、自拍） 后期制作 剪接、PS（综艺片、艺术照） 特效、配音（武侠片、恐怖片） 小小摄影家在拍摄实践中的道德体悟 1. 抓拍中的道德 2. 自制 pv 视频中的道德 调查实践：拍摄身边的人和事（作品展出）
第七课	媒介与生态
探索 内容 要点	媒介德育眼里的生态和生态意识 媒介生态德育中的生活道德 媒介生态德育中的生命道德 媒介生态德育中的环境道德 调查实践：开展“我为家乡生态出点力”活动

续表

第八课	媒介与广告
探索 内容 要点	认知广告（历史、概念、分类、用途） 辨析广告 公益广告德育中的美育 广告语中的诚信 调查实践：调查并简单制作广告
第九课	媒介与流行文化
探索 内容 要点	认识流行文化 流行文化中的思想道德建设 寻找身边的流行文化 调查实践：依托本校流行文化，让学生享受快乐德育
第十课	网络媒介德育的视频文化
探索 内容 要点	视频中的价值观（正、负） 视频中的科学与道德（判断能力） 视频的传播功能 视频作品的来源（视频中的生活） 调查实践：结合社会调查，讲述视频中的故事
第十一课	媒介德育的礼仪文化
探索 内容 要点	1. 中国是礼仪之邦 2. 网络传播中的礼仪语言 3. 网络礼仪重要的是诚信 4. 线下的礼仪行为 调查实践：寻找网络礼仪语言和行为
第十二课	媒介德育的健康理念
探索 内容 要点	1. 用健康的心理上网 2. 网上活动要有时间上的节制 3. 抵制网上不良信息 4. 坚持锻炼用健康的身体保证网络活动 调查实践：制定上网时间表和学会分辨信息

在具体实践中，刘勇武带领老师通过梳理媒介素养与媒介德育活动课程体系、媒介素养与传统道德的关系，探索媒介德育活动课程的教学活动体系，具体为：(1) 媒介素养及媒介德育概念；(2) 媒介素养与传统道德的关系；(3) 网络媒介德育活动课程探索与实践，在当今媒介生存环境里，怎样努力实现和充分利用媒介这个平台和原有传统文化蕴含的道德内涵的结合。他寄希望通过实验，为同行提供媒介德育活动课的有效范本。

在课时时间安排上，刘勇武巧妙地从三年级开始，整合国家课程中的品德与生活（社会）课程，每班每周拿出一节课，用作媒介德育活动课程，每学期大约有 18 课时，计划用 9 课时时间做课堂教学，9 课时时间做媒介德育调查实践类的活动。

学校选择 12 位老师，分 12 个主题备课，采用老师就准备一个主题，轮流上课的方法，减轻老师的工作量，确保老师的积极参与。从 2015 年 3 月 26 日，老师们开始了媒介德育课的“首秀”。

5. 结合学校的日常活动

刘勇武还把媒介德育和学校其他的常规活动结合起来。他和《处州晚报》、《中国少年报》合作举办小记者活动。通过这些渠道，让学生了解到报道是如何产生的。了解到媒介信息的制作规则和制作形式，如了解报刊，广播，电视，互联网的区别以及报纸，广播，电视的制作流程。在系列丰富的活动中，引导学生学习判断媒介信息的意义和价值，使学生学会利用媒介收集，整理和评价各种来源的信息，加工处理数据报告结果（学校广播站，校报的发行）能让学生用他们的视野去认识世界。在丰富多彩的活动中，引导学生欣赏，评价媒介产品，从而形成自己独立的见解。帮助学生了解受众和媒介的关系，怎样根据需要选择媒介，如何利用大众传媒发展自己……

孩子们知道媒介信息产生的过程以后，他们就会知道，电视、报纸、网络上讲的事情，不一定都是真的，可能有虚假或者夸大的成分。

如果说电视节目、电脑信息、电影播放、教师的教学是一种动态的、有声的、暂时的信息，那校园文化就是一种静态的、无声的、长期的信息。今天走进长坑小学，在刘勇武校长几年如一日的不懈努力下，他为长坑小学的孩子们创设了一个良好的媒介德育育人环境和学生积极参与各种媒介文化学习的多元媒介德育天地，在学校构建了一个无时无处不在的媒介德育场，不断地激发着学生的内在兴趣，健全着学生的人格、拓展着学生的知识视野。

在教学楼的操场，有一个以“魅力读书，魅力人生”为主题的读书成果、媒介德育活动等展览的互动展示橱窗；

在教学楼各层走廊的墙上，贴着有庄子的“吾生有涯，而知无涯”，辛弃疾的《青玉案·元夕》等诸子百家的经典语句和历代的优秀古诗词画图或条幅；

在教学楼中间楼梯走廊，用有机玻璃做了可存放 30 来本书的“导读橱窗”，有我国的《西游记》、《红楼梦》等四大名著，也有《格林童话》、《伊索寓言》等外国的优秀作品；

在教学楼西侧楼梯走廊上，挂着“校园里见到一点纸屑，你能弯弯腰捡起来吗?”、“勤以为生，廉以养德，淡以明志，俭以修身。”等励志标语。

校园各处的文化墙，正以它形象直观、丰富多彩的媒介形式，把思想教育蕴育于各种具体可感的情境之中，通过这些健康向上的媒介德育因子以及优美的物质环境，给学生一种积极向上的影响和熏陶，成为长坑小学校园中一道亮丽的风景线。

多年的实践，因为牵手媒介德育，成就了长坑小学每位孩子精彩的童年。由于媒介德育的推行，学校重视学生在校的幸福指数，严格控制学习时间，严格控制学生的作业量。并在原有课外活动体系的基础上针对媒介活动进行进一步开发和完善。30 个红领巾社团活动任由学生自主选择参加，不定期各类文体比赛，校园“四节”活动等，极大地丰富了学生课余生活，让每位孩子在校勤奋学习、快乐生活、全面发展成为他们具体实践的目标。城里孩子纷纷到长坑小学就读，在校学生 542 名，一半来自外地，外学区学生就有 300 多名，很多原本在当地老师家长眼中比较调皮的孩子在长坑小学学习生活一段时间，都有长足进步。家长放心，孩子安心，老师尽心，长坑小学现已成为缙云农村优质教育的品牌。

牵手媒介德育，成就了长小每位老师的精彩。媒介德育品牌的创建，对老师要求地提高，无形中形成了学校自己独特的教师培养模式。到 2016 年 7 月止，短短几年时间，从长坑小学走出了 16 位县级教坛新秀，2 位县级学科带头人，4 位丽水市教坛新秀，1 位浙江省特级教师，造就了一大批优秀老师，为缙云教育输送了一大批骨干老师。缙云县教育局把长坑小学定位为缙云农村学校校长培训基地，现在已为兄弟学校输送了多名优秀校长。这些校长在长坑都经历从政教主任到副校长的锻炼，和刘勇武老师共事多年，都深谙刘勇武老师所倡导的媒介德育及长坑小学的管理模式。到别的学校任职后，立马成为缙云县农村的明星校长。人们纷纷称赞长坑小学为缙云教育的黄埔军校，这是对长坑小学的肯定，也是对刘勇武老师的认可。

牵手媒介德育，成就了刘勇武老师个人的精彩，多年的努力，他所做的工作得到了领导、同事、家长、学生的充分认可，他个人也获得了诸多的荣誉：全国希望工程优秀园丁奖，浙江省第二届新农村建设优秀带头人金牛奖、丽水市农村教师突出贡献奖，丽水市十大优秀青年、丽水市优秀教育工作者、丽水市师德标兵、丽水市少先队事业功臣，缙云县先进工作者、缙云县首届道德模范等等。他是浙江省媒介素养教育研究会常务理事，并被丽水市教育局、丽水学院聘为浙江省领雁工程农村小学骨干校长班实践指导师，丽水市新陶行知农村小学校长培训班指导老师。被浙江苏泊尔股份有限公司聘为苏泊尔小学办学顾问。学校成为第九世界、童缘项目等助学公益组织培训西部乡村教师的基地，2008 年至今来长坑小学学习培训的中西部地区老师已达 200 多人。《浙江教工》杂志人物风采专栏以《创新农村素质教育的理想主义者》、《丽水日报》教育专栏以《丽水最美教师风采》宣传的先进事迹，深受大家好评。

牵手媒介德育，也成就了学校的辉煌。多年来探索和实践，学校形成了一套有鲜明长坑小学特点的媒介德育模式，使长坑小学的德育工作得到了社会的广泛认同和群众的普遍赞誉。学校先后获得了全国教育系统先进集体、全国和谐校园、全国德育工作先进集体、浙江省文明学校、浙江省首批和谐校园、浙江省艺术教育特色学校、浙江省廉政文化进校园示范校等诸多荣誉。省长吕祖善、省政协副主席盛昌黎等省市县领导多次到校调研指导，高度评价了长坑小学的浓厚办学特色和独特的“媒介德育模式”。各级领导盛赞长坑小学是“农村学校的典范”、“一朵不凋谢的山花”、“山村学校的楷模”、“培养社会主义新农民的摇篮”等等。辽宁、青海、贵州、新疆、福建等及本省各地教育局、学校纷纷组织人员来到长坑小学参观学习，目前累计到校参观人员已达 6.2 万人次。长坑小学现已成为缙云农村窗口学校，目前学校的办学模式正在缙云县的各级各类学校推广。

偏于山野一地，却在逆境中搏空长击，面对匮乏的物质，却以精神的富足灿然傲笑，刘勇武老师以他的勤奋收获了属于自己的累累硕果，也凭执着塑造了属于学校的永不凋谢的山花精神。如今，面对着众多成绩与荣誉，刘勇武老师始终保持着朴实谦逊的本色，依然默默奉献在自己平凡的岗位上，牵手媒介，为自己的德育梦努力着，为自己的教育理想耕耘着，期待着成就更精彩的明天！

（作者单位为浙江大学附属中学）

在小学实践媒介素养教育

——记黑芝麻胡同小学杜军

李冬林

杜军校长并不是研究媒介素养教育的专家和学者，杜军只是基层小学的一位校长。却被媒介素养教育的重大意义和独特魅力吸引着，走上在小学实践媒介素养教育之路。

让偶遇成为必然

杜军是北京市东城区一名小学教师，不断磨砺，不断成长。成为中学高级教师。曾任第八届全国青联委员、北京市第十届人大代表、民进东城区委副主任、区政协委员。现任民进中央委员、东城区人大代表、中国陶行知研究会理事。

杜军视陶行知教育思想为中国教育的宝藏。2006 年，杜军调任北京市东城区黑芝麻胡同小学校长。这所学校地处北京中心区域的胡同深处，当时，在北京市并不是非常知名的学校。杜军在学校提出了“践行陶行知教育思想，让学生享受精品教育”的办学理念。通过努力，学校成了“陶行知教育思想实践基地”。陶先生说：“盖课程为学校教育之中心，假使课程得有圆满解决，则其他问题即可迎刃而解。”课程正是杜军经营学校的突破口。杜军提出了：“注重前瞻性，兼具实用性；注重区域特色，兼具国际视野”的课程建设理念。开始动用各种社会资源寻找优秀的课程。

知心姐姐卢勤是杜军的好朋友，她为杜军推荐了联合国儿童基金会和知心姐姐工作部正在进行的“儿童参与媒介”项目。并在杜军校开展了一次培训活动。

那是 2008 年 6 月，联合国儿童基金会“媒介与儿童”专项活动在杜军校开展，在五年级学生中开展培训，杜军和学校部分干部旁听了这次“悠游媒介间”讲座。主讲教师通过精心的设计和深入浅出的讲解，引导孩子们思考广播、电视、网络……这些充斥现代生活的媒体，究竟对他们的思维方式和日常生活产生了哪些影响。这些内容不仅引起了孩子们的巨大兴趣，也让杜军们这些常年从事基础教育的教师耳目一新。

学生们兴奋地表现、课程内容的时代感深深打动了杜军：近年来由于媒介技术和媒介产业迅速发展引发的各类社会问题，如儿童对网络游戏的沉溺、非理性的偶像崇拜、过度追求名牌的物质主义倾向等，早已成为社会各界，尤其是教育界关注的焦点。但就杜军们所知，对于这些问题还没有出现行之有效的解决办法。如果能将媒介的知识引入课堂，系统提升孩子们的“媒介素养”，那无疑有助于从根本上解决以上问题。从课程开发和管理的角度来说，媒介素养教育课程不仅充分体现了陶行知先生所倡导的“生活即教育”理念，与现实生活紧密结合，具有鲜明的时代特色；而且非常符合杜军校校本课程体系中“知识拓展类课程”的宗旨，如果能在杜军校成功开展这一课程，那必将使杜军校的校本课程体系更加完善和充实。

越想越觉得有道理。一下课，杜军就请授课的老师——中国传媒大学教师张洁博士留下，与杜军和学校干部深入座谈，探讨开发校本课程的可行性。

后来与张洁老师熟悉了，她告诉杜军，在给孩子讲课时，校长率领干部教师一起听，这样的“阵势”她也是第一次见。此前，她和她的同事们一直在尝试探索，希望能够将媒介素养教育推广开来，但是实际的情况并不乐观。与杜军们的座谈为她打开了思路：媒介素养教育可以与小学合作，为小学生开发系列校本课程。

就这样，一次“偶遇”，成了必然。

用坚持收获成果

“媒介素养教育”，作为大学象牙塔里的学术研究，要飞入普通小学，要想留得住，就必须遵循教育管理与儿童教育的规律。为了能让成果切实留在学校，留给学生。杜军坚持做了几件事。

一是坚持双方合作。

小学教育是国家基础教育的重要阵地，作为校长，必须有政治意识，为保证课程探索的严肃性和可行性。通过张洁博士，杜军进一步与中国传媒大学传媒教育研究中心的张玲研究员与相关大学领导取得了联系，希望能够开展媒介素养教育的校际合作，最后，传媒大学为杜军开具了媒介素养教育国家课题的子课题研究书，明确了研究的性质。

可能有人会说，一所小学敢跟大学要求合作，是不是有点不自量力。但这是小学校长应该有的“政治敏感”。杜军想，可能正是因为杜军的谨慎，让校领导看到了杜军的认真，看到了事情成功的希望。所以她们都愿意来到胡同深处的这所小学，参加座谈会、开题会。接触多了，杜军也都成了朋友。

经过暑假紧张的筹备，2008 年 9 月 22 日，媒介素养教育实验在杜军学校正式开始。

为了使实验顺利进行并取得良好的效果，在合作中，杜军更坚持深度参与。

当媒介素养教育实践在学校取得初步成功，成果广为人知的时候，杜军也曾面对过这样的质疑：让大学教师到小学授课，当然水平高，没了大学教师，课还能进行吗？但杜军内心笃定，因为从合作的开始，不是传媒大学一方在做，杜军从教育管理者的角度出发，一直坚持深度参与。从课程管理、人员配备、制度建设、软硬件投入等多方面，对整个实验进行了全方位的规划与实施：

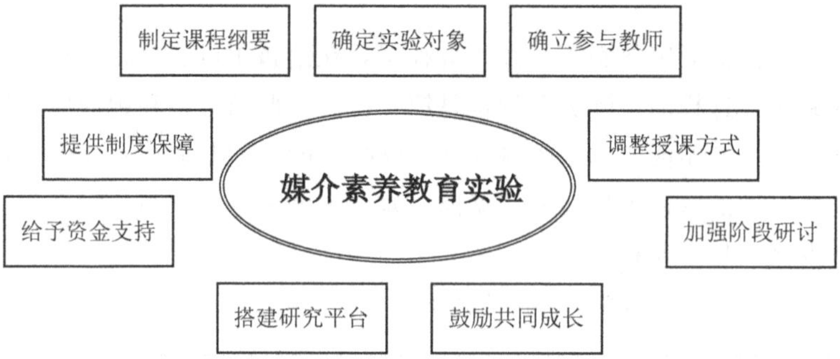

首先，制定课程纲要。在实验开始前，杜军们和张洁博士的团队共同探讨，共同开发出符合教育规律与政策的《媒介素养教育实验课课程纲要》，对课程目标、课程内容、课程实施计划及课程评价方法等内容进行了明确界定和说明，这一文件是对整个实验的全面构想，是确保实验顺利进行的纲领性文件，也是学校监控实验效果的重要依据。

其次，确定实验对象。从授课对象来说，小学五六年级的学生与四年级时相比已经产生了巨大的变化，开始体会和感知周边的世界，对于所获取的信息有了极大的探索欲望，外来信息对于他们的影响力和感染力也不容小觑。同时，因为媒介素养教育的内容要求学生具有较强的理解能力和抽象思维能力。综合各种原因，杜军选择小学高年级学生为实验对象比较适合，但因为六年级学生面临较大的毕业升学压力，课时十分紧张。因此，本次实验选定五年级同学为授课对象。经过双方反复协商，杜军确定授课对象为五年级全体同学，分为对比组和实验组；授课形式为班级授课制；课时安排为每周一课时（即 40 分钟教学时间）。

第三，确定参与教师。在实验进行过程中，杜军要求实验班的数学课任课教师全程参与，除记录授课过程、提供反馈意见外，还要协助课程实施人员维持课堂纪律，辅导学生完成课后作业。第二轮试验开始后，专门安排跟踪教师，全方位参与课程开发、实施和管理。这样安排一方面是因为课程开发和实施人员作为大学的专职研究人员，虽然具备很好的专业知识和研发能力，但缺乏对小学生进行教学的经验，如果没有一线小学教师的协助，研究人员将很难发现和及时解决教学过程中的主要问题；另一方面，教师是学校课程开发的主力军，只有为教师提供参与课程开发的机会，才能激发教师的积极性，提高教师的成就感和责任感，促进教师的专业化发展。杜军希望通过这种安排，不仅确保媒介素养教育实验顺利进行，而且能够使杜军校在实验结束后，拥有一批能够承担媒介素养教育课程教学任务的师资，将这门课程在学校可持续地发展下去。

第四，调整授课方式。授课初期，研发团队因为还不是非常了解和适应儿童的特点，课程模式依然以讲授式为主，在一定程度上忽略了学生的参与。为此，研发团队的成员包括媒介素养教育专业的人员及学校教师共同研讨根据儿童的年龄特点进行及时调整，加大了学生的课堂参与量，极大地调动了学生的积极性。课堂结构发生了积极的变化。

第五，加强阶段研讨。在实验进程过程时，作为教学管理者，杜军及时建议并协助课程开发人员进行课程回顾和总结。杜军重视课程回顾和总结的重要性，围绕此次实验举行了多次由学生代表、家长代表、专家学者共同参与的座谈会，及时展示教学成果，以激励学生、教师和研发人员的参与热情；研究解决课程中出现的问题，以确保和不断提高实验课的教学质量。

第六，鼓励共同成长。在整个实验过程当中，除了从教学规律出发，周密部署教学过程的各个环节外，为了真正调动教师的参与热情、促进教师的专业化发展，杜军借助实验的契机，请老师参与到课程研究中来，撰写教学案例，同时结合自己的教学、打开思路、创造性地实施自己的教学，进行媒介素养教育与本学科的融合，真正将媒介素养教育融入小学日常教学中去；同时，鼓励参与课程研发的教师撰写论文，参加相关学术会议，不断提高专业水平。2009 年 5 月，我们的教师参加了由香港浸会大学主办的“传媒与青少年的健康成长”国际研讨会。会议上杜军的成员分别从教学效果、教学方法、网络与儿童成长、媒介素养教育校本课程的开发与管理、传统课程与媒介素养教育课程的异同及融合等六个角度，对实验进行了全面、深入的梳理与分析，引起国内外与会学者的热烈反响。随后，杜军又相继参加了第二届国际媒介素养大会，第二届西湖媒介素养高峰论坛……特别是 2011 年 7 月，我们的教师团队赴美国费城，参加世界媒介素养教育论坛，并在中国分论坛作专题发言。参与国际交流，受到各国专家的礼遇，让杜军的教师倍感自豪。

第七，提供制度保障。此次实验以杜军学校校本课程研发领导小组为龙头，专门成立媒介素养教育实验参与小组，指定专人为组长，负责参与教师的召集和管理；所有实验参与人员定期与中国传媒大学的研发人员举行会议，交换意见；学校领导不定期进班听课。

第八，给予资金支持。对参与课程研发的教师给予课时补贴，虽然数额非常有限，但也是对教师劳动的一种肯定。学校积极申报区级、市级相关课题，为学校留下成果，获得更多支持资金。

第九，搭建研究平台。学校坚持开门办学，构建合力校园。学校每年都有不少科学工作者和国际友人走进学校，同时需要面对上级管理部门的各方面检查。我们利用这些机会，展示学校课程改革的结果，让专家学者走进我们的课堂评议媒介素养教育实验课。

截至 2010 年 7 月，实验共开发 30 讲课例，由中国传媒大学传媒教育研究中心的研发团队和我校教师一同编写的《小学生媒介素养教育教学手册》由中国少年儿童新闻出版总社正式出版发行。杜军参与撰写的媒介素养教育管理的论文《如何将媒介素养教育融入小学日常教学——教育管理者的视角》在《少年儿童研究（理论版）》2009 年第 10 期发表。学校先后有 10 余位老师撰写的相关课程、论文在学术期刊著作中发表、在学科征文中获奖。

2009 年 7 月 26 日（星期日），中国教育报第三版以“媒介素养教育的本土实验”为题，报道了中国传媒大学传媒教育研究中心张洁博士的团队与黑芝麻小学合作共同开发教材进行课程实验的过程。该课题是北京市教育科学“十一五”规划重点课题“媒介素养教育课程研究”的一个重要子课题。

文中有这样一段：“2008 年 9 月，张洁得到了黑芝麻胡同小学的大力支持，带领她的团队正式走进这所小学，与校方合作共同开展了媒介素养教育实验课研究。张洁说，这门课程旨在帮助学生发展对大众媒介的本质有知晓和批判的能力，懂得大众媒介所运用的技术以及这些技术产生的影响。于是，中国大陆第一次系统的媒介素养教育实验，在这个坐落于北京城悠悠古巷的胡同小学里拉开了序幕。这个尝试，成为中国大陆媒介素养教育发展史中的一个重要节点——自 20 世纪 90 年代末媒介素养概念被引入中国大陆后，媒介素养教育第一次出现在小学的日常教学中。”

2009 年 10 月 12 日，由中国教育学会和中小学电脑报社共同主办的《信息教研周刊》，对黑芝麻胡同小学的媒介素养教育实验做了封面故事和人物专访。

2009 年 12 月 23 日，《北京晚报》对黑芝麻胡同小学的实验情况做了题为《信息时代，带孩子“突围”媒介素养教育的第一例本土实验》的整版报道。

2010 年 1 月 15 日，黑芝麻胡同小学杜军校长、杨毅主任和徐翔宇、张雅梦同学及其家长参与了北京人民广播电台《家有儿女》栏目有关媒介素养教育的现场直播。

2010 年 3 月 1 日，由中国教育学会和中小学电脑报社共同主办的《信息教研周刊》，对黑芝麻胡同小学的媒介素养教育课程进展情况进行了报道。

与朋友共创未来

三年的合作，双方真诚的付出，收获了成果。学校的坚持，也吸引了很多朋友，歌声甜美的中国传媒大学张开教授就是其中之一。学校的努力吸引了她的注意，学校的付出得到了她的认同。我们彼此真诚交流，成为朋友，在她的帮助引荐下，英国 BFI 温迪女士、香港李月莲女士等人先后走进校园，学校先后参加第二届、第三届媒介素养教育论坛，作为小学的代表，光荣地向大家展示学校成果。李月莲教授还把学校的研究推介到全国和香港等地区，扩大了学校的影响。

我们与中国传媒大学的课程开发合作虽然结束，但杜军对媒介素养教育的探索仍然没有停止。它成了独立的校本课程，继续由杜军学校的教师为学生授课。同时，我们在学区建立媒介素养教育项目组，请张开教授为联盟校、项目组学校讲述媒介素养教育的理念和成果。以黑芝麻胡同小学为中心，将成果向社区、向周边学校辐射。在原有成果的基础上，我们进一步开发社区课程、新新媒介课程、德育活动。媒介素养教育的研究，向着综合实践活动、电子教材改革、学习方式变革等方向开始更深入更广泛的探索。

2013 年，在北京市级“翱游计划”课程改革启动会上，学校李东林老师展示了自主研发课程“媒介小达人”。2014 年，在学习方式变革课题市级研讨会上，我们展示了利用 iPad 教学的媒介素养新课“动漫杜军能行”。

看到自己和媒介素养研究的同仁们当年种下的种子，已经开出灿烂的花朵，正在点缀越来越多的田野山川，杜军感受到实践的价值，感受到教育者的快乐。也希望这快乐能感染更多的人。

人物简介：

杜军，1957 年出生。北京市东城区黑芝麻胡同小学校长。中学高级教师。曾任第八届全国青联委员、北京市第十届人大代表、民进东城区委副主任、区政协委员。现任民进中央委员、东城区人大代表、中国陶行知研究会理事。

曾多次被评为市区优秀教师，2010 年被评为北京市先进工作者、东城区优秀校长。2011 年首届全国“陶行知教育奖”获得者。2012 年东城区优秀校长，2013 年获首都劳动奖章。

多篇论文获得全国、市区级奖励。代表著作《践行教育的信仰》2011 年由中华书局出版发行。

（作者单位为北京市黑芝麻胡同小学）